Marketing Research 6th Edition

市场营销调研 第六版

胡介埙　周国红　周丽梅　主编

21世纪高等院校市场营销专业精品教材

东北财经大学出版社
Dongbei University of Finance & Economics Press
大连

图书在版编目（CIP）数据

市场营销调研 / 胡介埙，周国红，周丽梅主编. 6版. —大连：东北财经大学出版社，2025.8.—（21世纪高等院校市场营销专业精品教材）. —ISBN 978-7-5654-5775-3

Ⅰ.F 713.50

中国国家版本馆CIP数据核字第20258T6418号

市场营销调研

SHICHANG YINGXIAO DIAOYAN

东北财经大学出版社出版

（大连市黑石礁尖山街217号　邮政编码　116025）

网　　址：http://www.dufep.cn

读者信箱：dufep@dufe.edu.cn

大连东泰彩印技术开发有限公司印刷　东北财经大学出版社发行

幅面尺寸：185mm×260mm　字数：468千字　印张：19.5

2025年8月第6版　2025年8月第1次印刷

责任编辑：蔡　丽　责任校对：孟　鑫

封面设计：原　皓　版式设计：原　皓

书号：ISBN 978-7-5654-5775-3　定价：52.00元

教学支持　售后服务　联系电话：（0411）84710309

如有印装质量问题，请联系营销部：（0411）84710711

第六版前言

市场营销调研是介绍、分析和讨论在计划、组织和实施调查研究过程中所需要的知识、技能和应用技巧等方面的理论和实践的一门学科。无论是工商管理类各专业的学生，还是工商企业、非营利组织机构的经理人员，这门学科对其都具有重要价值，他们都能从该学科的学习中受益匪浅。因为在现代社会，凡是从事与社会公众有关活动的企业、组织和机构，都需要通过市场营销调研活动来了解各类组织机构的环境现状，明确竞争态势，从而确定自己的发展方向和策略。所以，不仅专门从事市场营销调研的人员需要掌握这门学科的知识，众多的企业经理和组织、机构的管理者也需要学习这门学科。

本书介绍的市场营销调研课程所包括的内容与传统的市场调查和预测课程有很大不同。首先，传统的市场调查和预测局限于对调查方法理论上的研究，而本书不仅讨论调研中所需要的各种方法，而且着重于对各种调研方法的应用背景和应用技巧的研究。其次，传统的市场调查和预测只是单纯地对市场本身进行研究，而本书包括对企业营销策略的调查分析，以保证企业的营销策略最大限度地适合市场环境，并根据需要对营销策略进行改进和调整。此外，本书不仅讨论制定各种有创意的营销策略和方案的方法，而且研究评价和检测现有营销方案的有效性和效率的重要手段。

为推动市场营销调研这门学科的发展，让学习这门课程的学生和经理人员掌握更多与调研有关的知识，促使更多的企业和营销人员运用市场营销调研的方法解决经营中所面临的实际问题，本书在内容组织和编写方式上突出了如下特色：

1.坚持高起点与简明通俗之间的结合

高起点是指本书的内容包含了这门学科中的新知识、新技术和新方法，保证内容的先进性。简明通俗是指在撰写风格上注重深入浅出、通俗易懂。本书既包括了与互联网有关的调研内容（如原始资料和网上二手资料的收集），也包括了详细的调查问卷设计内容；既介绍了定性调研方法，也深入讨论了定量调研方法。

2.坚持国际化和本土适用性之间的结合

本书在结构安排和组织形式等方面借鉴了国际上规范的先进做法，但是在内容选取方面联系中国市场的具体情况，注重基本理论与中国具体实践之间的结合。本书所采用的案例和理论联系实际的“调研实践”内容基本上来自国内企业的实践。因此，本书融合了国外教材与本土教材的优点，试图在教材内容的消化、吸收和创新方面形成自己的特色。

3.坚持传授知识与培养学生能力和技能之间的结合

本书在每章的开头提出“学习目标”，配有“引例”，提出问题和目标；在叙述基本理论后，通过“调研实践”介绍理论的应用技巧，通过“拓展阅读”（二维码形式）介绍一些课外知识；通过“素养园地”栏目，培养学生的家国情怀，倡导守正创新精神，树立学生的民族自信心；在每章末配备的“基本训练”中，进一步充实了课文的内容，提升了课文内容的广度与深度，通过知识题、技能题与能力题3种形式，培养学生分析和解决实际问题的能力。

本书第一版在出版后，深受广大读者和任课老师们的喜爱。经过多次全面修订，本书在结构和内容上都更加合理、充实和完善。本次第六版修订对某些数据和资料进行了更新，对个别文字作了修改补充。

本书在结构和内容上共分为3个部分。前8章介绍从市场营销调研开始到完成整个市场营销调研项目的过程中各个阶段的计划、组织和实施的方法。紧接着的3章介绍市场预测的理论和方法，以及如何对市场营销调研和预测的结果进行总结报告。最后2章介绍市场营销调研和预测方法的实际应用问题。

本书设计了数量众多、内容丰富的实践案例，尽管对原公司名称和人物都进行了匿名化处理，但是这些案例都来自著名或成功企业的实践，既具有真实的背景，也对培养学生的分析能力具有重要作用。本书各章的“调研实践”的内容不仅生动地说明了某些理论概念的应用，而且其中许多内容对于拓展学生的知识范围、培养和提高学生的技能水平是不可或缺的。

本书首先是为工商管理类专业的本科生编写的，当然也完全适合这些专业的研究生阅读；其次，工商企业和其他组织中从事与社会公众有关活动的人员，也能从本书中获得开展市场营销调研工作所需要的系统知识；最后，企业经理人员能够从本书中获得计划、组织、控制和评价市场营销调研工作的专业知识。

值此本书第六版出版之际，作者对本书前几版前言中所提到的，曾经参与过前几版编写工作的所有同事和朋友，再次表示衷心的感谢。此外，作者也诚挚地感谢参与本书资料收集和校对工作的诸位友人所做的工作和付出。同时，作者特别要感谢东北财经大学出版社的领导和编辑蔡丽女士对于本书第六版出版所给予的建议和帮助。另外，本书在编写过程中借鉴了许多国内外专家的研究成果，作者在资料来源和参考文献中均已一一列出，在此对他们一并致以诚挚的谢意！

由于作者水平有限，书中难免有不当之处，敬请读者批评指正。

编　者

2025年6月

目　录

第1章 绪 论

学习目标

◆ 深入理解市场营销调研的定义及功能；理解企业营销信息系统的概念及构成；深入理解几类市场营销调研的特点和差异；了解市场营销调研的主要应用领域及典型的成功案例；了解市场营销调研行业的构成状况；了解市场营销调研所面临的道德挑战。

◆ 分析和说明市场营销调研与企业管理决策之间的关系；分析和说明企业营销信息系统与市场营销调研之间的关系；分析和识别解决某一具体问题所需要开展的市场营销调研类型；结合具体行业，说明市场营销调研方法的应用；分析和识别市场营销调研中的伦理道德问题。

◆ 针对具体企业提出企业营销信息系统的设计方案；分析和提出企业在实际决策中需要开展的市场营销调研类型。

引 例

广告？降价？其实更需要的是调研

ABC公司是一家历史悠久、具有较高知名度、生产地方特色名酒的企业。在40多年前的一次全国性酒类产品评比中，该公司的产品曾经荣获了“全国名酒”的称号。此后，该公司一直是所在行业中的龙头企业。直到10年前，ABC公司的产品销售还没有遇到多大的困难。但是，这10年来，该公司产品销售量的增长非常缓慢，始终没有达到预期的目标。

作为公司营销副总经理的汪明，近年来承受着巨大的压力，工作特别努力，一直在寻找突破当前困境的有效的营销措施。几年前，他提出了增加广告投入，以广告来吸引最终消费者、提高销售量的策略。在公司管理层的支持下，近几年公司投入的广告费用已经翻了两番，但是销售量的增长依然没有达到预期的目标。后来，汪明又提出了加强渠道建设的建议。为此，公司招聘了一批有经验的业务人员，充实了公司销售队伍的力量，加强了对现有渠道的管理，开发了一批新的中间商。此后，公司的销售量虽然有所增长，但是整体销售业绩无法令人满意。

去年，汪明又实施了降价策略，以促进消费，增强在同类产品中的竞争力。遗憾的是，该公司的销售量的确有所增加，不过仍然没有达到预想的水平，而且由于降价，尽管销售量上升了，利润的增长却非常缓慢。

今年年初，在参加一次关于市场营销的研讨会时，汪明得知其他公司通过市场营销调研发现问题、解决问题的成功案例，他从中得到启发，组织本公司的业务人员实施了小范围的市场营销调研，结果发现本公司生产的地方特色名酒的消费者年龄正在老化，年轻一代的消费者不再喜欢购买这种酒类产品。这种酒原先所强调的度数高、口感醇的优点在社会节奏变得越来越快的情况下反而变成了缺点。这一结果使汪明及其同事们大吃一惊。为此，汪明又与公司管理层商定，准备组织一次较大规模的市场营销调研，一方面，确认在整个产品市场上是否也存在小范围市场营销调研所发现的情形；另一方面，公司希望通过调研，找到解决近些年销量增长缓慢、效益停滞不前问题的对策。

汪明从其他公司的经验中体会到，市场营销调研本身是一种方法和手段，是为营销决策服务的。要保证市场营销调研取得预期的效果，首先必须把公司在营销中所面临的各种问题和可能的决策转化为市场营销调研的任务和目标，然后根据这些任务和目标制订出调研的计划和方案。为此，汪明决定在实施市场营销调研前把公司在营销方面所面临的问题、需要制定的决策等好好地整理一下，以便保证所拟订的市场营销调研计划切实可行，实现预期的目标。

资料来源　由本书第一作者胡介埙撰写而成。

汪明所面临的也是许许多多从事营销工作的管理人员所遇到的难题。为了应对激烈的市场竞争，除了广告、降价和其他促销措施外，是否还有更行之有效的手段呢？许多成功企业的实践证明，市场营销调研是一种有效的工具和手段。市场营销调研能够使企业决策者了解消费者的真实需求，把握市场的竞争状况，大大降低决策的风险，增强决策的正确性。本章首先介绍与市场营销调研有关的一系列概念，然后讨论市场营销调研的类型及应用状况，接着介绍市场营销调研的行业构成，最后研究市场营销调研中的伦理道德问题。

1.1　市场营销调研概述

1.1.1　市场营销调研的含义和功能

1.1.1.1　市场营销调研的含义

市场营销调研是市场营销调查与研究的简称，是指系统地收集、记录、整理、分析和报告与特定的产品或服务有关的市场营销信息，辨认问题和机会，提出并评价各种可能的营销活动方案，以帮助管理决策者制定营销决策的活动。简单地说，市场营销调研是获取营销决策所需要信息的规范化方法或活动。市场营销调研的这一定义表明：首先，市场营销调研是一项收集资料的活动；其次，市场营销调研的目的是为制定决策服务。有效的管理决策是以获得正确可靠的市场信息为前提的，而市场营销调研正是提供正确可靠的市场信息的研究活动。因此，在企业管理决策尤其是营销决策中，市场营销调研经常是必要的。

与传统的市场调查和预测相比，现代市场营销调研的含义更加广泛，内容更加丰富。

传统的市场调查与预测主要是对市场需求和竞争状况进行调查和分析，而现代市场营销调研除了调查分析企业外部的市场状况外，还需要对企业可能采取的各种经营决策进行分析评价，以便为决策制定者提供更多的帮助。所以，现代市场营销调研对企业制定决策更具有实用性和针对性。在现代企业中，市场营销调研活动已经贯穿整个经营过程的始终，渗透到企业经营的每个环节之中。

1.1.1.2 市场营销调研的功能

（1）描述功能

描述功能是指通过收集和分析有关的资料，为决策者描述有关市场、需求和竞争的状况，描述企业所面临的现状、问题和机遇。一般来说，企业的管理决策者直接接触市场和消费者的机会较少，而消费者和各类用户的需求、动机和偏好等信息对管理决策又是必要的。市场营销调研的描述功能为决策者制定正确的决策提供基础，也是了解竞争对手行动的直接、有效的手段。只有通过市场营销调研，企业决策者才能认清竞争态势，采取必要的应对方法，把握竞争的主动权。

（2）诊断功能

诊断功能是指通过对某些信息和事实的解释、分析和比较，对企业的经营状况作出评价，决定进一步需要采取的行动。市场营销调研其实也是企业对外部市场的一种监控手段。通过市场营销调研，企业才能了解市场和消费者对本企业营销策略的反应，确定自己所处的地位，辨别出存在的问题和困难，并及时采取必要的解决措施。

（3）预测功能

预测功能是指通过分析现状和发展变化的趋势，帮助企业对市场的未来发展情况作出正确的判断，以便减少风险，增强决策的有效性。市场需求是现代企业整个经营活动的出发点和归宿。市场营销调研的预测功能把握了需求发展变化的趋势，不仅是营销部门制定决策的依据，也为技术部门提供开发新产品、改进老产品和调整产品结构的思路，还为生产部门提供制订生产计划的指导，为采购部门提供原材料供应变动状况的估计，从而增强企业的整体竞争力。

1.1.1.3 企业重视市场营销调研的原因

现代企业比以往任何时候都更加重视市场营销调研，这是由如下几方面的原因造成的：

（1）企业外部市场的变化越来越迅速

能源短缺成为企业普遍面临的问题，社会公众对环境保护的要求所产生的影响日益显露，各国社会、经济政策的更迭为企业制造了许多额外的障碍，互联网的发展加速了市场变动的速度。面对日益变化的市场环境，企业经理们不得不依靠市场营销调研来认识市场发展的趋势，把握发展的方向，增强制定正确决策的能力。

（2）企业所面临的竞争日益激烈

随着国际和国内市场的开放程度越来越高，越来越多的企业感到市场相对在缩小。企业发现自己越来越难以轻松地保住传统的市场了，而要发现和进入新的市场困难重重。几乎任何企业都面临国际竞争，稍有不慎就会被淘汰出局。市场营销调研是企业经理人员洞察竞争态势、寻找对策的重要工具和手段，自然受到企业的重视。

(3) 提高服务质量和顾客满意度的重要性日益增强

消费者需求的变化越来越快，产品生命周期不断缩短，顾客忠诚度日益降低……企业经理们普遍感到，想要留住顾客已经绝非易事了。所以，企业认识到只有不断提高服务质量、确保顾客满意，才有可能争取到新顾客、保住现有顾客。于是，市场营销调研成为经理们提高服务质量和顾客满意度的重要措施，获得了广泛的应用。

1.1.2 市场营销调研与管理决策

市场营销调研不仅是直接为管理决策服务的，而且管理决策的整个过程都是与市场营销调研密切相关的，可以说，管理决策的每一个步骤都离不开市场营销调研。图1-1就说明了市场营销调研与管理决策的关系。图1-1的左边是管理决策的程序，右边是相应的需要通过市场营销调研提供的信息来解决的问题。企业管理中问题的辨认、选择和解决都需要借助市场营销调研所提供的信息才能实现。

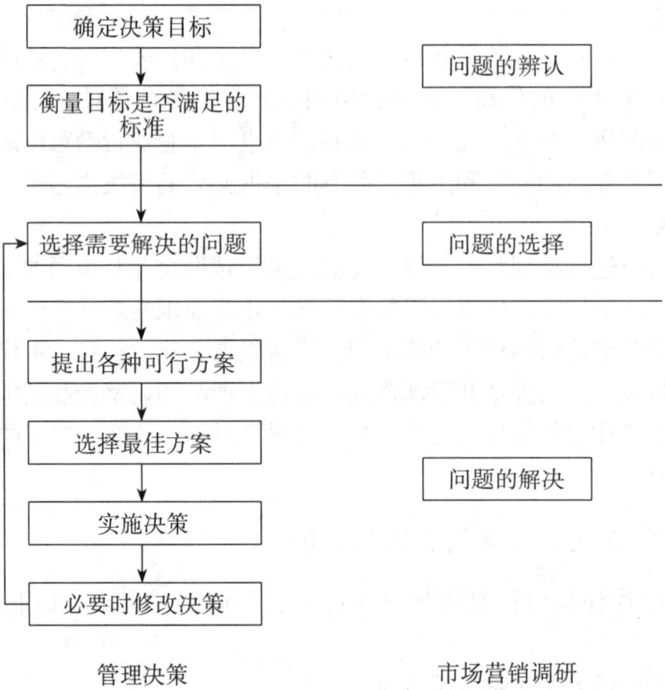

图1-1 市场营销调研与管理决策的关系

1.1.2.1 问题的辨认

决策总是从确定目标开始的。在决策目标确定以后，如果关于结果的度量指标表明目标并没有达到，就需要进行市场营销调研。对于营销部门而言，最基本的目标是在花费不超过计划的营销预算的条件下，达到所规定的营销目标，如净利润、市场份额或销售量等。营销目标确定以后，自然就可以确定一组合理的衡量目标达到程度的指标了。如果度量指标表明目标没有实现，就需要研究原因。例如，如果发现市场份额的目标没有达到预定要求，就应该研究究竟是哪些目标市场没有达到应有的份额，是由哪些因素所造成的。上述这些问题都需要通过市场营销调研来收集资料并加以分析，辨认出问题的关键所在。因此，在决策的前期阶段，管理决策者一般都需要利用市场营销调研来辨认需要进一步研究和解决的问题。

1.1.2.2 问题的选择

企业的决策者们通常都面临着一大堆需要解决的问题。实际上，要一次性地解决所有的问题是不现实的，企业必须对需要解决的那些问题进行重要性排序。在选择最需要解决的问题时，我们应当考虑如下的两点：

（1）估计问题不能及时解决而需要延迟解决时的代价

当某一个问题不得不延迟解决时，我们总是要为此付出一定代价的。延迟解决的代价越大，就说明该问题越迫切需要解决。因此，经理们首先会考虑解决那些延迟代价最大的问题。

（2）考虑为解决问题是否需要获得附加信息

要得到附加信息不仅需要支付一定的费用，还需要花费时间，也就不得不推迟决策时间和问题的解决时间了。附加信息的价值取决于所面临问题的性质和信息的准确性。如果附加信息的期望价值比得到这一信息所需要的估计成本和延迟解决的代价之和大得多，在时间许可的条件下决策就应当推迟，以便设法得到附加信息，改进决策；否则，为获得附加信息所作的努力就是不值得的，决策应当立即作出。

如果某家公司为获得附加信息而推迟决策需要承担的代价是X，为获得信息本身所需要支付的成本是Y，则与是否值得获得这些信息的决策有关的总成本应当是$X+Y$。只有当可能获得的附加信息的期望价值大于这一总成本时，推迟决策、获得附加信息才是值得的。在值得收集附加信息的情形下，决策者就需要通过市场营销调研来设法获得这些信息。事实上，除了极少数简单的决策外，许多复杂的管理决策总是需要通过市场营销调研获得附加信息从而作出最终决策的。

1.1.2.3 问题的解决

一个问题一般有两种或两种以上的解决方法，难以一下子肯定哪一种解决方法最好。因此，问题的解决总是由两个步骤组成：一是提出可以满足目标的各种解决方案；二是根据目标和费用两个指标来评价这些方案，从中选择最适合的解决方案。

无论是提出可以达到预定目标的各种方案，还是对这些方案进行评价比较，都需要通过各种市场营销调研来实现。

综上所述，管理决策离不开市场营销调研，市场营销调研可以减少管理决策的不确定性因素，降低决策风险。但是，我们也要认识到，市场营销调研仅仅是帮助管理者制定正确决策的一种工具，它本身并不能完全代替管理决策。利用市场营销调研这一工具，保证管理决策正确是企业获得成功的关键。

1.1.3 市场营销调研与企业营销信息系统

市场营销调研归根结底仅仅是收集、整理和报告与管理决策有关的各种信息的活动，要使这些信息真正为管理决策服务，增强管理决策的科学性和合理性，还需要对有关的信息进行管理。这就需要企业建立营销信息系统（marketing information system，MIS）。企业营销信息系统是整个管理信息系统的一个部分，是一整套用于有目的、有计划地收集、分析和表达市场营销决策所需要信息的程序和方法。它的作用是产生和传递对企业经理人员制定决策有用的信息。市场营销调研的主要功能是产生管理决策所需要的信息，降低决策风险，而企业营销信息系统主要是管理对管理决策者有用的信息。由此可见，市场营销调研实际上是企业营销信息系统的一部分。

1.1.3.1 企业营销信息系统的构成

图1-2是企业营销信息系统的构成要素。管理决策者需要获得企业内外部环境的信息，以帮助他们作出正确有效的决策。这种信息可能是经常性信息、检测性信息或者经理们所需要的特定请求的信息。经常性信息是指定期提供的某一方面常规信息的发生值，如市场份额和价格变动的资料等。检测性信息是指表明某一对象或外部环境变化的新消息，如新产品或潜在竞争者的出现、法律和法规的修改等。这是通过对周围发生的事件进行检测和判断而得到的。特定请求的信息是指只有在经理人员特定的请求之下才提供的信息，如关于某一实验市场的情况或某一份广告设计的实验情况等信息。企业营销信息系统的作用是向决策者们提供这三类信息。而市场营销调研的功能主要是提供检测性信息以及特定请求的信息。

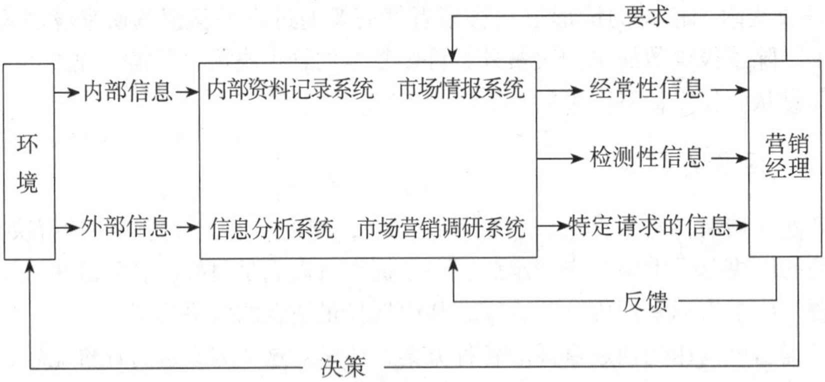

图1-2 企业营销信息系统

为了有效地对市场信息进行管理，企业营销信息系统一般应当包括：

（1）内部资料记录系统

内部资料记录系统是指收集和综合包括企业各种报表和文字材料，如销售、财务、生产和库存等有关资料的系统。为了使营销信息系统发挥最大的效用，内部资料记录系统所提供的必须是最新的并且是使用者容易理解和得到的资料。

但是，企业内部很多有用的资料往往是分散在不同部门、不同人员手中的，没有专门的机构和人员来收集、整理和保管它们。随着时间的推移，很多有用的资料会湮没在历史信息中。所以，企业的市场营销调研人员应当积极主动地收集与企业营销信息有关的资料，并加以整理和保管。这是非常必要的。同时，企业最好指定专门的机构或部门负责系统地收集、整理和保管与营销有关的内部资料。

（2）市场信息系统

市场信息系统是指经常收集和检测正发生的关于外部环境的重要事件的资料和信息的系统。

市场信息系统的功能是：

第一，收集关于企业外部重要事件的信息，如新的政策和法规、社会发展趋势、技术突破等信息，检测这些外部发生的重要事件对本企业经营特别是营销所产生的影响。

第二，收集关于竞争状况的信息。企业获取竞争对手信息的方法有很多：

① 招聘竞争对手公司的员工到本公司工作；

② 从各种会议中获得竞争对手的信息；

③ 从与本公司和竞争对手公司同时有业务关系的客户处获得信息；

④ 从公开发行的报刊和图书、公开发布的新闻和资料中获得信息；

⑤ 通过购买并分析竞争对手的产品来获得对方的信息；

⑥ 通过观察竞争对手当前的活动或过去活动的痕迹来获得所需要的信息。

对于调研人员来说，如何成功搜集到有关竞争对手的信息无疑是最富有挑战性的。拓展阅读1-1提供了诸多搜集竞争对手信息的途径，有助于拓宽我们的思路。

拓展阅读1-1

第三，对本企业产品的销售情况进行独立、客观的监测。企业销售部门往往是通过各类中间商来获得产品销售的反馈意见的。但是中间商出于自己利益的考虑，常常不愿把所有信息都客观公正地传达给供应商。本公司的销售业务人员对于所得到的不利于自己或本部门的信息也会隐匿不上报。市场信息系统作为一个独立系统，能够收集到上述有关的信息，保证企业决策部门掌握客观、全面的信息。

然而，许多企业也往往并不明确应该由哪个部门、由谁来收集、处理和报告与本企业有关的市场情报。所以，落实市场情报的收集、处理和报告的职能，增强企业对市场情报的反应能力是建立企业营销信息系统的重要任务之一。

（3）信息分析系统

信息分析系统通常是由方法库、模型库和数据库等组成的。方法库是由各种先进的统计方法软件包所组成的。模型库是由帮助经理们制定决策的一系列模型，如确定广告预算的模型、新产品开发评价模型等组成的。数据库包括与本公司营销有关的内外部数据。企业营销信息系统利用这些方法和模型进行分析，为决策制定提供帮助。

企业营销信息系统对信息分析系统的要求是及时更新和不断完善。这是因为企业内外部环境的变化越来越快，企业已经很难建立起一个可以长期不变、始终适用的方法库和模型库了，对数据库的更新要求也越来越高。

（4）市场营销调研系统

市场营销调研系统是指为一些特定的管理决策提供答案的研究系统。市场营销调研系统采用各种系统的方法收集和分析资料，帮助管理决策者制定有关产品开发、包装设计、定价、产品的分销和促销等决策。与营销信息系统的其他三部分不同的是，市场营销调研系统的工作既不是常规性的，也不是每时每刻都需要处理的工作，而是往往以具体的项目为基础。因为每一个市场营销调研项目都有其独特的目的、调研对象、时间要求和费用限制等，所以市场营销调研系统和项目对管理的要求比较高。只有事先进行周密的计划，严格地按计划实施，科学地对调查结果进行分析，及时提交报告，才能真正为决策制定提供帮助。

1.1.3.2 企业营销信息系统的特点

从上面的分析中可知，市场营销调研系统与企业营销信息系统的其他几个部分是密切联系在一起的，它们之间没有严格的界线，共同为决策制定服务。为了有效地发挥市场营销调研的作用，企业营销信息系统应当具有如下一些特点：

（1）及时性

不同企业的营销信息系统对及时性的具体要求会有所不同。一个企业营销信息系统可能是与实际检测系统相连接的实时系统，而另一个企业营销信息系统可能只要取得近一周或近一个月的信息就足够了。

（2）综合性

企业营销信息系统中所存储的信息既可能是相当零星的，也可能是相当综合的。但是，要使企业营销信息系统真正起到帮助管理决策的作用，就必须包括相当综合的那些信息。一般来说，在企业营销信息系统中，那些未经综合的信息要比高度综合化的信息更能及时地得到，因为信息的积累和综合需要花费时间。

（3）分析的复杂性

企业营销信息系统要能够进行复杂的分析，为此，系统的结构或模型通常也是复杂的。分析的复杂性可以分为几个不同的层次：

① 最简单的情形是识别、获取和显示特定的文件或记录；

② 从一条或多条记录中收集数据，并产生小计或总计；

③ 执行简单的数学运算；

④ 进行逻辑分析；

⑤ 进行统计分析，如参数估计、趋势分析和方差分析等；

⑥ 根据所收到的输入数据修改模型的结构和参数值，从而进行“学习”；

⑦ 最复杂的情形是用企业营销信息系统模拟现实世界，从而试验某种政策和策略的效果，根据输出结果来选择决策方案，评价实施某种方案的结果和效率。

（4）人机交互机制

企业营销信息系统所包含的信息量大、时间要求紧，常常要依靠建立计算机系统来实现。既然是计算机系统，就要求建立数据库与决策者之间紧密和谐的联结关系。但由于数据库中不断有新的信息流入，同时希望只向决策者提供有关的信息，这就使得要建立起一种良好的人机交互机制并不容易。建立良好的人机交互机制关键是两条：一是决策者能够对决策环境进行适当的描述；二是开发企业营销信息系统的技术人员能深入了解可供使用的数据库以及它们与决策者需要之间的关系。

1.2 市场营销调研的类型与应用

1.2.1 市场营销调研的类型

为了分析和应用方便，常常需要对市场营销调研进行分类。

市场营销调研所研究的内容主要可以分为产品研究、定价研究、分销渠道研究以及促销研究等。其中，产品研究包括新产品发展方向研究、竞争性产品研究、产品特性研究、产品结构研究、品牌商标研究和包装研究等。定价研究包括某个产品需求弹性的研究、价格变动对产品销售量影响的研究、原材料和运输成本对定价影响的研究等。分销渠道研究包括某种分销渠道有效性的研究、中间商营销能力的评价、产品实体分销方案的分析评价、厂商关系研究、工厂和仓库布局的研究等。促销研究包括广告设计和媒体研究、广告有效性研究、人员促销中推销指标的研究、某种具体的营业推广方法有效性的评价研究、促销预算的研究等。

实际上，更有价值的、更常用的分类方法是根据研究目的和研究所采用的方法将市场营销调研分为四类：探测性调研、描述性调研、因果性调研和预测性调研。

1.2.1.1 探测性调研

探测性调研（explanatory research）又称探索性调研，是指在对所研究的问题知之甚少的情况下进行的、目的在于发现和明确问题的所在与性质，以及与问题有关的外部环境状况，以便为进一步研究提供基础的调研。

探测性调研的特点是对问题的定义是模糊的，具有高度的灵活性，结果是产生思想。这类调研既可以沿着某种有价值的思路进行，又不应该带有任何的先入之见。探测性调研的目的并不是找出答案，而是希望获得关于问题的思路、观点以及可能的潜在答案，这些问题对于我们探索最终所需要的信息是必要的、有用的。

【例 1-1】探测性调研举例如下：

（1）一家公司为了开发一种能替代中小学生午餐的新产品而计划实施一项市场营销调研。这时就需要探索各种能为中小学生提供午餐的方案，而这些方案事先往往是不知道的。

（2）在确定某一产品的广告主题前需要进行市场营销调研，了解人们在购买该产品时最关心的功能和效用。

（3）一家企业想要提高自己的服务质量，也需要进行市场营销调研，了解以前服务中的不足和顾客的不满之处。

探测性调研总是尽量利用二手资料，并采用方便的或由主观判断所决定的抽样进行小范围的调查、案例分析，以及运用各种评价方法等。其中最常用的方法是文献检索和经验调查。

文献检索是指对检索到的文献资料进行调查。如果通过文献检索可以发现他人对我们所关心的营销问题的某一方面或某几个方面已经作过了调研，我们就没有必要花精力和费用去重复调查了。文献资料是我们在第3章中所介绍的二手资料的重要组成部分，来源很广。通过文献检索，调研人员常常可以在很短时间内以很少的花费获得许多有用的观点和结果。

经验调查是通过与对所研究领域有经验的专业人士的交谈来获得思路和建议的调研方法。这里所说的有经验的专业人士，既包括具有实际工作经验的人，也包括具有有关领域中相关知识的专家。交谈不一定具有明确的问题和目标，调研人员要从与每一个被调查者的交谈中吸取有用的思想和观点。不同的被调查者的观点可能是相互不一致的，但通过交谈可以帮助调研人员辨认问题的状况、可能的范围和可以进一步研究证实的解释。

调研实践1-1给我们展示了一个触目惊心的反面案例，说明如果一个企业不经过周密的市场营销调研就盲目进行大量投资，可能会导致几十亿元投资血本无归。这种惨痛的教训时刻提醒我们绝对不能轻视市场营销调研的重要性。

调研实践 1-1

1.2.1.2 描述性调研

描述性调研（descriptive research）的目的是对某些事物进行较精确的描述说明。与探测性调研相比，描述性调研要求研究者事先辨认出所要研究的特定问题的可能答案等。这就是说，描述性调研必须有确定的目标。在描述性调研中，通常总是假定在所研究的对象之间存在某种关系或者至少存在某种关系的可能性。研究者认为这种关系存在的可能性越小，描述性调研的价值就越低。描述性调研所探索的关系尽管常常不是因果性的，但是所得到的结果对预测仍然是有作用的。

描述性调研通常是为了描述某一个人群的特征或一些现象的特点，或者用于揭示某些消费行为的实质而设计的调研。它为我们提供有关谁、什么、为什么、什么时候、什么地方和怎么样等一些类型问题的答案。

【例1-2】描述性调研的例子有：

(1) 在开展应当如何分销某一新产品的市场营销调研时，需要调查人们在选择购买地点方面的购买行为，即研究人们在何处购买某种特定产品的问题。也许我们可以假设得到的结果是：高收入阶层的消费者倾向在某些特定的精品商店购买；中等收入的消费者习惯在大型百货公司购买；低收入的消费者通常是在住处附近的普通商店购买。在这个结果中，消费者的收入和购买地点这两个变量之间并没有明显的因果关系。

(2) 在确定一个企业某一产品的目标市场时，需要进行一项市场营销调研，了解购买这一类产品的某一特定品牌的顾客特征有哪些。

(3) 为确定产品定位而决定产品应当具有的形象，以便进一步改进产品的营销方案而实施市场营销调研。

描述性调研特别有助于进行市场细分和确定目标市场的决策，还可以解决市场潜力研究、消费者特征研究、产品使用情况研究、消费者态度研究、销售状况分析、广告媒体研究和价格研究等问题，如对某种特定产品的用户特征的研究、对偏爱某一公司品牌的顾客特征的研究、对市场营销规模扩大后最有吸引力的目标市场的研究、对某一营销因素变动所产生的影响的研究等。

描述性调研需要利用各种资料，但是用得最多的是二手资料和除了实验以外的通过其他调查方法所得到的一手资料。

描述性调研典型地使用横向调研的设计方法。通常调研设计可以分为横向调研设计和纵向调研设计两种。横向调研（cross-sectional research）是指对某一时点所抽取的不同调查对象的一个样本所进行的一次性研究。其作用是掌握所调查对象的平均或总体水平、了解调查对象之间的差异。纵向调研（longitudinal research）则是对同一个样本在不同时间中重复多次观察所得到的结果进行的研究。其目的是了解所研究对象随时间变化所发生的更具体生动的变化状况。

1.2.1.3 因果性调研

必须根据调研结果采取行动的决策者往往会对描述性调研所得到的结果不满意。这类决策者不满足于简单地了解两个变量之间的相关关系，要求进一步掌握一个变量的变化对另一个变量的变化影响程度的大小。这就需要进行因果性调研。

因果性调研（causal research）是试图明确问题中两个或多个变量之间的因果关系的调研。因果关系的基本假设是，某些变量的变化会引起或影响其他变量的变化。然而，这种假设要求是比较严格的，在实际问题中许多有关联的变量之间并不一定存在因果关系；即使存在一定的因果关系，也很少是简单的。要推断变量之间是否确实存在因果关系，在多数情况下可以从以下三个方面来分析：

一是因果关系必须是相伴的变化。如果一个变量变化时另一个变量同时变化，我们就可能推测出这两个变量之间存在因果关系。

二是因果变化的发生存在顺序关系。如果事件A发生后，事件B接着发生，则两个事件可能存在因果关系；但是究竟谁是因、谁是果，还必须作进一步的研究。

三是能排除其他潜在因素的影响。如果调研设计消除了除某个因素以外的其他因素的影响，则从两者的变化中我们可以推测出变量之间可能存在因果关系；不过，要完全控制或消除其他各种变量对某一特殊因素的影响，是非常困难的。

【例1-3】因果性调研的例子有：

(1) 一家交通运输公司在改变了服务时间表以后，发现顾客数量比以前减少了很多。于是，公司开展了一项市场营销调研，目的是要确定最近公司顾客数量的减少有多少是由服务时间表的改变所引起的。

(2) 一家公司计划开展一项市场营销调研，目的是确定新产品促销广告费用与其他促销费用的最佳比例。

(3) 一家公司在对新零售商店员工实施某项培训计划前，先进行了一项市场营销调研，试图分析出这项培训对零售商店销售业绩的影响。

(4) 某个企业为了确定增加技术服务人员或者营销服务人员是否会提高企业利润而进行一项市场营销调研。

实施因果性调研可以采用多种方法，其中最主要的方法是实验。

1.2.1.4 预测性调研

预测性调研是指在描述性调研与因果性调研的基础上，对未来的市场需求与企业销售情况进行的质与量两个方面的预测。市场需求和产品销售量预测是企业制订生产、财务与人事等计划的基础，对企业今后经营的影响极大，因此，预测性调研的价值很大。

最简单的预测性调研是在因果性调研的基础上得到变量之间的回归方程，在此基础上进行需求或销售量的预测。

【例 1-4】某公司产品的未来销售量y主要由当地消费者的平均收入水平x_1与当地成年人的人数x_2所决定，它们之间的关系是：

$y=a_1f_1(x_1)+a_2f_2(x_2)+a_3$

只要根据描述性调研或因果性调研确定未来几年中变量x_1和x_2的值，代入上述公式，就可以得到销售量的预测值。

前面我们分别讨论了探测性调研、描述性调研、因果性调研和预测性调研。由于不同类型的调研在调研目的、研究方法和手段以及研究结果等方面的不同，企业在着手进行市场营销调研前，首先要明确究竟应该实施哪一类调研，以便采取最有效的方法和手段，达到预期的目的。

某个调研项目究竟应当实施哪一种类型的调研，首先应当是由问题的性质所决定的。通常，调研人员在对所存在的问题的性质和范围认识不清时，总是先从实施探测性调研开始。但是，如果调研人员一开始对所研究的问题就有明确的认识，也可以一开始从描述性调研或因果性调研开始；如果已经有了描述性调研与因果性调研的基础，自然也可以直接进行预测性调研。

但是，几类不同调研之间的区别既不是绝对的，也不是相互排斥的，在许多市场营销调研项目中，它们是互相补充的。特别是当所研究的问题比较复杂时，我们往往需要把多种形式的调研结合起来运用。例如，如果一家公司要求调研“为什么本公司的市场占有率低于预定的目标”，首先就需要进行探测性调研，界定问题的范围或产生所研究问题的原因，以及各种可能的答案。但是，如果想要最终解决问题，在探测性调研之后还需要进行描述性调研或者因果性调研；然后，缩小可能原因的范围，排除某些可能性较小的原因，得到最终的解决方案。不过，如果在描述性或因果性调研过程中发现了新的问题，也许又需要进行一项新的探测性调研了。

1.2.2 市场营销调研的应用

市场营销调研的方法和技术不仅可以应用于解决企业在营销中面临的各类问题，而且可以广泛应用于研究企业以及非营利性组织中所存在的各类其他管理问题。下面我们讨论目前国内外应用市场营销调研的方法和技术的主要领域及项目，以便把各种调研方法及其在实际管理问题中的应用结合起来进行分析。

1.2.2.1 市场需求和销售量的调研

在这方面，市场营销调研主要是对与销售活动和分销渠道有关的各类问题开展深入的研究，如辨认市场结构、决定购买行为和态度、度量市场的潜在销售量、分析公司销售资料和市场份额等。

【例1-5】在市场需求和销售量调研方面的成功例子有：

（1）对某一细分市场，如青少年药性化妆品市场进行分析研究，包括使用量、品牌偏好和市场的发展模式等。

（2）对某种消费行为和习惯，如从某地机场出发的旅客的旅行目的、动机和习惯等信息进行研究。

（3）对某行业某特定产品的市场前景进行预测分析。

（4）分析人员推销区域的划分、营销业务人员报酬政策的合理性。

（5）研究经销某一特定品牌产品的零售商的营销经验和行为。

（6）研究在某一地区开设一家零售商店的可行性。

（7）应用市场营销调研的方法，分析学生选择相应学校入学的原因。

（8）几家公司联合经营的工厂的选址研究。

1.2.2.2 公司经营业务调研

市场营销调研也广泛地用来对公司短期和长期的发展趋势进行分析和预测，对公司产品组合和多样化经营进行规划等。

【例1-6】在公司经营业务调研方面的成功例子有：

（1）分析和预测核电站设备的需求量。

（2）从市场营销调研的角度出发，对某些行业或企业的各种投资机会进行评价。

（3）分析和评价公司形象和知名度。

（4）研究批发商对相关公司的态度。

调研实践1-2

巧用调研，赢得大客户

一天，某地许多培训公司都接到了一家知名摩托车制造企业培训主管L的电话，要求提供销售类课程的清单，以便选择培训课程，制订培训计划。大多数培训公司都迫不及待地把培训课程清单传真给L先生。但有一家培训公司并没有这样做，而是打电话给L先生说："我们非常理解您的要求，不过，根据我们的经验，在没有了解贵公司的具体要求之前，发给您资料只会浪费您的时间。课程清单并不能让您了解课程本身的价值，不如先给您发一份营销培训需求调查表，您填好后给我。我请我们的资深讲师跟您作一次交流，再确定如何做。您认为如何？"L先生觉得很有道理，就同意了。

培训公司的讲师在根据营销培训需求调查表所提供的内容进行需求分析后，与L先生进行了一次电话沟通，谈到现有的信息对形成高水平的营销培训建议书仍嫌不足，提出了希望与对方的销售部经理、市场部经理和培训对象代表进行面对面访谈的请求。L先生也同意了。在作完这次面对面的访谈后，该培训公司提交了一份营销培训建议书给L先生。L先生自然觉得要比其他培训公司做得好，因此双方很快就签订了合作协议。

资料来源　程文. 需求调研“钓”出大客户［J］. 销售与市场（管理版），2004（7）：46-47.

【分析】调研实践1-2给我们提供了一个与调研实践1-1正好相反的案例，说明企业在谈判、投标和作任何正式决策前，只有事先做好市场营销调研，才能做到更有针对性，达到事半功倍的效果。

1.2.2.3　产品研究

市场营销调研可以成功地对老产品的改进、新产品的开发、产品包装以及有关服务的问题进行研究。

【例1-7】在产品研究方面的成功例子有：

（1）分析消费者对某种品牌产品的状况和对竞争品牌质量的看法。

（2）研究不同形式的包装的使用情况，以及消费者对不同包装的态度和看法。

（3）研究新产品扩大销售范围以后消费者的接受度以及分析和评价销售试验结果。

（4）预测新产品引入市场以后的销售量和盈利能力。

1.2.2.4　广告研究

市场营销调研广泛地应用于包括广告主题的选择、广告文稿的设计、广告媒体的选择以及广告费用的计划等问题的研究。

【例1-8】在广告研究方面的成功例子有：

（1）评价广告创意和文稿设计。

（2）研究和评价广告媒体的效率和费用。

（3）研究广告实施策略。

（4）研究和评价广告效果。

1.2.2.5　企业社会责任研究

市场营销调研还可以用来进行企业除了商业目标以外的对社会责任的研究。

【例1-9】在企业社会责任研究方面的成功例子有：

（1）研究消费者对分期付款购物的态度和行为。

（2）研究购买者实行某种购买保证计划的合理性。

（3）通过实地观察和事后的跟踪采访，研究消费者对政府强制使用的涉及公众安全的产品的态度和观点。

（4）研究和评价消费者对企业环保和雇佣计划的看法。

1.2.2.6　非营利组织营销活动研究

市场营销调研可被用来对政府、公共事业、非营利组织在营销活动中所遇到的各类问题进行研究。

【例1-10】在非营利组织营销活动研究方面的成功例子有：

（1）研究社会公共事业中定价对消费需求的影响，如调查快递费、自来水费和电信费用的调整对需求的影响等。

（2）研究消费者对国家贷款计划和政策的态度和看法。

（3）研究公众对各种社会公共事业的态度和看法，如对高速公路和公共交通系统规划的态度。

（4）研究消费者对政府机构如警察和消防系统的印象和态度。

1.3 市场营销调研行业

与大多数行业一样，市场营销调研行业是由行业供给者（市场营销调研的提供者）、行业需求者（市场营销调研的使用者）两部分所组成的。

1.3.1 市场营销调研的提供者

市场营销调研的提供者可以分为两大类：内部市场营销调研提供者和外部市场营销调研提供者。内部市场营销调研提供者是指企业本身的市场营销调研部。外部市场营销调研提供者种类繁多，各有特色。

1.3.1.1 企业市场营销调研部

多数大企业都有自己的负责市场营销调研工作的部门。有的企业会把市场营销调研和战略规划结合起来，设立一个部门；更多的企业是把市场营销调研看作营销计划或客户服务部中的一个部分。不过，企业中的市场营销调研部门的规模一般都相当小。除了极少数大企业外，大多数市场营销调研部门的作用并不是自己开展市场营销调研，而是充当市场营销调研项目的组织者，沟通企业内部的市场营销调研使用者与外部市场营销调研提供者双方之间的联系。

1.3.1.2 外部市场营销调研提供者

外部市场营销调研提供者几乎都是一些提供市场营销调研服务的专业化公司，其中既有一至几人组成的小公司，也有大型的全球性公司。它们所提供的服务也各不相同。外部市场营销调研提供者可以被分为以下几种类型：

（1）大型市场营销调研公司

一些国际化的大型市场营销调研公司能够提供市场营销调研的全程服务，服务内容包括从问题的定义、调研方法的确定、问卷设计、抽样、资料收集、资料分析和解释，到报告的撰写和汇报。尼尔森IQ公司[①]非常有名，主要为日用杂货、保健品与美容品、其他易耗品与耐用消费品的制造商和零售商提供消费者购买行为的测评及相关的研究。

① 2020年尼尔森被拆分为Nielsen Global Media和Nielsen Global Connect。Nielsen Global Connect于2021年被Advent International收购，更名为尼尔森IQ（NielsenIQ），成为一家独立公司。

(2) 辛迪加服务公司

这些调研公司采用抽样调查、固定样本连续跟踪调查、扫描仪和审计等方法，收集具有商业价值的信息，经过整理后提供给多个订阅的用户。它们主要处理的是有关大众媒体与产品变动方面的数据，提供很多公司共同需要的信息，使得每一个需要这类信息的用户只要花费较少的费用就能得到所需要的信息。

(3) 提供定制化调研服务的公司

这类公司根据某个客户的具体要求，专门提供定制化的种类繁多的调研服务。其数量最多，但其中绝大多数规模较小，一般都是为当地企业服务的。

(4) 现场调研服务公司以及其他提供专项服务的辅助性公司

现场调研服务公司是一些专门通过邮寄问卷调查、个别访谈、电话调查、网络调查等方法收集数据的专业化公司。这类公司的业务都是从大型市场营销调研公司转包而来的。其他提供专项服务的辅助性公司包括专门提供编码和录入等资料处理服务的公司、提供资料分析服务的公司。

除此以外，某些政府机构、经济研究部门、大学研究机构、行业协会及其他机构的调研部门尽管不真正属于市场营销调研行业，但是也常常组织和实施一些市场营销调研项目，为需要市场营销调研信息的部门和企业服务。

1.3.2 市场营销调研的使用者

1.3.2.1 企业

企业营销部门是市场营销调研最主要的用户。营销经理们需要依靠市场营销调研的结果来明确目标市场，估计目标顾客对公司不同营销组合将产生什么样的反应，寻找公司产品最合适的定位，对所实施的营销策略作出评价和提供改进的方法。

企业内需要使用市场营销调研结果的远不止营销部门，还有新产品开发部门。新产品开发从新产品创意的获得、产品概念的筛选、产品测试，一直到试销，整个过程都需要市场营销调研活动的支持。此外，制造部门需要利用市场营销调研结果来了解用户对产品的评价及质量改进的方向；企业财务部门要依靠市场营销调研数据来预测今后1～3年的销售收入和利润；人力资源部门可能要求市场营销调研部门对自身的员工进行多方面的调查，以便进一步提高客户服务质量。

不仅企业职能部门需要利用市场营销调研，而且企业的高层管理者经常需要利用市场营销调研。高层管理者在进行重大的投资决策时需要利用市场营销调研提供可行性分析的依据。他们还需要根据市场营销调研部门所提供的顾客满意度资料对现有业务部门和有关人员作出评价。

除了企业内部的部门和人员需要利用市场营销调研外，企业的供应商也常常需要利用市场营销调研。制造商会把顾客对零部件的意见反馈给供应商，以便供应商及时改进产品和提高顾客满意度。

宝洁公司的业绩一直为世人所关注称道。如果细究它成功背后的原因，重视市场营销调研无疑是最重要的因素之一。调研实践1–3给我们提供了这方面的一个有力证据。

调研实践1-3

1.3.2.2 广告公司

广告公司为了保证广告设计和实施的针对性，通常需要以市场营销调研数据作为依据。它们可能自己组织力量实施市场营销调研，也可能直接向专门的市场营销调研公司购买市场营销调研的资料。

1.4 市场营销调研中的伦理道德

1.4.1 伦理道德的挑战

规范化的市场营销调研已经越来越成为在企业决策制定中为决策者提供所需要的信息、降低风险的最常用方法。调研机构、调研人员和调研对象之间的合作在市场营销调研活动的成功中起着决定性作用。但是，在过去的几十年时间里，市场营销调研活动日益受到伦理道德的挑战，其进一步发展受到了一定程度的影响。这类伦理道德的挑战主要体现在以下几个方面：

第一，调研委托方或者调研实施机构以调研为名，谋取自己的商业利益，日益引起人们的反感。有的调研委托方或调研公司缺乏诚意，隐瞒自己真正的调研目的，试图借用市场营销调研的名义达到自己其他秘而不宣的目的。某些公司借用市场营销调研的机会贬低竞争对手。另一些公司则把市场营销调研当作解决内部冲突或推卸责任的手段。最引起消费者反感的是某些公司借用市场营销调研活动来推销自己的产品。这样做的结果是使被调查者产生受骗上当的感觉。但是，消费者往往又分不清哪些是真正的调研，哪些活动中混合着推销，调研的真正目的又是什么，于是干脆越来越抗拒参与市场营销调研活动。此外，个别调研委托方为了获得调研计划，采取虚假招标的方式，请市场营销调研公司提供调研的方案，再据以自己另行组织力量实施调研。这种行为变相窃取了市场营销调研公司的智力成果，是不道德的行为。

第二，市场营销调研机构对调研信息的滥用侵害了消费者的隐私权。随着社会的发展，人们保护自己隐私的意识越来越强。而某些调研委托方和市场营销调研机构往往滥用调研结果，任意泄露被调查者的隐私，伤害了被调查者的感情。人们出于保护隐私的目的对市场营销调研产生抵制情绪。

第三，市场营销调研机构以不适当的方式强行要求人们参与调研。现代社会中人们的生活节奏越来越快，许多人也确实无暇参与市场营销调研活动。但某些市场营销调研机构往往强行要求人们参与调研，或开展不恰当的调研，或因多种原因在调研时浪费被调查者的时间。有些现场访谈人员为了留住被调查者，会故意隐瞒访谈所需要的时间，或故意少报时间，结果同样使受访者产生受骗上当的感觉。

第四，市场营销调研机构本身同样面临来自个别被调查者的伦理道德的困扰。由于人们的空闲时间越来越少，市场营销调研机构感到要找到一批愿意坦诚合作的被调查者已经不是一件容易的事了。许多被调查者尽管表面上没有拒绝参与调研，但是实际上并不愿提供真实的资料。另一些人则是委托别人来填写问卷，使得市场营销调研机构所获得的资料缺乏可信度。

由于上述原因，无论是从事市场营销调研的组织机构和作为被调查者的个人都必须充分考虑到市场营销调研中的伦理道德问题对成功地开展市场营销调研活动的影响。

1.4.2 有关各方的道德规范

1.4.2.1 调研委托方的道德规范

调研委托方首先必须坦诚地公开自己实施市场营销调研的合理目的；任何试图通过调研来实现自己不合理目的的行为都应当终止。假装开展市场营销调研、行推销产品之实的做法是一种不道德的行为，本身也是不可能成功的。调研委托方想要保证调研成功，在与市场营销调研机构合作中也应当报以真诚的态度。个别调研委托方采取虚假招标的方式窃取市场营销调研机构的智力成果的行为也是绝对不可取的，会遭到人们的谴责。最后，绝对要避免调研结果的滥用。

1.4.2.2 市场营销调研机构的道德规范

（1）对调研委托方的责任

市场营销调研机构对调研委托方负有下列责任和义务：

第一，充分保证调研活动的公正性和收集数据的精确性，准确、客观地向调研委托方报告所得到的结果。市场营销调研机构和调研人员不能为了迎合调研委托方的意图，故意在调研活动中使用诱导手段，更不应该通过更改数据或结果来夸大调研的发现或结论的重要性。这样做不仅违反职业道德，也会给调研委托方带来严重的后果。

第二，具有对相关信息保密的义务。对于调研结果，市场营销调研机构必须对第三方保密。同时，市场营销调研机构绝对不应向第三方泄露由于从事调研项目而了解的关于调研委托方的任何内部信息。

（2）对被调查者的责任

市场营销调研机构或调研人员对于被调查者负有下列责任和义务：

第一，尊重和维护被调查者的权利。

首先，被调查者有权为了维护个人隐私权而拒绝回答某些问题，因此，即使被调查者拒绝参与调研或中途退出调研，调研人员也应当尊重被调查者的这项权利，绝不能强行要求被调查者参与。为了避免这类情况的发生，调研人员应当千方百计地与被调查者建立融洽的关系；这样的话，即使被调查者对某些问题感到不满，也会顾及调研人员的面子坚持到访谈结束。

其次，即使被调查者出于对调研人员的尊重而回答了有关问题，调研人员也有义务对回答结果和身份保守秘密。市场营销调研机构对调研所获得的数据只能用作分析，不能作其他用途。

第二，诚实地告知有关的信息。调研机构在调研过程中应当告知被调查者调研目的、调研委托方的身份以及调研结果的用途等真实信息。

1.4.2.3 被调查者的道德规范

被调查者在市场营销调研中具有维护自己隐私的权利，具有决定参与还是不参与以及究竟回答哪些问题的权利，还具有获知调研的真实目的以及了解调研结果的权利。但是，他们也有保持诚实的义务。如果被调查者同意参加调研，他们就应当诚实地提供真实的答案。由此可见，被调查者不应当为了获得某些纪念品或不愿当面拒绝而同意接受调研，但又不负责任地提供虚假信息，这种做法是不能被接受的。

拓展阅读1-2

素养园地

毛泽东重视调查研究

毛泽东同志是我们党重视调查研究的杰出代表。早在青年学生时代，他就开始调查研究。1917—1918年，毛泽东先后到湖南的长沙、宁乡、安化、益阳、沅江、浏阳等地进行“游学”式考察。这加深了他对中国国情的认识，并激发了他的革命热情。五四运动后，随着马克思主义在中国的广泛传播，毛泽东开始自觉运用马克思主义理论指导调查研究。其在《中国社会各阶级的分析》（1925年）和《湖南农民运动考察报告》（1927年）等就是伟大的马克思主义文献。1926年，他通过调查研究获取了大量的第一手资料，撰写的调查报告《中国佃农生活举例》被选为“中央农民运动讲习所”生动的教材。

随着中国革命形势的不断变化和发展，毛泽东反复强调调查研究问题。在井冈山时期，他先后进行了宁冈、寻乌、兴国等8次较大的调查研究。延安时期，为了使全党充分认识调查研究的重要性，毛泽东先后撰写和起草了《关于农村调查》《改造我们的学习》《中共中央关于调查研究的决定》等系列文章和文件。其中，毛泽东在1941年为《农村调查》写的序言和跋中强调“没有调查就没有发言权”，调查研究是了解实际情况的基本方法。他提出调查要“眼睛向下”，虚心向群众学习；要“开调查会”，邀请有经验的基层人员座谈。这些论述深刻阐明了调查研究作为马列主义理论与中国革命实践相结合的关键方法的重要性。1941年5月，毛泽东在《改造我们的学习》中又提出：在全党推行调查研究的计划，是转变党的作风的基础一环。随后，他逐步把调查研究活动推到全党范围内，并广泛应用于抗日战争、解放战争的伟大实践中。

中华人民共和国成立后的十多年间，毛泽东仍十分重视调查研究，大小调研上百次。

资料来源 何成学. 毛泽东重视调查研究［N］. 人民日报，2017-07-18（18）.

本章小结

市场营销调研简单地说是获取营销决策所需要信息的规范化方法或活动。市场营销调研具有三种功能：描述功能、诊断功能和预测功能。企业在制定经营决策中，问题的辨认、选择和解决都需要借助市场营销调研所提供的信息。企业为了更好地制定决策，需要建立营销信息系统。企业营销信息系统是由内部资料记录系统、市场信息系统、信息分析系统和市场营销调研系统所组成的。

市场营销调研可以分为四种类型：探测性调研、描述性调研、因果性调研和预测性调研。不同类型的市场营销调研之间既有差别又有联系。企业针对所面临的具体问题，决定需要开展何种市场营销调研是市场营销调研能否达到预定目标的关键之一。

市场营销调研在许多领域都有广泛的应用，并取得了成功。市场营销调研已经形成由供给方和需求方所组成的一个完整的行业，也面临伦理道德的挑战。为了促进市场营销调研的健康发展，市场营销调研有关的各方，无论是调研委托方、调研机构还是被调查者，都应当遵守与市场营销调研有关的道德规范。

主要概念

描述功能　诊断功能　预测功能　营销信息系统　内部资料记录系统　市场信息系统　信息分析系统　市场营销调研系统　探测性调研　描述性调研　因果性调研　预测性调研　横向调研　纵向调研

基本训练

◆ 知识题

1. 说明市场营销调研的含义及功能。

2. 分析说明市场营销调研与企业管理决策之间的关系。

3. 说明企业营销信息系统的构成以及每一部分的功能，并说明各部分与市场营销调研之间的关系。

4. 比较探测性调研、描述性调研、因果性调研以及预测性调研在调研目的、调研对象和调研手段等方面的差异。

5. 比较横向调研与纵向调研之间的差异。分别举一个需要采用横向调研与纵向调研方法来解决的市场营销调研例子。

6. 分析说明市场营销调研面临哪些伦理道德的挑战。

◆ 技能题

1. 假如A公司计划在某地区内开设一家零售商店或服务机构。这家商店所销售的商品或提供的服务正是你所感兴趣的，如食品、保健美容品或家电维修等。要求：

（1）开设这样一家商店或服务机构需要研究哪些问题、收集哪些资料？可以从哪些地方获得所需要的资料？

(2) 提出一份简要的市场营销调研计划。

2.选定某一具体企业，调研该企业是否建立了营销信息系统。如果有，分析营销信息系统的各部分构成，以及它们与市场营销调研之间的关系；如果还没有，请根据企业目前的组织结构状况提出构建企业营销信息系统的方案建议。

3.查阅有关报纸，找出一篇以调研结果为基础的文章。要求：

(1) 说明作者所实施的市场营销调研的类型。

(2) 作者是否说明了所采用的收集资料的方法?

(3) 这项调研对于管理决策制定的作用是什么?

4.说明下列调研各属于探测性调研、描述性调研、因果性调研还是预测性调研，并简单说明理由：

(1) 有关《家庭生活》杂志读者的人口统计方面的特征的调研；

(2) 有关某种家电商品在一个实验市场上进行营销实验的调研；

(3) 有关两种包装设计中消费者认为哪一种更现代化的市场营销调研；

(4) 有关当地超市近来销售额下降原因的调研。

5.举例说明市场营销调研中可能存在哪些不道德行为，并由此讨论市场营销调研人员对于调研委托方和被调查者所负有的义务。

◆ 能力题

刘智健是一家大型服装企业的连锁管理中心主任。鉴于外部市场的发展和企业内部实力的积累，企业计划明年的连锁专卖店数量增长50%。刘智健需要制订一份业务拓展计划。为了降低经营风险、保证业务拓展计划的顺利实现，刘智健觉得业务拓展计划应该包括开展市场营销调研，以提供业务拓展所必需的信息和保证业务拓展计划成功的内容。要求：

(1) 刘智健应该开展哪些内容的市场营销调研?

(2) 这些市场营销调研能够帮助刘智健所在的企业解决哪些问题?

第2章　市场营销调研的计划与实施

学习目标

◆ 理解和解释影响市场营销调研设计的可能误差；掌握市场营销调研设计的方法和步骤；了解市场营销调研项目的组织实施方法；了解确定市场营销调研项目预算的方法；掌握如何评价市场信息价值的方法。

◆ 能够对于自己调研还是委托调研进行分析和评价；能根据市场营销调研预算方法来编制具体调研项目的预算；分析和评价具体调研项目信息的价值。

◆ 撰写简单的调研项目建议书或合同；分析和确定实际调研问题的预算和价值。

引　例

青竹茶馆应当怎样制订调研计划

“青竹”是某地一家提供茶水、休闲食品和水果等服务的大型茶馆，成立于20年前。由于茶馆的地理位置十分优越，交通方便，闹中取静，再加上装修讲究、服务周到，曾是当地最受欢迎的茶馆之一。不仅每个周末顾客来茶馆都必须事先订座，而且周一至周五茶馆也人头攒动，一派繁忙景象。但是从一年多以前开始，茶馆的客流量明显减少，现在的客流量几乎不到以前正常客流量的一半。

茶馆老板也曾大致了解过其他同行近年的经营情况，发现今年茶馆业的销售收入普遍有所下降，但是比较起来，其他茶馆没有像青竹茶馆衰退得这么快。

据初步分析，青竹茶馆顾客减少的原因可能如下：一是相近行业新出现的竞争者分流了部分顾客。当地15年前开始出现咖啡馆，10年前出现一批酒吧，8年前又兴起了几家交友吧。这些新店尽管开始时都非常艰难，但是慢慢地凭借精美的装修、良好的内部氛围、便捷的地理位置和特色的定位，站稳了脚跟，开始兴旺起来，从茶馆这里夺走了部分顾客。二是当地茶馆的顾客类型和结构发生了变化，部分老顾客不再光顾茶馆，而开始寻求新的消费方式。三是当地茶馆顾客对青竹茶馆的看法发生了变化，茶馆的形象不再能满足消费者的要求。

为了留住老顾客、吸引新的顾客，茶馆看来需要获得以下几个方面的资料：

(1) 目前当地茶馆的顾客群体是哪些人？他们究竟有什么特点？

(2) 这些茶馆消费群体的光顾动机都有哪些？

(3) 茶馆市场整体上是否都在衰退？茶馆业中的其他同行们是否推出了新的竞争性

举措，从青竹茶馆拉走了部分顾客，从而加速了青竹茶馆顾客的减少？

（4）咖啡馆、酒吧和交友吧等休闲场所吸引当地顾客的主要原因是什么？他们究竟是夺走了茶馆顾客还是吸引了一批新的顾客？

茶馆老板李大光整理了一下自己的思路，发现开展一次市场营销调研是必要的，而且调研所涉及的问题还不少，十分需要事先制订一份调研计划来保证调研达到预期的目标。他准备先找一家专业调研公司或咨询公司沟通，请其编写一份调研计划，再一起探讨如何实施这项调研。

资料来源 由本书第一作者胡介埙撰写而成。

要保证市场营销调研取得预期的效果，就必须对整个市场营销调研活动进行合理的计划和有效的组织实施。市场营销调研的整个计划、组织和实施过程要保证在合理的投入情况下，尽量避免和减少各种误差，获得尽可能准确的信息。本章首先讨论可能影响调研结果的各类误差；再介绍编制调研计划的各个步骤；接着讨论市场营销调研组织实施中的问题；最后具体研究如何评价市场信息价值，以便解决某个调研项目是否值得实施的问题。

2.1 市场营销调研过程的计划

2.1.1 市场营销调研设计以及误差

2.1.1.1 市场营销调研设计的含义和特点

市场营销调研是由一系列的步骤所组成的，每一个步骤对于调研所花费的时间、支付的费用以及最终结果都会产生一定的影响。为了保证调研达到预期的目的，事先就应当对整个调研实施过程进行计划，即进行市场营销调研设计。市场营销调研设计（market research design）是指规定市场营销调研中为解决问题所必需的收集和分析资料的程序。在满足对信息精度要求的情况下，市场营销调研人员要使所获得信息的期望价值与获得信息所支付的成本之差最大化。

市场营销调研设计具有如下几个特点：

① 市场营销调研设计的最终目的是帮助决策和解决问题，因此，对问题的明确定义是市场营销调研设计的前提。

② 市场营销调研设计要规定一系列市场营销调研中所采用的具体研究方法，如界定问题的方法、收集和分析资料的方法、度量信息的方法等。

③ 市场营销调研设计是以希望获得信息的期望价值和为获得信息所支付的成本之差最大化为依据的。这就意味着需要对信息的期望价值和支付成本进行估算。信息的期望价值是通过改进决策的效果来反映的。只有在信息的期望价值远远超过其成本时，市场营销调研设计才是有意义的。

④ 市场营销调研设计要处理希望获得信息的质量与获取成本之间的关系。对于同一个问题，可以得到不同精度的信息，所需要的相应成本也是不同的。信息的精度受到一系

列潜在误差的影响。市场营销调研设计的目标并不是产生可能的最精确信息；相反，是要产生相对于信息的成本而言最有价值的信息。因此，市场营销调研设计的基本目标之一是在给定的预算之下，使信息的精度达到最大，或者说使潜在的误差保持最小。

2.1.1.2 市场营销调研设计中的常见误差

在市场营销调研设计时首先要考虑可能产生的各种误差，只有这样才能保证市场营销调研设计结果的合理性。在市场营销调研过程中与市场营销调研设计有关的常见误差如下：

（1）替代误差

替代误差是指解决问题真正需要的信息与调研人员实际使用的信息之间的差异。例如，市场营销调研中如果用过去的行为来预测将来的行为，或者用被调查者口头上的品牌偏好来代替购买中的实际偏好，就可能产生替代误差。解决某一问题所需要的信息是在研究问题的定义阶段确定的，因此，要使替代误差达到最小，就应当对问题所需要的信息进行准确的定义。

（2）测量误差

测量误差是指调研人员所需要信息的真实值与测量所得到的观察值之间的差异。造成测量误差的原因有很多，往往难以控制。市场营销调研设计要尽可能地保证在适当时间，用合理方法和手段对正确的对象进行测量，从而尽可能地减少测量误差。

（3）实验误差

实验可以用来度量一个或几个自变量的变化对某个因变量变化的影响。然而，实验结果总是受其他多个自变量变化影响的。如果希望通过度量实验的结果来决定某一自变量变化的影响，就会产生一定的实验误差。

（4）总体选择误差

这种误差是由准备从中收集数据的总体确定不当所引起的。无论哪一类调研，总体确定不当都会引起严重的问题。例如，在对某一类机械设备的购买对象进行调研时，人们多半只调研有关公司的采购部门。但事实上，在许多公司中，采购部门只能决定买与不买，具体购买何种品牌的设备往往是由实际操作人员所决定的。如果这样，调研总体就应当包括实际操作人员。

（5）抽样框架误差

抽样框架误差是指抽样时所依据的总体中个体的清单。理想的抽样框架应当是总体中的每个个体都出现一次，且只出现一次。不过，受实际条件的限制，抽样框架往往是不完全或可能有重复的，这就会引起抽样框架误差。

（6）抽样误差

在采用随机抽样方法时，抽样误差是经常产生的。这是由运用随机抽样方法时抽取了没有代表性的样本所引起的。本书第7章将专门介绍抽样误差。

（7）非随机抽样的选择误差

这是由于不采用随机抽样方法来抽取样本时，得到的样本缺乏代表性。选择误差是非随机抽样中的主要问题。

（8）回答误差

回答误差是指被调查者所提供的调研答案中，特别是在面对面的询问调研中，由于参加调研的双方产生误解或者其他原因，被调查者所提供的答案并不能全部反映他们的真实观点而引起的误差。回答误差主要是由如下不同原因所引起的：一是默认误差，是指有的被调查者很容易接受别人的观点，倾向于同意所提问题而产生的误差。二是极端-中心误差。某些人常常喜欢极端的选择，而另一些人又倾向于中庸之道，选中间选项，由此造成误差。三是调查访谈人员与被调查者相互影响所引起的误差。双方之间的相互影响可能使被调查者给出不真实或修正过的答案，从而产生误差。四是调查主体误差。被调查者在回答问题时常常会考虑到委托调查的主体是谁。如果委托调查的是某些权力部门，被调查者可能考虑到要求对回答结果负责从而给出不真实的答案。五是社会期望误差。许多被调查者希望自己在调查人员前面树立良好的形象，会给出调查方所期望的答案，而不是真实答案。

本书第4章也将介绍回答误差的有关内容。

(9) 不回答误差

这是由于调查人员无法与所有样本联系，或者某些样本不能或不愿意回答部分或全部问题所引起的误差。某些被调查者特别难以联系上，另一些人又可能不愿意合作，还有些人则是对所调查问题不感兴趣。这些都使得我们无法得到所选定样本的全部调查资料，从而引起误差。事实上，那些没有给出回答的被调查者与已经回答的被调查者之间往往在某些方面是不同的。我们在简单地把调查所得到的结果看作调查结论时，就会产生误差。本书第4章也将介绍不回答误差的有关内容。

2.1.1.3 减少潜在误差的策略

在市场营销调研中，要减少各种潜在误差可以采取如下策略：

(1) 通过有效的市场营销调研设计使单个误差达到最小化

减少单个误差的方法有很多，如增加样本（成本也会随之增加）、把随机抽样改为分层抽样。在决定抽样方法时，首先要在预算约束之内选择适当的研究方法，使得单个误差达到最小。当然，这需要正确的判断以及富有创造性的、完美的分析方法。

(2) 通过误差之间的折中权衡使总误差最小

在市场营销调研预算一定的条件下，调查者可以花费较多的资金选择一个较大的样本使抽样误差大大减少，但是，由于所剩资金有限，就不可能对不回答者进行多次调查了。因此，市场营销调研人员也可以减少初始抽样的样本数，留下部分资金对不回答者进行多次跟踪调查。这样，尽管初始样本变少了，但不回答误差可以大大减少。由此可见，在市场营销调研设计时要权衡各种误差，以便减少总误差，提高最终结果的精确度。

(3) 度量和估计误差的大小和影响

要消除所有可能的误差是很难的，忽视可能的误差是不合理的，正确的方法是度量和估计误差的大小和影响，使市场营销调研人员清楚每一类潜在误差的大小和影响程度。如果某个指标的单个误差或总误差很大，就应当通过市场营销调研设计减少它们，或在分析资料时考虑到误差的影响。

2.1.2 市场营销调研设计的程序

市场营销调研过程和方法的设计牵涉到很多相互关联的决策，要涉及对市场营销调研方法的选择、对市场营销调研中所提出问题的选择、对调研对象的选择，以及对调研所得到的具体结果进行分析和评价的方法的选择。同时，市场营销调研设计受到时间和预算的制约。市场营销调研设计需要把与市场营销调研过程有关的各个要素和谐地组合在一起，保证实现调研的总体目标。

在对市场营销调研过程进行计划和设计时，应当注意，市场营销调研设计的各个步骤并不一定具有前后相承的顺序关系，有时几个步骤是互相关联的，而且经常可以同时进行。但是，为了叙述和系统地理解的方便，我们按照设计一个市场营销调研项目时所要作出的有关决策的一般顺序来说明市场营销调研设计的各个步骤。

2.1.2.1 定义问题和确认调研目标

市场营销调研设计的第一步是确定整个市场营销调研的目标。市场营销调研目标能为市场营销调研设计提供指导，其确定是通过定义问题来实现的。实际上，定义问题是市场营销调研设计过程中最关键的部分。如果问题定义得不明确或者错误，调研所产生的结果就可能没有任何价值。定义问题阶段的任务包括精确地决定管理所面临的问题和决策以及明确希望通过调研来解决的决策问题的信息是什么等。定义问题包括相互联系的如下步骤：明确问题，分析状态，发展模型、形成假设并确认目标，以及确定所需要的信息。

调研实践2-1说明早在调研计划阶段就正确定义调研目标的重要性。如果一开始的目标定义就不正确，则随后实施中的更多努力可能付之东流。这也正是某些调研项目未能取得成功的原因。

调研实践2-1

（1）明确问题

明确问题常常又称界定问题，其基本目标是保证市场营销调研所选择的正是决策制定者所关心的管理问题，也是公司经营中面临的最重要的问题。明确问题是找出问题的原因和解决方法的前提。如果选择了一个错误的管理问题作为调研对象，则市场营销调研很可能无法为管理提供有用的信息了。

人们总认为管理者清楚地了解公司管理中存在的问题，其实不然，管理者也许要求对一个还未明确定义的问题进行研究，而更经常遇到的情形是，管理者自己也无法明确说明问题究竟出在哪里。因此，调研人员在这一阶段的基本任务是协助管理者认识所面临的问题，使双方达成共识，并明确想要通过调研来解决的问题究竟是什么。

要使调研达到预期目标，调研人员要努力使明确的问题尽可能地具体。因此，明确问题本身是一项需要创造性的活动。例如，一家投资咨询公司为了开拓市场，需要研究“本市的投资者都有哪些特征”这样一个问题。如果把这个问题换成“本市的房地产、证券和贵金属的投资者各具有什么样的生活方式和态度特征”可能更合适一些，因为这种新的明确问题的方式使问题本身更加具体，暗示了要调研的对象和内容，为调研设计提供了帮助。

拓展阅读2-1告诉我们，要正确定义调研目标，调研人员必须与调研委托方或决策者进行深入沟通，就存在问题和要达到的目标尽可能取得一致意见，保证所确定目标的合理性。

拓展阅读 2-1

（2）分析状态

分析状态的重点是明确那些影响前面所叙述的管理问题的变量状况。分析状态既可以进一步明确问题，提供与问题有关的足够的资料，也可能说明最初所提出的问题根本不是问题或者完全是另一个问题。

分析状态可以从以下方面着手：一是分析现实的困难，是指分析引起所研究问题的表面上的原因和困难。二是分析潜在的困难，是指分析目前还未明确感受到的但可能逐渐显示出来的潜在困难。三是机会评价。机会是困难的另一种更微妙的表现形式，失去机会对公司的发展将会产生严重的影响。公司应当持续地评价各种机会。随着社会的发展，公司在机会评价中应当特别重视由于人们对生态平衡、环境保护和生活环境质量的要求和兴趣日益提高而带来的各种机会。

（3）发展模型、形成假设并确认目标

一旦调研人员对问题有了充分的了解，就应当尽可能清楚地明确决策者们心目中的问题状况模型。所谓的问题状况模型是对所希望的结果、相关的变量以及变量与结果关系的描述。这种描述往往是以提出假设为基础的。所谓假设，实际上是对所调研问题的各种可能答案的说明，从而通过调研决定哪一种答案是正确的。要使假设起到帮助理解问题和解决问题的作用，所提出的假设要具体，不能过于笼统。当然，要提出假设也是不容易的，并不是在任何情况下都可以提出适当假设的，但是，努力提出假设对发展模型是很有价值的。

拓展阅读 2-2 说明，在调研设计阶段作合理假设的必要性，以及如何作出合理的假设。实际上，合理的假设为我们提供了调研方向以及进一步行动的必要依据。

拓展阅读 2-2

市场营销调研中所提出的假设通常有两种形式：一是陈述性假设；二是对各种可能的行动方案的假设。陈述性假设是市场营销调研人员根据对所研究资料的分析判断提出的假设。例如，市场营销调研人员经初步分析后得出，产品销售量的下降主要是由质量下降所引起的。这就是一个陈述性假设。陈述性假设一定要与研究目标有密切联系才有价值。对各种不同行动方案的假设目的是从中选择最合适的一个行动方案。这类假设要求陈述各种可能的不同行动方案，以便研究每个方案的细节，用来判断某个方案是否优于或者劣于其他方案。

市场营销调研人员想要发展模型、形成假设，首先必须了解决策者们对下列问题的看法：

① 通过市场营销调研希望达到什么目标？

② 决定目标能否达到的变量有哪些？

③ 变量与目标之间的关系是什么?

值得注意的是，决策者们自己对这些问题往往也没有明确的想法，可能仅仅有一些肤浅的感觉而已。这时，他们就不可能提供所需要的有用信息。有时，决策者本人也许不愿意回答上述问题。在上述情形下，市场营销调研人员就无法了解到公司究竟想干什么，这时就应当设法了解在给定情况下，公司应该做什么、能够做什么，至少是可能做什么。

市场营销调研人员不应当满足于决策者和经理们理解的问题模型，而应当努力发展一个更可靠的决策模型，来确定影响结果的那些最重要的变量是什么。在市场营销调研设计阶段，至少有两类信息可能是有用的：一是那些与分析状态直接相关的二手资料；二是与所研究问题密切相关的案例分析资料。市场营销调研人员应当与了解问题状况的人进行讨论，尽可能地收集与上述两类信息有关的资料。

(4) 确定所需要的信息

市场营销调研本身并不能提供解决方法，只能为决策者提供与所面临决策有关的信息。具体的解决方法需要决策者的分析、判断和创造性。因此，定义问题过程的结果必须清楚地说明，为了实现市场营销调研的目标，哪些具体信息有助于决策者制定决策。到这一阶段结束，市场营销调研人员应当列出一份与问题相关的变量清单，并且初步了解这些变量之间可能存在的关系。

2.1.2.2 确定信息的价值

市场营销调研人员应当始终明确，市场营销调研设计的目的是使信息的价值极大化。如果为取得信息所支付的成本超过信息本身的价值，为获得信息而进行的任何活动就都是毫无意义的。若要得到某种精确度的信息受到信息价值的限制，则可以通过产生与整个决策有关的信息来提高整个市场营销调研项目的价值。这种方法尽管会导致更复杂、更昂贵的市场营销调研设计方案，但由此所产生的附加信息的价值可能大大超过附加成本，使市场营销调研活动变得更有意义。

2.1.2.3 选择资料收集的方法

市场营销调研中所使用的资料，从收集角度看可以分为两大类：

(1) 二手资料

二手资料既可以是公司内部的，也可以从公司外部收集得到。对现成二手资料的搜集、分析和研究所进行的调研活动，通常被称为文献调研或案头调研。

(2) 一手资料

一手资料又叫原始资料，可以通过询问、观察、实验或其他一些调查方法来获得。询问调查又可以分为个人访谈、电话调查、邮寄问卷调查和互联网调查等方法。观察调查法收集资料也有多种不同的方法。利用实验方法来收集资料既可以通过实验室的实验来获得，也可以通过销售现场的实验来收集。此外，调研人员可以通过焦点群体访谈和深度访谈等方法来收集所需要的资料。

资料收集方法的选择是市场营销调研设计的关键之一。尽管创造性和判断在此起着重要的作用，但是，关于收集资料方法的决策在一定程度上也受到所需要信息的类型、信息价值和研究经费的限制等影响。探测性调研、描述性调研和因果性调研之间的差异对资料收集方法的选择也有影响。调研人员在决定信息收集方法时，综合考虑上述因素是必要的。在某个问题的研究中，往往不会单独采用一种资料收集方法，而是把几种不同方法结合起来应用，来满足市场营销调研要求。

2.1.2.4 选择度量技术

选择好资料收集的方法以后，市场营销调研人员还必须决定信息度量的方法。在设计调查问卷和用其他方法测量被调查者的态度时，市场营销调研人员都需要以度量方法为基础。市场营销调研中要用到一系列的信息度量技术，特别是态度和心理信息的度量技术。

与决定资料收集方法时一样，信息度量技术的选择是由所需要信息的特点、价值所决定的。信息度量技术的选择与资料收集方法和抽样方法的选择都有关系，因此，在选择适当的度量技术时需要同时考虑市场营销调研设计的其他步骤的特征。

根据市场营销调研目的，确定好收集资料的方法和信息度量技术，市场营销调研人员就可以着手设计调查问卷了。

2.1.2.5 抽样选择

大多数市场营销调研总是进行抽样调查，而不是全面调查。调查总体通常是在定义问题阶段就规定好了的。抽样选择既要决定抽样方法，也要确定抽取样本的数量。因此，抽样选择与市场营销调研设计中的其他几个步骤也是有关的。

2.1.2.6 资料分析方法的选择

资料只有经过分析才有用。分析包括把一组观察和记录的数据转变为对关系的描述、说明或推断。可以采用的分析方法依赖所采用的抽样选择方法、信息度量方法和资料收集方法。

市场营销调研人员应当掌握各种可利用的资料分析方法的作用和限制，从而选择合适的资料分析方法，以便从研究资料中得到尽可能多的信息和启发，避免产生误解和错误。

市场营销调研人员必须在收集资料前就选择好资料的分析方法。选择好分析方法以后，市场营销调研人员就可以拟定一些假想的回答，通过分析这些虚拟资料来看看分析的结果能否提供解决问题所需要的信息；否则，就要考虑采用其他的资料分析方法。

2.1.2.7 估计市场营销调研项目的时间进度和费用

市场营销调研设计必须估计完成市场营销调研项目所需要的时间和经费。这两者之间往往存在一定的联系。有时，时间和费用是可以互相转换的。为了对研究进度进行有效的控制，可以采用计划评审技术（Program Evaluation and Review Technique，PERT）和关键路径法（Critical Path Method，CPM）对研究过程各个阶段的先后顺序进行优化。先把市场营销调研项目划分为一系列的活动，确定这些活动的先后顺序和完成每项活动所需要花费的时间，然后找出关键路径，进行重点控制和优化管理。在应用计划评审技术的基础上，进一步增强完成每项活动所需要的时间与费用之间的联系，就可以进行时间-成本分析，决定最佳的完成时间和费用预算。

2.1.2.8 准备市场营销调研计划或项目建议书

市场营销调研设计最终要为市场营销调研人员提供一个实施和控制市场营销调研项目执行过程的蓝本或指南，这个指南就是市场营销调研计划或项目建议书，通常向本单位领导提交的被称为市场营销调研计划，向外部委托方提交的被称为项目建议书。编写市场营销调研计划需要花费一定的精力，通常要花费市场营销调研项目总费用的5%～10%。

书面的市场营销调研计划保证了决策者与市场营销调研人员之间对面临问题所需要的信息和研究方法认识的一致性。在大多数公司中，市场营销调研经费总是相对缺少的，因此，市场营销调研人员必须能够向决策者表明，市场营销调研项目的费用也将产生和其他投资项目一样高的回报率。不过这并不是说，市场营销调研人员应当过高地估计市场营销调研项目的价值或提高预算；问题在于，调研人员最了解市场营销调研项目对公司的价值和贡献，应当把自己的观点尽可能准确地传达给决策者。

市场营销调研计划实际上是实施和控制项目执行过程的计划或建议书，对市场营销调研设计过程进行总结。在原则上，市场营销调研计划应当包括的主要内容是：

（1）市场营销调研活动的综述

市场营销调研计划要对整个市场营销调研项目的实施和控制过程进行概述，要保证即使某些人只读了这一部分的内容，也能够了解整个市场营销调研项目的基本情况。

（2）市场营销调研的目的和范围

要说明市场营销调研所面临的管理上的问题是什么、问题产生的原因是什么、要达到什么样的目的、将要市场营销调研的决策方案又是什么。

（3）市场营销调研的目标

要根据市场营销调研所要回答的问题，明确需要得到哪一些信息（这些信息必须是与管理上的问题明确相关的）。

（4）市场营销调研的方法

说明市场营销调研中主要使用哪一些方法，本市场营销调研项目所采用的方法相对于其他调研方法的优缺点是什么。要明确规定市场营销调研方法的主要内容，如抽样大小、提高市场营销调研质量的控制手段和数据收集方法等。关于调查问卷的形式、抽样选择的方法等细节可以放在计划书的附录中。

（5）时间和费用的估计

对时间的估计包括对完成调查资料的日期、报告草案完成的日期和最终报告提交的日期等的估计。对费用的估计包括对市场营销调研人员的人工费、差旅费、办公费以及对被调查者的补偿费和咨询委托费等的估计。

（6）附录

凡是规定市场营销调研过程中有关技术细节的内容一般都放在整个计划书的最后，作为附录。

调研实践2-2

市场营销调研项目建议书范例

A公司为了进一步开发某省儿童饮料市场，委托B市场营销调研公司进行一项市场营销调研。在具体实施这一项目前，首先由B公司向A公司提交了一份市场营销调研项目建议书，内容如下：

市场营销调研项目建议书

一、市场营销调研的目的

为了配合A公司开发某省儿童饮料市场，B市场营销调研公司受托开展一次某省儿童饮料市场的调查研究。B市场通过调研某省儿童饮料市场的需求特点和发展趋势，分析市场上现有主要产品的营销特点，特别是要研究A公司儿童饮料产品的促销效果和市场竞争力，进一步优化A公司产品的营销策略和促销方法，提高营销的总体效果和市场竞争力。

二、市场营销调研的具体目标

（1）研究某省儿童饮料市场对现有市场上主要的儿童饮料品牌的反应、近期消费需求的变动趋势及市场潜力。

（2）分析和总结目前某省市场上儿童饮料产品的营销策略特点，着重研究这类产品销售渠道的现状，评价不同的批发商和零售商在这类产品营销中的地位、作用和特点。

（3）分析和评价A公司的××产品促销活动的效果和目标顾客的反应，评价这一产品的市场竞争力，并探索其原因。

（4）在此基础上，评价××产品的市场定位和营销策略的合理性，并提出改进建议。

三、市场营销调研的内容和方法

（1）分析市场上各类儿童饮料产品的发展趋势及儿童消费者的反应，研究儿童饮料产品和市场需求的发展趋势。

（2）通过分析市场上现有的主要儿童饮料产品的产销资料以及对中间商和儿童消费者的典型调查，研究市场上现有主要产品的市场份额及消费者的购买意向。

（3）研究市场上现有儿童饮料产品成功与失败的原因，探索现有各主要产品的营销特点和策略。

（4）研究某省儿童饮料市场的销售渠道和促销特点，评价各类中间商和各种促销手段的地位、作用和营销效率。

（5）在目标顾客——儿童、家长以及经销商中间，通过典型调查，研究A公司儿童饮料产品的形象、产品定位、促销效果和市场竞争力。

（6）通过综合分析，提出对A公司××产品的营销策略的评价和改进建议。

四、工作进度安排

（1）202×年2月1日—202×年2月15日：收集二手资料，编写调查问卷。

（2）202×年2月16日—202×年3月31日：确定抽样计划，实施实地调查，并对资料进行整理和分析。

（3）202×年4月1日—202×年4月30日：对资料进行分析和解释，并提出调研报告。

五、市场营销调研经费的预算

市场营销调研项目的总预算为×万元。各项具体的费用开支预算如下：

差旅费：×万元

现场调研委托费：×万元

咨询费：×万元

通信费：×万元

资料费：×万元

管理费和其他费用：×万元

六、研究小组的成员和分工

（略）

资料来源　由本书第一作者胡介埙撰写而成。

2.2 市场营销调研的实施

2.2.1 市场营销调研实施的步骤

2.1部分所讨论的市场营销调研设计是对市场营销调研项目实施过程的计划，但是，完整的实施过程远比计划过程要复杂得多。实施一个市场营销调研项目的完整过程可以分为如下阶段：市场营销调研项目的准备，资料的收集，资料的整理、分析和解释，市场营销调研报告的准备和提交，以及市场营销调研结果的实施和跟踪。

2.2.1.1 市场营销调研项目的准备

在对市场营销调研项目进行计划和设计之前，需要对整个项目进行准备，这主要包括：确认究竟是否需要实施这项市场营销调研；与决策部门进行多次沟通，究竟是由本公司自己组织力量，还是委托外部机构来实施市场营销调研。一个企业并不是在任何情况下都值得实施市场营销调研的。企业决策者在决定究竟是否需要实施一项市场营销调研时，需要考虑如下因素：

（1）时间的限制

在没有足够的时间进行市场营销调研时，企业不宜实施市场营销调研项目。实施一项市场营销调研项目是需要一定时间的，如果决策者需要立即作出决定，就不可能实施市场营销调研了。即使不是立即作出决定，如果实施市场营销调研的时间过于紧迫，只能草率从事，也会影响获得资料的质量和结果的有效性，市场营销调研也就失去意义了。

（2）资料的可获得性

在市场营销调研也无法获得决策所需要的资料时，企业也不宜实施市场营销调研项目。市场营销调研的目的是获得决策所需要的资料，因此，企业在决定是否实施一项市场营销调研项目时，应当确认市场确实能够提供决策所需要的信息；否则，实施市场营销调研就没有必要了。

（3）需要作出决策的性质

企业要根据所需要制定的决策的性质来判断有无必要实施市场营销调研。对于常规性决策，并不需要大量新的资料，就没有必要实施市场营销调研；如果管理层需要制定全新的战略性决策，实施一项市场营销调研就十分有必要了。

（4）需要作出决策的成本与效益之间的权衡

当获得信息的价值与市场营销调研花费的成本不相称时，企业也不应该实施市场营销调研项目。市场营销调研既可能为企业带来效益，也需要企业花费成本。在决定究竟是否需要实施一个市场营销调研项目时，自然需要权衡各种不同的市场营销调研方案的成本、费用与获得信息的价值。实际上，企业也会把市场营销调研看作一种投资。如果市场营销调研所带来的效益小于成本，或者即使只是略大于成本，那么企业是不会实施市场营销调研的；只有在效益远大于成本、费用的情况下，企业才会决定实施市场营销调研项目。

即使是在企业决策者初步确认市场营销调研是必要的情况下，无论是企业内部负责市场营销调研部门的人员还是企业外部从事市场营销调研工作的人员，都需要与有关的管理部门、决策者进行多次沟通。通常，即使在管理部门人员或决策者表示出实施某项市场营销调研的意向后，他们对于究竟最后是否确实需要实施这项市场营销调研，到底需要调研什么，调研结果是否能够达到预定的目的、解决所面临困难等问题，还是会心存疑虑的。所以，决策者通常会要求市场营销调研人员提交一份项目建议书，来说明他们对这个计划开展的调研项目的理解，说明如果由他们来承担这项调研的话，将如何实施。

如果市场营销调研人员所提交的项目建议书无法让管理部门人员或决策者确信这项调研将能达到预定目的，无法让他们相信确实能够解决企业所面临困难，管理部门人员或决策者就会放弃计划，计划中的调研项目就会终止。由此可见，对于市场营销调研人员而言，提交一份规范的有说服力的项目建议书是至关重要的。

在项目建议书获得管理部门人员或决策者认可的情况下，外部的市场营销调研机构还需要与委托单位签订一份书面合同，把项目建议书中的主要内容以合同的形式确认下来，规定双方的权利、责任和义务。即使对于公司内部的市场营销调研人员，一般也应当形成一份经过有关部门负责人批准确认的文件，以便作为进一步开展调研活动的依据。对于正式规范的市场营销调研活动而言，这类书面合同或经批准的正式文件是绝对有必要的。这些文件既可以明确双方对将要开展的市场营销调研项目的认识，也提供了今后评价调研工作的依据。

调研实践2-3

市场营销调研合同范例

调研实践2-2中的B市场营销调研公司所提交的市场营销调研项目建议书经过A公司认可后，双方签订了委托调研合同。委托调研合同内容如下：

委托调研合同

甲方：××市A公司

乙方：××市B市场营销调研公司

为了进一步掌握儿童饮料市场有关的信息，更好地满足市场需求，提高营销的效果，促进企业发展，甲方与乙方经过协商达成共识，由甲方委托乙方进行一项某省儿童饮料市场的调查研究，特签订如下合同：

一、市场营销调研项目的目的和具体目标

（略，见项目建议书）

二、市场营销调研的内容和方法

（略，见项目建议书）

三、市场营销调研工作的进度安排

（略，见项目建议书）

四、市场营销调研经费及支付方法

甲方共支付乙方调研经费×万元，用于乙方在调研中的差旅费、现场调研委托费、咨询费、通信费、资料费、管理费和其他费用的开支。所有经费分3次支付：

（1）在合同生效后的1周内，甲方支付乙方合同所规定费用的40%，共计×万元。

（2）在本合同的第3条第2款完成后的1周内，甲方再支付乙方合同所规定费用的40%，共计×万元。

（3）在乙方提交总调研报告并获得甲方认可后的1周内，甲方再支付乙方合同所规定费用余下的20%，共计×万元。

五、双方责任和成果的归属

甲方应当为乙方的市场营销调研提供必要的条件和有关的资料。乙方在市场营销调研过程中所研究的内容、所采用的方法和时间进度应该按照合同规定的要求来进行，最终的调研报告应符合调研目的的要求。乙方未经甲方同意不得将调研情况与结果透露给第三方。

市场营销调研成果归双方共同所有。经双方同意，市场营销调研所得到的资料和成果可以有偿转让。未经一方同意，另一方不得将市场营销调研结果公开发表或转让。

六、合同的终止、违约处理和争议的解决

（1）乙方提交最终调研报告，并获得甲方认可后，本合同即告终止。

（2）如甲方单方面终止合同，费用照付。

（3）如乙方单方面终止合同，应退还甲方全部费用。

（4）合同执行过程中，如出现争议，双方应本着友好合作的愿望进行协商；必要时可请有关部门进行协调或仲裁。

七、其他

（1）本合同未尽事宜，由双方协商解决。

（2）本合同一式六份，双方各执三份。

（3）本合同经双方代表签字、盖章后生效。

甲方代表（签字）　　　　　　　　乙方代表（签字）

（盖章）　　　　　　　　　　　　（盖章）

年　月　日　　　　　　　　　　　年　月　日

资料来源　由本书第一作者胡介埙撰写而成。

2.2.1.2　资料的收集

出于费用和时间方面限制的考虑，收集资料总是从二手资料开始的。市场营销调研人员只有在搜索了所有可能得到的二手资料的来源以后，才能决定是否需要通过专门调查来获取原始资料。在决定必须获取原始资料时，市场营销调研人员要按照市场营销调研设计中所规定的方法来收集原始资料，可能是通过询问的方法，也可能是利用观察或者实验的方法，还可以用其他的专门调研方法。

资料收集阶段的准备工作一定要充分。这一阶段除了问卷设计和准备外，大量的工作需要在现场进行，现场调查往往需要有许多人参加。如果不同的调研人员对问题的认识和理解不一致，就可能产生各种误差，所以，对现场调研人员进行培训是非常重要的。特别是个人访谈和电话调查的情形，对市场营销调研人员进行培训，既能提高他们的工作责任心，又能提高他们的调查业务能力，更是绝对有必要的。如果现场调查工作的组织、准备和培训工作做得不好，就很容易影响所获取资料的质量。

这一阶段所需要的时间在整个市场营销调研过程中也占了相当大的部分。邮寄问卷需要等待较长时间才能回收完，即使采用其他方法也可能因无法联系到被调查对象而被耽搁，去外地收集资料也可能因在途中遇到各种突发事件而延误。对于现场调查实施过程中可能出现的时间延误要有足够的思想准备和应对方法。

资料的收集阶段的费用占了整个市场营销调研费用的绝大部分，因此，事先对费用情况进行认真的计划、在执行过程中实施严格的控制都是非常必要的。

2.2.1.3 资料的整理、分析和解释

收集所得到的资料先需要经过整理和编辑，使之适合分析和解释。分析是利用各种统计分析的方法寻找资料所反映的规律性。解释是对分析结果的综合，说明分析所得到的结果的含义究竟是什么。这一阶段的工作不仅需要采用比较复杂的统计方法、以计算机作为工具，而且需要市场营销调研人员的知识经验和判断能力。市场营销调研人员的洞察力和创造性在其中起着很大的作用。

2.2.1.4 市场营销调研报告的准备和提交

只有对管理决策能够产生影响的市场营销调研才是有价值的调研，而这种影响主要是依靠提交市场营销调研报告来实现的。因此，市场营销调研所获得的结论连同调研所获得的资料应当以适当的方式提交给有关的管理或决策部门或者外部的调研委托单位。报告可以分为书面报告和口头报告两种。书面报告是基本的，是必不可少的；但是经常需要作口头报告，以增强报告的效果。报告的对象可能有多种类型，因此要兼顾不同对象的需要与偏好，尽量做到有针对性，以便引起报告对象的兴趣和重视，对管理决策产生影响。

2.2.1.5 市场营销调研结果的实施和跟踪

外部的市场营销调研机构在提交市场营销调研报告并获得委托方的认可后，调研项目就意味着结束了。但是，公司内部的市场营销调研人员通常需要参与对市场营销调研结果决策的实施和跟踪。现在，越来越多的调研委托方甚至会要求市场营销调研单位参与对市场营销调研结果决策的实施和跟踪。这就要求市场营销调研人员根据实际执行情况和预定目标之间的差异，对相关情况作某些补充调研；有时还需要根据外部环境的变化对原来的市场营销调研结论作适当的完善和补充。此时，市场营销调研人员需要不断地与有关部门保持良好的沟通，以便对有关问题取得共识。

2.2.2 自己调研还是委托调研

任何一家公司在实施市场营销调研时都有不同的选择：一是由公司自己成立专门的市

场营销调研部门，负责公司全部的市场营销调研工作。二是公司自己并不成立专门的市场营销调研部门，而是将市场营销调研工作分散到各个职能部门，由相关的职能部门分别承担一部分市场营销调研任务。三是公司通过签订合同的形式委托外部的市场营销调研机构实施调研，或直接从专门的市场营销调研机构那里购买所需要的结果。归根结底，一家公司在进行市场营销调研时，首先要决定是自己组织力量实施调研还是委托外部机构来进行。这时应当主要考虑下列因素：

2.2.2.1 经济因素

成本或费用是决定自己调研还是委托调研的一个重要因素。有时，委托外部机构调研往往显得更加经济。这是由于外部机构通常是为多家公司服务的，其结果也为多家公司所分享，市场营销调研费用就可以由几家公司共同负担，所以费用反而较省。然而，成本或费用并不是作这方面决策的唯一标准。公司必须把成本或费用与所获得资料的可靠性、准确性及信息的及时性等综合起来考虑。

2.2.2.2 技术专长和专门设备

公司是否拥有掌握市场营销调研项目有关技术的专业人才？这些人是否有足够的空闲时间？公司是否拥有开展市场营销调研所必需的专门设备？如果公司具备这些条件，就可以考虑由自己组织调研；否则，就必须委托外部机构来实施了。一般来说，销售和成本分析类的市场营销调研通常是由公司内部人员来实施的，因为公司自己的员工更熟悉公司内部的信息流向、处理和储存情况。另外，公司一般也不愿意把详细的内部记录公开给外部人员，而且这类工作也不需要依靠外部机构的专门人才的智力和专长。公司想要解决特殊问题的市场营销调研项目常常是委托给外部机构来实施的，因为大多数这类特殊问题的调研需要某些专门人才、技术和设备。

2.2.2.3 问题的影响面和结果的权威性

如果市场营销调研项目的内容可能涉及公司内部部门之间利益的分配、责任的归属或权力的变动，则一般来说这类市场营销调研项目应当委托外部机构来执行；否则，市场营销调研项目会陷入公司内部纠缠不休的争议之中而毫无结果。此外，如果某个市场营销调研项目可能对公司的政策、制度和规定产生重大的影响，则最好委托外部机构来进行，因为一般来说外部机构的看法会更客观些，至少排除了内部部门利益因素的影响。

2.2.2.4 管理和保密上的需要

如果市场营销调研的内容是需要保密的，公司就必须组织内部力量来实施了；否则，就可以考虑委托外部机构来执行。如果市场营销调研工作量大、时间紧迫，则委托外部机构往往更合适。如果委托外部机构来执行，要注意这些机构是否熟悉本行业或本公司的情况。最好是请外部机构作连续的、跟踪性的调研；否则，一次性的调研可能效果不一定理想，效率也不高。有时，市场营销调研项目的一部分工作由公司内部力量来完成，而其他的部分委托给外部机构来承担。这种做法也是很流行的。

2.2.3 市场营销调研的预算

任何一家准备实施有计划的市场营销调研活动的公司都必须考虑以下两个方面来进行市场营销调研费用的预算：

2.2.3.1 公司市场营销调研总预算的确定

从经济学的观点看，公司应当把每年花在市场营销调研上的总预算看作一种投资。因此，公司确定市场营销调研总预算的依据是投资回收率不低于其他的投资项目。为此，首先必须决定调研所产生信息的价值。但正如将在后面内容中所讨论的那样，这是非常困难的。特别是对于那些探测性或描述性调研项目来说，信息的价值就更难决定了。所以，实际上很少有公司采用这一方法来决定市场营销调研的总预算。

许多公司通常根据竞争压力和环境变化来调整花在市场营销调研上的总预算。这种方法尽管不是决定预算的最合理方法，但是一种简单的、易于执行的方法。实践中应用最广的决定公司市场营销调研预算的方法是根据销售额提成。发达国家的公司在市场营销调研方面的花费通常占其销售额的1%～3.5%，跨国公司大多会达到3.5%。投资类公司更会用总投资的5%来作前期的市场营销调研。

尽管公司每年确定一次市场营销调研总预算是必要的，但是最好把市场营销调研的总预算看作最需要灵活变化的投入。确实，市场营销调研总预算与公司其他方面的预算有所不同。有时，公司需要响应意外遇到的竞争和技术变革的冲击，立即改变原来的市场营销调研计划或额外增加一些市场营销调研计划。如果公司的竞争对手实施了一项新产品营销实验，通常公司就必须立即开始进行跟踪调研。这些调研费用事先是无法计划的。从市场营销调研的作用看，市场营销调研预算不仅是一种开支和费用，而且确实是一种投资。有效的市场营销调研将会对营销活动提供指导，最终将大大提高公司的销售额和利润。市场营销调研的结果不仅对目前的销售活动产生良好的促进作用，而且对今后的营销活动有很大的影响。从这个观点看，公司每年对市场营销调研的总费用无论如何也不会太多，关键在于要合理地分配到具体的市场营销调研项目中去，提高市场营销调研费用的使用效率。

不过，在初步确定了公司对市场营销调研的总预算后，大多数公司会要求计算这一预算与预计的或目前销售额的比例。如果这一比例超过了前几年的相应比例，就需要再作一次认真的核算和调整，因为尽管用销售额百分比的方法来决定市场营销调研预算的方法不是很科学，但也不无道理。事实上，公司所有的费用开支都必须由销售收入和盈利来支付，如果某一项费用的开支增大，则其他费用和盈利可能减少。当然，销售额和利润也是由各种营销活动的效果所决定的。

2.2.3.2 调研项目预算的确定

其实，任何一家公司每年的市场营销调研详细预算也总是以下一年度计划的具体调研项目为基础的，所以，合理地确定每一个具体调研项目的实施成本是关键。每一个调研项目的经费预算包括以下方面：

① 固定费用，包括市场营销调研人员的工资、福利、奖金，以及场地租赁费和办公

费用等。

② 半固定费用，是指市场营销调研部门订购各种资料的费用和人员培训等费用。

③ 可变费用，是根据每一个特定的市场营销调研项目所计划开展的具体活动来确定的。可变费用可以根据具体调研项目的计划费用、调查准备工作的费用、现场调查费用、资料统计分析的费用、撰写调研报告费用和其他零星费用等分别进行核算，综合后得到整个调研项目的预算。

2.3 市场信息价值的评价

对于管理决策者而言，无论是由本单位组织独立的市场营销调研活动来收集资料，还是直接从外部机构购买资料，都必须考虑资料的价值和成本。如果资料所提供的信息是完全的，可以排除决策结果的不确定性，则决策者愿意支付更多的费用。决策者在决定是否需要购买信息或为获得信息支付一定的费用时，必然坚持一条原则，这就是只有当所希望得到的信息的期望价值高于获得信息需要支付的成本时，自己实施市场营销调研或向外部机构购买信息才是有意义的。因此，任何一家公司都应当把市场营销调研活动看作一种投资活动，事前进行“价值分析”，即通过成本效益分析来判断市场营销调研项目的价值。

由于公司外部环境条件的可变性，所获得信息的质量是不稳定的，所以决定所提出的调研项目中信息的期望价值并不容易，主要有两种基本方法：直观评判法和期望值法。

2.3.1 直观评判法

直观评判法是依靠某些人的直观评价作出的判断来决定信息价值的方法。该方法不可能精确地规定评判中所用到信息的内容，通常以下列信息作为评价基础：① 各种可采用的替代方案；② 市场发展的各种可能的状况；③ 市场出现各种不同状况的可能性；④ 各种不同市场状态下采取不同决策方案时的盈亏情况；⑤ 市场营销调研项目能够预测市场实际情况的能力；⑥ 市场营销调研项目的成本、费用状况。

直观评判法是20世纪60年代以前普遍采用的方法，至今也仍然被广泛应用。采用直观评判法时，关于市场营销调研项目的成本估计可以做得比较准确和客观。信息的价值是否能超过花费成本的评价是由有关人员的主观判断来决定的。如果判断结果得出信息的价值超过了花费的成本，就决定实施调研或直接向外部机构购买信息；否则，实施调研或向外部机构购买信息就不值得。

由于直观评判法是以某些人的个人判断和估计为基础的，所得到的结果毫无疑问会受到判断者个人的判断能力、风险偏好、公司政策、资金实力、公司内部的规章制度以及其他因素的影响，不可避免地会包含偏差。对于同样的状况，不同的两个人可能得出相当不同的结果。这些都限制了直观评判法所得到结果的质量和广泛应用。

2.3.2 期望值法

决定信息价值的期望值方法是以不同决策方案的期望值大小作为依据的。因此，采用这种方法来决定信息价值时，首先要计算每个方案的期望值，在此基础上再计算不同形式的信息的价值。下面，我们讨论用期望值法来决定信息价值时的程序和方法。

2.3.2.1 编制条件损益表

条件损益表是表明在市场的不同条件下，采取不同的决策方案时的经营结果的列表。

【例2–1】以是否值得在市场中引进一个新产品为例。假定今后的市场状况有两种可能：市场状况对新产品有利和市场状况对新产品不利。对新产品有利的概率是70%，不利的概率是30%。可采用的决策是两种：引进新产品或者不引进新产品。先请有关人员分析判断在不同的市场条件下采用不同的决策方案时所得到的结果，将其列成表格就得到条件损益表（见表2–1）。

表2–1 **条件损益表**

项　目	市场状况有利：S_1 发生的概率：70%	市场状况不利：S_2 发生的概率：30%
引进新产品：T_1	30万元	–20万元
不引进新产品：T_2	0	0

2.3.2.2 计算完全信息的期望价值

设想市场营销调研项目能够提供完全信息，即经过市场营销调研获得的信息能够准确地预测市场未来的状况。尽管这在实际上是不可能的，但是，假设我们能够得到完全信息，就能保证在各种市场条件下都能正确地制定决策，从而获得给定条件下的最大价值。因此，在完全信息的条件下，决策者所获得的是决策的期望价值。

完全信息的期望价值等于完全信息条件下决策的期望值减去不掌握任何附加信息时决策的期望值。其用公式表示为：

$EVPI=EVDPI-EVD$

式中：*EVPI*（expected value of perfect information）表示完全信息的期望价值；*EVDPI*（expected value of decision of perfect information）表示完全信息条件下决策的期望价值；*EVD*（expected value of decision）表示没有任何附加信息时决策的期望价值。

【例2–2】对于表2–1的例子，我们分别来计算有关的期望价值。

首先，计算*EVD*。决策者在没有任何附加信息时，只能比较不同决策方案的期望价值，从中选择期望价值最大的方案。为此，我们先计算出每种决策方案的期望价值，然后挑选其中最大的，就得到决策者的*EVD*。

记*EV*（expected value）为不同决策方案的期望价值：

EV（引进）$=0.7\times30+0.3\times(-20)=15$（万元）

EV（不引进）$=0.7\times0+0.3\times0=0$

$EVD=\max$［EV（引进），EV（不引进）］$=15$（万元）

其次，计算*EVDPI*。决策者在掌握完全信息的情况下，肯定会根据当时所处的市场状况选择相应的市场条件下盈利最大的决策方案。如果完全信息表明，市场状况对引进新产品有利，就会引进新产品；如果市场状况不利，就不引进新产品。于是，我们可以计算出完全信息条件下决策的期望价值：

$EVDPI=0.7\times30+0.3\times0=21$（万元）

于是，我们就得到：

$EVPI=EVDPI-EVD=21-15=6$（万元）

由此可见，按照评判人员所提供的条件损益表（见表2-1）中的资料，完全信息的价值为6万元。这也就是说，即使一个市场营销调研项目能够提供完全信息，公司在开展这项调研活动时所花的成本也不应超过6万元；否则，就得不偿失了。

2.3.2.3 计算不完全信息的期望价值

市场营销调研实际上是不可能提供完全信息的，调研人员所获得的信息肯定带有某种程度的误差，因此，我们必须考虑不完全信息的期望价值。

不完全信息的期望价值应当等于完全信息的期望价值减去误差的期望成本：

$EVII=EVPI-ECE$

式中：$EVII$表示不完全信息的期望价值；$EVPI$表示完全信息的期望价值；ECE（expected cost of error）表示误差的期望成本。

这里所考虑的误差主要是指由决策错误所引起的误差。在研究是否引进新产品的问题中，决策错误可能是在不该引进的时候引进了新产品，或者是在应该引进的时候却没有引进新产品。我们把在不该引进的时候引进新产品称为第一类错误。此时，公司有可能亏损，最终不得不退出市场。我们把应该引进新产品的时候没有引进新产品称为第二类错误。第二类错误的结果可能造成机会损失。公司本来可以通过引进新产品获得盈利，因决策失误而失去了机会。

【例2-3】根据表2-1，在市场状况有利于引进新产品（S_1）时，应当选择引进新产品的决策（T_1）；在市场不利于引进新产品（S_2）时，应当选择不引进新产品的决策（T_2）。在市场状况不利（S_2）的条件下，选择引进的决策（T_1）是第一类错误。这种错误只有在市场状况不利（S_2）的条件下才会发生，发生的可能性是一个条件概率$P(T_1|S_2)$。设市场状况不利（S_2）的概率为$P(S_2)$。再设市场状况不利（S_2）时，采取决策T_1所造成的亏损为V_1，则$V_1=0-(-20)=20$（万元）。我们就得到第一类错误的期望成本为：

$ECE_1=P(T_1|S_2)\cdot P(S_2)\cdot V_1$

第二类错误是在市场状况有利（S_1）的条件下，选择不引进新产品的决策（T_2）所引起的。决策错误的概率是$P(T_2|S_1)$。同样设市场状况有利（S_1）的概率为$P(S_1)$。我们再设市场状况有利（S_1）时，采取决策T_2所造成的机会损失为V_2，则$V_2=30-0=30$（万元）。我们就得到第二类错误的期望成本为：

$ECE_2=P(T_2|S_1)\cdot P(S_1)\cdot V_2$

假设市场营销调研人员对市场未来状况估计的精确度是85%，则决策失误的概率是：

$P(T_2|S_1)=P(T_1|S_2)=0.15$

于是，第一类错误和第二类错误的期望成本分别是：

$ECE_1=P(T_1|S_2)\cdot P(S_2)\cdot V_1=0.15\times0.3\times20=0.9$（万元）

$ECE_2=P(T_2|S_1)\cdot P(S_1)\cdot V_2=0.15\times0.7\times30=3.15$（万元）

决策失误的总成本为两类错误的期望成本之和：

$ECE=ECE_1+ECE_2=P（T_1|S_2）·P（S_2）·V_1+P（T_2|S_1）·P（S_1）·V_2=4.05$（万元）

于是，我们就得到不完全信息的期望价值为：

$EVII=EVPI-ECE=6-4.05=1.95$（万元）

上面只考虑了两种市场状况——市场状况有利和市场状况不利，只有两种决策方案——采取行动（引进新产品）和不采取行动（不引进新产品）的较简单的情形。市场的发展状况有更多种可能的情形，可采取的决策方案也更复杂，原则上可以采用同样的方法，只是计算更加复杂而已。

2.3.2.4　期望值法的应用

在市场营销调研中，期望值法提供了一种估计信息价值的比较科学合理的方法，大大减少了直观评判法所带来的主观随意性。但是，期望值法在应用中常遇到如下困难：

（1）估计数字从哪里来

用期望值法来估计信息的价值时，需要作以下估计：

① 项目的损益值。要得到项目的损益值并不困难，通常先估计引进新产品所需要的固定成本，再计算出销售量处在不同水平时的可变成本与收益，由此就可以计算出某一销售量所对应的盈利或亏损值。当然，这里所得到的并不是精确的预测值，而仅仅是一定假设条件下的估计结果。

② 市场营销调研的成本。市场营销调研成本也不难得到。如果考虑委托外部单位进行调研，则成本核算可以根据受委托单位所提供的调研项目建议书来确定。如果是由本单位组织力量来实施，则可以通过详细的核算来得到。

③ 不同市场状况发生的可能性。我们称其为先验概率，它的估计是比较麻烦的。这通常需要根据有关经理人员的判断来决定。每个经理人员都会根据知识和经验对市场发生变化的可能性作出估计，这种估计用数字来表示就是概率。在市场出现某种状况时，制定正确的或错误的决策的可能性被称作条件概率。这个概率既可以由经理人员来估计，也可以由市场营销调研人员来估计，但是通常是由市场营销调研人员来估计的。这种估计通常是以同类研究项目的经验为基础的。

④ 采取正确决策或错误决策的可能性。期望值方法的一个特征是要求用概率或者一个精确的数字来表示判断估计的结果。这使很多人感到麻烦，也是有些人不愿接受这种方法的原因。其实，即使对于直观评判法而言，最后也是希望得到一个估计数字的。

（2）估计所得到的数字是否可信

应用期望值法时，人们常常怀疑估计得到的条件损益表中的数字的有效性和可靠性。通常，人们会提出如下两个问题：

① 条件损益表中的数字是否精确。对于项目损益值和调研成本的估计，期望值方法和直观评判法都是一样的，因此，人们主要怀疑对概率的估计是否精确。如果有人估计市场状况比较有利的概率是40%，那么为什么不是39%或者41%呢？其实，有时连35%～45%的差异也很难辨别出来。这一问题启发我们在评价判断发生的可能性时，也许把发生概率看作落在某一范围内而不是某个特定值更合适些。

② 某个人对条件损益表中的数字估计是否有效。如果有两个人进行同样的估计，得到的结果可能是不同的，那么到底应当选择哪一个人的估计呢？

其实，上面两个问题都是可以解决的。首先，可以用多种方法（如德尔菲法）解决人们评估中的差异问题。其次，如果得到的结果仍有差异，则可以对估计区间进行灵敏度分析，以确定当估计落在某一范围内时是否会导致不同的结果。例如，对于第一个问题，在得到一个范围以后，先分别对区间的两个端点进行灵敏度分析，再决定估计值范围对最终决策的影响。若估计值落在整个范围内时对决策都没有影响，问题就很简单；否则，就要特别注意，要进一步估计范围内的哪些值对决策会产生什么影响。

素养园地

用好调查研究这个传家宝

重视调查研究，是我们党的优良传统和重要优势，是我们党在革命、建设、改革各个历史时期做好领导工作的重要传家宝。党的十八大以来，以习近平同志为核心的党中央高度重视调查研究工作。中央八项规定第一条，就是要改进调查研究。习近平总书记多次论及调查研究，提出“没有调查，就没有发言权，更没有决策权”“调查研究是做好工作的基本功”等重要论断，具体而又深刻地回答了为什么要调查研究、如何调查研究等重大命题，对于我们练好调查研究基本功，做好各项工作具有重要指导意义。

一、调查研究是谋事之基、成事之道

调查研究是认识和改造世界的科学方法论，是提高执政能力和领导水平的重要途径。进入新发展阶段、贯彻新发展理念、构建新发展格局，推动高质量发展、扎实推进共同富裕，必须深入调查了解国情、社情、民情，了解人民群众所需、所盼、所急。开展调查研究的过程，正是加深领悟党的创新理论的过程、保持同人民群众血肉联系的过程、推动事业发展的过程、巩固党的执政之基的过程。

当前，我国社会主要矛盾已经转化为人民日益增长的美好生活需要和不平衡不充分的发展之间的矛盾，由此带来一系列新任务新要求。为更精准把握人民对美好生活的需要，把握不平衡发展的差距、不充分发展的程度，领导干部必须深入生产生活一线开展调查研究，不断提高科学决策能力。与此同时，中华民族伟大复兴战略全局与世界百年未有之大变局同步交织、相互激荡，我国既面临前所未有的发展机遇，也面临前所未有的风险挑战。面对繁重艰巨的国内改革发展稳定任务和复杂多变的外部环境，更需要在调查研究中观大势、思大局，洞悉形势发展走势和隐藏其中的风险挑战，做到科学预判、未雨绸缪，进而以运筹帷幄的战略定力、灵活多样的战术方式打开新局面。

二、运用科学方法开展调查研究

坚持实事求是，走好群众路线。党的思想路线是一切从实际出发，理论联系实际，实事求是，在实践中检验真理和发展真理。做到实事求是的前提和基础，就是深入开展调查研究。群众路线是我们党的生命线和根本工作路线，基层、群众、重要典型和困难的地方，应成为领导干部调研的重点。在调查研究中，必须坚持党性和人民性相统一，全面真实了解群众生产生活实际情况，充分听取群众意见、广泛凝聚群众智慧，使各项政策措施契合基层实际、符合群众利益。

坚持问题导向，强化科学思维。习近平总书记指出：“我们党领导人民干革命、搞建设、抓改革，从来都是为了解决中国的现实问题。”调查研究不是为调查而调查，而要有的放矢，发现真问题。只有科学分析问题、深入研究问题，才能真正解决问题。因此，开展调查研究，必须跟着问题走、奔着问题去，注重点与面相结合、调查与研究相结合、定性分析和定量分析相结合，多层次、多方位、多渠道调查了解情况，综合运用科学思维方式和思想方法，分析解决复杂问题，把中央决策和上级部署落实落地，使调查研究真正产生实效。

坚持传承创新，运用现代技术。我们党在革命、建设和改革实践中掌握、运用并积累了大量调查研究方法，如蹲点调查、开调查会、实地考察、典型调查等。这些宝贵经验永不过时。当前，以互联网、人工智能、云计算、大数据等为代表的新一代信息技术日新月异，深刻影响着社会治理和人们工作学习生活。把现代信息技术引入调研领域，结合时代和社会变化，充分利用大数据等信息技术开展网络调查、统计调查等，既能提高效率，又能增强科学性。

三、大兴调查研究之风

提升调查研究能力。把加强调查研究作为领导干部提升能力、改进作风的政治责任，聚焦党和国家重大决策部署、人民群众关切的热点难点、全面从严治党的现实问题、本地本单位改革发展的重大事项，不断提高政治敏锐性和政治鉴别力，牢牢把握正确的调查研究方向。坚持以人民为中心，在调查研究中问政于民、问需于民、问计于民，透过现象抓住本质、破解难题推动发展。善于凝练调研主题、深化调研内容、拓展调研渠道、丰富调研手段、创新调研方式，不断提高调查研究的针对性和科学性。

实现调查研究常态化。习近平总书记多次强调要“大兴调查研究之风”。只有使调查研究成为科学决策、推动工作的必经环节，成为联系群众、改进作风的重要途径，才能有效增强工作的主动性、系统性和前瞻性。为此，应当把调查研究作为干部加强政治历练、思想淬炼、实践锻炼、专业训练的重要内容，推动领导干部带头开展调查研究、带头主持调研课题，经常性深入一线开展调研，在调研中不断强党性、长才干、促发展、作贡献。

健全调查研究制度。建立健全重要决策调研论证制度、领导干部调研工作制度、领导干部联系点制度，把调查研究作为决策前的必经程序，开展蹲点调研，倾听群众心声，找准问题症结。力戒形式主义、官僚主义，杜绝“走秀式”“打卡式”“扎堆式”调研，切实减轻基层负担，真正察实情、出实招、办实事、求实效。健全完善已有调查研究制度，对通过调查研究已经形成举措、落实落地的，及时地跟踪评估、调整优化，并以制度形式固化成果。

资料来源 陈志勇. 练好调查研究基本功 用活共产党人的传家宝 [N]. 光明日报，2021-04-08 (8).

本章小结

市场营销调研设计是规定市场营销调研中为解决问题所必需的收集和分析资料的程序。在满足对信息精度要求的情况下，要使所获得信息的期望价值与获得信息所支付的成本之差为最大。市场营销调研设计时要考虑到可能产生的各种误差。在市场营销调研过程中，与市场营销调研设计有关的常见误差有替代误差、测量误差、实验误差、总体选择误差、抽样框架误差、抽样误差、非随机抽样的选择误差、回答误差和不回答误差等。

市场营销调研设计的步骤包括定义问题和确认调研目标、确定信息的价值、选择资料收集的方法、选择度量技术、抽样选择、资料分析方法的选择、估计市场营销调研项目的时间进度和费用，以及准备市场营销调研计划或项目建议书。

市场营销调研的组织实施分为市场营销调研项目的准备、资料的收集、资料的整理分析和解释、市场营销调研报告的准备和提交，以及市场营销调研结果的实施和跟踪5个阶段。企业在实施市场营销调研时，要根据问题的性质和自身的条件决定是自己调研还是委托外部单位调研。在决定市场营销调研预算时，既要考虑公司调研的总预算，也要考虑具体项目的预算。

市场信息价值的评价有两种基本方法：直观评判法和期望值法。期望值法是更合理、更可靠的方法。

主要概念

市场营销调研设计　替代误差　测量误差　实验误差　总体选择误差　抽样框架误差　抽样误差　非随机抽样的选择误差　回答误差　不回答误差　直观评判法　期望值法

基本训练

◆ 知识题

1.说明与市场营销调研设计有关的各项常见误差的含义。

2.说明市场营销调研设计中定义问题阶段的重要性及工作内容。

3.什么是市场营销调研设计的定义问题中的假设？为什么要形成假设？

4.公司在决定自己调研还是委托外部单位调研时主要应当考虑哪些因素？

5.说明决定信息价值的期望值法的步骤和思路。

6.比较决定信息价值的两种方法的优缺点。

◆ 技能题

1.举例说明定义问题阶段在市场营销调研设计过程中很可能是最重要阶段的理由。

2.假如Y公司着手进行一项在K市建立一组连锁杂货店的市场营销调研，你认为其所需要的资料来源有哪些？请为这项调研制订一个调研设计方案。

3.某银行打算对本地居民实施一项关于居民消费信贷状况及需求的市场营销调研。请你帮助编写一份开展这项市场营销调研的项目建议书。

4.牙膏厂的市场营销调研部门发现，如果他们通过详细询问人们每天刷牙的次数，然后根据每次所用的牙膏量，考虑可能的损失、浪费以及用到最后空管中所遗留的量，就可以得到一个人在某一段时间中对牙膏的最少消耗量的估计值。然而，用这种方法所得到的对牙膏需求量的估计总是偏高的。要求：

（1）如何解释这种现象？

（2）是否可能设计一种新的市场营销调研方法，克服上述方法的缺点，使所得到的结果更准确？请说明新的调研方法的调研设计和实施方法。

5.经验表明，通过调查对象自己统计报告所得到的对啤酒消费量的估计值，远远小于对同一批家庭的废弃啤酒瓶进行分析得到的结果。产生这种误差的原因有哪些？

6.绿林公司最近计划向市场推出一种速冻食品。公司估计产品进入市场后成功的概率是80%。如果成功的话，这一产品在计划期内将产生800万元的利润；如果失败的话，亏损也将达到同样的数目。公司为了安全起见，计划进行一项市场营销调研，以便最终决定是否值得在当前就推出这一新产品。要求：

（1）如果市场营销调研能够提供完全的市场信息，公司为这项市场营销调研最多愿意支付的费用是多少？

（2）如果公司对产品能否成功所作估计的精确度是0.99，那么公司为这项市场营销调研最多愿意支付的费用是多少？

（3）如果公司对产品能否成功所作估计的精确度是0.95，那么公司为这项市场营销调研最多愿意支付的费用是多少？

（4）如果公司对产品能否成功所作估计的精确度是0.85，那么公司为这项市场营销调研最多愿意支付的费用是多少？

（5）如果公司对产品能否成功所作估计的精确度是0.80，那么公司为这项市场营销调研最多愿意支付的费用是多少？

7. 某公司在向市场推出一种新的饮料产品时，考虑了3种不同的方案。每种方案在不同的市场条件下的盈利各不相同（见表2-2）。如果估计市场条件Ⅰ、Ⅱ和Ⅲ发生的概率分别是20%、50%和30%，则：

（1）根据期望值法，该公司应选择推出何种新产品？

（2）此时，完全信息的价值是多少？

表2-2　**3种方案的盈利情况**　单位：百万元

新产品名称	市场条件Ⅰ	市场条件Ⅱ	市场条件Ⅲ
汽水	12	14	18
豆奶	16	12	12
矿泉水	4	8	30

◆ **能力题**

佳信公司是一个生产经营新颖高档家纺产品的中型企业。公司希望开发一批新颖、高档的床上用品。为了降低风险、提高新产品的成功率，你认为佳信公司可以开展什么样的市场营销调研？请详细描述佳信公司市场营销调研的计划、调研组织和实施中的要点。

第3章 二手资料分析与定性调研法

学习目标

◆ 讨论原始资料和二手资料的特点；掌握二手资料价值的评价方法；了解市场营销调研中常用的二手资料的类型和特点；讨论定性调研与定量调研的特点及相互关系；描述焦点群体访谈法和深度访谈法，并评价各自的优缺点；讨论心理信息度量的特点，并描述市场营销调研中常用的心理投射技术。

◆ 对收集得到的二手资料价值进行评价；根据市场营销调研目的从公开出版资料中获取所需要的市场信息；运用焦点群体访谈法和深度访谈法收集定性市场营销调研资料；运用心理投射技术的简单方法来收集心理信息。

◆ 根据市场营销调研项目的具体要求，制订收集二手资料的计划，并能进行资料检索；根据市场营销调研项目的具体要求，运用简单的定性调查方法进行调研。

引 例

王经理能从何处获得需要的资料

王迈克是保护神包装材料公司的营销经理。该公司专业生产食品包装用的复合铝箔和塑料包装袋，属于中等规模。出于发展的需要，公司计划扩大生产规模，但是从营销角度看，王迈克又感到市场竞争越来越激烈，对于究竟能增加多少销售量也心中没数。

为了掌握营销中的主动权，也为公司扩大生产规模作准备，公司决策层要求王迈克在一周内提交一份关于公司市场前景及可能对策的报告。王迈克计划先作简单的二手资料调研。为此，需要收集编写报告所需要的资料，这些资料对于今后公司制定营销策略也是有价值的。

经过简单的思考，王迈克认为要把握市场现状和发展趋势，至少应当获得如下一些资料：

1.行业和竞争状况

(1) 需要调研同类食品包装材料特别是复合铝箔和塑料包装袋的主要生产厂家，它们的市场份额、产品流向、产品档次定位，以及近年来的增长情况和用户分布状况。

(2) 在行业整体状况分析的基础上，识别出主要的竞争对手，并提供进行优势、劣势、机会、威胁分析所需要的资料，尽可能地了解主要竞争对手的状况。

(3) 了解国家有关的产业政策、这一行业中的技术发展状况、这类产品进出口现状及对国内市场的影响、这一行业上游企业的原料供应状况的发展态势。

2.用户和需求状况

这包括使用复合铝箔和塑料包装袋的食品制造商的行业分布状况，每一个行业中的主要厂商每年对复合铝箔和塑料包装袋的需求，产品用户对现有产品质量的反应和要求，对新产品、新规格和品种的需求，复合铝箔和塑料包装袋的新用途等。

当务之急是尽可能找到与上述问题有关的现成二手资料。如果有必要的话，在此基础上再邀请部分有关专家进行小组访谈。

理清了思路后，王迈克自言自语地说："有那么多资料要收集，看来还真需要计划一下，该从哪儿着手呢?"

资料来源 由本书第一作者胡介埙撰写而成。

现代科技的发展给我们提供了获得大量二手资料的机会。二手资料的收集和分析是了解市场营销调研项目背景资料的最快速有效而又经济实惠的方法。在对二手资料进行充分的分析以前，直接收集原始资料往往是徒劳无益的。因此，市场营销调研的实施总是从收集和分析有关的二手资料开始的。本章首先介绍二手资料的特点、来源，以及市场营销调研中最常用的二手资料的类型和内容。接着，我们将讨论最常用的定性调研的几种方法：焦点群体访谈法、深度访谈法和心理投射技术。

3.1 市场营销调研中的资料

3.1.1 原始资料和二手资料

每一项市场营销调研都是以一定形式的资料为基础的。市场营销调研的任务是从收集资料开始，再整理和分析资料，并由此得出能为决策者提供帮助的有用信息。在市场营销调研中，资料和信息是有区别的：资料是未经消化吸收的、对调研对象有关实际情况的描述。信息则是回答决策者所面临的特定问题的资料。从某种意义上说，市场营销调研是把有关的资料转变为对决策有用的信息的过程。

市场营销调研中所用的资料基本可以分为两大类：① 原始资料（primary data），是指专门为当前所研究的问题收集的资料；② 二手资料（secondary data），是指不是专门为当前所研究的问题而收集和整理的资料。原始资料的来源范围较窄，必须依靠直接的调查或实验来收集。二手资料来源广泛，可以通过搜索各种渠道来获得。一般来说，原始资料的针对性强，有效性和可靠性好。二手资料与原始资料相比，获得的渠道广、速度快，而且费用省。

由于二手资料并不是专门为市场营销调研人员所调研的问题而收集和整理的，因此，要找到适合特定的市场营销调研问题的二手资料并不容易。二手资料要适合市场营销调研人员所调研的问题必须满足以下条件：

3.1.1.1 可获得性

对于很多市场营销调研问题而言，往往根本就没有有关的二手资料。对于另外一些问题来说，尽管可以找到一些二手资料，但是其数量和质量可能不足以解决问题。对于还有一些问题，要获取有关的二手资料，费用太高。在以上这些情况下，市场营销调研人员就必须采用原始资料了。

3.1.1.2 相关性

相关性是指实际所得到的二手资料与所调研问题需要的信息之间有较高的吻合度。不过，即使可以得到与所调研问题具有相同标题或名称的资料，往往也难以满足特定问题的要求。有4种因素会减少所得到的二手资料与所调研问题需要的信息之间的相关性：

① 度量单位方面的差别会减少资料的相关性。有时，二手资料的度量单位与所调研问题需要的信息的度量单位不一致，这会影响二手资料的可用性。

② 使用替代资料会减少相关性。在无法直接得到所需要资料而用其他资料来替代时，相关性就会减少。

③ 分类的定义不同会减少相关性。二手资料中所采用的分类方法往往与所调研问题中资料分类的定义不同。

④ 时间上的不一致会减少相关性。通常，所调研问题需要的是当前资料，而大多数二手资料总是关于以前某一时间的。

3.1.1.3 精确性

市场营销调研中所应用的二手资料必须是精确的。一般来说，要决定某个二手资料的误差究竟有多大是很困难的。因此，即使不得不使用二手资料，也要尽可能地使用二手资料中的那些原始报告。这样做有两个理由：

① 通常原始报告比以后的第二、第三次报告要完整，经常会说明获取资料时所使用的研究方法的细节、缺陷、结果的限制等，提供资料精确性方面的信息。这在以后的报告中通常就没有了。

② 使用原始报告允许我们对资料内容进行检查，为评价资料收集者的动机和资料本身的可信度提供基础。

值得注意的是，某些具有强烈倾向观点的作者经常只报道支持他们观点的研究结果。此外，某些来源的资料往往比其他一些来源的资料更有说服力。因此，提供二手资料的组织机构的声誉和威望往往也是决定是否值得采用某份特定二手资料的重要准则。

3.1.1.4 及时性

二手资料一般总是滞后的。这是由于凡是正式发表的二手资料总是要经过整理和编辑的，这需要一定时间。二手资料的传播也需要一定时间。在获得二手资料以后，还需要分析当前的外部条件与二手资料所反映的是否有较大的差异或变动。如果其他各种条件变化不大，则资料的价值较高；否则，就需要经过适当处理。

尽管二手资料的使用受到很大限制，但对于市场营销调研工作来说，二手资料总是必要的。即使是以原始资料为主的市场营销调研，完全不应用二手资料的做法也是不合理、不可取的。

3.1.2 二手资料的检验评价

应用二手资料时，市场营销调研结果的价值在很大程度上取决于二手资料的有效性和可靠性。因此，在应用二手资料前，从不同角度对二手资料进行认真的检验和评价是必要的。

3.1.2.1 检验原始收集者或委托部门

二手资料的价值取决于资料的原始收集者以及委托机构的声誉和威望。此外，要考虑这些个人和组织机构是否具有其他隐蔽的动机；如果有，则资料的可靠性会受到影响。

3.1.2.2 原始研究的目的

二手资料所说明的研究目的与我们当前的研究目的多半是不同的。因此，在使用二手资料前，我们必须搞清与二手资料有关的原始研究的目的对资料的可靠性是否有影响。要研究当时收集资料的出发点是不是为专门组织或个人服务的，是否由于为特定利益集团服务而采用了某些特殊的方法和分析程序。

3.1.2.3 研究所采用的方法

即使研究中目标正确、误差很小，但是如果抽样选择、数据收集和资料分析的方法不正确，二手资料的价值仍然不大。不了解资料的原始收集者在收集资料时所用的方法就不可能评价二手资料的质量。因此，要尽可能地了解当初收集原始资料时所采用的调查问卷、抽样大小、回收率、现场调查的有效性以及与当初调研所采用方法有关的各种情况。

3.1.2.4 分类和定义

各种组织机构对资料的分类方法常常都是不同的。即使采用的分类方法相同，有时统计口径也会不同。在不同部门之间，同一个名称的含义也不完全相同。市场营销调研人员在使用二手资料前，先要搞清二手资料的编辑者所采用的分类和定义的方法是什么。

3.1.2.5 时间

市场营销调研的对象几乎都是动态变化的，调研所涉及的许多资料都是随时间迅速变化的。因此，在利用二手资料之前，要检查二手资料所反映的调查和获取原始资料的时间，以及资料收集到现在这段时间内所发生的变化，再决定二手资料能反映当前实际情况的程度。

3.1.2.6 一致性

检查评价一份二手资料质量的另一个方法是，再从其他渠道收集关于同一类问题的另一些二手资料，并且进行比较。如果从不同渠道得到的、采用不同方法获取的二手资料都得出了同样的结论，这是最理想的，说明资料是可靠的。如果两种资料的结果之间有差异，则应当分别比较两种资料的各种误差，尽量缩小差异的范围，再决定究竟是哪一种资料更可靠。

3.1.3 二手资料的检索和应用

3.1.3.1 二手资料的检索方法

要迅速及时地获取所需要的高质量二手资料，需要进行全面、灵活的搜索，使得不至于遗漏掉有价值的、适当的信息来源。但是，巨大的信息量又使得要检索完所有的资料来源几乎成为不可能的事，所以想要检索到所需要的资料就应当遵循一定的程序，以便保证从费用最省的渠道中以最快速度获得所需要的资料。

一般来说，首先应当搜索公司内部有关的二手资料，因为获取公司内部资料在时间和费用上都比获取外部资料要方便和节约。如果公司以前也曾经实施过类似调研，则更有可能直接找到具有参考价值的资料了。

如果公司内部没有所需要的资料，则需要检索外部的资料来源。外部资料的检索有两个途径：

（1）互联网检索

互联网技术的迅速发展已经使信息搜索发生了革命性的变化。网络已经成为人们搜索许多二手资料的首选途径。

① 搜索引擎。各类搜索引擎为我们进行网上搜索提供了极大方便。但是，由于每种搜索引擎都有着由自身的搜索算法所决定的覆盖范围，没有一种搜索引擎可以覆盖整个网络，因此，如何针对不同的搜索目标采用最合理的搜索引擎来提高搜索的速度和效率是值得研究的一个问题。同时，为了拓展搜索的范围应当尽量使用多个搜索引擎。

② 数字资源。利用好数字图书馆等在线资源，如中文数据库、外文数据库、电子期刊、电子图书、馆藏图书数字化平台、学位论文数据库等。中国知网面向海内外读者提供中国学术文献、外文文献、学位论文、报纸、会议、年鉴、工具书等各类资源统一检索、统一导航、在线阅读和下载服务等。维普网已经成为全球著名的中文专业信息服务网站、中国最大的综合性文献服务网站。国家统计局网站上公布了大量统计数据，如年度统计公报、经济普查公报、人口普查公报、农业普查公报等。

（2）线下检索

如果在网上无法搜索到足够的所需要的资料，则首先应当去大的公共图书馆或大学图书馆查阅。如果在这类大图书馆中一时也找不到特定专题的资料，则先可以从查阅各种大百科全书入手。百科全书包括了一些重要领域的权威性简明介绍，可以帮助我们对所调研问题有一个总体了解。在对所寻找的资料有了一定的认识后，再从文献索引和有关统计资料中搜索所需要的资料。在查阅图书馆资料的基础上，还应该到行业协会、政府机关和其他部门查阅有关的统计数据、资料汇编以及文件报告等。

3.1.3.2 二手资料的应用

在市场营销调研中，二手资料主要有如下方面的应用：

（1）帮助理解问题

市场营销调研的前提是正确地理解问题，而这在很大程度上要依靠二手资料所提供的帮助。公司所面临的问题总是由内外部两个方面的因素所决定的，应用公司内外部两个方面的二手资料有助于我们尽快地理解公司所面临的问题。在个别情况下，二手资料甚至可以直接提供解决问题所需要的足够信息。

（2）提供形成假设和寻找答案的思路

对于很多调研问题而言，要形成关于问题的可能原因的假设也绝不是一件轻而易举的事。当市场营销调研人员缺乏从事同类调研项目的研究经验时，要提出合理的假设常常是很困难的。参考和阅读二手资料可以帮助市场营销调研人员开拓思路，借鉴类似调研项目的研究思路，形成自己的研究假设。二手资料的分析也是收集原始资料的基础，根据二手资料来确定原始资料的收集方法，将更科学、更合理。在探索某一问题的解决方案时，利用各种二手资料可以帮助调研人员避免走不必要的弯路，更快找到正确的答案。

（3）验证假设和结果

市场营销调研在取得初步的结果后，还需要验证某些假设的影响，此时需要应用更广泛的二手资料来检验研究中所使用的方法、数据和结果的合理性。

（4）决定抽样计划的依据

在确定抽样计划时，通常需要将二手资料作为参考。借鉴二手资料的研究结果，可以对总体情况有更深入的了解，更合理地确定实际抽样时的标准和规范。

3.2　市场营销调研中常用的二手资料

3.2.1　公司内部的二手资料

市场营销调研中可以利用的来自本公司内部的二手资料可以分为三大类：

3.2.1.1　会计和统计记录

会计和统计记录通常是最有价值的。在市场营销调研中常用的公司内部的会计和统计记录有客户购买交易的记录、销售费用记录、库存记录和有关生产成本的资料等。

从市场营销调研的角度看，销售收入和费用、各种交易记录都应当尽可能地按照客户的类型、不同的支付方式、特定产品或产品线、销售地区或部门、销售人员以及销售时间等进行归类。会计和统计记录包含了所有这些信息，如果市场营销调研人员能够直接得到这些信息，就可能从中分辨出产生盈利的和不产生盈利的客户、销售地区和产品线，能够发现各种发展变化的趋势，以此来衡量不同营销组合因素的影响。但是，会计和统计部门的记录并不是按上述要求来编制的，所以往往不能直接为市场营销调研服务。市场营销调研部门需要从会计的原始记录中按照调研目的进行重新整理开发，才能得到符合调研要求的资料。为此，市场营销调研部门要主动与会计和统计部门联系，争取得到它们的帮助，这样就有可能从会计记录中得到按要求整理开发出来的资料。

在市场营销调研中，会计和统计记录对于用来辨认和明确问题、预测发展变化趋势，是特别有用的。例如，一个希望提高销售利润率的公司通过对不同产品、地区和渠道的销售成本和盈利的分析，可以发现关键问题。会计记录也能用来研究销售量波动变化的问题。例如，从会计记录中可以直接发现产品的季节性波动的规律、影响和持续时间等。

会计记录在市场营销调研中应用最广、最有效的是用来进行营销成本和盈利的分析。然而，应用会计记录进行营销成本分析时，特别要谨慎，因为所得到的结果往往是滞后的。营销成本分析具有滞后性的原因很多：一是公司的经销代理商通常数量众多，而且情况各不相同，这就使得营销成本的核算非常困难。二是营销活动的波动要比生产大得多，使费用的分摊比较困难。三是营销成本的范围很难明确划分清楚，很多开支常常是间接的。四是营销活动的一些基本标准、定额规范等很难确定。所以，市场营销调研人员既要尽量利用会计和统计资料，也要注意到应用中的限制。

3.2.1.2 销售人员的记录和报告

销售人员的记录和报告是市场营销调研资料中重要的、潜在的来源。所谓潜在，是指销售人员往往掌握着有价值的资料，但通常他们并不主动向有关人员提供或报告。因此，在许多公司中，这一拥有有用资料的潜在来源并没有很好地利用起来。市场营销调研人员要主动取得公司内部的营销人员的合作，设法让营销人员明确需要收集和积累的资料种类，以及提供和报告的渠道。市场营销调研部门既要向营销人员宣传和强调收集有关资料的重要性，也要帮助他们掌握收集和整理有关资料的方法。此外，为了提高积极性，公司给提供资料的营销人员以一定的经济上的补偿也是需要的。

3.2.1.3 公司内部其他的零星记录和报告

市场营销调研中所用到的公司内部其他的零星记录和报告包括所调研项目的背景资料，与所调研问题有关的过去的调研报告，各种文件、计划和总结等资料。

3.2.2 来自外部商业机构的资料

从外部商业机构获得的资料被称为商业信息。商业信息包括从商业渠道或供应商那里获得的资料。

在二手资料中，一般来说，商业信息是价值比较大、可使用性和针对性都比较强的资料。正因为如此，除了能从有直接业务关系的合作公司中免费获得这类资料外，一般来说必须购买才能得到。商业信息通常按照它的原始资料收集时所采用的方法来进行分类。商业信息主要通过下列几种方法来获得：

3.2.2.1 商店账目统计

商店账目统计也称商店查账法，是在一定时期内定期地检查各零售部门的产品及不同品牌的销售情况，以获得有关信息的一种方法。商店账目统计不仅可以得到某一时期产品的销售量，而且可以得到各种特定品牌、价格折扣、特别的促销手段及其他因素对商品销售的可能影响。商店账目统计还可以提供特定时间内产品的批发和零售商店的库存情况。这特别适合新产品导入市场初期，为及时了解销售渠道中各批发和零售商的情况、相互关系以及对销售的影响等市场营销调研项目。

3.2.2.2　现场统计

市场营销调研机构可以从各种愿意合作的商业机构或部门那里获得现场统计资料。采用这种方式收集信息时，通常市场营销调研机构要与有关部门建立一种比较稳定的合作关系，请它们定期提供有关资料或报告，然后对这些资料按不同目的和要求进行编辑和整理。现场统计资料可以为公司直接提供某地区、某行业甚至某一产品的市场需求状况，也可以提供竞争对手有关情况的分析材料。例如，某家市场营销调研公司通过对有关媒体刊登广告情况的统计，每月向其客户公司提供一份关于全国主要网站、电视、杂志、报纸和广播中广告刊登情况的综合性报告，说明某些公司或行业内当月以及当年从年初至当月为止的广告费总额。这对客户公司制定广告策略可以起到很大的指导作用。

3.2.2.3　独立抽样调查

独立抽样调查是指某些商业部门或市场营销调研机构为了特定的目的而开展的抽样调查。这类调查的针对性和实用性都比较强，所得到的资料价值高。但是，这类资料一般不对外公布或发表，因此不容易得到，而且购买价格比较高。

3.2.2.4　固定样本连续跟踪调查

固定样本连续跟踪调查是指从总体中选取若干样本组成一个固定样本小组，在一定时期内通过对样本小组的反复多次调查获得关于市场发展变化趋势的资料。固定样本连续跟踪调查是一种典型的纵向调研，主要用于获取某些随时间变动的市场因素，如消费者的收入、储蓄和消费的变动情况、产品的购买与使用情况、广告收视的变动情况等。固定样本连续跟踪调查既可以由外部商业机构来进行，也可以由企业本身实施。

(1) 固定样本连续跟踪调查的类型

固定样本连续跟踪调查根据样本的特征可以分为下面几种不同的类型：

① 消费者固定样本连续跟踪调查，又称家计调查，是指对由消费者个人或家庭所组成的固定样本小组所作的连续调查。这类调查通常采用请消费者记日记账的形式来收集资料。由固定的消费者或家庭逐日记录收入和消费情况，汇总后可以取得同一消费者或家庭在不同时期的消费和购买行为及其变化趋势的资料。消费者固定样本连续跟踪调查的内容通常会按照需要而有具体的规定，有的只是记录和汇报消费者一般的消费情况，而有的是了解新产品的最初使用者接触和试用新产品、新包装和新广告的情况。

② 经销商固定样本连续跟踪调查，是指通过对厂商的发货量，对批发商的进货量、库存，以及对零售商的进货量、库存和销售量等资料的连续跟踪的调查记录，获得所需要的调查资料。这种调查不仅可以得到某一时期的销售量，而且可以得到各种特定品牌、价格折扣、特别的促销手段以及其他因素对商品销售量的可能影响。这对研究刚导入市场的新产品的销售量、及时了解销售渠道中各级批发和零售商的销售效率和相互关系及其对销售量所产生的影响是相当有用的，对研究不同种类和品牌商品的市场占有率也是一种有效的方法。这些资料对厂商和经销商选择合适的销售渠道、决定有效的广告媒体是非常有价值的。

③ 电视观众固定样本连续跟踪调查。这种调查是选定一组抽样住户，请他们在调查期间将观看电视的时间、电视台的名称和节目内容等记录在一本日记簿中，然后将所有小组成员的日记都收集起来，即获得与电视收视情况有关的资料，可供分析。电视观众的行为也可以通过仪器记录下来，这样就更加方便了。电视台的收视率就是常用这种典型调查的方法来得到的。电视观众小组的调查资料与通过其他方法所获得的资料相比，更加详细、准确，为广告公司及准备作广告的厂商及经销商制定广告决策提供了重要的依据，可以大大提高广告的效率。

(2) 固定样本连续跟踪调查的优点

① 典型的固定样本连续跟踪调查所提供的记录具有连续性。用这种调查方法所获得的资料能够提供随时间变动的情况。由于可以获得重复购买率的资料，这种方法在研究购买行为的变化时特别有用。

② 用这种方法所获得的资料比较精确。固定样本连续跟踪调查由于调查对象是稳定的，同时要求被调查者及时记录调查所需要的资料，能比随机选择的被调查者提供更直接、更确切的信息。

(3) 固定样本连续跟踪调查的缺点

① 对固定样本小组的完整性要求较高。如果固定样本小组的成员经常变化，资料就失去可比性。一般来说，固定样本的挑选比较容易，但是，要让他们乐于合作就很困难了。有些被选中的固定样本一开始就不愿意参加，还有一些在参加了一段时间后中途退出，从而造成小组成员的不完整性和不稳定性。

② 固定样本连续跟踪调查面临小组成员年龄老化的问题。小组成员年龄老化可能影响其态度和消费行为的变化。这通常可以用新成员来代替年龄过大的老成员来解决，但这样一来小组成员的稳定性又受到了影响。

③ 小组成员在参加固定样本连续跟踪调查前后的反应可能不同。有些人由于考虑到他们的行为被记录，而特别注意使自己的购买行为更加理性化、合理化，结果就会影响资料的真实性。也有一些样本可能并没有及时记录他们的消费行为，而等到需要上交记录时才凭回忆记录当时的情况。这也会影响资料的准确性。

3.2.3 来自消费者个人的资料

消费者是市场营销调研活动的最终对象，因此，直接从消费者个人获得的资料是最有说服力、最有价值的。要获得消费者个人的信息，既可以直接购买有关专门机构的研究报告，查阅各种二手资料，也可以通过自己直接组织市场营销调研项目来获得原始资料。

市场营销调研中所用到的与消费者个人特征有关的消费者个人的资料包括如下方面：

3.2.3.1 行为

行为信息包括与消费者个人过去和现在的所作所为有关的信息。收集行为信息的方法比较多，既可以采用询问法和观察调查法，也可以采用实验法。而对于意向、态度和观点、动机和心理特征等，收集起来就比行为信息要困难，常常只能用询问法来收集了。行为信息在市场营销调研中的价值是最高的，因为其最直接、最明确地反映了消费者的真实情况。收集消费者个人行为信息的目的主要是预测消费者将来的行为。当然，人们将来的行为与过去的行为可能不完全一致，但是无论如何，对消费者过去和现在行为的深入了解是预测他们将来行为的基础。

3.2.3.2 意向

意向是消费者预期或计划中未来可能的行为。从表面上看，意向是提供有效预测的基础；但是，其在市场营销调研中采用得并不是特别多，原因是意向容易受偶然因素的影响。意向和真实的行为之间常常并不一致。多数人又无法说明这种偶然因素对他们行为影响的大小。只有当偶然因素的影响极小，并且受访者本身能考虑到这种偶然因素的影响时，意向才能提供有效预测的基础。

意向信息的有效性还受到其他一些因素的影响：首先是时间，意向的表达与实际行动之间的时间间隔越短，意向就越能有效地反映行为；其次是意向的强度，肯定的意向要比一般的意向更能促使消费者采取实际行动；最后，与习惯性行为有关的意向信息一般比非习惯性的意向信息更能提供预测的基础。

3.2.3.3 态度和观点

态度是指人们对某些现象的看法和感受。观点则是态度的外在表达。人们的态度和观点与其将来行为之间的关系从表面上看是相当简单直接的。态度和观点越倾向于某一个方案，行为也就会越倾向于选择这一方案。尽管存在如上所说的关系，但态度的度量还远远不能作为对行为进行可靠预测的依据。其中的原因是多方面的，如对态度缺乏有效的测试手段、态度的表达与采取行动之间的时间间隔过长，以及人们在决定态度时往往考虑欠周等原因，都会影响利用态度和观点进行分析时所得到结果的有效性。

态度和观点是对产品和消费者进行分类和评价的依据。

在市场营销调研中，根据态度和观点的差异对不同对象进行分类和评价就可以决定不同品牌的产品、不同的广告或媒体、不同的商店或公司、不同的方案的竞争力的大小，对于制定有关的决策具有重要的作用。

按照消费者对某种特定商品的态度和观点或者按照他们对某种商品的满意程度的不同，消费者可被划分成不同部分，使得同一类消费者之间的行为尽可能地相似，而不同类型的消费者之间在行为上的差别尽可能地大。这就是市场细分策略的基本思路。

当然，这里所说的态度必须是根据某一特定的属性表达得比较具体清楚的，而不是一般性喜欢或不喜欢。不过，对于某一对象要确定用来度量态度和观点的特定属性，通常也是不容易的。

在市场营销调研中，按态度和观点对不同对象进行分类和评价的主要目的是预测购买行为，通过分类和评价可以预测一种促销方式对不同对象产生的效果，或者预测产品更新换代的合适时机。当然，根据态度和观点预测购买行为也是比较困难的，因为除了态度和观点以外，购买行为还受到其他一些因素的影响。

3.2.3.4 知识

知识是指消费者了解特定事物及其用途情况的程度。消费者对于某一事物的知识和某些有关行为之间至少存在某种关系。有人发现，了解某一产品的消费者通常会比那些了解很少或完全不了解的消费者更容易受到广告的影响。产品的价格、购买频率和使用时的风险大小不同，人们在作出购买决策前要求掌握知识的程度也不同。价格高、非经常性购买的和使用时风险大的产品，会促使人们在购买前搜索更多有关的知识。

3.2.3.5 动机信息

动机信息是关于消费者为什么会有某种行为的信息，也可以说明消费者行为有众多不同方式的原因。动机信息对管理决策往往是相当有用的。决策者可以根据动机判断人们对事物的反应，同时，由于动机通常比行为更加稳定，因此，用人们过去的动机信息作为对他们将来行为预测的判断依据往往是比较可靠的。

动机信息是客观存在的，但是显然又是非常难以得到的。对于动机而言，有一些顾客可能明确意识到自己的动机是什么，但另一些人可能并没有明确意识到自己的动机是什么。因此，在直接向顾客询问他们的购买动机时，有些人可能能够并且愿意说明自己的动机是什么；另一些人可能能够说明但不愿说明自己的动机是什么；还有一些人则限于认识水平，可能根本不知道自己的动机究竟是什么。

3.2.3.6 心理特征

心理特征是指消费者的精神和心理状况，如坚定性、外向性和其他个性特征等。心理特征与消费者行为是密切相关的。随着营销活动越来越以消费者为中心，企业日益把注意力集中在顾客身上，消费者的心理特征也越来越受到人们的重视。

3.2.3.7 人口统计特征

消费者的人口统计特征是指消费者的年龄、收入、性别、职业、受教育程度、地理位置和居住条件等类型的信息。研究结果表明，人们的人口统计特征与某些产品的购买行为有关，但与另一些产品的购买行为无关。

3.2.4 公开出版或发布的资料

各种新闻和出版机构公开出版的报纸、杂志、图书和专利文献等都是市场营销调研的重要资料来源。各种行业性组织经常会发布一些统计资料和研究报告；越来越多的信息服务机构会定期或不定期地公布一些专业性较强的资料；各种会议也常常提供大量的资料。这些也都是市场营销调研很有价值的资料。这类资料浩如烟海、种类繁多，而且其中的某些资料在网上可能也不一定全能搜索到。这一类资料的内容和收集方法的特点讨论如下：

3.2.4.1　报纸、杂志和图书等文献资料的检索工具

报纸、杂志和图书等所提供的信息及时，而且信息量大，但是，由于报纸和杂志的种类很多，文献所覆盖的范围也非常广，因此，市场营销调研时必须依靠各种检索工具，才能迅速准确地获得所需要的资料。最常用的检索工具有：

《全国报刊索引》月刊，分为“哲学社会科学版”和“自然科学技术版”，由上海图书馆编辑出版，以题录的形式收录中央与各地出版的各类报纸和杂志的文献资料，是一种综合性的查找全国报刊文献的检索工具。索引中的内容包括题目、作者、原刊登报刊名及刊号或日期。1993年起，上海图书馆在《全国报刊索引》“哲社版”的基础上开发了“中文社科报刊篇名数据库”，供检索1993年以后的报刊资料出处。该数据库具有关键词、分类号、责任者、文献题名、文献出处、卷期标识、题中人名等多种检索途径，具有检索速度快、检索点多的优势。

《中国人民大学复印报刊资料》由中国人民大学书报资料中心编辑出版，收录了全国以及海外各种主要的中文报刊上的经过筛选的重要文献。中国人民大学书报资料中心把这些比较重要的文献资料按学科大类及主题编辑成100多种不同的复印报刊资料，按月出版。经济管理大类下共分为40多种刊物。与“市场营销”主题有关的月刊有《市场营销文摘》《市场营销（实务版）》《市场营销（理论版）》《管理学文摘》《企业管理研究》《管理科学》等。

《全国总书目》由中国版本图书馆主编，是一本反映我国图书馆出版情况的工具书。该书收录了我国各正式出版单位每年公开出版发行的各种文字的图书名称、作者、出版社和出版日期等，是我国目前收录图书信息最全的一种目录。《全国总书目》由分类目录、专门目录和附录组成。其中，专门目录包括少数民族文字图书目录、盲文书籍目录、外国文字图书目录、翻译出版外国图书目录，附录部分包括每一年度的报刊目录、出版者一览表和书名索引。

此外，还有《人民日报索引》等检索报纸文献的工具。当然，现在大多数报刊都同时出版电子版，在电子版上检索会更加方便高效。

3.2.4.2　各种名录

名录既可以作为获取有关信息的手段，也可以作为发现市场营销对象的工具。通过名录可以掌握有关部门或单位的各种信息，从中发现一组潜在的市场和顾客。例如：

《中国工商企业名录》由各地分别出版并按行业分类。每个名录包括名称、地址、电话号码、员工人数、主要产品与产量等信息。

中国工商企业名录（https://www.mingluji.com/中国工商企业名录）是名录集网站（https://mingluji.com）的下属网站之一。名录集网站包含数千万条企业名录、供求信息，由众多子网站构成，内容涉及几十个大行业分类、数千个小领域分类，覆盖到200多个国家和地区。中国工商企业名录网站中的每个企事业单位包含以下数据：机构名称、机构类型、法定代表人、经营范围、经济行业、经济类型、注册日期、行政区号、机构地址、邮政编码、电话号码、注册资金、职工人数。

此外，还有大中小学、科研机构和政府部门的名录，广告公司的名录和各种协会名

录等。

3.2.4.3 各种年鉴

国家统计局每年都编辑出版《中国统计年鉴》。各省、自治区、直辖市的统计局每年也出版本省、自治区、直辖市的统计年鉴。某些中央和地方政府的有关部门也经常出版经济年鉴。此外，还有各种专项的年鉴，如《中国人口年鉴2010》反映我国第六次人口普查的资料；《中国百科年鉴1989》收录了当年中央和地方政府发布的有关部门信息。

近些年来，许多部门或系统也经常编辑出版各种反映有关行业或地区发展历史和现状的资料，如商业志、电力志、烟草志等。

3.2.5 来自互联网的资料

互联网数据库为市场营销调研中二手资料的搜索提供了几乎是无限的资料来源。但是另一方面，互联网上所获得的免费资料大部分可能是毫无用处的，需要耗费大量的时间和精力，从中筛选出相关的有用信息。同时，互联网上最有价值的那些信息通常都是必须付费才能得到。所以，我们在这里并不试图罗列出所有在互联网上可以找到的资源或相应的站点，而是说明在网络上搜索二手资料的独特之处。每一个打算在互联网上搜索资料的人都必须根据自己的环境、条件和兴趣，去找出包括自己所需要信息的特定站点的列表。

互联网上最有价值、最经常使用的二手资料有：

3.2.5.1 新闻报道

互联网上关于国际的、全国的和地方的新闻报道可以为市场营销调研提供进行市场环境或项目背景分析所需要的资料。这类资料包括社会、文化、政治、法律、金融、经济、科技和自然环境等方面。通常，比较高层次的综合性网站会提供对市场整体环境的监测信息，而低层次的网站更多地会结合所在区域提供针对不同行业、产品和特定品牌的监测信息。因此，调研人员应该根据调研目的和要求来选择适当的网站进行搜索。

3.2.5.2 来自政府机构、行业协会和其他部门的信息

越来越多的政府部门通过网站来发布新的法律、政策和规定，实施新的产品和服务标准来规范和影响企业的经营活动。行业协会经常发布和提供与该行业有关的资料。这类资料不仅比较详细可靠，而且往往没有偏见，比较客观。政府机构和行业协会提供的信息通常是免费的。许多民间的非营利组织也免费提供某些有用的资料。只要调研人员掌握正确合理的搜索方法，就能从这类网站中搜集到有用的资料。

3.2.5.3 在线数据库

互联网拥有众多的在线数据库，有的数据库是由政府部门和研究机构提供的，有的是由商业性公司提供的，市场营销调研人员可以根据所要调研的内容选择适当的数据库。例

如，美国雷根斯坦图书馆（Regenstein Library）网站（http://guides.lib.uchicago.edu/busecon/databases）提供了大量有关商业、经济的数据库和其他有用的资料。该网站还提供大量的公司研究、行业研究和市场营销调研文献，并附有最佳文章数据库、最佳市场研究数据库、最佳公司数据库和最佳行业研究数据库等。中国国家统计局数据网（http://www.stats.gov.cn/tjsj）则是由我国政府部门所提供的数据库，内容包括从国家宏观经济景气指数到各行业部门的统计数据，从生产、投资到消费情况的统计数据，从居民的收入到消费品价格的统计数据，覆盖面非常广。

但许多数据库往往受到所有权的保护，仅对订阅者和付费使用者开放。有时，通过其他途径也可能免费搜索到数据库中的某些资料。

3.2.5.4 商业和专业杂志

互联网也是一个拥有无数个图书馆的综合性信息中心，既拥有各类商业性杂志，也拥有专业性的科技期刊。许多传统纸质出版的杂志也在网上出版电子版，如《现代商业》（https://www.xdsyzzs.com）、《经济管理》（http://www.jjgl.cass.cn）与《销售与市场》（http://www.cmmo.cn）等。由于杂志的专业性较强，如果能够找到合适的杂志，往往能够获得有用的信息。

我国拥有专业性科技期刊最多的网站是中国知识基础设施工程（China National Knowledge Infrastructure，CNKI）的数字图书馆全文数据库（http://www.cnki.net）。这个网站包括中国期刊全文数据库、中国重要报纸全文数据库、中国重要会议论文全文数据库和中国优秀博硕士学位论文全文数据库等。

3.2.5.5 公司资料

互联网上可以从两个途径来获得有关公司的资料：

（1）直接浏览公司网站

尽管互联网上成千上万个公司站点主要是作为促销和宣传工具来建立的，调研人员在这些网站上发现不了什么内幕消息，但这些网站所包含的大量公司信息值得市场营销调研人员花时间去浏览和检索。从公司网站中通常可以获得如下一些资料：公司的发展历史和背景资料，公司的组织结构，公司当前的业务范围，对公司产品或服务的描述说明，公司的合作伙伴，公司的年度报告、财务报表，公司出版物，公司发布的新闻等。通过认真地阅读公司网站中的上述内容，往往可以发现有关公司当前及未来的营销战略，特别是公司所采用的促销战略和策略。

（2）搜索有关的商务信息网

商务信息网可以为我们提供由第三方编辑的众多公司的情况介绍。我们只要输入关键词“商务信息网”，各种浏览器几乎都会出现一批与商务信息网有关的网站，如商务网（https://www.shangwuwang.com）、商务信息网（https://www.6t12.com）、商务服务网（http://fuwu.huangye88.com）等。不同的商务网在行业和产品方面各有差异。为找到所需要的准确信息，在进入某一网站后，通常还需要根据企业、产品和服务的不同再作进一步的检索。

3.2.5.6 市场营销调研报告

许多市场营销调研公司在互联网上提供市场营销调研服务，还经常发布和出版专题性市场营销调研报告。不过，这类服务大多数是收费的。下面我们介绍其中最有影响的、声誉较好、在国内外有代表性的一些市场营销调研公司，它们所发布的调研报告通常具有较高的参考价值。

（1）尼尔森IQ公司

美国尼尔森IQ公司最早溯源于1923年在美国纽约成立的AC尼尔森公司。第二次世界大战以后，公司业务迅速国际化。随后，公司在行业内历经多次购并，通过2001年与荷兰VNU集团的购并及随后的多次并购，实现了迅速扩张，成为全球领先的市场研究公司。公司为全球超过100个国家提供市场动态、消费者行为、传统和新兴媒体监测及分析，擅长消费者研究，帮助用户把握全球消费趋势和习惯。公司主要提供通过对零售渠道的调研得到相关信息和分析报告，来监测消费特征和消费变化趋势。公司网站拥有全球90多个国家的消费者资料。调研人员从中可以免费获得这些国家中消费者生活方式、文化、政治、基础设施和经济状况等资料。AC尼尔森公司于1984年进入中国，并于1994年正式成立上海尼尔森市场研究有限公司，总部设在上海。

（2）麦肯锡（McKinsey）公司

该公司由James O'McKinsey于1926年在美国创建，开创了现代管理咨询的新纪元。麦肯锡公司是全球最著名的管理咨询公司，在全球44个国家和地区开设有100多家分公司，拥有9 000多名咨询人员。企业在世界各地都开展业务，其中50%位于欧洲、中东及非洲地区；30%位于北美地区；20%位于拉美及亚太地区。企业按照“全球一体”模式运作。

（3）美国信息资源公司

该公司是全球大数据分析的引领者和领先的市场研究公司，致力于为消费者、零售以及非处方医疗企业提供创新性解决方案及服务的全球领导者。公司的服务内容主要涉及以下方面：客户研究、品牌研究、满意度和忠诚度计划、新产品测试、广告效果评估以及分销策略。

（4）益普索（Ipsos）集团

益普索集团是全球领先的市场研究集团，成立于1975年法国的巴黎，1999年在巴黎上市；2000年进入中国，成立益普索中国公司。益普索中国在上海、北京等5个城市设有办公室。近年，益普索中国拥有专业人员1 500多人，年营业额超过10亿元人民币。公司的研究领域覆盖广告和品牌研究、营销研究、媒介研究、公众事务与社会研究、满意度与忠诚度研究、数据采集与处理、汽车市场研究以及金融与服务研究，服务范围覆盖了快消、金融、汽车、IT/电信、医药保健等众多行业。

（5）央视市场研究股份有限公司（CTR）

该公司是中国国际电视总公司与国际领先的市场研究集团TNS成立的股份公司。公司成立于1995年，研究领域包括媒介经营与管理、品牌与传播策略、消费者洞察等，尤其在360度全方位营销传播监测、消费者购买和使用行为测量、媒介与消费行为等专业研究领域拥有第三方的优势。CTR调研检测网络覆盖中国700个城市，拥有400万以上的自有及云样本、42万多可检测在线行为的PC和移动高黏性样本。

（6）美国盖洛普咨询有限公司

美国盖洛普咨询有限公司始建于1935年，致力于提供商业和管理调查、研究、咨询和培训的全套服务。它在全球25个国家设有独资或控股的分支机构，在战略咨询、领导力提升和全球分析三大核心领域享有较高声誉。中国盖洛普咨询有限公司成立于1993年，在中国多个城市设有办公室。公司向客户提供的服务包括组织诊断、业务流程再造、品牌资产研究与管理、企业形象评测与研究、客户满意度和忠诚度监测、市场份额监测、销售管理流程监测与优化、员工敬业度监测、员工选拔与培养、优势测评与培训、雇主品牌监测与研究等。

3.2.6 国际市场营销调研资料

在对国际市场进行调研时，所需要的资料范围比国内市场营销调研更广泛，而经费和时间上的限制更多，所以必须特别加以研究。由于国际市场的特殊性，在对国际市场营销调研时特别要注意收集与下列因素有关的资料：

3.2.6.1 社会文化环境的特点

各国的社会特点和民族文化之间的差异是相当大的。社会文化对人民的生活和消费具有深刻的影响，在不同国家开展市场营销的方式必须符合当地居民的社会文化背景。同一种营销策略和方式，在不同社会文化背景下会得到完全不同的结果。在对某一个国家的市场进行综合分析时，了解当地居民的风俗习惯、行为准则、购买动机和宗教信仰等资料都是非常必要的。

3.2.6.2 政治环境、政策和法规

各国政治环境差异极大，政治环境将决定国际市场营销中的风险。国际市场营销调研中必须研究对方国家现在政权的结构、对国家政策有影响的党派体系、现行政府政策的稳定性和持续性、当地政府对国际贸易实行的鼓励和限制措施以及由此带来的风险。与国际市场营销关系最密切的是对方国家的下列贸易法规：

（1）关税、配额和国内税

世界各国普遍对原料、机器和零配件的进口实行有选择的限制，强制性地对进口产品设置障碍，为本国工业创造市场。进口关税可以提高进口商品的价格，削弱其竞争力。配额则可以有效地限制其他国家产品在本国的市场份额。对方国家的国内税收对于产品在最终市场上的价格确定和市场前景也会有重要影响。某些国家，如欧盟国家现在的国内税收实际上相当于以前的进口税。国际市场营销调研中需要掌握对方国家进口关税和配额的现行政策、今后变化和发展趋势，以便评价可能的影响和制定适当对策。

（2）外汇限制

许多国家的政府为了避免外汇的短缺而对外汇支出实行管理和限制。外汇管理在多种情况下具有选择性，从而影响进口产品和产地的结构。许多国家的政府还经常改变货币限制的方式，以适应环境变化。因此，了解目标市场所在国家或地区的政府对外汇限制及其变动的信息也是国际市场营销调研的任务之一。

(3) 卫生检疫和安全条例

许多国家对产品的进口实行严格的卫生（植物、动物和人口）检疫和安全管理，制定了严格的立法规定，从而对生产中所用原料、产品加工和环境条件、产品包装和标签等方面的内容加以严格限制。掌握这些信息对于企业制定进入国际市场的策略是必要的。

3.2.6.3 与经济和技术环境有关的资料

掌握进口国的经济发展情况可以由此决定进口国居民的购买力。掌握进口国的技术发展状况可以推测出这些国家大多数居民的消费需求层次和消费模式。了解进口国市场的供求状况，可以获得该市场的竞争状况。如果发现市场竞争激烈，则最好是收集竞争主要来源于何方的信息，特别需要收集主要竞争对手的优劣势、不同竞争者的市场份额和具有较大潜力的空白市场信息等。

3.2.6.4 与气候和地理等自然环境有关的资料

许多关于气候和地理等自然环境的信息对市场营销活动也会产生影响。收集对方国家的气候特征的信息可以用来研究气候对产品功能和使用的影响。收集地理环境信息，特别是交通、通信以及资源分布等信息可以帮助我们了解当地居民的生活方式、需求和民族性格特点等信息。

在对国际市场进行调研时，由于条件和费用上的限制，要直接从消费者个人和商业机构获得所需要的信息比较困难。不过，世界各国新闻媒介每天都在发布大量的新闻信息，信息服务机构也经常会公布或提供一些专门的信息，各国政府所发布的统计资料和其他有关部门可能提供的资料都可以作为国际市场营销调研的有用资料。

3.3 市场营销调研的方法

在市场营销调研初期，特别是在探测性调研中，调研人员的主要任务是确定问题的性质、方向和范围，需要凭“直觉”来获取有关的资料。从获取资料的角度看，此时所进行的调研主要是定性的。我们把这类调研称作定性调研（qualitative research）。进行探测性调研以后，如果需要对特定问题的“发展程度”有更明确的认识，调研人员就需要从数量角度来收集资料，进行分析。此时所进行的调研被称作定量调研（quantitative research）。

定性调研是依靠调研人员的“直觉”来获取资料，通过感受、分析和判断得出调研结果的一种方法。相反，定量调研是调研人员依靠从较大数量的样本获得的数据，进行统计分析，把握事物发展的程度，作为决策依据的一种方法。两种调研方法各有优缺点，都是市场营销调研中不可缺少的方法。

定性调研所依据的样本较小，所以其最大的优点是成本低。定性调研还可以使调研人员得到关于被调查者行为、态度和动机方面的最直接感受，这种效果是阅读任何一份定量调研报告都无法得到的。此外，定性调研也可以为定量调研指明方向，从而提高定量调研的效率。定性调研往往是定量调研的基础，不经过定性调研，直接开展定量调研，往往很难得到解决问题的思路；通过定性调研，明确进一步研究的方向，就可以把定量调研的规模控制在一个合理的范围内，迅速找到解决方法。由此可见，定性调研确实是市场营销调研中重要的方法。

当然，与定量调研相比，定性调研也有其局限性。

第一，定性调研依靠从较小的样本身上所得到的资料来作出分析和判断，因此，所得到的结论会有一定的风险。如果在定性调研中所选择的调查对象不合适，或者即使选择了合理的对象，但是被调查者没有或无法反映真实情况，那么调研人员根据调查对象的意见来推断得到的调研结果也会导致严重的错误。

第二，定性调研具有非常大的灵活性，而结果的含义通常又都非常模糊，调研效果直接取决于调研人员的专业水平和技巧。要保证定性调研得到有效可靠的结论，调研人员必须掌握专门的调研技巧。如果调研人员没有经过严格的专业训练，也不具备一定的资格，定性调研所得到结果的质量就很难得到保证了。

在市场营销调研中，人们往往存在过分强调定量调研而忽视定性调研的倾向。有些人认为只有定量调研才是最基本、最重要的。其实，两种方法各有各的特点和用处。在实际调研中，究竟应该使用哪一种调研方法，取决于调研的目的和内容。如果调研人员所关心的是事物所表现出来的本质和内容，则采用定性调研方法更合适；如果调研人员更关心事物发展变化的程度，就应该采用定量调研了。

在定性调研与定量调研两种方法中，许多人往往更青睐于选择定量调研。决策者也可能更相信定量调研的结果更正确可靠。其实，结果的可靠性并不完全取决于究竟采用了哪一种方法。定性调研同样可以得到可靠有效的结果。调研实践3-1提供了采用定性调研方法得到有价值结果的有力例证。

调研实践3-1

下面我们介绍市场营销调研中最常用的几种定性调研方法：焦点群体访谈法、深度访谈法和心理投射技术。

3.3.1 焦点群体访谈法

焦点群体访谈法（Focus Group Interview Method）通常是挑选一群对所调研问题有相同经历和背景的人，组成一个小组，让他们聚集在特定地点，就某一问题进行集中的深入讨论。焦点群体访谈法与普通群体访谈法不同。后者强调的是群体中的每一个成员就访谈人员所提出的主题依次发表自己的看法，并不强调和要求群体成员之间的互动或相互讨论和启发。而前者强调群体成员之间的互动，相信群体某个成员的态度、意见和观点会对群体其他成员产生刺激和启发。群体成员之间的这种互动作用将能提供比每个成员各自单独陈述时更多的资料。正因为焦点群体访谈法具有其他调研方法所没有的独特优点，其正变得日益流行。但是，应用焦点群体访谈法想要达到预期的目标必须严格遵守其实施程序。

3.3.1.1 焦点群体访谈的准备

焦点群体通常是由8～12人组成的；如果需要，也可以扩展到5～25人。每次在挑选焦点群体成员时，调研人员都应当拟定焦点群体成员的甄别标准，然后由现场访谈人员找到足够的符合条件的候选人，保证群体成员符合访谈的目的和要求。通常，最理想的是让每个小组的所有成员都代表一个特殊的市场面。来自不同社会阶层或家庭生命周期的人在看法、经历和口头表达能力上都会存在差异，因此，最好不要把他们放在同一个组内。另外，群体成员既要具有相似性，又应具有对比性。在一个成员十分相似的群体内，加入具有不同观点的参与者有助于产生创造性的思想。在物色群体成员时，必须排除那些重复参加过访谈的人，以及仅为获得报酬而参加的职业受访者。最好是邀请那些对访谈话题感兴趣的人参加，仅仅为获得报酬而来的参与者往往更倾向于敷衍了事，不负责任。

焦点群体访谈通常会持续2～3小时，因此，需要在一个专门的房间中进行。典型的焦点群体访谈室是一个中型会议室，其布局如图3-1所示。一面由大的单面透光的镜子所组成的墙把会议室一分为二。较大的房间里面通常摆放一张长方形或椭圆形的桌子，周围是椅子，供群体成员访谈时就座。此房间中还安装了话筒和摄像头，以便记录讨论的整个过程。镜子背后是观察室，里面是供调研观察人员用的桌子、椅子和设备。调研观察人员既可以从观察室中看到焦点群体访谈的情形，也可以利用录音和录像设备来记录小组访谈的情况。这套设备既能保证群体访谈不受调研人员观察的干扰，也能保证调研人员观察和记录焦点群体成员讨论的情况，以便进行深入分析。

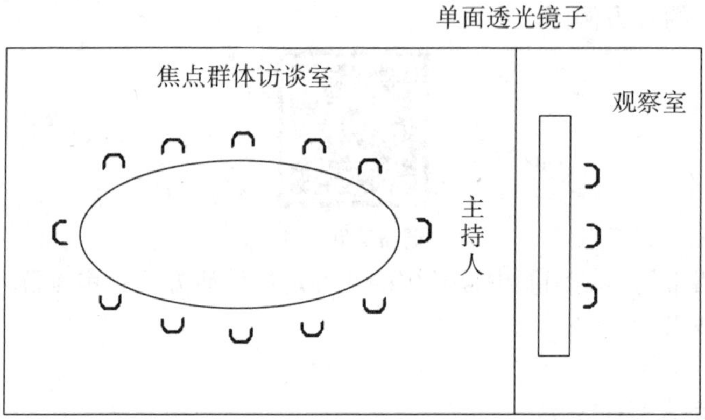

图3-1 焦点群体访谈室的布局

3.3.1.2 焦点群体访谈的实施

实施焦点群体访谈时需要一个主持人，通常也称其为组织协调人。选择合格的主持人是焦点群体访谈成功的关键。焦点群体访谈要发挥群体成员之间的互动作用，主持人必须具有较强的组织能力和沟通技巧。他必须关注和了解每一个群体成员的意见，同时要善于启发和引导群体成员相互之间开展讨论，并保证讨论朝正确的方向发展。

在实施焦点群体访谈时，选择合格的主持人是成功的关键因素之一。但是，要找到或培养出一个合格的主持人绝非易事。拓展阅读3-1提供了一份优秀主持人必要能力的清单，也指明了培养合格主持人的努力方向。

拓展阅读3-1

为保证焦点群体访谈的成功，除了物色合格的主持人外，还必须有一份事先精心准备的讨论指南。讨论指南是一份关于访谈中所要涉及话题的提纲，一般由主持人根据调研内容和要求来设计。为了保证焦点群体访谈的效果，主持人在设计好讨论指南后最好征得调研项目主管和其他调研人员的认可，保证讨论指南确实包含了所有与主题有关的重要话题。

讨论指南通常包括焦点群体访谈的三个阶段的内容：

（1）在群体中建立起一种友好和谐的关系

主持人要解释小组中相互交流的规则和讨论的内容是什么。让参加讨论的群体成员在一开始就逐一作自我介绍往往是适当的，由此可以消除成员相互间的陌生感，培养表达意见的气氛；既要求每个成员说出自己的观点，也强调倾听别人发言的重要性。

（2）由主持人激发群体成员对有关问题进行深入讨论

焦点群体访谈应避免以固定程式和太结构化的方式来讨论问题。主持人在讨论指南中要围绕访谈的关键主题拟定出一组简要的问题，根据这组问题来引导讨论的全过程。如果主持人发现讨论偏离了主题，就应该将讨论引导到关键性主题上来。主持人既要防止个别群体成员左右讨论的局势、控制气氛的情形，也要防止出现个别成员互相间私下议论的局面。

（3）及时地总结群体成员的意见，决定群体成员对某种意见的同意程度

讨论指南的这一部分应当明确如何总结群体成员的意见、如何衡量群体成员的总体态度等。主持人所面临的困难之处在于，既要保证讨论不偏离主题，在偏离时把讨论引导到主题上来，又要尽量减少对讨论的具体内容和结论的影响。所以，在访谈临近结束时，主持人需要根据记录对整个访谈过程进行总结，并确认获得了群体成员的认可。

调研实践3-2

一份焦点群体访谈的讨论指南

讨论指南不仅要给出访谈时要讨论的所有主题，而且要对主题的顺序作出合理的安排。下面是某市场营销调研公司为某个比萨店项目进行焦点群体访谈时所拟定的讨论指南。

（1）介绍访谈的目的、简要的背景资料和发言规则（10分钟）。

（2）群体成员间的互相介绍（3～5分钟）。由主持人开始，按顺时针进行。

（3）对去饭店吃饭的消费行为、态度和情感进行测试（15分钟）。

（4）对快餐的消费行为、态度和情感进行测试（15分钟）。

（5）对西餐的消费行为、态度和情感进行测试（20分钟）。

针对没有比萨店用餐经历的群体：

（6a）对比萨店的态度和认知情况进行测试（20分钟）。

（7a）对比萨店服务期望进行测试（10分钟）。

（8a）对比萨店内部装饰期望进行测试（10分钟）。

针对有比萨店用餐经历的群体：

(6b) 了解在比萨店的消费行为细节和对用餐经历的评价(30分钟)。

(7b) 对比萨店用餐服务进行评价(10分钟)。

(8b) 消费者对比萨店内部装饰的认知和评价(10分钟)。

(9) 对比萨店有关概念进行测试(10分钟)。

(10) 致谢,结束座谈并说明如何领取报酬。

资料来源 顾小君. 如何进行有效的市场调查(中)[J]. 销售与市场(管理版),1999(5):58-61.

通常,焦点群体访谈需要组织多个小组,邀请和倾听具有不同背景的或代表不同地区或市场面的人参加访谈,以便获得更全面、更可靠的资料。在焦点群体访谈结束以后,调研人员应当听取访谈主持人的总结汇报,并组织参加观察的调研人员与主持人进行沟通。有时,这种沟通可能激发调研人员产生全新的想法和对访谈结果的新理解。

等到所有的焦点群体访谈完成以后,调研人员就可以开始编写最终的调研报告了。

3.3.1.3 对焦点群体访谈法的评价

(1) 焦点群体访谈法的优点

焦点群体访谈法的最大优点是其互动性,因此可以得到远比其他访谈法更有价值的资料。焦点群体访谈的这种形式能创造一种比其他面谈方式更能激励群体成员发表意见的环境。群体内自由交谈的形式能营造出一种自发地探讨问题的气氛,避免群体成员感到必须回答问题的压力,促使群体成员表达自己的真实想法。自由交谈也使小组每个成员在与其他成员的交流过程中能修正、进一步扩展和完善自己的意见和观点。当某个成员提出一个想法或一种感受时,其他群体成员也会通过补充来进一步完善原来的想法。这就使得调研人员能够获得远比其他面谈法更详细、更精确的资料。

此外,焦点群体访谈法为调研人员提供了在单面透光镜子后面观察的机会,可以让更多的调研人员直接接触到接受访谈者的想法和观点,并使调研人员加深对参加访谈者的意见的理解。如果把群体成员交谈的结果与观察所得到的结果结合起来,所得出的结论就更加真实可靠了。

(2) 焦点群体访谈法的缺点

① 群体成员的物色和组织是比较困难的。焦点群体访谈要把人们集中在一起持续进行2~3小时的讨论,并且要保证这些随机选取出来的群体成员都能表现出合作精神,这并不是一件容易的事。那些愿意参加访谈并表现活跃的成员很可能在许多方面与那些不愿参加访谈的人是不一样的,而访谈结果又只能代表那些愿意参加访谈者的意见。即使在受访者中,某些人性格内向,发言不多;另一些人性格外向,总是滔滔不绝,似乎想控制整个讨论的局面。访谈的结果往往主要反映了那些性格外向、喜欢控制整个讨论的人的意见。在许多情况下,想要物色一组能真正反映目标群体意见的、愿意友好相处、开诚布公地与其他人讨论问题的人确实是非常困难的。

② 要真正实现焦点群体成员之间的互动也是非常不容易的。主持人是群体访谈能否实现互动的关键,他必须不带偏见,具有较高的业务素质。许多主持人可能因为个人风格而造成转移问题太快,语言或行动上无意识地产生对答案的引导作用,导致结果的误差。

③ 焦点群体访谈的费用是比较高的。尽管焦点群体访谈的花费比个别深度面谈的费用要省，但总的说来，费用还是比较高的。这些费用包括决定一份参加群体访谈人员的名单的费用、给每个参加者支付差旅费和误工费、发放纪念品的费用、租借会议室的费用、雇用经过训练的专门调研人员和结果分析人员的费用。正因为如此，焦点群体访谈的次数以及每次参加者的人数会受到时间和费用的限制，从而影响结果的有效性。

尽管有上面这些缺点，但总体上说，焦点群体访谈法仍然是一种非常有用的调查技术，在近几十年来获得了越来越广泛的应用。这种方法本身也在不断发展完善之中。近些年来，新出现了电话焦点群体访谈、电视焦点群体访谈、网络焦点群体访谈的新形式。这些形式通过使用电话会议、电视会议、视频会议的设施，使参加访谈者不用到专门的会议室就能参加讨论。这样一来不仅大大节省了焦点群体访谈的费用，而且能邀请到那些通常无法离开工作或生活场所的人员来参加群体访谈。

3.3.2 深度访谈法

深度访谈法（In-depth Interview Method）是通过创造一种适当气氛，让被调查者自由地表达他的感受、喜恶、需要和担心等态度和观点的收集资料的方法。深度访谈法实际上也可以看作询问调查法的一种特殊形式。深度访谈通常是由一位在心理学方面受过良好训练的调查人员来负责实施的。他与被调查者进行交流，鼓励被调查者对某种产品或感兴趣的问题自由地表达他们的看法和观点。深度访谈根据参与人数可以分为个别深度访谈和小组深度访谈。

3.3.2.1 个别深度访谈

在个别深度访谈中，调研人员既可以直接提问，也可以不直接提问，但是无论如何，调查人员必须遵守一条原则：不应该有意识地影响被调查者回答的内容，要让回答者感到是在自由地回答和探索各种问题。

（1）个别深度访谈的分类

① 有目标的个别深度访谈，是指调研人员对问题以及与此有关的变量有了一定认识的情况下进行的深度访谈。此时，调研人员会事先拟定好准备在访谈期间提出的一系列或大或小的谈话主题，可是具体问题的选择和提出的时机仍然是由调研人员临时决定的。

② 启发式的个别深度访谈。其并不主要依靠直接提问来获得信息，调研人员事先并不一定要拟定好一组特定题目，也不需要按一定次序来提问。此时，调研人员要以最少的直接提问鼓励被调查者表达对给定题目的看法和观点，探索有关问题，努力获得最有用的资料。启发式的个别深度访谈在探测性调研的早期阶段特别有用。

（2）个别深度访谈的特点

调研人员必须能够辨别不完整或表面的回答，并能发现被调查者的真正态度、观点和更基本的动机。调研人员可以通过询问“这表示什么意思?”“您能给我举个例子吗?”“您能否说得更明确些?”或表示恰到好处的礼貌等，以获取对方对某一话题的进一步回答。

（3）个别深度访谈的优点

个别深度访谈与焦点群体访谈相比具有如下的一些优点：

① 所获得的信息质量更高、更有价值。个别深度访谈的调查对象选择可以更有代表性，使得到的信息更有价值。个别深度访谈可以避免被调查者的回答受到其他人干扰，访谈人员也可以更有针对性地提出有关问题。

② 所获得的信息量更大，对问题的探讨更深入。个别深度访谈可以涉及更广泛的主题，根据双方的沟通情况，决定值得作更深入探讨的问题，因此，所获得的信息量也更大。

(4) 个别深度访谈的不足之处

个别深度访谈的结果在很大程度上依赖访谈人员的技巧，因此对访谈人员的要求很高。访谈人员要有足够的说服能力，克服与被调查者之间沟通的障碍，获得约见的机会。个别深度访谈中所面临的最大挑战是访谈人员要在一开始的短暂时间内就与受访者建立起友好和信任关系，要做到这一点往往并不容易。

3.3.2.2 小组深度访谈

当访谈人员同时向一群被调查者提出问题，请他们逐一发表各自的想法和观点时，就变成了小组深度访谈。小组深度访谈通常又被称作群体访谈。群体访谈的关键是保证让参加访谈的每一位小组成员都能自由地发表自己的看法。群体访谈与个别深度访谈相比，最大的优点是节省时间、提高效率。

3.3.3 心理投射技术

涉及人的情感、意图和动机等的心理信息往往隐藏在人们的内心深处，采用通常的度量态度的方法很难获得这一类的真实信息。采用个别深度访谈和焦点群体访谈可以在一定程度上了解被调查者的心理活动，但是这两种访谈都是根据对于直接提问的回答来收集信息的，所得到的结果往往是肤浅的或一般性的。同时，调查目的和所提的问题对回答也会产生一定影响，有些回答并不反映回答者真实的心理状况。所以，一般用来研究行为和态度的方法很难有效地用来研究人们的心理动机信息。

对心理信息的研究主要依靠心理投射技术来实现。心理投射技术（Psychology Projective Technique）是以心理学的研究成果为依据的。心理学研究发现，当一个人在代表自己表明立场时，他可能掩盖自己的真实想法；但如果给他一个面具，他就会说出真相。在市场调查中如果直接询问被调查者有关动机和偏好等问题，他们一般不会表明自己的真实感受，会为自己的回答感到尴尬。许多被调查者为了令访谈人员高兴，故意不表明自己的真实感受，而只说出人们普遍认为的“正确的”答案。不过，如果给应答者某些刺激，并允许他们自由回答，他们可能说出自己的真实感受。

心理投射技术是指通过给予被调查者某些含糊的刺激或请被调查者解释别人的行为，从而来获取他根据自身的经验和观点作出反应的有价值信息。被调查者在接受心理投射技术测试时并不知道测试的真正目的，自然会反映真实的心理状况，所得到的结果就比较真实可靠。心理投射技术分为下面几种具体的类型：联想技术、完成技术、构造技术和表现技术。这些方法适用于不同目的和需要的市场营销调研活动。

3.3.3.1　联想技术

联想技术（Association Technique）要求被调查者说明他在接受某一刺激后想起的第一件事或第一批事，以此来反映被调查者的心理信息。市场营销调研中应用得最广泛的联想技术是词汇联想测试（Word Association Test）。在词汇联想测试中，调研人员每次会给被调查者读一组词或词组，要求被调查者立即作出反应，说出听到所读的词汇以后联想到的第一个或第一批词汇。调研人员既可以要求被调查者说出联想到的第一个词汇或想法，也可以要求被调查者提出联想到的第一批词汇或想法。调研人员所读的词汇或词组大多是与所研究的主题紧密相关的。

被调查者所说出的第一个或第一批词汇是最能反映被调查者感受的。由于这种方法要求得到的是被调查者的第一反应，所以，实施时最好采用个人访谈法或电话调查法。如果被调查者不能迅速回答问题，这个问题就要作废。为了避免调研人员所读词汇的位置和次序对被调查者回答的影响，调研人员读给被调查者听的词汇的次序应当是随机的，而且读的速度要快；只有这样，所得到的第一反应才有价值。

对词汇联想测试的结果进行分析时最常用的方法是，统计分析被调查者对与某一感兴趣主题有关词汇的回答中出现某些特定词汇的频率。消费者往往会把品牌名称与产品属性和用途、消费者利益以及生活方式等联系起来。因此，词汇联想测试特别适用于了解消费者对可能使用的品牌名称会作出什么样的反应，由此作出对品牌名称的选择。此外，使用词汇联想测试也可以获得消费者对广告主题和标语的反应和看法，据此对广告主题和标语进行评价。

3.3.3.2　完成技术

完成技术通过要求被调查者补充和完成一个不完整的刺激，反映出他本身的态度和观点。完成技术根据所要完成的内容可以分为完句法和编故事法。

（1）完句法

完句（sentence completion）法是词汇联想法的扩展，要求被调查者根据第一感觉把一个不完整的句子补充成完整的句子。与词汇联想技术一样，要求被调查者凭第一感觉完成测试，这样一来被调查者就会在完句过程中无意识地反映出自己的观点。为了能全面地反映被调查者对某一事物的观点，需要围绕某一对象从不同角度向被调查者提供不完整的句子。

【例3–1】想要调查人们对家用餐具消毒器的态度，可以采用下列句子来提问：

我喜欢使用家用餐具消毒器是由于____________。

我不喜欢使用家用餐具消毒器是由于____________。

据我所知，那些已经在使用家用餐具消毒器的家庭通常是___________。

人们感到现有的家用餐具消毒器最大的作用是____________。

理想的家用餐具消毒器应当是____________。

人们通常认为家用餐具消毒器的价格应当落在下列范围内：____________。

人们会愿意从下列地方购买家用餐具消毒器：____________。

与词汇联想测试的情形一样，对于完句法，调查结果的分析也是通过分析各类回答中出现频率最高的那些答案来决定被调查者的心理反应。

(2) 编故事法

编故事(story completion)法是完句法的扩展。这种方法先由调研人员给被调查者编一个故事的开头,然后让被调查者将这一故事编完。编故事法为被调查者提供了一个较为贴近调研项目的故事场景,同时保留了想象空间,这一点要比前面的方法更合理。

【例3-2】若评价一项人员促销策略的效果,那么我们可以构造这样一个故事的开头:

傍晚,一位家庭主妇听见有人敲门,就赶紧去开门,门口站着一位……的人,这位家庭主妇凭直觉感到他可能是一位推销人员,她正打算回绝她,关上门,对方开口了……

然后,我们就可以请被调查者描述这位家庭主妇对推销人员的不同推销策略的反应,看看某种策略可能是成功还是失败的,原因又是什么。

编故事法既能根据所研究主题的要求灵活拟定各种故事场景,又能给调研人员和被调查者提供很广阔的想象空间,因此所得到的信息往往比词汇联想测试或完句法更有价值。这一方法对于了解人们对商标的印象、对于不同促销方式的选择,以及对于不同的人员促销策略的评价是比较有效的。但是,由于每个人编故事的能力不同,而且编出来的故事不一定都与所要研究的主题紧密相关,因此这种方法有待于进一步改进。

3.3.3.3 构造技术

构造技术(construction technique)要求被调查者创作或构造出某件事,如故事、对话或解释说明,然后对结果进行分析。最常用的构造技术有卡通测试法和图片反应法。

(1) 卡通测试法

卡通测试法(Cartoon Test Method)是通过请被调查者推测卡通片中人物的心理状况,来获取被调查者本人的心理信息的。通常,在卡通片上画一个或一组角色,提供一个与所研究的主题有关的,但对于被调查者来说又是模糊的场景。在卡通片中,某一个角色的上方已经有一句表示对话的句子。调研人员请被调查者提供卡通片中另一个角色的回答,有时要求被调查者完成卡通片中的字幕。字幕内容不仅可以是角色之间对话的说明,也可以是对画面提供场景的反应。此外,有时为了克服语言表达上的限制,也可以请被调查者说明卡通片中某些角色的想法,而不一定是对话。对卡通片测试结果的分析方法与词汇联想测试和完句法中所采用的是一样的。

(2) 图片反应法

图片反应法(Picture Response Method)是应用图画来诱导故事的一种有用方法。这种方法要求被调查者对一幅画或一组画按自己的想法进行描述。所采用的图画通常是相对含糊的,因此,被调查者必须运用他自己的想象来描述某件正在发生的事。

【例3-3】为了调研消费者对某百货大楼的印象和感受,市场营销调研人员可以设计一张图画,描绘的是一对夫妇走进某百货大楼的情形。然后,请被调查者对这种场景作出解释和描述,说明这对夫妇是在什么情况下走进百货大楼的,描述这对夫妇进店前、进店后以及出店后的情况和感受。通过这种方法可以得到直接提问所不能了解到的信息。

在几种构造技术中,图片反应法是一种最含糊但又最灵活的心理信息测试方法。所提供的图片可以描述人们对市场营销手段以及任何事物或事件的感受、意见和态度。当然,由于方法本身过于灵活,所以所得到的结果也比较难以处理和解释。

3.3.3.4 表现技术

表现技术（expressive technique）要求被调查者创作或构造某件事，重点在于从创作或构造某件事转变到构造的方式上。最常用的表现技术包括角色扮演法和第三者法。

（1）角色扮演法

角色扮演法（Role Playing Method）通常要求受试者以一个特定百货商店的销售代表的身份和行为处事。此时，调研人员会要求参加活动的角色扮演者向一组具有不同目的的消费者推销某种特定的产品。这些角色扮演者试图克服各种障碍而采用的推销方式反映了他们自己的态度。

（2）第三者法

第三者法（Third-person Method）要求被调查者推测某些身份不明的第三者的态度。这里所指的第三者通常是指"一个普通的妇女""你的邻居""你的同事""大多数的医生"等。因此，在应用第三者法时，调研人员并不是直接询问被调查者本人会怎么办或者怎么想；相反，调研人员会问被调查者，他的朋友、邻居或一般人是怎么想的。这样做所得到的回答比直接询问被调查者本人的态度所得到的结果常常更有用。被调查者替第三者所作的回答其实反映了他自己的感受。应用这种方法的另一种做法就是先向被调查者提供某个人的社会地位、购买行为和习惯的信息，然后请被调查者描述这个人的个性、兴趣和其他特征等。

上面我们分别介绍了几种测试心理信息的心理投射技术，但是实际上在研究人们对某种事物的心理感受时，往往会将上述多种心理投射技术结合起来运用，这样所得到的结果比较有效可靠。

心理投射技术的最大优点是能获取采用直接询问或别的方法所难以得到的信息。这些信息在一项市场营销调研的开始阶段是相当重要的，应用心理投射技术的费用也是较节省的。

但是，应用心理投射技术需要有受过专门教育和培训的调查人员以及经验丰富的分析人员来实施，而这两种人员往往是很难得到的；研究对象的范围也总是有限的。不过，总的说来，心理投射技术还是探测性调研中的一种有效工具。

本章小结

市场营销调研中所用的资料包括原始资料和二手资料。二手资料与原始资料相比获得的渠道广、速度快，而且费用省。二手资料要适合所调研的问题必须满足4个条件：可获得性、相关性、精确性和及时性。对于收集得到的二手资料的价值要从检验原始收集者或委托部门是谁、原始研究的目的、研究所采用的方法、分类和定义、时间和一致性等方面进行评价。调研人员需要根据调研的目的来检索和应用二手资料。

市场营销调研中常用的二手资料包括公司内部的二手资料、来自外部商业机构的资料、来自消费者个人的资料、公开出版的资料、来自互联网的资料，以及国际市场营销调研资料。

市场营销调研的方法可以分为定性调研法和定量调研法。两种方法各有特点。最常用的定性调研方法有焦点群体访谈法、深度访谈法和心理投射技术。焦点群体访谈法的最大优点在于其互动性，能营造出一种自发地探讨问题的气氛，使群体成员表达自己的真实想法。深度访谈法如果所选择的调查对象合适，则所得到的信息质量更高、更有价值，对问题的探讨也会更深入。心理投射技术是一种适合收集心理信息，特别是动机相关信息的专门调研技术。最常用的心理投射技术有联想技术、完成技术、构造技术和表现技术等。

主要概念

原始资料　二手资料　定性调研法　定量调研法　焦点群体访谈法　深度访谈法　心理投射技术　联想技术　完成技术　构造技术　表现技术

基本训练

◆ 知识题

1.比较原始资料与二手资料的特点，并说明如何评价二手资料的价值。

2.说明调研人员通常在何时收集二手资料及其原因。

3.说明来自外部商业机构的信息的类型和特点。

4.说明意向、态度和行为之间的关系。当人们希望通过了解意向来预测其行为时，在什么情况下预测的效果较好？在什么情况下预测效果难以保证？

5.说明定性调研法与定量调研法的主要区别，并讨论定性调研的优缺点。

6.简述实施焦点群体访谈法的要点。

7.比较焦点群体访谈法与深度访谈法的优缺点，并说明它们各适用什么条件。

8.什么是心理投射技术？最常用的心理投射技术有哪些？

◆ 技能题

1.说明获得下列二手资料的最佳来源各是什么：

（1）某市居民家用汽车的拥有情况。

（2）某市居民的婚姻情况。

（3）某市最大的10家餐饮企业的年营业额。

（4）某市经济型酒店的经营状况。

2.在我国上市公司中选定一家公司，在互联网上检索有关该公司的资料，撰写2 000～3 000字的调研报告，综述其发展历史、营销方面的成功经验以及可能面临的挑战。

3.某公司计划组织一次关于消费者对当地早餐市场的态度、意见和偏好的焦点群体访谈，具体说明该焦点群体访谈的目标，并写出访谈指南。

◆ 能力题

1.李某是一家管理咨询公司的资深员工。公司最近接受一家国际快餐零售集团委托，拟开展一项二手资料的案头调研，目的是收集和分析能够对该集团所属的自营零售机构和各地加盟商的业绩进行评价和监控，并能识别问题和机会的有关资料。公司决定由李某负责实施这一项目。你认为李某应该从哪些渠道收集哪些二手资料？

2.某机械制造企业计划开发一种新型立体车库产品。为了提高新产品的成功率，公司准备采用焦点群体访谈法来进一步发展新产品的概念，完善产品设计的思路，获得有关用户的反应。请简要描述应当如何组织和实施这项焦点群体访谈。

第4章　原始资料的调研方法

学习目标

◆ 分析和讨论询问调查法中的误差及其影响；分析比较不同类型询问调查法的特点；解释不回答的影响和应对方法；讨论观察调查法的特点及分类，熟悉最常用的一些观察调查法；分析讨论影响实验结果的主要误差；了解最常用的实验设计方法和不同的实验条件。

◆ 掌握根据调研项目的特点来选择询问调查法的实施方法；掌握根据调研项目的特点来选择具体观察调查法的方法。

◆ 根据要求，分析和制订采用询问法收集原始资料的方案；根据要求，分析和制订采用观察调查法收集原始资料的方案；根据要求，分析和制订采用实验法收集原始资料的方案。

引　例

制定加油站扩建规划的前期工作

由于城市规模和道路建设的迅速发展，某些位于城市郊区的小型加油站的周围环境发生了巨大变化，原有的加油站已经很难适应新的发展需要了。据此，某石化集团分公司决定对其所属的位于某市郊区的一家加油站进行原地扩建。赵刚作为公司规划发展部的一名员工参与加油站扩建方案的规划。他的具体任务是做好加油站扩建规划的前期工作之一：收集和提供制定加油站扩建规划所需要的各种原始资料。

由于公司计划扩建后的加油站应具有综合性的商业服务功能，因此，赵刚所需要了解的远不止是附近地区主要道路的车流量现状和发展趋势等资料，而且应当了解：① 进入加油站加油的司机对购物、餐饮、休息和娱乐的需要；② 司机们对车辆快速修理和保养等服务的需要；③ 加油站是否应该提供二手车交易方面的服务，是否需要对过路的司机提供上网服务等情况。

这些数据中的某一些（如车流量）是很容易通过找人观察来得到的；但是对于加油站对司机所提供的购物、餐饮、休息和娱乐等服务、与车辆快速修理和保养等服务有关的资料，必须采用其他方法来收集。更值得注意的是，随着拥有家用轿车的家庭越来越多，一家人开自己的轿车出门旅行的情况明显增多，这又使得司机们对加油站所提供服务的需求在发生变化。

赵刚需要制订一份所需原始资料收集的内容、途径和方法的计划，既需要列出一份究竟需要收集哪些原始资料的清单，也需要明确究竟应当采用哪种方法来收集这些资料。当然，最关键的是要确保所得到的资料是有效的。如果所收集到的资料有很大误差，则据此所制定的加油站的扩建规划也将是错误的。

一想到所收集资料对加油站扩建规划的影响，赵刚感到自己肩上的担子还真不轻，一种强烈的责任感油然而生。他决心制订出全面、合理的原始资料收集的计划和方案，以保证以后所收集到的原始资料正确、有效。但是，赵刚究竟应当如何编制这份计划呢？

资料来源　由本书第一作者胡介埙撰写而成。

市场营销调研中定量的原始资料主要是通过询问调查法、观察调查法和实验法这3种方法来收集的，而其中，询问调查法又是用得最广泛的。本章将分别讨论如何应用这3种方法来收集原始资料。由于上述3种调查方法各有不同的特点，也适合不同条件，所以调研人员需要根据具体调研项目的要求来决定采用哪一种方法，以便以最有效的方式获得可靠资料。

4.1 询问调查法

询问调查法是通过向被调查者提出一组问题，请他们提供答案来收集资料的一种调查方法。询问调查法是市场营销调研中应用最广泛的原始资料收集方法。这是因为与其他的几种原始资料收集方法相比，询问调查法可以用来收集各种信息，如关于事物状态和被调查者的行为信息、态度或意向甚至是动机等信息。相比之下，其他的某些方法主要只能用来收集行为信息和事物状态的信息。所以，在调研人员不仅要了解被调查者的行为或状态，而且想要知道其原因、被调查者的社会及人口特征的情形下，一般就需要采用询问调查法了。

询问调查法根据访谈人员与被调查者之间交流方式的不同可以分成4种主要的类型：个人访谈法、电话调查法、邮寄问卷调查法和互联网调查法。

4.1.1 个人访谈法

个人访谈法（Personal Interview Method）有时也称作个别面谈法，是由访谈人员与被调查者通过个别的面对面交谈，利用提问来获得答案、收集资料的一种询问调查法。

4.1.1.1 个人访谈法成功的关键

在实施个人访谈调查时，要保证结果的有效性，最重要的是确保受访者在提供资料时采取合作态度。为此，关键是要做好三点：一是访谈人员要有良好的仪表、风度；二是要说明本次调查的目的和意义；三是要明确希望受访者所做的事情，让受访者感到这项调查和他的回答是很重要的。访谈人员既要遵循调查设计中的要求，按适当次序和确定的措辞提出问题，也要充分利用个人访谈法的灵活性，鼓励受访者提供更多与问题有关的信息。如果受访者的回答含糊不清或过于简单，那么访谈人员可以通过停顿、期待进一步回答或重复提问等方法来获得所需要的确切信息。当对方表现出合作态度以后，访谈人员就要把注意力集中在采访问题的结果和数据收集方面，以保证交谈内容符合调查目的的要求。

4.1.1.2 个人访谈法的形式

个人访谈法的地点不受限制，既可以在受访者家里或工作地点进行，也可以在广场、商店门口或者其他适当地点进行。调查的地点不同对调查对象的参与率和样本代表总体的程度会有一定影响。

如果访谈人员直接到受访者家里进行询问调查，这就是入户调查。入户调查可以持续较长时间，能期望获得较深入、详细的资料，是对某些家用产品作测试时的唯一可用的方法。但是入户调查的对象也受到很大限制。白天愿意接受访谈的大多是退休人员或从事家务的人员。绝大多数工作后回家的人不愿意在晚上再接受访谈了。要在工作地点让人们接受访谈通常必须事先作一个约定，但是，对于大多数调查主题而言，要人们接受这种事先约定是不容易的。

访谈人员在广场、商店门口或者其他人流量较大的地方进行访谈，被称为拦截式访谈。拦截式访谈的样本选择范围广、数量充足，访谈速度快，成本较低；当然，资料的详细程度会受到一定影响。

4.1.1.3 对个人访谈法的评价

(1) 个人访谈法的优点

① 给受访者回答问题以一定的灵活性，同时能获得更多有效的资料。对于受访者不清楚的问题，访谈人员可以在允许范围内作一定的解释说明。对于与个人兴趣有关的问题，以及受访者作出非正常反应的对象或问题，访谈人员也可以进一步作深入了解。

② 由于个人访谈法是面对面的采访，拒绝的可能性比较低，因此，不回答误差会比其他询问调查法要小。

③ 个人访谈法适合收集各种不同形式的资料。不管是简短的还是详细的资料，采用个人访谈法都是合适的。个人访谈法与邮寄问卷调查法相比，可以在较短时间内获得所需要的资料。

(2) 个人访谈法的缺点

个人访谈法的效果好坏极大地依赖访谈人员的素质，因此，其有以下两个缺点：

① 要选派训练有素的访谈人员进行调查，其费用要比采用其他方法昂贵得多。如果调查对象分布面很广，费用就更大了。而使用普通访谈人员的话，由于受其责任心和专业水平的限制，资料的有效性和可靠性就难以保证了。

② 面对面的询问调查容易产生回答误差，特别是对于经验不足的访谈人员来说更是如此。即使访谈人员认真负责，也可能不知不觉地偏离调查程序，在提问中加上了自己的观点或偏见，造成误差。这也是限制个人访谈法得到广泛应用的原因。

访谈是一项技巧性很强的工作。只有掌握必要的询问技巧，调研人员才能避免被询问者拒绝，并使之积极配合提供真实可靠的答案。拓展阅读4-1列举了访谈人员需要掌握的询问技巧，为访谈人员提高业务素质和访谈能力提供了依据和指导。

被调查者面对调研人员说谎的事实常常使调研人员感到困惑和无助。为此，调研人员需要分析被调查者可能说谎的原因并掌握对策。拓展阅读4-2给我们提供了一些有价值的分析和策略建议。

访谈，尤其是入户访谈，成功的前提是访谈人员能顺利接近并获得受访者的信任和合作，让他们积极配合提供真实可靠的答案。拓展阅读4-3分析了有助于访谈人员获得被访者合作的一些技巧，这些技巧将能直接有效提高访谈的成功率。

拓展阅读4-1　　拓展阅读4-2　　拓展阅读4-3

4.1.2 电话调查法

电话调查法（Telephone Interview Method）是以电话作为询问工具的调查方法。电话调查法比个人访谈法方便，而且具有实时性，可以了解到打电话当时被调查者的行为、态度、意见和观点，避免遗忘，提高答案的真实性。

4.1.2.1 电话调查法的实施要点

实施电话调查法时，要想获得合适的电话号码是一大难题。有些单位和居民常因搬迁而改变电话号码，造成空号或用户变更。新搬入的单位和居民的电话号码一时也无法在电话号码本上找到。有很多电话用户不愿将自己的电话号码刊登在电话号码本上。人们发现，那些不愿意在电话号码本上公布自己电话号码的人与愿意公布自己电话号码的人相比，在生活方式和消费行为的许多方面可能都是不一样的。因此，光从电话号码本上选择调查的对象还是缺乏代表性的。

电话调查中要想获得合适的电话号码，有两种方法：

一是随意拨号法。若电话号码是8位数的，则电话号码的前3个数字代表电话局号，即不同区域，末5位数字是随机产生的，代表不同用户。因此，在电话调查中先要根据所选定的调查地区决定前3个数字，再随机地选择后5个数字。利用这一方法产生的号码，可以消除所拨电话号码是否刊登在电话号码本上的影响。

二是采用“加1拨号法”，即从电话号码本上按随机抽样的方法产生一个号码后，将最后一个数字加上1，按新号码拨电话。这一新号码既可能是刊登在电话号码本上的，也可能是没有刊登在电话号码本上的。

电话调查法想要取得成功的关键在于：一旦电话接通，访谈人员就要迅速与受访者建立起和谐的关系，问题要紧凑，一个接一个地提问；相反，如果要收集的信息本身冗长而详细，问题又组织得很松散，则遭到拒绝的可能性会增大。

要想保证电话调查法取得成功，开场白是相当重要的。下面是成功地应用于电话调查的几种开场白：

“您好！我是×××公司的×××，我们正在作饮料的市场营销调研。我们列出了一组饮料，您能告诉我……”

“您好！我们正在调查这个地区的家庭牛奶消费情况，我想请您回答几个问题，例如……”

“您好！我们正在作火锅食品的市场营销调研，邀请您回答几个重要的问题……”

4.1.2.2 计算机辅助电话调查

随着计算机和网络技术的迅速发展，访谈人员开始借助计算机来实施电话调查，即计算机辅助电话调查（Computer Assisted Telephone Interview，CATI）。计算机辅助电话调查不仅方便提问，也方便了记录，更能充分发挥电话调查的优势，使这种调查方法日益普及。

采用计算机辅助电话调查法时，每一位电话调查人员都坐在一台计算机前。通常，计算机会自动拨通预先设定的受访者电话，同时计算机屏幕上自动显示介绍性陈述。调查人员随即把屏幕上的介绍读给受访者听；随后按计算机上某一个或几个按键，开始提问，问题和备选答案都立刻出现在屏幕上；读出问题，并根据受访者的回答用按键来选择相应答案。一个问题回答完了，计算机就自动显示下一道问题。

计算机辅助电话调查特别适合那些需要转向问题的调查。对于这类问题，调查人员往往需要根据受访者对前一个问题的答案来决定下一个提问的问题是什么。计算机辅助电话调查可以由计算机完成转向问题的选择，调查人员不再需要手工前后翻动问卷或记住先前的回答了。这种方法也省略了数据录入和编辑的步骤，减少了错误的可能性。采用计算机辅助电话调查还有一个优点是统计工作可以随时进行，在调研过程中几乎随时可以得到各种统计图表，这在采用常规方法的调查中是无法实现的。

4.1.2.3 对电话调查法的评价

（1）电话调查法的优点

① 与个人访谈法相比费用较低；当被调查者相当分散时，这种优点就更加明显了。

② 及时性好，速度快，能调查到正在发生的行为状况，比个人访谈法和邮寄问卷调查法所收集到的信息都要迅速及时，避免了因被调查者事后遗忘所造成的误差。

（2）电话调查法的缺点

① 拒绝率较高。由于受访者与调研人员并不直接见面，对于受访者而言，挂断电话远比拒绝一位面对面的访谈人员的提问来得容易。在调查过程中，如果受访者对某一问题感到不满，则可能毫不犹豫地挂断电话，导致调查失败。所以，电话调查的问题应该相对简短一些，尽量要有趣味性。这种方法主要适用于短时间、高度紧凑的问题和有关直接而准确的信息调查。

② 所收到的信息数量较少，类型单一。即使在受访者愿意接受询问的情形下，由于电话调查的不可见性，受访者的耐心也是很有限的。电话调查时间一长，受访者就可能拒绝。同时，访谈人员只能通过语音与受访者交流，无法获得其他辅助信息对结果进行判断和估计。因此，电话调查无法获得某些需要长时间才能完成的调查所需要的信息。

③ 所得到的结果可能缺乏代表性。尽管通过随机拨号法或“加1拨号法”可以减少电话调查法的误差，但并不能完全消除其他某些因素的影响。某些电话号码可能是为一大群人服务的，而另外一些电话号码仅仅是为一个人服务的，两者之间的差异也会造成误差。

4.1.3 邮寄问卷调查法

邮寄问卷调查法是通过向被调查者邮寄调查问卷，请他们按要求填写完成后，设法回收调查问卷获得所需要信息的一种调查方法。

4.1.3.1 邮寄问卷调查法的成功关键

寄送调查问卷的方式既可以是直接邮寄，也可以把调查问卷夹带在报刊或产品样本中，还可以由访谈人员直接到被调查者的住处或办公室留置给被调查者。邮寄问卷调查中，访谈人员通常不能向被调查者当面解释调查目的与直接鼓励他们参与调查和合作，因此，调查问卷的内容、质量、吸引力和说服力是能否取得对方合作的关键，将直接决定调查的成败与效果。

调查问卷的具体设计方法将在后面章节中详细讨论。这里我们首先需要说明的是，为了争取得到被调查者的合作，提高调查问卷回收率，调查问卷必须包括以下一些内容：① 本次调查的目的；② 寄给被调查者的原因；③ 这项调查发起人是谁；④ 被调查者提供真实答案的重要性；⑤ 说明要求被调查者做什么；⑥ 被调查者所提供信息的用途；⑦ 被调查者需要署名还是匿名。

调查问卷的设计要使被调查者能够完成并寄回调查问卷，为此，关键是要让被调查者认识到这项调查的重要性，并且调查问卷的设计要尽量方便填写，扫除对方填写中的障碍。有些调查问卷在一开头就说明被调查者是“从成千上万个不同对象中专门挑选出来的”，有些一开始就开门见山地说明：“作为调查对象，您的回答对于我们顺利完成本次市场营销调研很重要”“我们需要您的帮助，请合作”，由此来强调被调查者回答问题的重要性，常常是有一定作用的。如果调查涉及有关个人隐私或有争议的问题，则调查应该是匿名的。此外，在邮寄调查问卷时，在信封内附上一只贴上邮票的、写上回寄地点的信封，并采用快信邮寄的方法往往也能提高回收率。

4.1.3.2 对邮寄问卷调查法的评价

（1）邮寄问卷调查法的优点

① 和其他询问调查法相比，邮寄问卷调查法的回答误差较小。如果被调查者愿意合作完成调查问卷，则通常能产生更准确的结果。邮寄问卷调查法允许被调查者去收集当时无法提供的信息。因此，被调查者就能经过深思熟虑，在更为合适的时候填写调查问卷；相比之下，个人访谈法和电话调查法就受到地点和时间的限制。

② 由于调查问卷是以匿名形式寄回的，因此，可以避免因被调查者的顾虑而拒绝回答的情形。特别是当调查涉及比较敏感或可能令人尴尬的问题时，邮寄问卷调查法的优点就更加明显了。

③ 邮寄问卷调查法可以消除调查人员选择调查样本时由个人偏好的影响所造成的误差。

④ 相对于个人访谈法，邮寄问卷调查法的费用较低，特别是当调查人员与被调查者之间在地理位置上相距较远时，这一优点就更为突出了。但是，需要说明的是，费用较低

是对于每份调查问卷而言的，邮寄问卷调查法的总费用还受问卷回收率的影响。如果回收率过低，则总费用仍然可能很高。

(2) 邮寄问卷调查法的缺点

① 回收率低，而且不回答者的意见可能与回答者意见有差异。提高回收率有两种基本方法：

第一，事先联系，是指在进行调查以前，事先用电话或明信片等方式通知被调查者，请求他们回答之后会收到的调查问卷，再邮寄调查问卷。实验表明，对于事先用各种方法联系过的人，调查问卷的回收率要比事先没有联系过的人回收率高得多。

第二，实物刺激，是指在调查问卷开头就说明，如果被调查者回答完一组问题，返回调查问卷后就可以获得一份礼物，这对提高问卷回收率也是相当有效的。

② 邮寄问卷调查通常只能得到数量和深度都很有限的信息，除非是对于被调查者很有吸引力和有趣的问题；否则，调查问卷过长、内容过多就很可能被束之高阁。经验表明，为了提高回收率，保证被调查者用来回答问卷的时间不超过10分钟。

③ 邮寄问卷调查还受到被调查者文化水平的限制以及时间上耽误的影响。邮寄问卷调查很难保证被调查者是否确实理解了问卷中问题的含义，有时也很难保证问卷就是被调查者本人填写的。调查问卷的回收通常要花费几周到几个月的时间，如果要在几天内搞好调查，就不应采用这种方法。

④ 实施邮寄问卷调查时，要得到一份合适的邮寄对象的地址清单也是不容易的。有效的邮寄地址清单可以从某些商店的顾客名单、协会或其他组织的成员名单、出版物的征订者名单等来源得到。但是，不管是从哪儿获得，邮寄地址清单必须是新的，并且要求与所计划的调查对象有密切的关系。

4.1.4 互联网调查法

互联网的发展和日益普及使市场营销调研的技术和方法发生了深刻的革命。通过互联网实施市场调查来获取原始资料，已成为许多调研公司和调研人员首选的方案。

4.1.4.1 互联网调查法的优点

① 可以低成本地联系到全球范围内的目标群体；

② 互联网所具有的交互性，可以让被调查者主动参与市场调查；

③ 可以获得实时信息。

实践表明，由于互联网用户的特殊性，互联网调查法特别适合针对下列内容和对象的市场营销调研：与计算机相关产品的调研、对上网购物的消费者行为的调查、对网络服务用户行为和满意度的评价调查，以及对新产品和新服务概念的测试。

4.1.4.2 互联网调查法的局限性

首先，由于目前互联网用户的身份还具有一定的独特性，因此，无论采用哪一种互联网调查法来收集原始资料，其调查对象和内容都受到一定的限制。对于某个具体的调研项目来说，要精确地界定互联网上调查对象的身份特征并不容易。

其次，很多用户出于对安全性和隐私的担心，不愿意在互联网上透露个人信息，害怕自己的个人资料会被滥用。如果采取某些激励措施，则有些人又会重复回答，影响结果的真实性。所有这些都可能造成从互联网得到的信息有较大的偏差。

4.1.4.3 互联网调查法的具体形式

(1) 互联网问卷调查

互联网上的调查问卷主要通过如下两个途径来发放：

一是电子邮件。调研人员既可以把调查问卷直接以电子邮件的形式发送给被调查者，也可以把调查问卷作为电子邮件的附件来发送，还可以在电子邮件中附上某个网站的链接地址。被调查者在收到电子邮件以后，只要点击网站地址，就能登录调研网站参与调查。但是，无论是直接把调查问卷作为邮件还是作为附件发送给被调查者，其实用性都比较差。特别是被调查者在收到调查问卷的链接地址后必须先下载，填写完后再发送给调研人员，这会让被调查者感到很麻烦。因此，这种方法的回应率很低。

二是网站。调研人员既可以通过公开网站邀请任何登录该网站的人，也可以通过不公开网站邀请某些特殊的人登录该网站获取调查问卷，还可以在其他相关的网站上刊登广告，告知进入该网站的人相关调查信息。由于通过电子邮件发送问卷所具有的缺点，因此，大多数网上问卷调查都是通过网站来发放的。

不管是采用哪一种途径来发放问卷，总体上的应答率还是比较低的。为了提高应答率，最好在互联网问卷调查中设立一定的奖励制度，这样做可以有效地激励人们完成问卷的积极性，提高调研的应答率。

关于互联网问卷调查的发展趋势、对不同具体实施方法和技术的分析和评价，我们将在4.4.1部分中进行详细讨论。

(2) 加入论坛

互联网论坛为对相关主题感兴趣的人提供了交流看法、观点和信息的平台。每一个论坛都有一个主题。调研人员通过加入论坛就能够观察到其中所发生的事情，获取资料和询问问题。因此，加入论坛也是一种获取原始资料的便捷方法。参加论坛活动的人包括一个具有一定经验的主持人和一群自愿报名的参与者。由于所有成员都会围绕着一个大家都感兴趣的话题展开讨论，因此，从论坛中常常能获得那些传统方式所无法得到的信息。论坛的方式特别适合用来获取消费者对新产品和新创意的反应。采用这种方法的主要缺点是很难建立起对论坛中成员的信任。更严重的是，在论坛上询问问题也可能被某些调研公司所监控，反而为它们正在进行的调研提供了信息。

(3) 新闻组

新闻组提供了另一种与特别兴趣小组交流的途径。使用由互联网服务商所提供的新闻阅读程序中的关键词的搜索，就可以找到相关新闻组。调研人员也可以把感兴趣的问题或信息发布到相关新闻组中去，期待上网的人们能够阅读它们，并能够获得一个具有潜在价值的回答。新闻组包括了最初所提的问题，加上所有回复和评论。这使得阅读者能够追溯所发生的各种讨论思路。新闻组调查形式的最大优点是经常能够获得有关专家的意见，而且参与同一个新闻组的人通常有许多相似的心理和人口统计特征，因此，新闻组可以帮助调研人员找到合适的样本。当然，新闻组调查的价值也取决于回复者的素质，因此需要对回答结果进行仔细的过滤。

4.1.5　询问调查法的具体选择

个人访谈法、电话调查法、邮寄问卷调查法和互联网调查法等各有千秋，在实施某一项市场营销调研时，究竟应该选择哪一种具体的调查方法，往往需要权衡利弊。为此，我们需要对几种询问调查方法从费用、问卷回收率、时间紧迫性，以及所收集到的信息的质量等几个方面进行比较。除了掌握不同方法的特点外，在决定究竟应该选择哪一种询问方法时，还必须考虑到调查所面临环境的特殊性和工作条件等因素。表4–1从不同角度对几种询问调查法作了比较。

表4–1　　各种询问调查法的比较

调查方法的属性	个人访谈法	电话调查法	邮寄问卷调查法	互联网调查法
处理复杂问卷的能力	最强	较强	较弱	较弱
收集大量数据的能力	最强	强	较强	一般
对敏感问题的有效性	较好	较好	好	最好
对调查人员的影响控制度	较弱	较强	最强	最强
对抽样控制的程度	最强	强	较强	较弱
对时间的控制度	很强	最强	弱	最强
可能的回答率	最高	较高	较低	较低
调查的成本	高	低	较低	最低

4.1.5.1　选择具体的询问调查法时需要考虑的因素

（1）调查对所收集的信息质量的要求

个人访谈法得到信息的质量受到调查人员与受访者关系的影响，存在回答误差的可能性最大。在邮寄问卷调查法中，被调查者多半是整段整段地阅读调查问卷，而不会逐字逐句地阅读和回答问题，因此，回答误差仍然是存在的，但会比个人访谈法少一些。电话调查法中的回答误差一般较小。互联网调查法中的回答误差也比较小。从收集到信息的广度看，个人访谈法最富有灵活性，电话调查法更注重于听觉，邮寄问卷调查法则更注重于视觉，互联网调查法既注重视觉又注重听觉。

（2）调研项目对时间的要求

从完成调研所需要的时间方面考虑，电话调查法和互联网调查法都是最及时的；个人访谈法的及时性也很好；邮寄问卷调查法通常需要花费较长时间才能收集到所需要的信息。

（3）回收率

个人访谈法由于调查人员与被调查者直接接触，拒绝率是最低的。电话调查法的拒绝率介于个人访谈法和邮寄问卷调查法之间。邮寄问卷调查法的回收率一般较低。互联网调查法的应答率也是比较低的。

（4）调查所需要的成本或费用

个人访谈法是最昂贵的一种方式。电话调查法的费用比个人访谈法要节约得多。邮寄问卷调查法的费用一般是比较低的，但是如果回收率过低，则为了完成调研任务，所需要的总费用也会变得很可观。互联网调查法的费用是最低的。

4.1.5.2 询问调查法的不同组合方式

有时，为了减少样本流失和不回答误差，提高回答率，可以考虑把不同的询问调查方法结合起来使用，这样就可以充分利用每种方法的优点，提高调查的效率。

第一种最有效的常用组合是在对经理人员进行访谈时，先进行电话预约，然后作个人访谈，有必要的话再向其电子邮箱发送调查问卷，请受访者完成后发送回来。

第二种组合方式是先进行电话访谈，访谈后向被调查者的电子邮箱发送调查问卷，约定时间后发送回访谈人员的邮箱。

第三种可以采用的组合是先用电话征求被调查者同意，再向其电子邮箱发送调查问卷。电话征求同意的要点是不仅要征得被调查者同意参加调查，还必须确保被调查者对合作持严肃的态度。

第四种组合方式是先向被调查者的电子邮箱发送调查问卷；必要的话，再作后续的电话调查。

4.1.6 询问调查法的误差

利用询问调查法来收集资料时，调研人员要尽量避免和减少误差，如抽样误差、回答误差和不回答误差。

4.1.6.1 抽样误差

抽样误差是调研人员在用抽样调查的方法来代替普查时所产生的误差。调研人员在用询问调查法来收集资料时，一般只能询问总体中的部分对象。如果所选择的对象能较好地反映总体情况，抽样误差就小；反之，抽样误差就大。选择合适的询问对象是减少抽样误差的关键。这部分内容将在第7章中专门讨论。

4.1.6.2 回答误差

询问调查法的目的是获得被调查者的答案，作为调查结果；但即使获得了被调查者的答案，还是可能存在回答误差的。回答误差是指由各种原因造成被调查者所提供的答案中包含一定误差。回答误差是询问调查法中特有的、需要特别重视的一种误差。

（1）询问调查法产生回答误差的原因

① 调查结果受到访谈人员与被调查者之间关系的影响。询问调查法总是依靠访谈人员与被调查者之间的各种形式的接触来获得信息的。一方面，如果两者之间沟通不够，被调查者对访谈人员可能没有信任感，就不愿认真回答问题；另一方面，如果双方之间关系太密切，被调查者又会过多地受到访谈人员的影响，而倾向于按访谈人员有意无意中流露

出来的意图来回答。

② 访谈人员的语气、态度和姿态等因素使被调查者对问题产生误解。访谈人员由于误解、听不清，或受时间和空间的限制而不能完全精确地记录答案等，都可能造成回答误差。

（2）影响回答误差大小的因素

减少回答误差的关键是要获得反映回答者真实观点的答案。询问调查能否获得真实的答案往往取决于下列几方面的因素：

① 回答者是否理解问题的意思。如果回答者不理解问题的真正意思，他们所提供的任何回答就是毫无用处的。为此，访谈人员提问的方式应当尽量简单、直接和明确。此外，访谈人员应当注意到被调查者理解某些专业词汇和术语可能有困难，或受时间、地点和场合等因素的影响产生误解。因此，访谈人员提问的方式和内容要有针对性，适合具体的对象。

② 回答者是否知道问题的答案。即使回答者确实理解问题的意思，但他们也可能只是大致地了解而已，而无法提供问题的准确答案。例如，如果要消费者回答几年前购买或消费某种商品的情况，他们往往会感到很困难，因为他们多半是遗忘了；如果消费者碍于情面而无法拒绝，就会随便给出一个答案，从而产生了回答误差。

③ 回答者是否愿意提供真实答案。有时，被调查者理解问题的真实意思，也知道问题答案，但不一定愿意告诉访谈人员真实的答案，尤其是对于一些相对比较敏感的问题与可能威胁到回答者自身安全和声誉等方面的问题，回答者可能并不愿意反映真实情况。有时，被调查者认为本次调查与己无关，不愿花时间和精力去认真考虑问题，也会随便给出一个答案。有时，出于礼貌，被调查者在表面上会采取合作态度，但对于主要观点仍然会深藏不露，而给出一个看起来合理的答案。有时，被调查者可能试图给访谈人员留下某种印象，有意识地希望访谈人员产生他们所期望的误解，或者提供一种人们更愿意接受但并非真实的答案。这种情形是经常发生的。例如，如果有人向一个年轻人调查，问他是否看过某部正在上映的热门电影，被调查者即使并没有看过，也很可能回答“看过”，因为他可能感到，如果回答“没有”就意味着他对新事物不敏感，消费落伍了。由此可见，很多原因都可能造成被调查者不愿提供真实答案，从而造成回答误差。

④ 问题表达和提问背景是否合理。在询问调查法中，访谈人员表达问题时所用的词句以及提问时的背景都有可能使问题本意发生变化，偏离问题原意，造成回答误差。访谈人员在问题表达中用词不当、语义不清或者语句中带有暗示性的意思都可能导致答案的误差。在不合适的环境中实施询问调查法就可能得到错误的答案，某些问题在不同场合提出来可能得到不同的答案。

回答误差可能使得调研人员千方百计，又满心喜欢地收集得到的资料失去应有的价值。如何警惕回答误差对调研结果的误导往往又使得调研人员无所适从。调研实践4-1给我们提供了这方面最典型的有重大影响的两个案例。

调研实践 4-1

4.1.6.3 不回答误差

不回答误差（non-response error）是由无法联系到被调查者或者被调查者拒绝回答所引起的。

无法联系到被调查者主要是因为被调查者不在家或不在调查地点。由被调查者不在家所引起的不回答误差对个人访谈法和电话调查法的影响较大，对邮寄问卷调查法的影响并不大。其对电话调查法的影响又比对个人访谈法的影响要小。因为许多人尽管在家，由于不愿意接受一个陌生人的打扰而不予理睬，访谈人员只能认为他们不在家；但是，这类人中的大多数人往往也愿意回答电话调查的问题。

被调查者拒绝回答是由于他们不愿与访谈人员合作，原因大概有如下几点：

第一，被调查者对调查者有所怀疑和担心。在个人访谈的情形中，被调查者见到一个自称是作市场调查的陌生人，会怀疑他的真实身份和目的究竟是什么，担心是不怀好意的人。因此，他们甚至不愿让访谈人员进入自己的家门。对于电话和邮寄问卷调查的情形，被调查者也会怀疑调查的真正目的是什么，担心因此泄露自己的某些隐私或者会受到伤害。因此，访谈人员要礼貌而诚实地对待被调查者，要努力迅速地建立起一种有利于市场调查的气氛。

第二，访谈人员不能正确地对待被调查者。要被调查者采取合作态度，关键是访谈人员要站在被调查者的角度来看待问题。许多访谈人员往往认为社会公众有与其合作的义务，应该提供调查答案，被调查者也应该对他们所提出的问题产生兴趣。其实，这些想法都是不切实际和不明智的。访谈人员仅仅说一声“谢谢”或“对不起”往往难以激发被调查者回答问题的积极性，也确实不能补偿被调查者回答问题所花费的时间和精力。从被调查者的角度看，要他们参与调查、提供意见，他们自然就关心调查的发起人是谁、调查目的是什么、要花多少时间、结果用来做什么等问题。因此，要被调查者采取合作的态度，访谈人员就应当在不影响答案客观性的情况下，尽量满足被调查者的这些好奇心，这是非常必要的。

研究表明，拒绝回答率与被调查者的特征之间往往存在一定的关系。通常，对普通公众调查时的拒绝率最高，而对专家和特定群体调查时的拒绝率最低。这是因为对专门群体开展调查时，调查对象都是对某一问题感兴趣的人，他们更愿意采取合作的态度。这就说明调查对象对特定问题是否有兴趣是决定他们采取拒绝还是合作态度的主要原因。

（1）不回答对市场营销调研产生的影响

不回答是市场调查中经常遇到的一个严重问题，是成功进行市场调查的障碍。

首先，由于不回答的影响，所选取的抽样规模就需要比预定的大得多。如果某项市场调查要求最终从1 000个样本中得到调查资料，预期回收率是50%，则初次抽样的样本数应当是2 000个，比最终需要的样本数多了1倍。

其次，通常回答者与不回答者之间总存在某一方面的差异，如果仅依据回答者的资料来推导出结论，就会产生误差。

要减少不回答对调查结果的影响，一种可采取的最简单方法是：每一个不回答者都用一个适当的新样本来代替。假如，某次抽样调查中选取的一个样本是某一居民区内某栋楼的一户居民，如果在实施调查时所选定的样本恰好不在家，我们就不妨用样本的邻居来代替。问题在于，在多数情况下，要找到与选定的样本具有同样特征的对象来替代还是很困难的。

（2）应对不回答的方法

① 改进调研设计。改进调研方法的设计，可以明显地降低被调查者的拒绝率。在个人访谈法和电话调查法中，通过对调查人员进行训练，改进调查问卷设计，可以提高受访者对所调查内容的兴趣，提高回答率。在邮寄问卷调查法和互联网调查法中，奖励和刺激等方法可以激励被调查者回答的积极性。

② 回访。回访可以通过对不回答者进行重复多次的调查访问来提高回答率。但是，如果被调查者是由于拒绝回答或无能力回答而引起不回答，则重复回访往往效果不大。对于那些因不在家而无法联系上的被调查者，回访效果是很好的。对于电话调查的情形，实验表明，第一次电话能得到最初抽样的25%～30%的回答；第二次电话也能得到同样比例的回答；从第三次电话开始，不在家人数的比例会迅速减少。因此，在大多数电话调查中至少应当打3次电话，而且每次电话应当在每天的不同时间以及每周的不同日子中打，只有这样才能大大减少被调查者不在家的影响。对于个人访谈调查，进行重复访问时往往也是第一、第二次是最有效的。

③ 估计不回答的影响大小。在实际上，要把不回答率降到零几乎是不可能的。因此，询问调查法中一个比较现实的做法是，尽量减少和弥补不回答误差。估计影响的具体方法有如下几种：

第一，类推法，是指假定不回答者的意见与回答者的意见相同。这是处理不回答影响的一种简单方法，意味着调查人员认为没有不回答误差。这样，我们就可以根据回答者所得到的结果中各种选项的结构比例来代替总的调查结果中的相应比例了。然而，如果所调查的问题是有争议的、是与被调查者的个人背景有关的，类推法就不适用了。

第二，进行决策影响分析，是指研究是否需要对那些不回答者的意见作特别处理。有时，从调查所得到的结果中，其实已经可以得出肯定的结论了，此时就没有必要再去特别关心不回答者的意见了。

【例4-1】我们想要实施一项关于某地区居民对某项开发计划的态度究竟是支持还是反对的调查。如果调查问卷的回收率是80%，而回收得到的调查问卷中的80%是支持这项开发计划的，那么所有的被调查者中间至少有64%（80%×80%）是支持这项开发计划的。由此，我们已经可以肯定，这项开发计划将得到绝大多数居民的支持。因为即使全部不回答者都持反对意见，这项开发计划也至少获得了64%的人的支持。如果单纯从数量上看，就没有必要对不回答者的意见作进一步调查了。

第三，选择不回答者的一个子样本进行调查，是指花费相当数量的时间和费用去调查不回答者的一个子样本，再应用这一子样本的资料来类推全部不回答者的态度或观点。例如，如果在邮寄问卷调查中发现回收率太低，我们就可以用电话调查法或个人访谈法对不回答者中的一部分人再进行跟踪调查，以得到的结果来推算全部不回答者的观点。

第四，进行灵敏度分析。我们可以分析不回答者中持有不同意见的人的数量差别达到多大程度，才会影响到我们的决策。

【例4-2】在例4-1中，若我们事先约定，假如调查总体中有65%的人支持某项开发计划，开发商就决定实施。如果调查得到的回收率是50%，回收的调查问卷中有60%的人是支持这项计划的，则我们实际上只得到了30%的人的支持。要达到总体中65%的人支持的目标，不回答者中支持这项计划的人数必须达到70%（35%÷50%）。如果经过分析，认为在不回答者中支持该项开发计划的人数只会少于回答者的人数，那么这项计划不得不被否决了。

第五，进行趋势分析，是指依次记录那些回答者的特征，决定是否存在某种变化趋势。有时，从早期回答者到后期回答者，他们的某一方面特征常常存在一种变化趋势，我们就可以由此推测出不回答者的特征及意见。例如，在邮寄问卷调查法中，那些回答得迟的被调查者与那些完全不回答的被调查者往往有类似性。因此，当回答迟的被调查者的意见与回答早的被调查者的意见差异较大时，不妨用回答迟的被调查者的意见去推测不回答者的态度。

在处理不回答者的影响时，究竟应当选择哪一种方法，首先依赖调研人员对不回答影响的判断，其次综合权衡时间和经费预算两个方面的限制，在此基础上才能选择出一种适当的处理方法。

为了提高询问调查法所得到资料的质量，将调查过程标准化是必要的。不管采用何种具体的询问方法，在收集资料的过程中，所有的调查对象、调查程序和调查内容都要尽量标准化，以减少不同访谈人员、不同调查地区、不同调查场合以及不同调查时间情况下所得到结果之间的差异。应当注意到，不同访谈人员从同一个被调查者身上所得到的询问结果也可能是不同的。同一个访谈人员在不同情况下会使用不同的语气、语调和语速，会不自觉地附加某些肢体语言，从而使询问结果带有某些误差。调查过程的标准化可以提高询问结果之间的可比性，降低产生误差的可能性。调查过程标准化要求调查中所使用的各种表格和报告都要统一，使以后的数据汇总、整理和分析比较简便容易，保证记录数据的有效性和精确性。为了确保调查过程标准化，最好事先对所有访谈人员统一进行一次培训，或者专门编制一本调查指南，让每个访谈人员遵照执行；同时，要加强调查现场的管理，使现场调查严格按事先规定的程序和要求来实施。

4.2 观察调查法

4.2.1 观察调查法概述

4.2.1.1 观察调查法的含义

用询问调查法所得到的资料不可避免地带有主观性的特点，有些被调查者不愿透露自己的真实想法，而情愿提供一个看起来合理的答案。也有些人不愿与调查人员合作，既不愿口头回答问题，也不愿填写调查问卷，使得询问调查法无法得到所需要的资料。同时，在很多情况下，实验法不仅费用昂贵，而且很费时。此时，市场营销调研人员最好应用观察调查法来收集资料。观察调查法是通过直接跟踪，记录所感兴趣的事物或人的行为或行为的痕迹，从而获得所需要资料的一种方法。

4.2.1.2　观察调查法的应用

观察调查法与询问调查法不同，只能简单地观察人们现在的行为或过去行为的结果。由此可见，通过观察所获得的资料受到较大的限制。这也正是这种调查方法的应用不如询问调查法广泛的原因。但是，观察调查法也有其优点，就是所得到的资料通常比较客观真实，因此也是市场营销调研中的一种重要手段。

在下列几种情形下，特别适合采用观察调查法来收集资料：

① 当被调查者不能或不愿提供问题的答案，而观察调查法可能收集到所需要资料时。例如，在收集如竞争者的价格和广告状况、等待服务的顾客队列长短、经理们办公桌上放置的贸易类期刊等资料时，观察调查法是能够收集到所需资料的最有效的也是唯一的调查方法。在调查不会说话的孩子对食品和玩具方面的偏好时，也只能采用观察调查法。另外，在调查那些人们不知道、记不起来或者不愿意被调查的行为时，也就不得不采用观察调查法了。

② 权衡资料的精确性和获得资料的费用两者的关系后，发现观察调查法比其他方法更合理时。例如，统计某一时间和地点的交通流量，统计一天内进入某些商店的人数时，观察调查法就是一种花费少又最有效的方法。

③ 需要对其他方法所得到的资料进行补充、完善和检验时。依靠其他某种单一的方法收集得到的资料很可能不够全面，观察调查法往往可以对其他方法收集得到的资料提供补充和检验的机会。

应用观察调查法收集资料必须满足下列条件：

① 资料必须是能够通过观察得到的。观察调查法常常无法获得关于态度、动机和观点方面的资料，主要局限于获得行为信息。当然，通过观察行为来推测态度和动机也是可能的，但总不是最好的方法。

② 所观察的行为和事物必须是重复、经常发生的，也是可以预见的；否则，采用观察调查法的代价就太高了。

③ 所观察的事物或对象发生和发展的持续时间的长短要合适。事件持续时间太短，调研人员就没有足够时间通过观察来获得所需要资料；事件持续时间太长，要通过观察了解事件发展的全过程，所花时间和费用就会很高。这两种情形都不适合采用观察的方法。

4.2.1.3　观察调查法的分类

观察调查法有多种不同的类型，调研人员应当根据特定调查对象的特点，考虑观察成本和对资料质量要求两个因素，针对具体调研项目选择一种最有效的观察方法。通常，可以从以下方面对观察调查法进行分类：

（1）自然观察和受控观察

自然观察（natural observation）是指当事件处于正常状态下正在发生时对行为进行的观察。在进行自然观察时，我们并不试图操纵或控制我们正在调查行为的环境。

受控观察（controlled observation）是指调研人员有意识地改变环境，使之产生观察所需要特定条件的观察。

自然观察与受控观察各有不同的特点。在两种方法之间选择时，需要在等待特定条件下事件发生所需要的成本与结果的真实性之间进行权衡。如果行为发生非常偶然，要等待某种特定条件的自然发生非常困难，此时想要进行自然观察，花在时间和费用上的代价就会很高，采用受控观察往往是比较合理、有效的一种方法。但是，另一方面，一般来说，环境条件越接近自然状态，观察就越能得到反映正常与标准行为的信息。由此可见，如果条件合适，则应当尽量进行自然观察。

（2）秘密观察和公开观察

秘密观察（hidden observation）是指在不让被观察者知道正在被观察的情况下进行的观察；相反情形就被称作公开观察（public observation）。

秘密观察的优点在于能够对行为进行度量，而不会对行为本身产生任何直接影响。如果被观察者在知道他正在被观察时的行为可能与正常行为有区别，则最好采用秘密观察。虽然有时我们不可能完全做到秘密观察，然而，如果观察人员能尽量隐蔽起来或者最大限度地融入环境之中，常常就会增强所得到结果的有效性。

公开观察的研究者遵循知情同意原则，避免侵犯隐私权，符合学术伦理；被观察者可能更愿意配合，数据可靠性较强；适用于互动性研究。但是在公开观察中，被观察者可能刻意改变行为，倾向于展现“社会认可”的行为，而非真实反应，因此公开观察不适用于隐蔽或敏感行为研究。

（3）结构化观察和非结构化观察

观察人员在事先就知道所要识别和记录的活动的特征及类型情况下所作的观察，被称作结构化观察（structured observation）。

非结构化观察（unstructured observation）是指对观察到的结果无法进行简单分类，观察者事先无法预知观察的可能结果，可以随意地记录他们认为是相关情况的一种观察。

结构化观察只有在问题已经明确定义、可能的结果界限清楚，也不需要观察者作过多判断的条件下才能应用。然而，在结构化观察中，观察者在收集数据时还是不可避免地要求进行某些判断。例如，对顾客年龄、着装方式和消费水平等，不同观察者判断的结果就可能有所不同，甚至同一个观察者在不同时间判断的结果也会有所不同。因此，挑选合格的观察者，并对他们进行训练，使他们熟悉所观察的行为及其特点，掌握分类方法和标准是必要的。

非结构化观察特别适用于探测性调研，用以产生新思想和假设，以便以后进行更具体的研究。非结构化观察的缺点是：观察结果一方面容易受观察人员主观偏见的影响，另一方面，观察人员对观察结果的判断和解释能力在应用中也具有决定性的作用。

（4）直接观察和间接观察

如果观察是在行为实际发生的过程中进行的，我们称其为直接观察（direct observation）。直接观察是一种比较直观的观察技术，不需要多作解释。

间接观察（indirect observation）是指对于已经发生行为的结果的观察。间接观察由于其目的是观察过去发生的行为，所以获取的是过去行为的信息。这是一种具有创造性的工作，要求观察者发挥极大的创造性。例如，在一项关于某地区酒类消费情况的调查中，调研人员从统计居民消费后抛弃的酒瓶数量中推算出了酒的消费量。间接观察有时也可以看作对人们行为所留下的实际痕迹（如某些东西、线索或印象等因素）进行调查研究的一种方法。

(5) 人员观察和机械观察

人员观察（personal observation）往往受到人们生理上的限制，观察者会因疲劳而影响观察结果的精确性。有时，人员观察根本无法取得人们所需要的资料，即使能够得到，资料的精确度和成本往往也不能满足要求。此时，我们就需要采用专门的设备来进行观察，这就是机械观察（mechanical observation）。

人员观察和机械观察是最常用的观察调查法。

4.2.2　人员观察法

4.2.2.1　神秘购物者

神秘购物者是公司派调查人员假装成顾客或用户，到本公司或竞争对手所属的零售商店或其他服务部门中进行观察调查，以收集数据的一种调查方法。神秘购物者调查的目的是对购物环境、公司员工对顾客的反应和服务质量等因素进行评价。神秘购物者调查有如下几种形式：

① 零售企业中的神秘购物者，以普通顾客的身份到有关商店购物，以评价购物环境、商店陈设、店铺形象、雇员业务水平和服务态度等。

② 航空公司以及铁路、航运和汽车运输公司等服务性企业中的神秘购物者，以普通旅客身份到相关的服务地点考察服务环境、服务质量和服务水平，并作客观评价。

③ 一般服务公司中的神秘购物者，其也可以以普通顾客的身份与公司有关销售人员接触沟通，由此来评价本公司或竞争对手公司的服务水平。例如，银行可以派神秘购物者与自己下属分支机构的业务人员探讨家庭贷款计划，由此发现服务中可能存在的问题。

④ 各类企业都可以雇用神秘购物者以普通顾客的名义给公司相关部门打电话，以检验和评价本公司员工的顾客服务水平。

神秘购物者的调查方式主要适用于对公司“一线人员”的服务水平的评价。根据神秘购物者的调查结果所决定的顾客满意度应该是比较客观的。神秘购物者的调查方式也可以识别出公司的优势和薄弱环节，为员工培训和业务改进提供指导。

神秘顾客调研既适用于对公司一线人员服务水平的评价，也适用于连锁经营中对不同加盟店的考核和管理。拓展阅读4-4提供了神秘顾客调研在连锁经营管理中的应用和注意事项。

拓展阅读4-4

4.2.2.2　痕迹观察法

痕迹观察法（Trace Observation Method）是通过收集顾客行为所留下的痕迹来获得调研资料的一种方法。痕迹观察法比较隐蔽，保密性好，竞争对手不易了解，获得的资料也比较真实可靠。痕迹观察法的应用主要有两种形式：

（1）媒体痕迹观察法

调查人员先在希望了解其特性的媒体上刊登消息并附有回执，然后根据回执的回收情况来调查媒体受众的数量、类型和特点等资料。媒体痕迹观察法可以用来进行媒体知名度的调查、媒体目标市场范围的调查、媒体上广告内容的调查，以及对竞争对手经营行为的观察。

（2）垃圾分拣观察法

这种方法是收集有关的“垃圾”，进行分类和分析，从中收集所需要的资料。公司如果雇用人员对某居民区收集起来的垃圾进行分类和分析，就可以从消费者废弃的包装物和容器中了解到该地区消费者的消费水平、消费结构和不同产品品牌的市场占有率等情况。对各种办公室的废弃物进行收集、分拣和统计，也可以从中获得某些有价值的信息。

4.2.2.3 购物形态和行为调查

购物形态和行为调查是对有关消费者在各种不同购物场景中的行为进行现场观察或先录像再观察的一种调查方法。一般来说，零售商希望商店中的商品尽可能多地暴露在消费者面前，从而促使消费者产生购物冲动，购买更多的商品。购物形态和行为调查可以帮助零售商店决定某些具有代表性的消费者在商店内的行走路线。商店经理就可以由此来决定不同商品的最佳陈设地点，促使消费者在购买生活必需品的时候产生更多的购物冲动。

4.2.2.4 内容分析法

内容分析法（Content Analysis Method）是对沟通内容进行客观、系统分析的方法。这种方法通过特定规则，把广告、劳动合同、报告和信件等书面材料中的内容和信息分解为有意义的要素，并据此收集数据。内容分析可以按许多要素，如形象、语言或所描绘的角色等，对沟通内容进行数量化描述和分析。运用内容分析法，调研人员可以决定应该向目标观众传达什么内容。例如，要调研环保意识的增强是否对企业的广告内容产生了影响，就可以应用内容分析法对相关广告进行分析。

4.2.3 机械观察法

为了克服人员观察法所受到的某些限制，多种用于观察的记录设备被开发出来，最常用的有：

4.2.3.1 交通流量计数器

在众多的实施观察调查的仪器设备中，最常见的是交通流量计数器。这种设备可以用来测量特定路段的客流量。户外广告设计公司据此来选定某一特定广告的适当位置；零售商根据对交通流量测量的结果来决定商店的选址。

4.2.3.2 电视观众人口计量器

这是一种为有关部门提供收看电视节目的家庭数量、哪些家庭成员观看电视、观看什么电视节目等信息的自动记录装置。这个装置直接为调查机构提供精确的收视率数据。

4.2.3.3 各种扫描仪

扫描仪调查是一项以激光扫描仪为基础、向包装类消费品行业提供零售和消费数据的调查。公司利用激光扫描仪记录所有带条码商品的零售情况，再结合商店会员登记的资料，就可以建立起几乎每个顾客的详细购买情况的数据库。同时，商店可以把销售和购买数据库与商店的促销活动记录结合起来，就能实现对整个营销过程进行有效的监控和评价。根据对上述数据库的进一步研究，我们还可以对新的促销方案和广告设计方案作测试评价。

4.2.3.4 用于广告文稿心理反应实验的各种仪器

为评价广告文稿质量而实施心理反应实验时经常要用到瞳孔大小测试仪、眼球活动跟踪仪和皮肤电流测试仪等。这方面的内容在第13章的广告文稿实验中具体讲述。

4.3 实验法

4.3.1 实验与影响实验结果的误差

实验（experiment）是由实验人员采用一定的实验技术，研究和度量一个或几个自变量对其他一个或几个因变量变化的影响。实验的目的是要确定和度量给定条件下变量之间的因果关系。实验要清楚地反映所关心的变量之间的因果关系，但是又必须控制和避免其他潜在因素的影响，特别是要防止一系列影响实验结果的误差的产生。

市场营销调研中的实验误差主要包括以下几种形式：

4.3.1.1 事前实验误差

对于一个受试者来说，在调查他对某一产品或服务的态度时，事先是否曾经尝试过这类产品或服务，对他态度的影响是很大的。事先的实验对随后的实验结果会产生直接的影响。受试者经过一次尝试后，可能对如何进行实验和度量变得更有经验，也许他不愿意对同一项目进行两次重复的测试，而采取敷衍态度；也许受试者经过一次实验后，对所实验的问题变得不太敏感了；也许是其他原因，都可能引起随后实验结果的误差。

4.3.1.2 老化误差

这是一种与外部特定事件无关的、随时间推移而发生的一种系统的生理和心理变化过程所引起的误差。受试者在实验过程中可能因为变得疲倦或厌烦而造成误差。如果实验持续几个小时，那么在实验开始时与实验结束时受试者的生理和心理状况是很不相同的。如果实验要持续几个月甚至几年，则老化误差会变成一个引起实验结果究竟是否有效的严重问题。不过，大多数实验方法的设计都能控制老化误差的影响。

4.3.1.3 外部影响误差

实验目的是要研究自变量对因变量的影响，但是，实验环境中的其他外部变量的变动也可能影响因变量的变动。例如，市场营销调研人员为研究广告对本公司销售的影响，准备进行为期两个月的实验，若在此期间竞争对手实行减价销售或者引进一个竞争产品，就会影响实验结果的正确性。

4.3.1.4 测试手段误差

这是指整个实验过程中由测试手段变化所引起的误差。只要测试手段中包括了人，无论是作为观察者还是受试者，这种误差都可能发生。在对某些对象实施实验时，调研人员可能对所研究的某些问题很感兴趣，进行非常认真的解释、观察和记录；在对另一些对象进行实验时，调研人员可能对所研究的问题感到厌烦，草率马虎，从而影响实验结果。此外，调研人员的经验在实验过程中也会日益丰富，从而造成实验前后测试手段和标准的不一致，引起误差。

4.3.1.5 选择误差

实验设计中多半会包括实验组和控制组两个组。实验中，如果两个组的初始状态就不同，或者对某自变量的响应开始就不一致，所引起误差被称作选择误差。选择误差在许多实验中是一个需要十分重视的问题，通过对两个组成员的随机分配，使分配到每个组中的对象相互匹配或实施分块实验能够缩小选择误差的影响。在实验前就根据我们感兴趣的变量对两个组进行测量，保证两个组对于这些变量是一致的，就可以减少选择误差。

4.3.1.6 流失误差

这里所说的流失误差，并不是指由实验样本减少所引起的，而是由于总体中不同群组回答者流失率不同，从而作为结果最终得到的样本中各群组的比例与原抽样时确定的比例不同，也就是与总体结构比例不同所引起的误差。

4.3.1.7 交互影响误差

这是指某些事先的实验改变了实验人员关于受试者对自变量敏感性或响应特征的认识所造成的误差。例如，一家公司在调查中发现，部分消费者对某种促销手段，如广告特别敏感，于是可能通过增加、减少或改变广告的方法来影响这部分受试者，结果就可能产生误差，由此所造成的误差就是交互影响误差。

值得注意的是，交互影响误差与事前实验误差的直接影响是不同的。事前实验误差是指受试者从来也没有接触过同类实验，最初一次实验和度量所引起的对于随后实验测量结果的影响。而交互影响误差并不是第一次实验和度量对随后实验的直接影响，而是由于实验人员注意到受试者对自变量特别敏感，而有意识地通过改变自变量来影响受试者的行为而产生的误差。换句话说，交互影响误差是实验人员与受试者之间的相互影响所产生的误差。

4.3.1.8　反应误差

这是由于实验中过于人为的环境或者实验人员的行为过分强调、忽视或改变了自变量变化的影响所引起的误差。实验设计并不能控制反应误差，反应误差必须由实验条件来控制。

4.3.1.9　度量时机误差

度量时机误差是指在事后测量的实验中测定自变量变动的影响时，选择度量时机不适当所引起的误差。通常认为，任何自变量对因变量的影响都是直接持久的，因此，实验人员有时在改变某一自变量（如广告、价格或包装等）的值以后，马上就度量因变量的变化值。其实，这种做法不一定合理。自变量变化的直接影响与长期影响可能是不同的。调研人员必须保证，自变量变化与对因变量变化的测定之间有足够的时间间隔。

4.3.1.10　替代误差

实验中的替代误差除了在实验中用某个对象来代替预定的样本所引起的误差外，也是由自变量变化的实际情形与原来实验设计的情形不同所引起的。很多实验中往往用自变量的近似值来代替它的精确值，由此得到的结果必然包含替代误差。

4.3.2　实验设计方法

实验设计方法是调研人员控制实验环境和实验对象的一种规划方法。实验设计的目的是避免和减少各类实验误差。为了以后描述方便起见，下面我们先约定一组符号：

MB：事前测量，即在引进或改变某一自变量的值之前测量某一因变量的值。

MA：事后测量，即在引进或改变某一自变量的值之后测量某一因变量的值。

X：处理，表示引进或改变某一自变量的值。

R：表示随机选取的实验组和对比组。

上述记号中，如果某一记号D放在另一记号C的右边，就表示记号D相应的活动是在记号C相应的活动发生之后才发生的。

此外，在实验中，为了消除某些不可控或随机因素对实验结果的影响，在选定实验组的同时，常常再选择一个控制组，以便与实验组的结果相比较。下面我们规定，没有经过实验处理的组，即自变量不作处理变化的对象组为控制组；接受实验处理的组，即自变量经过处理变化的组为实验组。

根据不同的实验要求、实验时间及费用的限制，实验设计也有多种不同方法。这里我们介绍一些最基本的实验设计方法。

4.3.2.1　事后测量实验

事后测量是先对自变量进行变化处理，再对因变量的变化进行测量，用符号来表示就是：

X　MA

这是一种最简单的实验，其实不能算是真正的实验，只是一种测试。这种方法所得到的结果可能包括多种潜在误差，特别是竞争者行动变化所造成的外部影响误差。应用事后测量实验所遇到的最关键问题是，很难把自变量变化的影响与其他变量变化的影响分离开来。这个缺点限制了这种方法的应用。

4.3.2.2 事前-事后测量实验

标准的事前-事后测量实验用记号来表示就是：

MB　X　MA

实验中我们的兴趣在于，事后测量和事前测量之间的差异，即（MA-MB）。由于可以作比较，因此，这种方法比仅仅事后测量的实验有明显的优点。如果没有其他的误差，则上述两次度量之间的差是由自变量的变化所引起的。可是，事前-事后测量实验也可能包含几种实验误差，如外部影响误差、老化误差、事前实验误差、测试手段误差、流失误差和交互影响误差等。

事前-事后测量实验是市场营销调研中最常用的方法。当计划提高价格、改变包装、增加广告投入或实行新的佣金制度时，如果不采用使用控制组的实验方法，就应当采用这种方法。把事后测量结果与事前测量结果进行比较，对其他变量的影响进行评价判断后，所得到的差就是由自变量变化所引起的。可是，在应用这种方法时，调研人员也必须肯定，其他的外部变量没有起作用，或者估计外部变量变化所引起的误差在可接受限度内。

4.3.2.3 模拟的事前-事后测量实验

这种实验设计试图控制影响标准的事前-事后测量实验中的某些误差。实验设计对于控制组进行事前测量，而对实验组进行事后测量，以控制和减少某些误差。这种实验用记号来表示就是：

R　MB　X

R　　　X　MA

和标准的事前-事后测量实验一样，我们感兴趣的是MA与MB测量值之间的差异。由于事前测量和事后测量的对象组不同，因此能消除事前实验误差和交互影响误差。可是与标准的事前-事后测量实验有关的其他误差，特别是外部影响误差，仍然是存在的。

这种实验设计常常用来进行广告研究。通常做法是：首先，对第一批样本用调查问卷的方法来调查他们对某一产品的态度（事前测量）；其次，实施广告；最后，对第二批样本也发给与第一批样本同样的调查问卷，来调查他们的态度（事后测量）。如果抽样的方法适当，样本足够大，两组样本最初的态度是一样的，则两组样本测量结果的任何差异都可以认为是由广告和环境变化以及受试者的老化误差所引起的。

4.3.2.4 带有控制组的事前-事后测量实验

这种实验设计方法是在标准的事前-事后测量实验中增加一个控制组的结果，用记号来表示就是：

R　MB1　X　MA1

R　MB2　　　MA2

增加了一个控制组就允许我们控制除了流失误差和交互影响误差以外的实验误差，但也会因此产生选择误差。此时，我们感兴趣的是两组测量变化值之间的差：

（MA1-MB1）-（MA2-MB2）

这种比较控制了由实验组与控制组之间最初的不相等所引起的误差。同样地，直接的事前测量误差也得到了控制。由于两个组都接受了事前测量，因此，事前测量对两组的影响也应当是一致的。其他误差，如外部影响误差、老化误差和测试手段误差等对两组的影响也应当是相同的。

带有控制组的事前-事后测量实验可能包含交互影响误差。假如要研究某种广告对消费者态度的影响，我们选择一批受试者，对他们进行事前测量，然后把他们随机地分为相等的两组：实验组和控制组。接着，我们给实验组邮寄广告，而不让控制组接触广告。最后，对两组进行事后测量。此时，尽管事前测量所引起的影响对实验组和控制组都是一样的，但是由于事前测量的影响，被测试者对广告的兴趣和好奇心可能变化，从而在阅读广告时更认真，广告对态度的影响会更大。实际上，事前测量对控制组也有同样的影响，但是，由于控制组没有接触到广告，所以事后测量的结果没有受到影响。

在这种实验方式下，流失误差的影响可以通过让实验组和控制组对象之间配对的方法来控制。如果配对中的一方流失了，则另一方的数据也不采用。

4.3.2.5　带有控制组的仅事后测量实验

在带有控制组的事前-事后测量实验中，事前测量可能引起不能控制的交互影响误差。此外，事前测量通常要增加费用和实验条件的人为性。在实验组和控制组中的自变量在开始时不相等的情形下，这种事前测量是必要的。如果实验组和控制组中的自变量在最初确实是相等的，就不必进行事前测量了。这就是带有控制组的仅事后测量实验，用记号来表示是：

R　X　MA1

R　　　MA2

这种实验设计方法明确地控制了带有控制组的事前-事后测量实验中除了选择误差以外的各种误差。这是因为即使采用随机分配的方法，实验组和控制组中的自变量在开始时也仍然可能不相等。不过，这种实验设计方法确实可以消除交互影响误差。如果可以肯定选择误差影响不大，采用这种实验设计方法就是合适的。选择误差不大，而交互影响误差可能较大，此时特别适合采用这种实验设计方法。

这种实验设计方法常被用来度量广告的效果。例如，可以选定1 500名消费者，并把他们随机地分成3组，每组500人：2组是实验组，1组是控制组。由于随机分配，而且每组人数较多，就可以保证选择误差是相当小的。然后，发给每个成员一定数量的、约定以后收回的所研究的某种产品。再让两个实验组的成员分别观看有关这种产品的两种不同广告，而控制组的成员不看。最后，分别调查统计3个组成员购买这种产品的意向。把控制组的事后测量值与每一个实验组的事后测量值进行比较，就可以评价出不同广告的效果。

4.3.2.6　所罗门4组实验设计

所罗门4组实验设计又称4组6次实验设计，是一种理想的控制实验模型。这种实验设计有4个组和6次测量：2个实验组和2个控制组、2次事前测量和4次事后测量。这种方法其实就是把带有控制组的事前-事后测量实验与带有控制组的仅事后测量实验结合起来同时实施，用记号表示为：

R	MB1	X	MA1
R	MB2		MA2
R		X	MA1
R			MA2

这种实验设计明显地控制了除设计中无法控制的度量时机误差、替代误差和反应误差以外的所有实验误差。没有一种单独的分析方法可以同时应用上述6次测量结果，可是通过对不同组测量结果进行比较分析，可以直接估计交互影响误差、选择误差和其他实验误差的大小。尽管这种实验设计控制误差比较有效，但是在市场营销调研中应用并不广。只有在选择误差和交互影响误差可能对实验结果产生严重影响的场合才会考虑采用这种方法。但即使在这种情况下，增加2个实验组和4次测量所需要的成本，也会超过采用增加样本的方法来控制选择误差和应用带有控制组的仅事后测量实验的方法来控制交互影响误差所需要的成本之和。

不过值得说明的是，上述所讨论的各种实验误差都只是一种潜在误差，只是一种可能性，并不是实际上一定会发生的误差。

4.3.3 实验条件

实验条件对市场营销调研结果有相当大的影响。经验表明，实验结果在很大程度上是由实验条件所决定的，特别是对于以人为对象的实验。

实验条件根据其所处的环境不同，可以分为人工条件实验和实际条件实验两大类。

人工条件实验常被称为实验室实验，是指希望在一个不同于行为正常发生的环境条件下引导出某种行为并进行测试的实验。例如，一家生产饮料的公司为了掌握消费者对自己产品口味的评价，可以把部分消费者请到公司的产品开发部，请他们品尝几种未贴商标而只给代号的饮料，然后请他们作出评价。公司也可以把产品直接放在商店中销售，并在不同商店中相应地采取不同的现场陈列和广告方案，实施不同的定价策略，再根据实际销售业绩来评价不同方案的优劣。这就是实际条件实验，常被称为现场试验。实验室实验的条件在很大程度上是人为决定的，现场试验的条件是完全由实际情况决定的。多数实验条件总是介于完全的实验室实验与完全的现场试验之间的。

4.3.3.1 实验室实验

实验室实验可以把一个或几个自变量设定在一种严格控制的条件下，把实验条件与日常工作生活环境隔绝开来，从而把竞争者的反应等市场环境变动的影响减少到最低程度。与现场试验相比，实验室实验具有可重复性、节省时间和费用的特点。

实验室实验条件可能引起反应误差。这主要是由实验条件和实验人员两方面所造成的。实验室实验条件往往会对实验中的受试者产生影响。许多受试者倾向于猜测实验人员的意图，并按此意图采取行动。如果环境条件暗示某种行为是合理的，受试者往往就会按照合理的行为模式作出反应。这类误差不能完全通过实验设计来加以控制，但带有控制组的仅事后测量实验最适合这种情形。

实验人员对实验误差的影响是与询问调查法中访谈人员的影响类似的。在询问调查法中所采用的某些减少访谈人员误解的方法，对于实验人员也是适用的。例如，可能的话，事先不应让实验人员了解研究中的假设。尽管如此，实验人员也可能在实验的早期阶段就自己形成了一种假设。因此，减少这类误差的最好方法是使用受过良好训练的实验人员，事先不告诉他们关于研究的假设，也尽量不让他们与受试者接触。

实验室实验主要用于广告或新产品开发早期阶段的研究，如新产品的包装、广告主题和广告文稿设计的前期研究等。

4.3.3.2 现场试验

现场试验是自变量在实际市场变化的条件下获得所需要的因变量的实际数据，因此，其结果的真实性强。但是，现场试验相对地缺乏控制，特别是对外部变量影响的控制更加困难。

现场试验常用来在新产品正式引入市场前进行最后的测试，此时被称作实验性营销或营销实验。实验性营销常用来评价一种新消费品的试销效果。实验性营销也可以用来评价价格的变化、新包装、不同营销渠道，以及不同广告策略的效果。大多数实验性营销的两个基本目标是决定被市场接受的程度和对多种营销组合方案效果的实验。

现场试验有两种基本类型：标准的和受控的营销实验。

(1) 标准的营销实验

标准的营销实验是通过抽样选定一个市场，并在其中以一种或多种营销组合方式销售产品。通常比较流行的营销实验具有如下特征：

一是使用3个不同的实验区域；

二是持续10个月左右时间；

三是以一种或多种营销组合方案，特别是不同广告水平进行营销；

四是使用商店统计和消费者调查的方法来度量不同营销组合的影响。

对于标准的营销实验而言，实验市场的地区选择是非常关键的。通常根据下列原则来进行挑选：

一是实验市场必须大得足以产生有价值的数据，但也不能大得成本上超过实验的负担能力；

二是应当有适当的广告媒体可供利用，而且从媒体的角度看要是自我封闭的；

三是其人口结构应当与大市场人口结构相同；

四是应当独立封闭，与其他市场间的影响较小；

五是从竞争的角度看所选地区应有代表性；

六是从产品使用角度看，市场环境条件要适合所研究产品的销售。

标准的营销实验方法有如下两个主要的缺点：

第一，营销实验最大的问题是费用昂贵。多数营销实验的基本目标是预测市场对销售的反应，准备以后推广到整个市场，为此，实验区域的规模要大得有代表性。同时，对于营销结果来说，尝试率和重复购买率是两个关键因素，所以实验时间要长得足以度量出这两个要素的真实值。如果购买周期是几个星期，则实验至少要持续几个月。由于规模和时间两方面的要求，营销实验的费用自然就很高了。

第二，大多数的标准营销实验通常只能实验少数几种营销组合方案。因此，即使所实验的方案不成功，也不能因此就废弃其他的方案。为此，多数公司在产品进入实验市场之前，应当先组织消费者在实验室中进行实验。通过初步实验，确定看来最可能成功的2~6种方案，然后在实验市场中对这些方案进行实验。

营销实验常常会遇到两个特殊问题：

一是当公司进行营销实验时，竞争对手通常也会采取降低价格、增加广告费用等方法进行对抗，从而干扰营销实验的结果；

二是当竞争者意识到我们的营销实验即将成功时，也会采取相应的行动，推出新的促销计划，从而改变市场环境条件。

（2）受控的营销实验

为了克服标准营销实验的缺点，越来越多的大公司采用受控营销实验的方法。标准的营销实验中产品是通过公司常规的分销渠道，经过各类零售店销售的。在受控的营销实验中，公司委托营销调研公司负责处理从批发、分销、定价、陈列一直到存储等方面的工作，并且只委托少数几个零售店销售这种产品。这类实验通常在小城市而不是在大城市中进行，从而减少了竞争者了解实验情况的可能性。这种方法的优点是速度快，便于对竞争者保密，成本较低。其缺点是由于只是在部分零售店中进行实验，因此并不适合所有产品以及电视和杂志广告促销实验的情形。

4.3.3.3 计算机模拟实验

模拟实验的基本思想是建立一个反映实际过程和系统的复杂模型，用此模型进行各种实验，希望从中学习到现实系统的规律。由于营销环境特别复杂，模拟实验常常必须借助计算机来实现。

计算机模拟能创造一个进行模拟实验的精确、理想的环境，并且节省费用，缩短实验所需要的时间，保密性强，能有效地消除竞争者的报复反应。在市场营销调研中，计算机模拟最成功的应用领域是产品的实体分配、促销和定价实验。

计算机模拟在实体分配领域中应用较广。这是因为与实体分配决策有关的变量，如消费者的位置、货物的运输量、距离、运费和仓库的运行费用等数据都是容易收集到的，而且是相对稳定的。

在促销调研方面，计算机模拟在广告和人员促销方面有广泛应用。在广告调研方面，计算机最成功的应用是媒体选择。可是，进行广告视听众的预测以及对广告相对效果的评价通常是有难度的。用计算机模拟解决营销预算的问题往往是很有价值的。此外，计算机模拟用在销售力量的分配和推销路径的决策中也相当成功。

在定价调研方面，计算机模拟在竞争性定价（如招投标的定价）中应用得也比较成功。

4.4 市场营销调研新技术

一方面，日益加快的IT产业的技术变革和技术创新提供了层出不穷的新技术和创新性的问题解决方案；另一方面，在市场营销调研行业内，许多企业也意识到需要更多地依赖新技术来解决诸如执行成本过高、人力资源投入过多等发展中遇到的问题。因此，许多企业在市场营销调研中都在积极主动地寻求和利用新技术的帮助。近些年来，市场营销调研技术发生了巨大的变革，各种调研新技术竞相涌现，企业开始尝试应用越来越多的调研新技术有效地解决各类问题。

4.4.1 互联网市场营销调研新技术

4.4.1.1 在线网络市场营销调研

互联网的日益普及以及企业希望对市场变化作出迅速反应的要求，导致企业对在线调查的需求日益增长。现在，在线问卷调查的实施在技术上已逐步成熟，在线调查受到越来越多企业的欢迎。在线调查具有如下一些优势：

第一，能快速、高效地执行问卷调查。在线调查使得有可能在很短时间内迅速收集到几百甚至上千份的有效问卷。

第二，能接触到高难度的、传统调查所接触不到的受访人群。在线调研有可能接触到如孕妇、高收入阶层、特定行业的企业主等特殊群体，也能实现一般的拦截调查和网上调查所无法达到的调研要求。

第三，节省时间和费用。对目标样本进行在线调研就不再需要选派访谈人员去访问目标群体，能节省大量时间和费用。

第四，有可能迅速获得所需要的结果。在线调研如果与具有即时分析功能的软件相结合，就能随时看到分析的结果，将大大提高决策水平。

在线调研能否取得预期效果，关键点有两个：首先，要有一个与调查目的和调查对象相匹配的完善样本库；其次，要有一个设计合理、实施严格科学的、先进的在线调研系统。一个在线调研系统是否合理、科学和先进，需要根据操作的便利性、系统的稳定性、功能的强大性、软件的兼容性以及数据的安全性等指标来判断。

经过多年发展，不少公司的在线调查样本库建设已经初具规模，比如益派咨询的可访问样本库、尼尔森IQ的样本库等。同时，一批公司设计推出的在线调研系统也已经比较成熟。计划开展和实施在线调研的企业或个人只要在互联网上通过检索就可以找到能满足自己调研需要的在线调研系统，而且其中不少是可以免费使用的。

当然，网民的特性决定了在线调查也有一定的局限性。所以，在决定作网络在线调查时，选择一个好的、与调研目的相匹配的样本库是非常重要的。好的在线调查样本库应当尽量接近网民结构权重和人口结构权重，以便尽量保证最终调查结果的相对真实和有代表性。不过，从企业实践看，像广告样本的测试、危机公关等这类项目都还是比较适合采用网络在线调研的。

4.4.1.2 移动互联网市场营销调研

移动互联网的涌现为众多企业带来了新的市场机会，但移动互联网用户从上网习惯、上网目的到购物行为习惯等都可能与一般网民有所不同。这种可能的差异激发了人们对移动互联网调研的巨大热情。与移动互联网直接相关的市场营销调研行业也因此获得了迅猛发展。

随着智能手机的普及，我国移动上网网速大幅提高，网速瓶颈限制基本得到破除，这样就极大优化了用户体验，移动应用场景亦得到了极大丰富，从而促进了移动互联网快速发展。

我国移动互联网发展具有如下几个特点：

第一，我国网民规模及互联网普及率逐步上升，互联网逐步渗透到大众生活方方面面。根据中国互联网络信息中心（CNNIC）于2025年1月17日发布的第55次《中国互联网络发展状况统计报告》的资料，截至2024年12月，中国网民规模达11.08亿人，互联网普及率升至78.6%。报告显示，2024年生成式人工智能相关产业快速发展，新业态、新应用持续涌现，为经济社会的发展注入了强劲动能。

第二，我国物联网行业快速发展。在供给和需求的双重推动下，5G和低功耗广域网等基础设施加速构建。这些设备接入网络将产生海量数据，人工智能、边缘计算、区块链等新技术加速与物联网结合，应用热点迭起，物联网将迎来跨界融合、集成创新和规模化发展的新阶段。随着政府利好政策及先进技术的不断引进，物联网成为推动经济增长的关键力量，预计2025年中国物联网市场规模将达到4.55万亿元。

第三，网络零售额快速增长。随着居民收入水平的持续提高以及消费观念的转变，居民消费从注重量的满足转向追求质的提升，一些新兴业态不断涌现，消费结构得到不断调整，居民由实物消费逐渐向非实物服务型消费转变。伴随着新的消费热点的出现，商品结构进一步优化，以文化娱乐、休闲旅游、大众餐饮等为代表的消费升级类商品快速增多。2024年我国网上零售总额达到15.23万亿元，连续两年持续稳定在15万亿元以上。

我国移动互联网用户主要有以下八大热门需求：

一是社交需求。我国全民移动社交的局面已经成为常态。

二是泛娱乐需求。这包括在线视频业务、短视频业务、直播业务、移动音乐业务、数字阅读业务、相机美图业务、手机游戏、电影演出。

三是购物需求。这包括综合电商购物、生鲜电商购物。

四是生活服务需求。这主要是外卖服务。

五是出行需求。这包括航班服务业务、用车服务用户、共享单车业务。

六是理财需求。这包括网上银行用户、综合理财用户。

七是学习需求。这包括外语学习类用户、综合教育类用户。

八是运动健身需求。这是移动互联网用户的新需求。

随着我国移动互联网规模的扩大和成熟，众多的研究机构、行业组织和企业积极参与对移动互联网有关问题的调研。每年公众都能从网上检索到有关“中国移动互联网用户”“中国移动互联网用户行为”“移动互联网商业模式”“移动互联网游戏”“移动互联网购物”“移动互联网广告”“移动互联网房产用户”“移动互联网汽车服务用户”等方面的调研报告。与此同时，网上还有数量众多的调查问卷邀请网民参与有奖调研。

我国移动互联网的上述资料表明：

首先，我国移动互联网已经形成了相当大的规模，且手机网民上网习惯日益成熟，移动上网的应用经历了跨越式发展，因此，移动互联网已经显示出其日益重要的地位。

其次，众多组织机构在从事各种类型的移动互联网调研，既有行业组织希望通过调研促进移动互联网的进一步发展，也有企业希望通过对移动互联网的调研来指导投资决策，更有企业想通过对移动互联网的调研来改进经营决策。

总之，日益重视并实施对移动互联网的调研已经成为一种发展趋势。

4.4.1.3　二维码市场营销调研

二维码技术具有信息容量大，编码应用范围广，可以把文字、声音和图像等多种信息进行编码，用二维条形码表示出来的优点。二维码还有容错能力强、具有纠错功能、译码可靠性高、成本低、易制作和持久耐用等特点。同时，二维码可以直接用激光阅读器很方便地来识读。

近年来，二维码已经被成功地引入手机的应用程序，极大地推动了二维码应用的进一步发展。现在，很多公司成功地推出基于二维码的调研系统。受访者只需通过随身携带的手机或平板电脑等移动终端，扫描二维码进行问卷回答，就可以完成调研应答。

二维码调研系统的推广应用，对样本而言，容易参与，主动性强，回答更方便；对调研方而言，样本更加丰富，时效性更强，调研成本大大降低。二维码调研往往与移动互联网调研相结合。调研方不需要给每个参与调研的用户支付费用，而是采用抽奖的奖励方式，从有效问卷中抽奖。这样既保证获得足够的有效样本，也降低成本。

二维码调研是一种特别适合窗口行业的调研方法。电信、银行、交通运输等服务行业都属于窗口行业，存在大量的线下人流，传统调研方法很难完成从线下人流到线上的转移；但利用二维码调研方式，只要在适当网点的合适位置设置二维码，就有可能轻松地实现对部分线下人流的调研。窗口行业的人流量非常大，二维码调研又是一种开放式调研，所以它特别适用于在窗口行业作一些评价性的、需求性的调研。

二维码调研系统的应用分两种：

（1）开放式调研问卷

开放式调研问卷是基于广告、会议或热点新闻事件而设计的问卷。承载开放式调研问卷的二维码被放置于开放的、有大量人群观看到的场合。受访者在看到二维码及相应提示后，可用手机或平板电脑等移动终端扫描二维码进入问卷调研系统参与调研。这样就既不受时间和地点的限制，又节省了受访者登录特定网页、注册成为会员的步骤，使受访者可以方便地参与调研。这类调研特别适合社区民情调研、特定群体满意度调研、会展效果评估调研等。

（2）定向式调研问卷

定向式调研问卷是基于对某个特定对象（如人、公司、行业或某事件等）或具体产品的评价而设计的。所设计的调研问卷必须与被评价对象一一对应，因此，针对不同对象的问卷只能由不同的二维码来承载。受访者接触到特定二维码后，可用手机或平板电脑等移动终端扫描二维码，进入问卷调研系统参与评价反馈。这类调研适用于医院和银行等窗口服务行业的满意度调研，以及产品留置使用调研等。

4.4.2 大数据调研及其应用

大数据（big data）或称巨量资料，是指所涉及的资料量巨大到无法通过目前主流软件工具在合理时间内撷取、管理、处理并整理成为使企业经营决策更科学的资料。

4.4.2.1 大数据的内涵

（1）海量的数据规模

现在许多新兴行业，甚至传统行业也一样，时刻都在产生数量巨大的对市场调查可能有价值的数据。巨大的数据量使得根本无法采用传统的调查分析工具对它们进行处理和分析，必须采用独特的新技术来作处理和分析。

（2）快速的数据流动和动态数据体系

市场迅速变化要求公司及时作出快速反应，相应地也要求市场调查工作中的数据收集、分析和处理过程作出快速响应。如果不能满足调研分析快速性的高要求，调研就会失去价值。

（3）多样化的数据

许多数据源所产生的数据类型复杂多样，既有数字、图像，也有音频和视频等，非结构化数据也越来越多。与通常的结构化数据相比，非结构化数据需要事先进行清洗、整理、筛选等操作，才能从中得出有用的结果。

（4）数据价值密度低，但潜在总价值巨大

对于大数据而言，如果数据采集不及时、样本不全面或者不连续等，数据就可能失真，影响到其价值。数据量达到一定规模，能更真实全面地反映其背后的规律。

很多行业都会有大数据调研的需求，如电信行业、交通运输业和互联网行业等。很多传统行业，譬如医药、教育、采矿、电力等，也有大数据调研的需求。

4.4.2.2 大数据调研的应用领域

对于大数据调研的应用，目前最活跃的主要是下列一些领域：

（1）位置类大数据调研解决商铺选址问题

位置类大数据和人们的日常生活息息相关。对于想开设新店铺的业主，一定很想知道：哪个社区人流密度大？人流组成情况如何？潜在顾客数量有多少？顾客的行为习惯如何？消费水平如何？竞争环境如何？这些信息往往是动态变化的，想要通过传统的方法来获取、分析和应用是根本不可能的。现在，已经有企业根据用户的上网行为分析出位置信息以及电信消费等资料，并结合房产信息、城市规划和道路交通等信息，得出店铺业主关注的特定区域的人流分布以及变化趋势信息，给新开店铺选址和已存店铺经营提供直观的决策帮助信息。

（2）呼叫中心大数据创新解决方案

随着企业越来越转向以服务为中心的经营战略，各类呼叫中心的数据量呈现爆炸式增长；但长期以来，这些数据都得不到很好利用，海量的客服数据价值没能得到很好的体现。大数据调研新技术可以充分利用呼叫中心产生的海量数据源，综合分析挖掘大数据的价值，不仅可以帮助运营商提高客服效率、降低运营成本，还能帮助客服系统从成本中心向利润中心转型。

通过对大数据的分析调研，呼叫中心的运营商不仅本身有可能把费用消耗部门变成盈利部门，还可以通过数据聚合，使自己的大数据平台为第三方企业所用，即实现客服大数据的转售方案。

客服系统的建设是一项昂贵工程，因此，很多企业选择向电信运营商租赁客服坐席系统。这些企业海量的客服系统数据长期以来需要大量成本来保存，但其价值没有得到很好挖掘，成为企业的一项负资产。运营商建立的客服大数据系统可以为客服租赁企业提供增值服务，让企业自助地进行客服质检、服务质量分析与运营指标分析等。运营商可以根据企业的数据量、选用分析模块按月或者按次向企业收取服务费用。

(3）用户画像

在移动互联网领域，大数据调研企业提出了用户画像的概念。用户画像是根据对于大数据的分析结果，勾画出特定企业目标用户的特征，为企业提供明确的用户诉求与产品或服务设计方向的有效工具。用户画像是根据大数据调研分析的结果所形成的对用户形象、特征、诉求和习惯的描述，所描绘出的用户图像具有客观、真实和科学的特点，也便于企业在实际中操作和运用。所以，用户画像已经在各领域得到了广泛应用。

例如，对于移动手机用户，首先可以根据用户年龄、性别、手机型号、手机使用时长等关键因素对大数据进行分类分析，得到具有基本差异的几类典型用户群；然后，对这些典型用户群进一步添加手机使用地点、业务喜好、移动互联网访问频率、行动轨迹等因素，再利用大数据进行更深层次的分类。这样就会逐步形成对某类或某几类用户的一个相对饱满和形象的用户画像。明确的用户画像既可以作为制定营销策略的依据，也有助于发掘新需求、开发新产品。

素养园地

提升领导干部调查研究能力

调查研究是我们做好工作的基本功。当前，我国的改革发展正处在攻坚克难、闯关夺隘的重要阶段，各级领导干部要用好调查研究这个法宝，不断提升科学决策水平，把各项工作做好。

1.深入基层一线

只有到基层去、到群众中去、到实践中去，多层次、多方位、多渠道地调查了解情况，调查研究才有坚实的实践基础。既要调查机关和干部，又要调查基层和群众；既要解剖典型，又要了解全局；既要到工作局面好和先进的地方去总结经验，又要到困难较多、情况复杂、矛盾尖锐的地方去研究问题。党的二十大报告指出："我们要实现好、维护好、发展好最广大人民根本利益，紧紧抓住人民最关心最直接最现实的利益问题，坚持尽力而为、量力而行，深入群众、深入基层，采取更多惠民生、暖民心举措，着力解决好人民群众急难愁盼问题，健全基本公共服务体系，提高公共服务水平，增强均衡性和可及性，扎实推进共同富裕。”

2. 要带着感情下去

领导干部到基层一线调研，与基层干部群众打交道，要尊重群众，甘当小学生，带着感情搞调研，与群众心贴心，才能拉近与群众的距离，群众才不会拿你当外人，才愿意给你讲真话、讲实话。只有这样，调查研究才能够取得实实在在的效果。

3. 善于发现问题

对领导干部来讲，应练就科学观察和分析社会现象的“基本功”，善于从纷繁芜杂的表象中洞察本质、发现问题。

4. 要学习和掌握唯物辩证法

要善于运用唯物辩证法观察社会运动和事物发展，从诸多矛盾中抓住主要矛盾，从矛盾的诸多方面中抓住主要方面，通过深入实际调查研究，把大量和零碎的材料经过思考、分析、综合，加以系统化和条理化，抓住事物的本质，找出它的内在规律，由感性认识上升为理性认识，在此基础上作出正确的决策。

5. 要学会比较辨别

进行调查研究，面对复杂的事物，面对大量的数字和信息，要学会科学比较辨析、深入细致思考，把零碎的认识系统化，把粗浅的认识深刻化，进而找到事物的本质规律，作出正确判断，得出正确结论。

6. 善于思考分析

调查研究要培养政治家的站位、哲学家的思辨、科学家的缜密，把准思想行动的“指南针”，并作出分析、判断。

7. 要夯实理论功底

理论上清醒是行动上自觉的前提。当前，各级领导干部特别是要深入学习习近平新时代中国特色社会主义思想，深刻把握贯穿其中的马克思主义立场、观点、方法，不断提高马克思主义理论水平和政治素养，坚持战略思维、历史思维、辩证思维、创新思维、法治思维、底线思维，不断提升运用科学理论解决实际问题的能力，从根本上保证调查研究工作的正确方向。

8. 要提高政策水平

作为一名领导干部，如果不熟悉党的大政方针，不熟悉党的政策主张，就会在实际工作中迷失航向。要坚持先学一步、学深一层，深入学习掌握党的路线、方针、政策，提高政策理论水平，在吃透上情和摸透下情的结合点上做文章。

9. 要提升政治能力

领导干部不但要有坚定的政治信仰、高度的政治觉悟，还必须锻造过硬的政治素质和政治能力。要增强政治敏锐性和政治鉴别力，面对复杂的问题，善于从政治上来把握、来考量，坚持正确的政治方向，坚持正确的舆论导向，始终做到在思想上、政治上、行动上同以习近平同志为核心的党中央保持高度一致。

10. 善于撰写调研报告

在调查研究的基础上，撰写高质量的调研报告，是调查研究取得成功的重要环节和基础。一是要坚持实事求是的原则。调查研究一定要从客观实际出发，坚持结论产生在调查研究之后，建立在科学论证的基础上。二是要坚持朴实、严谨的文风。衡量调查研究搞得好不好，关键是看调查研究的实效，看调研成果的运用，看能不能把问题解决好。好的调研报告的基本特征就是观点鲜明、论据充分、言之有物、文风朴实，既有数字的分析，也有具体的事例，说理性非常透彻。

资料来源 李福杰. 提高领导干部调查研究能力［N］. 学习时报，2020-03-20（A11）.

本章小结

询问调查法是应用最广泛的获取原始资料的方式，但其会受到抽样误差、回答误差和不回答误差的影响。询问调查法可以分为个人访谈法、电话调查法、邮寄问卷调查法和互联网调查法。不同的询问调查法有不同的特点，调研人员需要对不同的询问调查法从费用、问卷回收率、时间紧迫性，以及所收集到信息的质量等几方面进行权衡比较，再考虑到所面临环境的特殊性和工作条件等因素，来决定采用的具体方法。

观察调查法所得到的资料比较客观真实，但是其应用也受到一定的条件限制。观察调查法分为自然观察和受控观察、秘密观察和公开观察、结构化观察和非结构化观察、直接观察和间接观察、人员观察和机械观察等几种类型。最常用的人员观察法有神秘购物者、痕迹观察法、购物形态和行为调查、内容分析法等。随着科技的发展，各种机械观察法获得日益广泛的应用。

实验法是因果性调研中收集资料的主要方法。但实验可能引起下列实验误差：事前实验误差、老化误差、外部影响误差、测试手段误差、选择误差、流失误差、交互影响误差、反应误差、度量时机误差和替代误差。实验方法的设计有多种形式。不同的实验设计方法所得到的结果所包含的实验误差各不相同。实验条件对市场营销调研结果有相当大的影响。经验表明，实验结果在很大程度上是由实验条件所决定的。实验条件分为实验室实验、现场试验和计算机模拟实验等。

主要概念

询问调查法 个人访谈法 电话调查法 计算机辅助电话调查 邮寄问卷调查法 互联网调查法 观察调查法 神秘购物者 痕迹观察法 实验误差 实验设计方法 实验条件

基本训练

◆ 知识题

1. 比较个人访谈法、电话调查法和邮寄问卷调查法的优缺点，并说明每一种方法适用的情形。

2. 说明互联网调查法可以采用的形式，并比较其优缺点。

3. 比较询问调查法与观察调查法所获得信息的优缺点。

4. 说明观察调查法的适用条件。

5. 讨论观察调查法的分类方法，并举例说明每种观察调查法的应用。

6. 分析比较神秘购物者调研与顾客满意度调研的异同及各自的优缺点。

7.说明实验误差包括的内容，分析实验设计方法与实验误差之间的关系。

◆ 技能题

1.说明如何针对某个市场营销调研项目来选择具体的询问调查法。

2.选择某一服务或流通行业，探讨应用神秘购物者来改进公司业绩、提高顾客满意度的可能性。提出你的建议和实施方案。

3.某精制食用油厂为了估计某地区居民每月的食用油消耗量进行了一次电话调查。厂家选定了1 000个样本，然后开始调查。若第一次打电话时所调查的样本不在，就另选时间打第二次电话进行调查；不过，对一个被调查者最多打3次电话。每一批电话调查回答的样本有关资料见表4–2。请根据表4–2中的资料，计算该地区居民每人每月食用油消耗量估计值范围。

表4–2　　电话调查回答的样本情况

打电话次数	平均月消耗量（千克）	累计平均月消耗量（千克）	回答人数	累计回答人数
第一次	0.85	0.85	320	320
第二次	0.68	0.77	290	610
第三次	0.40	0.67	220	830

4.华凯公司广告部设计了两种对于华凯牌电风扇的印刷广告文稿。为了比较两种广告文稿的相对有效性，市场营销调研部把这两种文稿印成专页随同《现代家庭生活》杂志分发。他们请该杂志社的发行部门在发行杂志时依次轮流夹入第一种与第二种插页，如上一本放入第一种文稿插页，下一本就夹入第二种文稿插页。要求：

（1）这种方法属于哪一种类型的实验设计方法？请评价这种实验方法的优缺点，并说明其对各种实验误差的影响。

（2）能否对上述实验方法进行改进？说明你的实验方法。

5.华飞公司是销售某种办公用品的专业性公司，其市场面向全国范围。该公司把全国划分为80个销售区域。每个销售区域成立一个办事处，由一名经理和大约20名业务员组成。每个办事处的规模和销售额大致相等。所有业务员都领取固定工资。公司总部正在考虑把业务员的固定工资改为基本工资加业务提成，或者全部按业务提成的方法。要求：

（1）设计一种能测试上述两种新的报酬支付方法对销售额影响的实验方法。

（2）如果各办事处规模不等，20%的办事处的销售额占总销售额的50%，40%的办事处的销售额占总销售额的40%，40%的办事处的销售额占总销售额的10%，则你的实验设计方法应如何改变？

◆ 能力题

于翔飞准备开展一项“人们对户外活动的需求、态度和偏好”的市场营销调研，以便把握市场需求；同时，在此基础上实施市场细分，并对本公司进行合理的定位。但是作为第一步，于翔飞需要收集正确可靠的一手资料。请帮助于翔飞拟订一手资料的收集计划，并说明计划的实施要点。

第5章　市场信息的度量

学习目标

◆ 理解度量尺度的概念，描述最常用的尺度类型；理解度量的有效性和可靠性概念；掌握不同的态度度量方法，并比较和评价不同的态度度量方法的特点；了解多维度量技术的概念和基本思路。

◆ 根据调研的问题与目标，选择适当的度量尺度和度量技术；掌握和运用常用的态度直接度量技术来拟定调研问题；掌握和运用最常用的态度间接度量技术。

◆ 分析和解决实际调研问题中的态度度量问题。

引　例

如何度量消费者对调味品的态度

"美鲜"牌膏体调味品是一种以鸡精、味精和盐为主，添加了一定食品添加剂的调味品。开发这个产品的一对夫妇的最初动机是解决某些家庭中盐和味精容易混淆的问题，进而想到了发明一种盐和味精的合成品。他们经过数以百次计的大大小小的实验和不断改进，终于研发成功。

"美鲜"牌膏体调味品具有如下特点：首先用它做的菜味道鲜美，无论采用哪一种烹饪方式，炖、煮、炸、炒都是如此。其次是使用方便，最大限度地方便顾客做菜的过程。最后是保鲜性能好。公司曾经作过实验，把产品搁置两年，再拿出来使用，结果做的菜的口味依然非常鲜美。

取得初步成功以后，这对夫妇中的丈夫张先生负责新产品的研发和生产，妻子李女士负责公司的经营。新产品的研发需要测试消费者对多种不同产品的感受和态度，从中筛选出有潜力的新产品。公司发展的思路是采取连锁经营的模式来扩大市场，把产品推向全国。但考虑到各地消费者口味之间的差异，公司也需要对各地不同消费者对"美鲜"牌膏体调味品的感受和态度进行调查和测量。根据各地消费者口味评价上的差异对产品作必要的改进。

于是，这对创业夫妇同时想到了对消费者口味的调查和对公司产品态度的测试。然而，口味和态度的测试既简单又复杂，不仅不同地区之间有差异，不同性别和年龄的消费者之间也有差异，人们对不同食品口味的要求也可能有差异。看来，还真需要向有关专家咨询如何能更合理地度量人们的口味和对"美鲜"牌膏体调味品的态度。

张先生准备先找一家市场营销调研公司进行咨询，看是否能够请他们设计出一份比较专业的关于消费者对“美鲜”牌膏体调味品态度的调查问卷，然后设法在准备实施连锁经营的地区进行调查；根据调查结果来决定是否需要对现有产品进行改进，以及如何开发新的品种。

资料来源　由本书第一作者胡介埙撰写而成。

正如对消费者关于“美鲜”牌膏体调味品的口味和态度的调查中所遇到的，几乎任何一次市场营销调研都需要对消费者态度进行度量。由于态度的特殊性，在态度度量中会遇到许多特殊的问题和困难。态度度量是调查问卷设计的基础，在调研中具有特别的重要性。本章首先介绍与度量有关的一些概念，再讨论态度度量的含义、内容和各种方法，最后探讨多维度量技术问题。

5.1　市场信息度量概述

5.1.1　度量尺度

所谓度量（measurement）是按照一定的规则为某些事物、人、状态或事件的特征或属性指定适当的数字。由此可见，我们要度量的并不是事物、人、状态或事件本身，而是它们的特征或属性（attribute）。度量中所使用的数字与我们通常所理解的数字也有所不同。这里所指的数字只是用来表示对象某一特征或属性的符号而已，这些数字不一定能进行算术运算。有时，这些数字也可以用字母或其他记号来代替。数字或符号的具体含义取决于我们所要表示的特征或属性的性质。

度量规则也称度量尺度，其确定是度量最关键的方面。一旦度量规则确定以后，被度量对象的特征或属性就能根据这些规则来描述了。最常用的度量尺度有以下4种：

5.1.1.1　类别尺度

类别尺度（categorical scale）又称名义尺度（nominal scale），是用指定的数字来识别不同事物或人的身份的一种尺度。这是最简单的一种度量尺度。采用这种度量尺度时，我们首先把度量对象划分为几大类。这些类别对于被度量的总体而言，是既不遗漏也不交叉或重叠的，即每个对象都属于其中的一类，而且只属于其中一类。然后，对每个类别指定一个数字。属于同一个类别的对象都具有同样的数字。具有同一度量数字的对象都被看作相同的。这种度量尺度中的数字本身并没有数学上的含义，换句话说，其中的数字并没有大小之分，它们的作用仅仅是表明每个度量对象所属的类别。因此，这些数字即使用字母或其他符号来代替，作用也一样。有时，为了便于作深入分析，也可以考虑以观察到的每一个类别中的实际发生值即频数作为这一类别的尺度值。人们的身份证号码、邮政编码和信用卡账号等就是一些最常用的类别尺度的例子。

在市场营销调研中，类别尺度主要用于将调查问卷中所得到的结果进行分类编码，以便将每个被调查者回答的结果归入一个特定的类别。例如，被调查者的性别、职业、地理位置和婚姻状况等都是可以用类别尺度来度量的变量。

5.1.1.2 顺序尺度

顺序尺度（ordinal scale）是根据度量对象的某一特征或属性值对被度量对象进行排序，然后按顺序给被测对象分配一个相应数字，以所分配的数字代表它们的次序即度量值的一种度量方法。根据顺序尺度的度量结果，我们可以得到“在××（属性）方面，××比××更多（或更少）”。可是，在顺序尺度中，相邻对象之间的差距不一定相等，因此，我们并不能说“在××（属性）方面，××比××究竟多多少（或少多少）”。正因为如此，顺序尺度中的数字是不能作算术运算的。间隔相等的两组数字所代表的对象间的属性差不一定相等。例如，按销售量对一批企业进行排序，第1名与第5名之间的位置间隔和第5名与第9名之间的位置间隔是相等的，都相隔4个位置；但是，第1名与第5名之间的销售量差和第5名与第9名之间的销售量差多半是不相等的。

尽管对于顺序尺度的度量结果，我们也不能实施算术运算，但通常可以利用中位数来反映排序对象特征或属性值的中心位置。人们总是倾向于或偏好中位数一边的特征或属性值，而不喜欢另一边的特征或属性值。值得注意的是，顺序尺度的排序结果往往是根据个人的判断结果得出的，因此，即使对于同一批对象，不同的人排序的结果也可能是完全不同的，因为排序的结果取决于排序时所依据的是哪一种特征或属性。

5.1.1.3 等量尺度

以某一方面属性的单位值（间距）作为标度的手段，以被测对象所含有的单位属性值（间距）的数目来表示被测对象度量值的标度方法被称为等量尺度（interval scale），有时也称等间距尺度（简称等距尺度）。此时，相等间距数字所代表的对象间的属性差都是相等的；但是，采用这种尺度来度量时，用以标度的单位属性值以及零点的确定都是随意的。我们在度量周围环境的温度时，既可以采用摄氏温标，也可以采用华氏温标，甚至可以采用绝对温标，它们都是等量尺度的例子。摄氏温标与华氏温标度量中不仅所采用的单位值不同，而且所定义的零点各不相同。而摄氏温标与绝对温标采用了相同的单位值，但定义的零点各不相同。3种温标都能度量出温度高低，但是所得到的度量数值是各不相同的，因为它们都是等量尺度。

对于等量尺度的度量结果，常用的统计分析方法都是可以应用的，如平均数、中位数、方差和标准差等，即使是单变量的回归分析和假设检验等方法常常也是可应用的。

5.1.1.4 比例尺度

比例尺度（ratio scale）除了具有等量尺度的所有特点，即相等间距的数字所代表的对象间的属性差都相等外，它还有一个具有特定意义的零点。用千克表示的重量与用米表示的长度都是比例尺度的例子。对于比例尺度的度量结果，所有的算术运算都是适用的，表示任何一个对象度量结果的数值都可以看作代表另一个对象度量结果数值的倍数。

在市场营销调研中，绝大多数的度量值，如销售量、成本、市场潜在销售量、市场占有率以及顾客数量等都是可以用比例尺度来度量的。对于比例尺度的度量结果，不仅算术运算是可行的，统计分析也都是有意义的。

从上面分析中我们可以看到，从类别尺度到顺序尺度、等量尺度，再到比例尺度，度量结果所包含的信息逐渐增多，所得到的信息也越来越精确。由此可见，在市场营销调研中想要获得更完整的信息，要尽量采用比例尺度；若实在无法采用比例尺度，也要尽量采用等量尺度；其次是采用顺序尺度；最后才考虑类别尺度。但是，从类别尺度到顺序尺度、等量尺度，再到比例尺度，其度量能力逐渐减弱，适用的范围逐渐变小。比例尺度往往无法度量市场营销调研中的某些对象的特征或属性，如态度、意向和心理信息，即使想要使用等量尺度，也经常有一定困难。此时，市场营销调研人员就必须在度量能力与度量精确度两者之间作权衡，这样才能选择一种合适的度量尺度。而类别尺度几乎可以度量任何想要度量的事物或人。

5.1.2 度量的有效性和可靠性

在度量过程中会遇到或产生多种误差，这些误差一般来自3个方面的原因：被调查者、度量的过程、进行度量时的外部状况。

被调查者会有意无意地造成我们度量过程中的误差。首先，被调查者总是根据他过去的经验和当前的环境来提供问题答案。任何事物都是发展变化的，从过去到现在肯定存在一定的变化，这就使得被调查者所提供的资料常常只是我们正在搜索资料的近似值。例如，被调查者的个性、社会阶层、职业和其他短期内不变的特征，从长期看也可能发展变化。其次，被调查者并不会像计算机那样，对同一个问题始终提供相同的答案。许多偶然的不稳定因素都可能造成被调查者提供了一个错误答案，或者根本就不知道答案是什么。有时，被调查者也可能对某些事物存在偏见。这些都会造成我们所收集到的资料的误差。

从度量过程看，首先，抽样方式可能造成度量结果的误差。这点我们将在后面专门进行讨论。其次，不管是用什么方式进行调研，问题的形式、问题的含义是否清楚，问题的长短及问题的顺序等都可能造成度量的误差。调研人员与被调查者之间的相互交流形式，调研人员的个人特征，如性别、年龄、个性特征、衣着、风度等因素，以及调研人员有意无意地在言行上表示赞同或否定态度的流露等，也会影响被调查者的态度和行为，从而造成误差。最后，调研人员对被调查者回答的误解会产生误差，在对调查资料进行整理、编码和制表的过程中也会在无意之中产生度量误差。

进行度量时的外部状况往往会对调研人员和被调查者产生影响，从而造成误差。一个被调查者在同事、朋友和亲属在场时的回答可能与单独一个人时的回答不同。调查现场的温度、噪声和具体地点都会影响到调研人员与被调查者双方的情绪，从而产生误差。由于理想的调查度量环境是不容易得到的，因此，我们必须注意创造一个适合调查度量的小环境，尽可能减少由环境引起的度量误差。

由于度量中存在产生误差的诸多可能性，因此必须考虑度量有效性和可靠性问题。

5.1.2.1 度量有效性

度量有效性（validity）是指用一种度量方法或手段来测量某一个对象时，所得到的结果反映被测量对象实际情况的程度，也就是指所度量的结果是否就是调研人员想要度量对象的实际值。度量有效性所关心的是度量方法或手段是否能够避免系统误差的程度，即测量结果的均值与真实值保持一致的程度。然而，问题在于我们无法知道所度量对象的真实值究竟是多少，因此也就无法直接判断度量的结果是否有效。通常，调研人员会从下列几个不同的侧面来衡量度量有效性：

(1) 内容有效性

内容有效性是指所采用的度量方法是否实际上度量了它所计划度量的特性。其只能依靠有关专家主观的判断来确定。值得注意的是，除了依靠内部专家以外，还要注意倾听外部专家的意见。

(2) 结构有效性

结构有效性是指度量方法是否确实考虑到了影响度量结果的各种因素。这是衡量度量有效性时最复杂的一个方面。

(3) 一致有效性

一致有效性是指我们所度量的结果与其他人对同一个问题所度量的结果的一致程度。如果我们所度量的结果与其他人对同一个问题的度量结果是接近一致的，我们就说度量方法是一致有效的。

(4) 收敛有效性

收敛有效性是指当我们试图度量某一概念或属性时，应当可以用各种不同的度量工具和方法来得到所需要的度量结果的程度。不仅如此，由各种不同的方法所得到的结果都应当收敛到同一个数值上。事实上，各种不同的方法都有各自的优缺点，如果收敛有效性强，用多种不同的方法都会得到同样的结果，所得到的结果代表对象的真实值的可能性就很大。当然，也有可能是两种方法都导致了同样的不正确的结论，此时就需要考虑其他的非随机因素的影响了。

调研实践5-1

获得正确信息的困难：市场营销调研中一些典型的失误案例

一、可口可乐公司关于配方的调研

20世纪80年代，可口可乐公司决定开发一种新型可乐，以取代沿用了近百年的老配方。通过对顾客口味作随机测试的结果，可口可乐公司发现顾客更喜欢百事可乐的甜味，而不是可口可乐的“干爽感”。其实，这个结论最早是由百事可乐公司得出的，可口可乐公司的测试也证实了这个结论。此后，可口可乐公司开发了一种新的可乐配方。1982—1985年，可口可乐公司耗资400万美元，对近20万名消费者进行的测试表明，55%的消费者倾向于新可乐的口味，53%的消费者喜欢新可乐的商品名称。1985年4月，新可乐正式上市，公司决定停止生产老配方的可乐。

消息传出，大量的抗议电话和雪片似的抗议信纷纷涌向可口可乐总部。大量的可口可乐爱好者愤怒地上街游行，举行抗议新可乐的集会。他们宣称，如果可口可乐公司不按老配方生产，将正式提出控告。

随后，可口可乐公司又重新作了公众调查。结果发现，在6月份还有48%的人喜欢新可乐，到7月初就只有30%的人喜欢了。于是到7月11日，可口可乐公司不得不决定重新按老配方生产可乐，并一再向顾客道歉。

二、日本索尼公司关于随身听的调研

日本索尼公司的随身听是20世纪80年代最成功的消费品，但最初的市场调查曾经表明，人们不喜欢这种产品，认为一个神经正常的人怎么会带着录音机到处乱跑呢？如果索尼单纯根据调查结果来制定决策，就不会有随后的随身听了。

由于某些市场营销调研并没有收集到正确可靠的数据，有人就认为消费者往往是言行不一的，因此，市场营销调研所收集到的资料就毫无意义。事实上，这种情形往往是由消费者所处的环境之间的差异所造成的。在接受市场营销调研时，消费者所处的环境使得他们完全是理性的，但是在市场上实际消费时，消费者常常在理性中掺杂着感性的成分，从而造成实际情形与调研结果之间的差异。但是，如果调研人员能够尽力减少甚至消除这种差异，就能保证所获得信息的真实可靠性。

资料来源　刘春雄. 消费者为什么言行不一［J］. 销售与市场（管理版），2004（1S）：34-35.

【分析】市场营销调研必须保证获得信息的正确性。错误的信息会导致灾难性的结果。但是，调研人员又必须对获得信息的困难有足够的认识。调研实践5-1剖析了调研领域两个最典型的失败案例，从反面提醒我们为保证信息的正确可靠，必须慎之又慎，付出再大的努力都是值得的。

5.1.2.2　度量可靠性

度量可靠性所关心的是在某个时候所进行的多次度量中度量结果的一致性和稳定性。度量可靠性（reliability）是指某种度量方法避免随机误差的程度。我们可以用以一种度量手段度量某一对象时所得到的变差大小来表示度量可靠性。尽管结果的一致性是度量可靠性的一个特点，但这绝不是说可靠性只有当多次反复度量时才有意义。可靠性所关心的是要消除和减少随机误差的影响，使我们得到的结果接近实际值。因此，即使只度量一次，讨论可靠性问题也仍然是有价值的。通常，我们从以下几个方面来评价度量结果的可靠性：

（1）试验-再试验可靠性

试验-再试验可靠性是指在使用同一种度量方法，在几乎相同的条件下，重复测量同一个被测对象时所得到的结果的一致性。如果度量方法可靠，被度量对象在两次度量过程中保持不变，则对同一个度量对象的第一次度量与第二次度量的结果应当是相当接近的。这被称为试验-再试验可靠性。

如果我们确信第一次度量对第二次度量有一定的影响，使第二次度量包括了第一次度量的影响，评价试验-再试验可靠性就不合适了。例如，如果第一次度量中包括了某些关于被测者对于某一项服务或产品的态度，这次度量就可能使他们对媒体关于所研究对象的表达、宣传或广告变得更敏感。这样，第二次的度量结果不仅包括第一次度量中的内容，还包括第一次度量所引起的敏感和附加知识所产生的影响。除了上述第一次度量值的影响外，多次度量也可能引起度量对象的烦恼、疲倦、冷淡和不合作等情绪，这些都可能使对试验-再试验可靠性的评价受到限制。

因此，如果采用某种特定的度量方法，两次度量所得到的结果不一致，则我们往往很难肯定究竟是方法不可靠，还是由于某些因素的变化而引起结果的差异。不过，如果两次度量所得到的结果是一致的，我们一般就可以肯定这种度量方法具有试验-再试验可靠性。

（2）抽样分割可靠性

如果把一个抽样样本分割成两个或更多个随机选取的子样本，用某种方法或手段来度量每个子样本所得到的结果都是一致的，我们就说这种方法具有抽样分割可靠性；否则，我们就说这种方法不具有抽样分割可靠性。

（3）替代形式可靠性

如果采用两种等效的度量方法对同一个对象进行度量所得到的结果是一致的，我们就称这种度量方法具有替代形式可靠性；否则，就没有替代形式可靠性。

度量方法的有效性和可靠性在市场营销调研中是相当重要的。我们当然希望度量所得到的结果兼有有效性和可靠性，但是从度量结果的角度看，任何度量方法的结果都可能产生4种不同的情形：既无效也不可靠、有效但不可靠、无效但可靠、既有效又可靠（如图5-1所示）。在许多情形下，有效性和可靠性可能不能兼得。但是比较起来，有效性涉及度量的基础，即我们所得到的是否就是我们真正想要度量的东西，所以在两者中起着更为关键的作用。当用某一种方法重复地度量某一个对象时，可靠性也就显得很重要了。

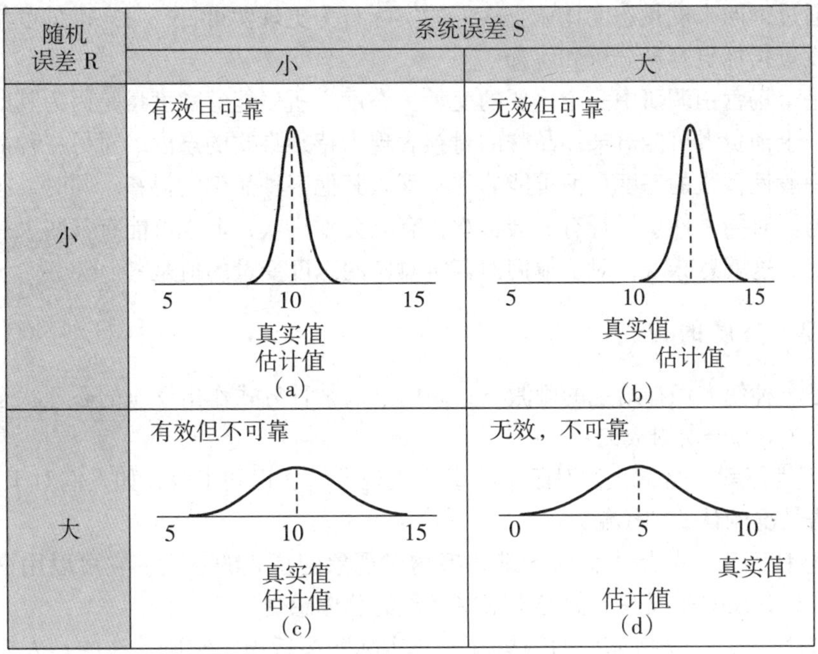

图5-1　度量方法的结果

5.2　态度的度量

5.2.1　态度及其度量问题

5.2.1.1　态度变量的含义

在市场营销调研中，我们所遇到的变量可以分为3类：反映客观事物状态的变量、行为变量以及反映主观状态的变量，统称为态度（attitude）变量。

反映客观事物状态的变量是涉及被调查者外部状态的变量，如被调查者的年龄、性别和职业等。

行为变量是与被调查者的过去、现在和将来的活动有关的变量。行为可以直接从行动中反映出来。行为变量常常可以用机械方法来度量，因此，相对地说是容易度量的。

反映主观状态的变量是由被调查者的态度和心理活动所决定的。不管被调查者是否愿意表达真实的意思，这类变量都是难以测量和验证的。消费者的态度、个性、特征、对产品的偏好和对产品的购买意向等就是这类变量。

企业的营销活动真正想要了解并最终试图施加影响的是消费者行为。但是由于两个方面的原因，人们会采用对态度的度量结果来代替对行为的测量：

一是人们普遍相信态度是行为的先兆。行为是由态度所决定的，如果人们在态度上喜欢某个品牌的产品更甚于另一个品牌，他们选择这个品牌的可能性就会大于选择另一个品牌的可能性。

二是通过询问来度量态度比调查人们的实际行为更现实可行，对态度的度量指标也比对行为的度量指标更容易分析和解释。

态度是市场营销调研中一个重要的变量。态度之所以能够被度量是因为其既有强度又有方向。一个消费者可能对某一品牌的衬衫表现出特别喜欢的态度，对另一种品牌的衬衫只表现出一般性喜欢的态度，但可能非常不喜欢其他某种品牌的衬衫。同时，态度也可以是有零点的。对同一件事尽管有人会喜欢，有人会不喜欢，但也可能有某些人持不偏不倚的中立态度。这就意味着，对于他们而言所对应的态度变量的值是零。

5.2.1.2 态度的构成

态度是一种使人们在给定的刺激下，倾向于以某种方式作出反应的心理状态。通常认为态度是由3个部分所组成的：

① 认识性因素，是指人们对于某些事物或现象的认识和了解，如人们对于产品特性、定价和广告情况的认识和了解。

② 情感性因素，是指人们对于某些事物或现象的喜恶的感觉。它可以用喜欢还是不喜欢、赞许还是反对来反映人们对于某些对象的总体感受。

③ 行为性因素，是指人们的购买倾向和实际购买行为。它所关注的是人们对某些对象可能采取购买行为的意图和期望。由于市场营销调研通过度量态度，想要真正了解并且最终施加影响的是行为，因此，态度的行为性因素具有更重要的价值。

5.2.1.3 度量态度的方法

在实际中，对态度的度量可以有3种方法：

一是观察，是指通过对人们有关行为的观察来推测他们的态度。然而，从人们的外部行为来推测内在的态度毕竟是有一定风险的。

二是通过间接提问或专门的调查技术，来分析一个人对于某一刺激的反应（如联想、补充等），揭示他对被调查事物的态度。

三是直接询问，是指通过直接询问被调查者对某一事物态度的方向和强度，达到度量态度的目的。

市场营销调研的目标之一是理解顾客的行为模式和态度，但这种行为模式和态度远比我们想象的复杂得多。所以，调研人员尽量要摒弃先入之见和主观臆断。虚心客观地从研究第一手资料入手，确保获得信息的正确可靠和富有价值。调研实践5-2向我们展示了获得正确结果的艰难调研过程，确实让人受益匪浅。

调研实践5-2

上述3种方法中，第一和第二种方法比较客观，第三种方法受主观因素的影响较大。但是，多方面原因促使我们更多地通过直接询问来度量态度，进而了解行为。

首先，大多数人如果在被询问时表示喜欢某一种产品或服务，多半也愿意购买它。

其次，通过向被调查者询问有关态度方面的问题远比先观察然后解释他们的实际行为产生的原因更加现实可行。有时，通过直接询问来度量态度比直接度量行为再推测态度更加方便。

在市场营销调研中，对态度的度量主要有两类应用：

第一类应用是通过度量态度来预测消费者对新产品的功能、广告和包装设计的反应。这时，度量的结果常常用来比较某一营销变量的两种或两种以上的策略和方案的优劣，从而预测哪一种方案在营销中更可能获得成功。这种情形通常需要对事物总体的偏好或对事物某些特征的偏好进行度量。

第二类应用是通过度量态度，用来制定和实施改变消费者态度或使产品与消费者态度吻合的营销战略。此时，通常要度量某一对象或某一组对象态度中的特定要素，如度量广告对公司形象的影响。

5.2.2　量表

对态度的度量通常是根据被调查者对一组问题回答的差异来衡量和决定的。这种由一组问题所组成的衡量态度的调查表被称为量表。市场营销调研中通常使用的量表分为：

5.2.2.1　比较量表

比较量表（Comparative Scale）是要求被调查者在将度量对象与某一个已知参照物进行比较的基础上，表明自己对所度量对象态度的一类量表。比较量表能确保被调查者把所有度量对象与具体参照物进行比较，既容易发现所度量对象之间的微小差别，又提高了度量结果之间的可比性。但是，根据比较量表所得到的数据只表明相对关系，只是用顺序尺度来度量的结果，实际上只起到了排序的作用。态度度量中的比较量表包括排序测定法、成对比较测定法、常和测定法、比例度量法、Q分类法和其他方法。

5.2.2.2 非比较量表

非比较量表（Non-comparative Scale）不要求被调查者作比较，而要求他们独立地表明自己对所评价对象的态度。因此，根据非比较量表所得到的数据是用等量尺度或比例尺度来度量的结果。与比较量表相比，非比较量表是使用得更为广泛的量表。非比较量表包括大多数的评比度量法、语义区分法、中心量表法和利克特量表法等。评比度量法通常采用非比较量表的形式，但是在需要的情况下也可以采用比较量表的形式。

下面我们将介绍市场营销调研中常用的几种态度度量技术，既有比较量表，也有非比较量表。使用者应该根据研究目的和问题的条件，选择一种最能解决问题的要求、获得所需要的信息，而且数据整理和分析起来最方便的技术。因此，在具体决定应当采用何种态度度量技术时，重点要考虑所用的方法能否满足管理上的要求以及被调查者是否方便回答等因素。

5.2.3 态度直接度量法

5.2.3.1 评比度量法

评比度量法（Rating Scale Method）要求被调查者根据个人对被调查对象的印象或态度给出一个评价结果。此时，被调查者所采用的评价标准是由他自己所决定的，同时，调查中不要求他们把被调查对象与其他对象进行比较。因此，一般来说，评价的结果是绝对的，而不是相对的。

（1）图线度量法

当被调查者的态度和可以作出的选择分布在一个连续的区间上时，度量态度的调研人员可以要求被调查者在一段代表包括所有可能选择的连续线段的适当位置上标记号，以表明他们的态度。例如，为了调查顾客对某种品牌饼干的态度，可以请他们在下列图线上根据自己的态度，在适当的位置标上记号。

【例5-1】您认为甲品牌的饼干是：

价格过低 ———————————————— 价格过高

市场上最不好吃的饼干 ———————————————— 市场上最好吃的饼干

图线度量法中的图线既可以有标尺刻度，也可以没有标尺刻度；既可以是水平的，也可以是垂直的；既可以是没有对比的，也可以是有对比的。例5-1中的问题是没有对比的。在确定图线上的标尺时，要注意不要使线段两端标尺所代表的意义太极端或者太接近；否则，被调查者所标的记号就可能过分地集中在中间或者两端，从而使度量结果失去意义。

对图线度量法的结果进行分析时，如果标尺有刻度，则可以直接从标尺刻度上读得度量值；如果标尺没有刻度，则只要测量从左端到被调查者所标记号点之间的距离，就可以确定被调查者的态度得分。例如，若例5-1中的整条图线长12厘米，从左端算起第6厘米处是中间态度，就可以把消费者的态度分值定为0，表示价格是合理的。如果被调查者所标的记号离左端约9厘米处，这就意味着被调查者认为该品牌的价格比合理价格高了，高于合理价格的程度为0.5。

（2）选项度量法

选项度量法与图线度量法类似，但是，被调查者只能在有限几种备选答案中表明自己的选择，而不是在一个连续区间内选择表明自己态度的位置。下面是两个选项度量法的例子。

【例5-2】从总体上说，您对××牌吸尘器的印象是：

很不满意____________

较不满意____________

较 满 意____________

很 满 意____________

【例5-3】您认为××牌方便面的味道怎样？

差极了						好极了
—	—	—	—	—	—	—
-3	-2	-1	0	1	2	3

在选项度量法中，问题所提供的备选项的数量和内容对回答的结果将会有一定影响。在决定一个问题的选项时，要注意以下几点：

① 选项是平衡式的还是不平衡式的。平衡式选项所构成的是平衡量表（Balanced Scale），它所提供的积极选项数与消极选项数一样多。不平衡式选项构成不平衡量表（Unbalanced Scale），所包括的积极选项数与消极选项数是不一致的，在极端情形下甚至只包括了积极选项或只包括了消极选项。不平衡式选项可能对被调查者产生一种暗示，引导被调查者的态度发生偏移。除非我们确信被调查者的态度都一致地偏向于积极的或消极的某一方向，否则，一般不应该采用不平衡式选项。下面是一个不平衡式选项的例子，从选项设置上就表明了可能引导被调查者选择较积极选项的倾向。

【例5-4】您对××牌成套厨房设备的总体感觉如何？

一 般____________

较喜欢____________

喜 欢____________

很喜欢____________

② 应当设置多少个备选项目。从理论上讲，备选项目数越多，结果也就越精确，要确保把各种可能的回答都详尽地罗列出来，并保证互不交叉。然而，经验表明，在要求从10个或15个表示不同程度的备选项中选择一个表示自己态度的选项时，大多数人会感到无所适从，尤其是需要用文字来描述如此众多的选项之间的差异时，会感到困难。因此，在实践中通常设置5～7个选项就能够满足大多数调查的需要了。只有在需要特别精确的情况下，才考虑设置7～9个甚至更多个选项。

通常，要把众多的不同观点有效地区分开来，设置5个选项是最少的。一般采用的5

个选项是：非常同意、同意、中立、反对和非常反对（或者：很可能、较可能、一般、较不可能和很不可能）。但是，在设置选项时，必须考虑到被调查者可能因从来没有关心过所调查的事、遗忘或不愿回答等情形，而无法表达自己的意见。如果问题中没有这类选项，应答者就会被迫从其余的选项中任选一个，很多应答者会因此而选“中立”，从而影响回答的正确性。其实，“不知道”表示没有任何信息，而“中立”表示被调查者了解情况，但态度是不偏不倚的。所以，在许多情形下，这种“不知道”或“没有意见”的选项往往是不可省略的。

③ 对各备选项的描述或说明要合理。在对各备选项目作描述或说明时，要作三方面考虑：

一是用数字标度还是不用数字标度。若用数字进行标度，则被调查者对位于中间位置选项的选择会比较精确；不用数字标度时，只能采用“比较”“相当”“一点儿”“很”等表示程度的词来说明，不同选项之间的差异是很难确定的。

二是对所有项目都作说明还是只对两端的选项进行说明，对被调查者而言，对所有选项都作说明比只对两端选项作说明更容易作出选择。

三是文字表达是否足够清楚明确、含义足够广泛。对备选项的描述一定要采用明确、确切和不会引起误解的词汇。

5.2.3.2 排序测定法

排序测定法（Ranking Scale Method）要求被调查者根据某一属性，如质量、口味和式样等，对所关心的不同对象按偏好程度排定一个次序。排序测定法可以决定一个严格的顺序和比较结果，但是无法说明任何两个对象之间的绝对差距。排序测定法与评比度量法相反，所得到的结果是相对的，而不是绝对的。

【例5-5】请您按产品质量的好坏，对下列5种油烟机产品进行排序，最好的为1，次好的为2，依此类推，最差的为5。

华宝__________

华诚__________

玉立__________

精诚__________

老板__________

排序测定法的优点是简单直观，因此在市场营销调研中有广泛的应用。排序测定法的一个限制条件是，被调查者必须对所有备选项的内容都有所了解。同时，实践表明，如果要求对超过6个备选项目进行排序，被调查者往往会感到困难，此时就可采用成对比较测定法。

5.2.3.3 成对比较测定法

成对比较测定法（Paired Comparison Scale Method）只要求被调查者每次都作两两比较，从中选择偏好的一项。此时，为了给所有的对象排序，就必须排出所有可能的两两组合的比较。若总共有N个排序对象，则必须进行C_N^2个成对比较。当N的数目增加时，需要成对比较的次数就会迅速增加。因此，这种方法只适用于被比较对象数目较少的情形。

在被调查者做好两两比较以后，我们还需要对结果加以综合，得出对所有被比较对象的总体排序。

【例5-6】假定有100个被调查者对5种品牌的电动车进行成对比较，则我们可以把测定结果整理成表5-1的形式。表5-1中的每一个数字表示，在把相应的行所代表品牌的电动车与相应的列所代表品牌的电动车相比较时，偏好行所代表的品牌电动车的被调查者的百分比。

表5-1　　5种品牌电动车两两比较的结果

项　目	快捷	熊猫	宇宙	星光	飞跃
快捷	—	0.28	0.45	0.20	0.32
熊猫	0.72	—	0.59	0.38	0.12
宇宙	0.55	0.41	—	0.40	0.19
星光	0.80	0.62	0.60	—	0.82
飞跃	0.68	0.88	0.81	0.18	—

把表5-1的结果转化成对5种品牌的排序，有多种处理方法。最简单的一种处理方法是把表5-1中的百分比转化成为1或0。如果在品牌两两比较时，偏好相应的行所代表品牌的电动车的人数百分比超过一半，即表5-1中某个位置的数字大于0.50，我们就把相应的数字改为1；否则，就改为0，结果就如表5-2所示。

表5-2　　5种品牌电动车的相对优劣势

项　目	快捷	熊猫	宇宙	星光	飞跃	总分
快捷	—	0	0	0	0	0
熊猫	1	—	1	0	0	2
宇宙	1	0	—	0	0	1
星光	1	1	1	—	1	4
飞跃	1	1	1	0	—	3

把表5-2中各水平行的数字相加，就得到偏好各种不同品牌电动车的得分。根据这一得分，我们就可以得到被调查者对5种品牌的总体评价。5种品牌的电动车从最受欢迎到最不受欢迎的顺序排列依次为星光、飞跃、熊猫、宇宙和快捷。

5.2.3.4　常和测定法

常和测定法（Constant-sum Scale Method）要求被调查者按照某种标准把给定的总分数（通常是100）分给若干度量对象，然后按分值大小对被测对象进行排序。应用常和测定法时，所度量的对象数目不宜太多；否则，被调查者往往很难做到使各个被度量对象分配得到的数字加起来正好等于所规定的总分数。

【例5-7】请用常和测定法度量对于A、B、C和D这4种不同品牌果汁的偏好程度（要求总分为100）。

品牌A__________

品牌B__________

品牌C__________

品牌D__________

被调查者如果要把100分的分值分给4种不同的品牌，通常首先应从中找到处于中间位置的品牌，如品牌B，可以给品牌B预分配25分；接着可以把其他4种品牌与品牌B作比较来分别决定它们的得分。例如，被调查者认为品牌A的得分应是品牌B的2倍，则给品牌A分配50分；品牌C得分应是品牌B的一半，则预分配12.5分；品牌D得分应是品牌B的1.5倍，则预分配37.5分。但是这样一来，4种品牌的总得分就超过了100分，需要被调查者依次考虑A、C和D之间的比分，并作相应的调整，使所得到的总分之和恰好是100分。所以，常和测定法实际上迫使被调查者作多次的相互比较，然后保证最终所得到的度量值的合理性。

顾客购买心理是复杂的、多维度的，往往是难以描述的。而调研又要求得到一个明确简单、可用于指导行动结果。所以，调研人员往往面临着如何度量顾客购买心理的难题。调研实践5-3给我们提供了一个成功地度量潜在顾客购买心理和兴趣的成功案例，给了我们诸多启示。

调研实践5-3

5.2.3.5 比例度量法

比例度量法又称参考方案度量法，要求被调查者将被度量对象与参照对象进行比较，对于一组被度量对象分别确定出相应的态度比值，作为度量结果。

【例5-8】假设根据对产品总体质量的评价，春花牌吸尘器的得分确定为100分。以此为基础，请您评定下列品牌吸尘器的总体质量得分值。

百花牌吸尘器：________分。

春兰牌吸尘器：________分。

浪花牌吸尘器：________分。

超净牌吸尘器：________分。

比例度量法要求被调查者以某一个参照对象为基础，来表达对其他被测对象的评价，因此与常和测定法相比更简单方便，也是市场营销调研中常用的度量工具。但是，由于比例度量法是按比例来确定各被度量对象的度量结果的，最终得分值容易出现过高或过低极端值的情形。比较起来，常和测定法既提供了同样的信息，又减少了产生极端分值的风险，因此，其应用要比比例度量法更普遍一些。

5.2.3.6 Q分类法

Q分类法是一种把类别度量法和排序测定法相结合的态度度量方法，其目的是能够帮助被调查者快速地完成对较大数量对象态度的评价。采用Q分类法时，调研人员首先请被调查者按照某些标准或被测定对象之间的相似性，对被测定对象进行分类；再要求被调查者对每一类中的被测定对象根据偏爱的程度进行排序。当被度量对象的数目超过60个时，Q分类法比较有效。Q分类法常常用来度量被调查者对于一组被测对象的感受或态度。这种方法特别适合度量被调查者对一组备选的品牌的偏爱程度，从而帮助调研人员从一大堆备选的品牌中很快地挑选出最受欢迎的品牌。

5.2.3.7 语义区分法

语义区分法要求被调查者在两个意义相反的形容词对或者短语间的刻度区内选择一个适当的位置，用以表达他对被测定对象的感受和态度。通常，在两个形容词对之间设置7个标度，保证被调查者的态度差别能够精确地反映出来，又不至于太繁杂，造成被调查者评价的困难。语义区分法常用在关于公司或品牌商标形象的评价研究中。

【例5-9】请在下列形容词对之间的7个标度中，选择适当的位置来表明您对“天方夜谭乐园”的感受。

时髦的	____	____	____	____	____	____	____	陈旧的
丰富的	____	____	____	____	____	____	____	平淡的
高级的	____	____	____	____	____	____	____	低级的
干净的	____	____	____	____	____	____	____	肮脏的
快乐的	____	____	____	____	____	____	____	痛苦的
城市的	____	____	____	____	____	____	____	乡村的
梦幻的	____	____	____	____	____	____	____	现实的
明亮的	____	____	____	____	____	____	____	黑暗的
成功的	____	____	____	____	____	____	____	失败的
美丽的	____	____	____	____	____	____	____	丑陋的
积极的	____	____	____	____	____	____	____	消极的
服务快捷	____	____	____	____	____	____	____	服务缓慢
营业时间方便	____	____	____	____	____	____	____	营业时间不方便

语义区分法采用一组形容词对来评价两个或更多个不同公司或品牌的形象，因此，这些形容词对要能够反映这些不同公司或品牌形象的各方面特征或属性。一般来说，对于某个具体的度量对象，所选的形容词对可以包括20～30对。这些形容词对的含义既可以是非常具体的，也可以是非常抽象的。例如，在对某零售店形象的研究中，可以采用“营业时间不合适-营业时间合适”“售货员态度好-售货员态度不好”“价格昂贵-价格便宜”等含义较具体的词对进行评价，也可以用较抽象的词对，如“现代化的-传统的”“明亮的-阴暗的”“高贵的-低廉的”等来评价。

人们在应用语义区分法中发现，对于被调查者的判断影响最大的因素，也就是最有效的那些形容词对，通常可以分为三类：一是关于数值性的判断，如“好-坏”“正-负”“多-少”；二是关于力量性的判断，如“强-弱”“男性-女性”；三是关于活动性的判断，如“快-慢”“主动-被动”等。其中，特别是与数值性的判断有关的形容词对，在对公司、品牌或商标形象的研究中最有用。与力量性和活动性的判断有关的形容词对一般适用于揭示那些更加抽象、可能相当重要但又不明显的研究对象的外部形象的研究。

在确定语义区分法中含义相反的形容词对或短语词对时，需要特别慎重。例如，“时髦”的反义词既可以是“落伍”，也可以是“传统”；“甜”的反义词既可以是“咸”，也可能是“苦”。所以，调研人员一定要根据调查的目的和要求来确定形容词对或短语词对的含义。同时，在对语义区分法的调查问卷进行排版时，最好把表示肯定和否定的选项位置故意打乱。这样做可以避免应答者在回答问题时遵循某种固定的模式来选择答案，促使应答者作认真的思考。

对语义区分法所得到的资料进行分析时，最常用的方法是综合分析法和外观图分析法。但不管采用哪种分析方法，首先要对回答结果进行数量化，对两个形容词对之间的7个空格各分配1～7的数字。通常，对越靠近偏好或满意的空格分配的数字越大；对越靠近不满意的空格分配的数字越小。

（1）综合分析法

应用综合分析法对语义区分法的调查结果进行分析时，先把每个被调查者按所有形容词对给出的评分求和，再得到对于每个形容词对的平均分。这样每个被调查者就都对应于一个总的平均分。对于同一个被度量的事物，被调查者之间或被调查者小组之间评分的比较反映了被调查者之间态度上的差异。把同一组被调查者对两个或两个以上的对象（产品、品牌或商店）的评分进行比较，就能得到按照人们的态度对调查对象评价的排序。这种综合分析法对预测顾客的偏好和品牌的市场份额是很有用的。

（2）外形图分析法

应用这种方法对语义区分法的调查结果进行分析时，首先计算某一特定的被调查者按照每一组形容词对所作的对于度量对象评分的均值或中位数；其次，比较同一批被调查者对于不同事物评分的相应均值或中位数，或者比较不同被调查者对同一被测对象评分的相应均值或中位数，就可以形成一个结果图案。图5-2是应用语义区分法中的外形图分析法对某群被调查者关于两种不同品牌产品的态度进行分析所得到的结果。这个图形反映了顾客对不同品牌形象评价的总体感觉。但有时单凭这些形容词对本身很难对图形作出解释，这时最好结合其他方法进行调查，这样才有可能得到更具体细致的结果。

外形图分析法被广泛地用来辨认某一个产品、品牌或商店等的优势和劣势，从而通过执行有针对性的营销战略来发挥优势并补偿弱势。利用外形图分析法进行分析时，有时也可以既请被调查者表示某一被度量对象（产品、品牌或商店）的形象在一对形容词之间的位置，也可以请被调查者表明心目中的理想产品、品牌或商店的形象在每一组形容词之间的位置，然后决定实际产品与理想产品之间在形象方面的差距，并作为新产品开发的方向。

语义区分法的优点是容易实施，但是要求事先就确定出一组能够度量被测对象特性的适当形容词对，这一点并不容易。如果所选的一组形容词对不合适或者遗漏了一些重要的能反映被度量对象特性的形容词对，则会影响调查结果的有效性。

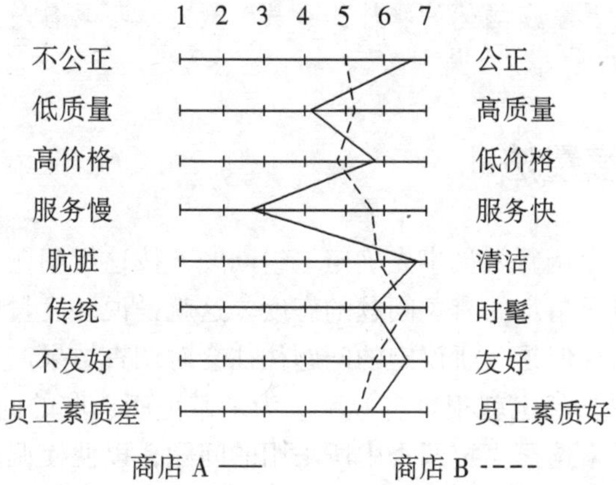

图5-2 外形图分析法示例

5.2.3.8 中心量表法

应用语义区分法时，要找到合适的能度量被测对象属性的形容词对常常会感到困难，于是我们也可以把通常的语义区分法中的形容词对换成单个的形容词或短语，然后把评价标度规定为从−5到+5的整数，也就是用单独一个形容词或短语来度量被测对象所具有规定特性的方向和强度。这就是中心量表法。

中心量表法与语义区分法很相似，但是使用起来又比语义区分法简单方便，也适用于电话调查的情形。无论是对于问题编写者还是对于应答者，中心量表法都要容易得多，而所得到的结果与语义区分法的结果又非常相似。

【例5-10】请您用−5至+5之间的整数来表示××程序所具有的界面友好和使用可靠的程度。

+5	+5
+4	+4
+3	+3
+2	+2
+1	+1
界面友好	使用可靠
−1	−1
−2	−2
−3	−3
−4	−4
−5	−5

如果您认为本程序具有上述词汇所描述的特性，就选一个正数，越具有所描述的特性就选越大的数；如果不具备所描述的特性，就选负数，越不具备所描述的特性就选越大的负数。

5.2.4 态度间接度量法

态度直接度量法是由调研人员事先确定一组问题，按这组问题直接询问被调查者，再由被调查者自己决定对所指定的有关问题的态度。这就是说，度量中所调查的问题是由调研人员事先就议定好的。但是，所议定的问题往往会对调查结果产生一定影响。如果问题本身不合适，调查结果自然也就很难有效了。为了避免所选取的问题对调查结果的影响，最好是让被调查者自己来选择决定调查中所采用的问题，以便使调查结果更客观合理。这种态度的调查度量法被称作态度间接度量法。因此，态度间接度量法的基本思路是，先通过向部分被调查者进行预调查，确定出最后用以度量被调查者态度的一组问题，由这组特殊问题组成量表，再依据量表进行正式的测试。态度间接度量法包括沙斯通量表法和利克特量表法等。由于沙斯通量表法应用并不广泛，所以我们这里只讨论利克特量表法。

利克特量表法（Likert Scale Method）也称累加度量法或分类总结法，是心理学家伦西斯·利克特（Rensis Likert）在1932年提出的，它是态度度量中应用得最广泛的技术之一。这种方法要求被调查者以强烈反对（-2）、反对（-1）、中立（0）、赞同（1）和强烈赞同（2）这5种评价来表明对每一句与被度量对象相关陈述的态度。在对这些评分进行处理后，把被调查者对不同问题的评分相加，就得到每个被调查者对所研究对象的总体态度的评分值。这个分值反映了被调查者对所研究对象的总体态度，可以作为度量被调查者态度的基础。

利克特量表法的主要步骤如下：

5.2.4.1 拟定一组与研究目的和对象相关的陈述

这些陈述是作初步的预调查评价之用的，数量上应当多一些，最好在50句以上。拟定的问题应当尽可能揭示被调查者对所度量对象的态度。为此，应当既有表示肯定态度的陈述，也有表示否定态度的陈述。要尽量选择那些有广泛争议的陈述，必须避免那些“公认事实”的陈述，因为我们拟定这组陈述的目的是衡量被调查者的态度，而关于公认事实的陈述，人们的态度大多是一致的，无法测定人们态度之间的差异。

5.2.4.2 根据初步拟定的陈述进行预调查

根据预调查的结果，经过适当修改并完善得到初步拟定的陈述。要删除那些意见比较一致的、没有多大意义的陈述，使保留下来的陈述都是一些被调查者的态度差异较大的陈述。在进行预调查时，要求被调查者对每一个陈述表示出自己的态度，究竟是“强烈反对”“反对”“中立”“同意”还是“强烈同意”，从而相应地可以得到不同评分值。对预调查的结果加以汇总后，应当删除以下两类陈述：

① 大多数被调查者都表示出相同态度的陈述。

② 无法区分出被调查者态度究竟是肯定的还是否定的那些陈述。例如，对于某些陈

述，被调查者的反应结果可能是随机的，或者是与最终态度评定无关的，这类陈述应当删除。

5.2.4.3　确定正式的利克特量表

从初步拟定的陈述中挑选出那些最有价值的陈述组成一张正式的利克特量表。用利克特量表对正式选定的被调查者进行度量。每一个被调查者也都以“强烈反对”“反对”“中立”“同意”“强烈同意”这5种形式中的一种来表示对于每一句陈述的态度，结果再转换成相应的分值。

5.2.4.4　综合每个被调查者的态度

在综合被调查者的态度时，要注意区分被调查者对陈述的态度与对被度量对象本身的态度之间的差异。对于肯定性陈述，两者之间是一致的，而对否定性陈述的态度与对被度量对象本身的态度正好是相反的。例如，如果被调查者对“四海公司员工服务态度不好”的陈述的回答是否定的，那么实际上表示他们认为四海公司员工的服务态度是好的。由于我们最终以正的得分表示被调查者对被度量对象的肯定态度，而以负的得分表示被调查者对被度量对象（而不是陈述）本身的否定态度，因此，在综合被调查者的态度时，对于每个否定性陈述的得分应当乘上（-1），与每个肯定性陈述的得分相加，就得到被调查者对被度量态度的总分。如果态度总分为正，则表示被调查者对被度量对象的总体态度是肯定的，分值越大，说明态度越肯定。如果态度总分为负，则表示被调查者对被度量对象的总体态度是否定的，而且其绝对值越大，说明相应的否定态度也越强烈。

【例5-11】下面所列的是对××市××银行营业场所（支行）的不同看法。请您用下面的选项表示您对每一种观点的态度。

	强烈反对	反对	中立	同意	强烈同意
（1）营业场所交通方便	−2	−1	0	1×	+2
（2）营业场所空间宽敞	−2	−1×	0	1	+2
（3）营业场所顾客排队很长	−2	−1	0	1	+2×
（4）营业窗口员工业务熟练	−2×	−1	0	1	+2
（5）营业窗口员工态度不好	−2	−1	0×	1	+2
（6）营业场所环境吵闹	−2	−1	0	1×	+2
（7）所提供的服务品种太少	−2×	−1	0	1	+2
（8）营业场所设备先进	−2	−1	0	1	+2×

如果被调查者的回答如上，用符号×所示，则我们在综合其总体态度时就应该注意到，这8道题中第3、5、6、7题的陈述是否定性的，在计算这些陈述的态度得分时需要乘上-1。所以，被调查者最终的态度得分是：

1+（-1）+（-1）×2+（-2）+（-1）×0+（-1）×1+（-1）×（-2）+2=-1

可见，被调查者对于所调查的银行营业场所总的看法和态度是轻微否定的。假如另一个被调查者按上述同一张利克特量表对于同一家银行营业场所总的看法和态度得分是5，态度和看法就比较肯定了。

有人也喜欢把利克特量表中的分配数字由-2到+2改变为1到5。此时，对于每个问题的态度度量值就变为：强烈反对（1）、反对（2）、中立（3）、同意（4）和强烈同意（5）。对于按照这种方法度量的态度进行综合时要注意，首先要把否定陈述的态度分值颠倒过来，然后才能与肯定陈述的态度分值相加。如果想要使利克特量表区分被调查者态度的微小差异，那么可以采用7级利克特量表。这时，被调查者的态度就分成强烈反对（-3）、反对（-2）、较反对（-1）、中立（0）、较同意（1）、同意（2）和强烈同意（3）。

利克特量表法的主要优点是简便易行。被测试者可以用赞成或反对的程度来表达自己的观点，这比要求他们用完全赞成或完全反对的方法来表达观点要合理得多。然而，应当注意到利克特量表法所得到的结果一般也只能对被调查者的态度进行排序，比较两组对象的态度差异，或比较实验前后的态度差异。除非在极端情况下，一般来说，对于一个单独被调查者或被调查对象来说，所得到的态度分值意义并不大。

利克特量表法的一个重要应用是关于活动、兴趣和观点的调查。这种调查是研究生活方式或描述心理图像的基础。它是由大约包括300个问题的利克特量表所组成的。通常，我们把它称作AIO（activity，interest，opinion）调查表，经常用来度量人们的生活和感受。由于这类信息的价值很高，非常有用，因此有人曾经用这种方法在13个不同国家里进行了一项关于居民生活方式的比较研究。也有一些公司通过AIO调查表的研究制定出了针对3个不同细分市场的整体营销策略。同时，用这种方法所得到的研究结果可以用来确定市场定位策略。在应用AIO调查表时，其中所采用的调查项目应当与所研究的产品类有关。通过AIO调查表辨认出目标群体生活方式的不同细分市场以后，把结果与人口统计资料及产品使用资料结合起来，就可以制定出广告和促销活动的策略或者产品结构的决策。

5.3 多维度量技术及其应用

5.3.1 多维度量技术

前面所介绍的态度和心理信息度量技术中，我们每次都只度量所感兴趣对象的某一方面属性。事实上，消费者常常是根据与度量对象有关的几个属性来进行评价的。因此，市场营销调研中经常需要一种对具有多个属性的对象进行度量分析的技术，我们把它称为多维度量技术。其实，在用利克特量表法和语义区分法来度量人们的态度时，我们已经采用多个属性的度量方法了。

多维度量（multi-dimensional scaling，MDS）技术最早是在计量心理学中发展起来的，以后逐渐被应用于市场营销调研中，用来研究消费者的态度和偏好。在多维度量技术分析中，根据消费者用来评价和偏好产品的依据，确定出描述这些评价依据的属性，我们称之为维度。根据这些维度，每一种品牌的产品或评价的对象都可以表示为多维空间中的一个点。调研人员据此就可以比较这些研究对象的异同，并决定它们各自的特点究竟是什么。

多维度量技术主要解决两个问题：

一是根据消费者在感受或评价我们所关心的被调查对象时的依据，确定所研究的问题中需要考虑的属性或者维度。尽管通常情况下人们所采用的评价维度是很多的，但是如果能够选用两个维度来评价就比较方便了，因为根据两个维度来评价，所评价的对象就可以直观地表示为平面图上的点了。可是，有时也常常需要采用多于两个的维度，这样分析起来就比较复杂了。

二是按照上述这些维度，确定所评价的对象在相应多维空间中的位置，即对评价对象进行定位。据以定位的多维空间图通常也被称作多维映像图或者感受图。有了映像图或感受图，就可以对评价对象进行多属性的综合分析了。

多维度量技术包括多种不同的方法，每种方法在所使用的假设、感受的描述方式，以及输入数据方面都各不相同。不同的多维度量技术按照所采用的资料不同，又可以分为以下两类：

5.3.1.1　以属性资料为基础的多维度量技术

如果我们能够辨识出人们在评价和感受度量对象时所采用的属性，我们就可以采用以属性资料为基础的多维度量技术。

假定我们要进行一项对于某地区软饮料产品市场状况的调研，同时进一步假定，经过探测性调研已经发现，主要的研究对象是市场上的8种饮料，并且发现人们通常是用已知的几种属性来评价这些饮料的。于是，我们就可以再请一群消费者按照已知的这几种属性对每种饮料进行评价，并把结果表示为0～7之间的某个数。对所得到的数据进行因子分析，就可以减少维数。假定最终我们发现，人们用来评价和感受不同饮料之间差异的主要是两个因素——可乐味与减肥功能，于是我们就可以根据所调查消费者对8种不同饮料的评价结果得到它们的多维映像图（如图5-3所示）。由此可以说明，在被调查者的心目中，哪些品牌是最相似的，哪些是次相似的，哪些是差异最大的。

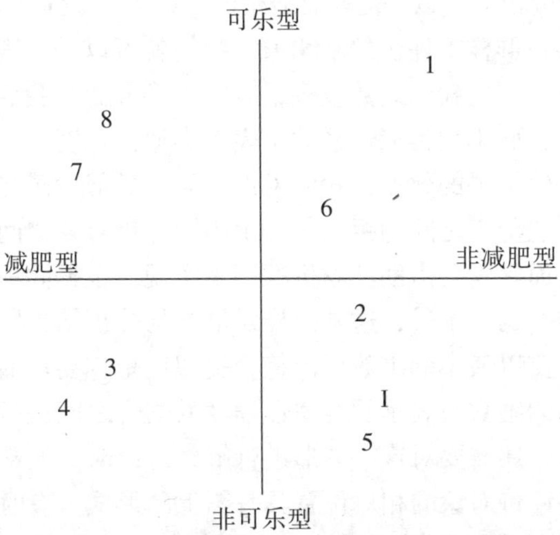

品牌代号：可口可乐——1；雪碧——2；弗雷斯卡（Fresca）——3；莱克（Like）——4；七喜——5；百事可乐——6；减肥百事可乐——7；塔布（Tab）——8；某消费者群体的理想品牌——I。

图5-3　8种饮料的多维映像图

以属性资料为基础的多维度量技术的优点在于：属性往往可以用物理的、化学的或其他的度量工具来度量或反映。于是，维度之间的关系，即属性之间的相互关系就可以用这些度量值之间的关系来表现。可是，这种方法也有一些缺点：

首先，一组属性的产生是很困难的，特别是人们常常根据直觉来感受不同对象之间的差异，而不是首先确定属性，然后依据属性来评价对象的情形。如果一组属性的概念是不精确、不完全的，则研究结果相应地也会是不精确、不完全的。

其次，即使先确定出了一组属性，人们也可能把对象看作一个整体，而不是按照属性来分类。这样，人们也就根本不按照所提出的属性来感受或评价所关心的对象了。

最后，大多数对象具有多个属性，以属性为基础进行分析时就不得不考虑更多的维度，使问题变得更复杂。

5.3.1.2 以非属性资料为基础的多维度量技术

由于以属性资料为基础的多维度量技术的缺点，市场营销调研中常常使用以非属性资料为基础的多维度量技术。这里所指的非属性资料又可以分为两种：类似性资料和偏好资料。

（1）以类似性资料为基础的方法

类似性资料是在被调查者的眼中对两个对象类似程度的感受资料。被调查者既可以用一个数字，如类似性系数来表示类似的程度，也可以对每一组评价对象按照类似性程度排定次序。被调查者在评价类似性程度时，通常并不需要说明他们是采用什么标准来决定类似性程度的。

当要评价的对象总数为N时，由于要进行两两比较，需要评价类似性程度的总组数就有$\frac{N(N-1)}{2}$个。一般来说，这个需要评价的总组数是比较大的。为了保证比较的精确性，最好建立一种规范的比较程序。一种做法是要求被调查者对每一组评价对象指定一个类似性系数。通常以1表示最相似，以7表示最不相似，以1～7之间的其他数字表示不同的相似程度。然后，根据某一群样本评价的平均值，我们就可以得到表示不同对象之间类似性程度的类似性矩阵。由于所比较的组数较多，有时为了方便，我们干脆只排定每两个不同对象之间类似性的次序，而不用类似性系数来表示类似性程度。

根据上述类似性评价结果的数据，我们可以绘制出类似性感受图。感受图要求采用较少的维度，并且用图上点与点之间的距离来表示不同评价对象之间的类似性。由于所比较的组数较多，所以我们通常需要借助计算机程序来实现。根据同一个类似矩阵所得到的类似性感受图往往不是唯一的。不过，这种差异对最终的分析结果影响不会很大。绘制类似性感受图的技巧在于，要以最小的维数作出符合类似性矩阵要求的感受图。因此，我们在调研中通常需要在采用的维数与表示的类似性程度的吻合之间进行权衡。

在获得感受图以后，还需要对这一图形进行解释。此时，通常还需要利用其他附加的信息来说明为什么这些评价对象的相对位置具有图上的形式。有时，对象位置本身就说明了分析时所采用维度的含义；有时则要结合评价对象的特征来说明它们在某一维度上的位置。

（2）以偏好资料为基础的方法

根据被调查者对品牌偏好的评价数据也可以得到类似的感受图。其实，偏好资料也包含了类似性信息。一般来说，在一个人的感受中，偏好程度越接近的那些对象也就越类似。如果偏好数据是以等量尺度的形式得到的，这一数据就可以直接转换成类似性数据。例如，如果有人对两个评价对象在0～10的等量尺度中的偏好值的评价分别为7.5与3，这两个评价对象的类似性差异就是4.5。

值得注意的是，使用偏好数据所获得的感受图也许与使用类似性数据所得到的感受图并不相同。这是因为，人们对事物偏好的感受与对事物类似性的感受可能是不同的。一种属性在评价类似性程度时可能是相当重要的，但在决定偏好时可能是无关紧要的。

在得到了感受图以后，最好决定目标顾客心目中理想产品形象在感受图上的位置。如果通过调查获得了理想产品形象的位置，就可以评价现有产品的竞争力，并对新产品的开发和现有产品的改进提出方向。

理想产品是指消费者心目中认为的最喜欢但实际上又往往并不存在的产品。这通常是所研究产品的各种属性偏好值的组合。在感受图分析中，理想产品的位置是非常重要的。根据感受图中现有产品与理想产品位置之间的距离，研究人员就可以决定消费者对现有产品的喜欢或不喜欢的程度。同时，不同消费群体的理想产品的位置分布也可以作为市场细分的工具和依据。

决定理想产品的位置有两种方法：

一是直接法，是指直接请消费者对现有产品进行度量和比较，决定理想产品的位置。但有时会因为消费者不适应这种方法，结果就可能不精确、不可靠。

二是间接法，是指先请被调查者按偏好程度对现有评价对象排定次序，再由此决定理想产品的位置。按照这种方法，理想产品的位置应当是离现有产品中最偏好产品的位置最近，离次偏好产品的位置较远一点，离第三个偏好产品的位置更远一些。依此类推，就可以大致决定理想产品的位置。但是，利用这种方法往往要用较多的维度数，而且要得到理想产品的精确位置也仍然是比较困难的。此时，就要在满足需要的程度和采用维度数之间进行权衡，通常也要利用计算机程序来衡量合适的程度。

5.3.2 多维度量技术在市场营销调研中的应用

多维度量技术在市场营销调研中主要的应用领域是：

5.3.2.1 分析市场细分策略

利用多维度量技术所得到的感受图既包括了消费者的偏好资料，即消费者理想产品的位置，也包括了不同产品之间的类似性数据，说明了不同产品满足不同消费者需求的程度。因此，市场营销调研人员可以据此对市场进行细分，使产品在多维映像图中的位置尽量靠近某一细分市场顾客的理想产品位置，增强营销活动的有效性。

5.3.2.2 研究与评价新产品开发方向

通过对消费者偏好和现有产品类似性的多维度量分析，如果能够找出一些比较集中的消费者理想产品的位置，或者产品多维映像图中的空白位置，一般地就是具有良好的市场发展前景的新产品开发方向。

5.3.2.3 评价产品、企业和中间商的形象

不管是消费者个人还是企业，在决定购买某种产品时，不仅要考虑诸多品牌的形象，而且要考虑制造商和中间商的形象。多维度量技术有助于我们探索和发现与竞争者相比既有共性又有许多特色的完美产品以及公司的形象和特征，可以发现具有创新性的形象。

5.3.2.4 评价广告效果

多维度量技术可以用来评价广告的各种设计方案以及不同传播媒体的效果，同时是对广告策略和广告效果进行评价的有效工具，在此基础上可以帮助公司找出最佳的广告方案。

5.3.2.5 分析产品生命周期

定期对某种产品进行多维度量的研究，相当于得到产品在不同时期中一系列变化状况的资料。这样就能揭示出产品生命周期的变动情况，从而突破传统的只用销售量或市场份额单一指标来决定产品生命周期的限制，使我们能更深刻地理解产品生命周期发展变化的规律。

本章小结

度量规则又称度量尺度。最常用的度量尺度有类别尺度、顺序尺度、等量尺度和比例尺度。由于度量中存在产生误差的诸多可能性，因此必须考虑度量的有效性和可靠性。度量有效性所关心的是度量结果的均值与真实值保持一致的程度。度量有效性包括内容有效性、结构有效性、一致有效性和收敛有效性等。度量可靠性是指度量结果的一致性和稳定性。度量可靠性包括试验–再试验可靠性、抽样分割可靠性和替代形式可靠性等。

态度是市场营销调研中一个重要的变量。态度之所以能够度量，是因为态度既有强度，又有方向，同时有零点。通常认为态度是由认识性因素、情感性因素和行为性因素所组成的。态度直接度量法分为评比度量法、排序测定法、成对比较测定法、常和测定法、比例度量法、Q分类法、语义区分法和中心量表法等。态度间接度量法最常用的是利克特量表法。

市场营销调研中经常需要对具有多个属性的对象进行度量分析，因此，多维度量技术在市场营销调研中具有广泛的应用。多维度量技术按照所采用的资料不同，可以分为两类：以属性资料为基础和以非属性资料为基础的多维度量技术。其中，以非属性资料为基础的多维度量技术又分为两种：以类似性资料为基础的方法和以偏好资料为基础的方法。

主要概念

度量尺度　类别尺度　顺序尺度　等量尺度　比例尺度　度量有效性　度量可靠性　评比度量法　排序测定法　成对比较测定法　常和测定法　比例度量法　Q分类法　语义区分法　利克特量表法　多维度量技术

基本训练

◆ 知识题

1.比较4种度量尺度的特点，并举例说明每一种度量尺度在市场营销调研中的应用。

2.说明下列问题中所使用的度量尺度的类型。

（1）我很喜欢玩网络游戏。

不同意　1　2　3　4　5　同意

（2）请问您对所使用手机质量的满意程度是：

很不满意____不满意____中立____满意____很满意____

（3）请问您的婚姻状况是：

未婚____已婚____离婚____丧偶____

（4）请问您的职称是：

高级工程师____工程师____助理工程师____技术员____

（5）请问您的工作年限是____年。

3.解释度量的有效性和可靠性的含义，并说明两者之间的区别。

4.态度的含义是什么？态度为什么能够度量？态度是由哪几个部分所组成的？

5.说明态度的直接度量法与间接度量法，以及态度间接度量法的优点。

6.红光公司的市场营销调研人员为了应用利克特量表法调查当地居民对本公司的态度，拟定了一张利克特量表，其中有如下一些陈述：

（1）公司所在的地段很繁华。

（2）公司有一个专用的停车场。

（3）公司职员的学历都在大专以上。

（4）公司的经营业绩一直很好。

要求：评价这些陈述是否合理，并说明理由。

7.某调研人员根据一张利克特量表得到对甲、乙两人态度的调查结果如下：

陈　述	甲的态度	乙的态度
在图书馆看书是一种享受	强烈反对	同意
图书馆的气氛很沉闷	同意	不同意
在图书馆常能遇到有学问的人	同意	强烈同意
图书馆找资料很不方便	强烈同意	同意
一般来说，图书馆没好书	同意	不同意

要求：应用利克特量表法分别说明甲、乙两人对图书馆的态度的度量值。他们的度量值差异说明了什么？

◆ 技能题

1.假设需要你对5种不同品牌摩托车的消费者认知情况进行调研。请说明根据下列各项指标的评价，你将采用哪一种度量尺度进行度量：

（1）对所有5种品牌作总体评价。

（2）根据以下每个属性对不同品牌进行比较：

A.款式　　B.品牌形象　　C.耐久性　　D.安全性

2.如果某人计划调查人们对笔记本电脑的态度，则你认为应当调查哪几类问题？

3.假定用语义区分法来度量人们对银行形象、主题公园和公交服务的态度，请列出一组短语或形容词对。

4.有人想要用利克特量表法来评价对人们本市公交服务的态度，请列出一张适当的利克特量表。

5.某个市场营销调研小组希望从地理位置的便利性、所提供服务的多样性、服务的及时性、员工态度的友好程度、产品质量的好坏以及价格的合理性等方面来比较两家饭店的形象。要求：

（1）设计一张适合用利克特量表法完成上述调研的量表。

（2）设计一张适合用语义区分法来完成上述调研的量表。

（3）设计一张适合用中心量表法来完成上述调研的量表。

◆ 能力题

针对本章引例，请你为“美鲜”牌膏体调味品设计一套测量消费者态度的问题。要求利用4种不同的度量尺度来度量消费者对调味品的不同属性的态度，能够较全面地反映不同消费者态度之间的差异和对产品的满意程度。

第6章　调查问卷的设计

学习目标

◆ 说明结构化询问调查和调查问卷设计的关系；说明调查问卷设计的要求；描述调查问卷设计的步骤；解释调查问卷中问题设计所包括的内容、问题设计的方法和技巧；描述调查问卷中前言和总体设计的要求和方法；了解互联网调查中的电子问卷设计方法。

◆ 掌握和运用调查问卷中的问题设计技术；掌握和运用调查问卷中前言和总体设计技术。

◆ 根据调研要求和调研对象的特点，设计简单的调查问卷。

引　例

华实要求得到尽可能准确的评价

华实旅行社是一家位于我国沿海某中等城市的小型旅行社。该旅行社成立于10年前，是靠经营自己开发的两条本省旅游线路起家的。由于没有足够的资金实力和人员去开发更多的旅游线路，公司的发展一度陷入困境。5年前，该旅行社经过认真的分析，采取了横向联合和网络营销相结合的方式来拓展市场，获得了较快的发展。

首先，华实与其他8家规模较大的旅行社签订了合作协议。协议规定，在利益共享的基础上，这8家旅行社同意让华实旅行社利用其所经营的旅游线路。这些旅行社答应将华实旅行社的游客与其本身的游客共同组团，并由这些旅行社派导游带队出行。与此同时，华实公司开发了一个旅游网站，积极推广自己以及其他8家合作旅行社所经营的旅游线路。对于所有这些线路，游客都可以在网上订购成交。

依靠这种新思路，华实旅行社在过去两年中得以保持迅速稳定的发展。但是，由于除了两条线路外，其余的近20条线路都是与其他旅行社合作经营的，服务质量难以控制，游客投诉时有发生。游客投诉时，华实旅行社也只能转告相应的旅行社，无法直接处理，常常引起游客的不满。

为了扭转这种被动的局面，华实旅行社的管理层决定组织一次对于本公司游客的调研，目的是调查和评价不同旅游线路所提供服务的质量和游客对于旅行社所提供服务的满意程度。公司计划在此基础上对所有合作经营的旅游线路的服务质量进行一次评估和调整；取消或收缩那些服务质量差、游客满意度低的线路，重点推广和发展服务质量好、游客满意度高的旅游线路。由此，华家旅行社再进一步决定应该重点发展与哪几家旅行社之间的横向联合；如果有必要的话，还可能取消与某几家旅行社之间的合作关系。

但是，由于合作经营，实际上华实旅行社的游客所接受到的服务是由4个部分所组成的：华实本身提供的服务、华实的合作旅行社提供的服务、景点所在地旅行社提供的服务和旅游景点本身提供的服务。

华实旅行社的邹总经理决定委托一家市场营销调研公司帮助设计一份调研问卷，以便定期对自己公司的游客在返程后实施抽样调查。邹总经理要求对华实旅行社游客所接受的服务的质量以及他们的满意度作出尽可能准确的评价。

资料来源　由本书第一作者胡介埙撰写而成。

在想要通过询问的方法来收集一手资料的情形下，调查问卷的设计是至关重要的，因为收集到的数据的质量再好，也不会超过调查问卷的设计质量。如果调查问卷中的问题与调研目的没有直接的关系，必将导致大量资源的浪费。如果问卷设计遗漏了必要的问题，则往往会引起不可挽回的损失；即使仅仅是措辞方面的不当，也可能招致被调查者或现场调查人员的误解而影响所收集数据的有效性和可靠性。调查问卷的设计是一项需要知识、技巧和经验的富有挑战性的工作，也是一个调研人员所必须具备的专业能力。本章将首先讨论对调查问卷的要求和设计步骤，接着深入分析调查问卷的问题设计中众多相关方面，最后讨论问卷的整体设计中的有关问题。

6.1 调查问卷设计概述

6.1.1 结构化询问调查和调查问卷的设计

在焦点群体访谈和深度访谈中，调研人员往往是根据讨论指南或调研提纲对被调查者实施调查的。讨论指南或调研提纲只是大致地规定了所讨论的题目范围。讨论指南或调研提纲所列的题目一般都是比较大而且综合性的，被调查者必须经过深入的思考或相互启发才能表达出自己对所调查问题的观点和意见。

但是，在抽样调查情形下，样本数量较大，尤其在采用询问方式收集资料时，不可能由一个调研人员甚至也不可能由几个调研人员来实施询问，而是需要十几个甚至几十个现场调查人员参与调查。询问调查的结果往往会受到现场调查人员与被调查者双方交互过程的影响。如果不同的现场调查人员以不同措辞和方式提问，则被调查者的回答中必然包含由此而产生的误差，结果的有效性将大受影响。为了减少误差，我们尽量要使询问调查结构化，也就是说要使询问调查中问题的内容、排列的次序、陈述的方式和措辞严格地保持一致。结构化询问调查能够使现场调查人员是否具有经验对调查结果的影响减到最小程度；方便被调查者的回答或填写，提高被调查者回答的积极性；使收集得到的资料的整理、统计和分析变得比较容易。

结构化询问调查是依靠调查问卷来实现的。调查问卷是由调研人员为了达到调研目的和收集必要的资料而设计好的一组问题所组成的。它是实施询问调查特别是结构化询问调查的基本工具。调研人员为了实施一项结构化询问调查，事先就需要拟定好一组问题，然后请被调查者针对这一组事先设计好的问题逐一回答，获得调研所需要的资料。调查问卷与讨论指南或调研提纲不同，它使调查资料的收集过程最大限度地实现了标准化和规范化。调查问卷确保每一个现场调查人员都问完全相同的问题，也让每一个被调查者面对表达方式也完全同样的一组问题，从而减少了不必要的误差。

调查问卷普遍适用于各种形式的询问调查中。调研人员既可以采用面对面、电话调查、互联网调查的方式根据调查问卷实施调查，还可以通过邮寄的方式发送给被调查者，请他们填写后再返回。

调查问卷在资料的收集中具有重要的作用。尽管整个调查过程包含多个不同的步骤，但调查问卷设计影响整个调查活动过程，在整个调查进程中起着关键性作用。调查问卷是调研设计人员、现场调查人员与被调查者之间的一种沟通媒介。有了一份设计良好的调查问卷，现场调查人员就可以完全按照调研设计的要求准确地表述所有问题，被调查者也可以清晰地反馈自己的想法。但如果调查问卷设计得不好，所得到的数据可能是无效的，或者信息不完全、数据不精确，则即使样本再多，现场调查人员再负责，数据分析人员水平再高，整个调查所得到的结果多半也是没有价值的。

6.1.2 调查问卷设计的要求

调查问卷既然是调研设计人员、现场调查人员与被调查者之间沟通的媒介，也是获得资料的工具，调查问卷设计的质量水平就直接决定了所获得数据的质量。因此，调查问卷既不是可有可无的，也远不是将一些问题堆砌起来。调查问卷必须围绕调查目的来组织和设计，并为资料的整理、分析和结果报告服务。如果问卷设计得很糟糕，措辞不当，顺序混乱，问卷所收集到的数据就可能是毫无价值的，甚至可能得出完全相反的结论，对决策产生误导。为此，调查问卷的设计就必须规范化和标准化，并应当满足以下两方面的要求：

6.1.2.1 要满足有关各方的要求

调查问卷设计首先必须能完成调查的所有目标，也就是调查委托方希望通过调查获得相关信息的要求。调查委托方的要求是整个调查活动的根本目的，调查问卷设计如果不能满足委托方的要求，整个问卷设计也就失去意义了。

其次，问卷设计要满足被调查者的要求。调查要实现预定的目标必须依靠被调查者采取合作态度，愿意提供准确的资料。如果问卷设计无法吸引被调查者来参加调查，调查就会失败。被调查者总是希望问题中的内容是一目了然、新鲜有趣的，而且完成问卷所花费的时间不能太长。问卷设计不仅要考虑到被调查者回答问题的意愿，也要适合被调查者的知识面、利益和行为模式；否则，问卷就无法实现调查的目标。

再次，问卷设计要满足现场调查人员对于问卷简明易懂且记录方便快捷的要求。

最后，问卷设计必须满足数据统计分析人员便于对资料进行处理的要求。

调查问卷的设计必须尽量满足上述所有有关人员的要求。当然，在上述各方面人员的要求中，最主要的是调查委托方和被调查者的要求，他们的要求对于实现整个调查的目标具有特别的重要性。值得注意的是，要满足上述所有有关人员的要求，自然也必须考虑到成本预算方面的制约。

6.1.2.2 要满足调研实施过程各阶段的要求

不同的询问调查法既会对调查问卷设计造成一定的制约，也会提出一定的要求。所以，问卷设计要考虑到问卷调查实施方法的特点和要求。尤其是在采用邮寄问卷调查、电话调查或互联网调查时，问卷设计要确保所得到的资料确实是调查目的所需要的。即使是在个人访谈调查的情形中，通常现场访谈人员并不是问卷设计人员，不同访谈人员按自己的理解来实施调查，结果也会偏离原意。为了减少这种偏差，调查问卷中的问题内容、形式和结构都必须符合规范化和标准化的要求。问卷不仅必须围绕调查目的，而且既不应遗漏调查所必需的问题，也不应该包括多余的问题。

问卷设计还需要满足对于问卷所收集到的资料处理的要求。尽管问卷设计人员很难在设计过程中精确预测到在数据分析阶段究竟需要哪些资料，但是，如果在设计时考虑不周，遗漏某些必要的信息就会严重影响整个调查的价值。事实上，调查中最有价值的结果往往不是从分析某一个问题的答案中得到的，而是从分析一组相关问题答案的交叉分析中得到的。所以，在问卷设计过程中必须充分考虑到数据分析阶段所需要的数据，特别要考虑到在对不同类型的数据之间进行交叉分析时所需要的资料。

需要特别指出的是，一份设计良好的调查问卷是问卷设计人员长时间辛勤工作的结果。因此，在问卷设计过程中，设计人员必须注意了解调研项目的背景，掌握所调研对象的行业和企业相关的知识，学习类似调查的问卷设计的经验。在初步完成设计后，还需要在小范围内作预调查，并根据预调查的结果对调查问卷进行修改完善。事实上，调查问卷只有经过多次反复的修改，最后才能形成一份设计良好的调查问卷。

6.1.3 调查问卷设计的步骤

要设计出一份能满足调查要求、便于实施、能得到所需要信息结果的调查问卷，需要多方面的努力和配合，其中的一个重要方面是，问卷设计要遵循一定的逻辑步骤来进行。

6.1.3.1 确定询问要达到的目标、信息来源和限制因素

调查问卷设计的第一步，是调研人员要根据调查目的列出一组询问要达到的目标。任何一个市场调查项目所规定的调研目的都是非常综合的，而询问要达到的目标应当尽可能地精确和清楚。因此，问卷设计人员还需要进一步地把询问目标转换成所需要信息的清单。有时，管理部门的调查目的是双重的，既有公开目的，又有隐蔽目的；既有主要目的，又有次要目的。确定一份经过管理部门认可的所需要信息的清单是必要的，也会使随后的设计过程更顺利、更有效。明确调查对象也是调查问卷设计的前提。问卷设计还必须考虑调查对象的特点，只有这样才能确保调查有可靠的数据来源。财务预算往往是问卷设计的另一个限制条件。此外，时间也常常是一个需要顾及的限制因素。

6.1.3.2 确定收集数据的方法

询问调查实施的方法不同对问卷设计会有一定的影响。邮寄问卷调查特别要求表述清楚，容易理解，而且要求问卷不能太长。电话调查要求问卷尽量保持趣味性，词汇要丰富生动，

能激发被调查者的兴趣。用于各种拦截访问的问卷会受到更多时间上的限制，不能太长。用于个人访谈调查的问卷设计则可以考虑采用其他的可视辅助材料来帮助被调查者理解问题，增加兴趣，促使采取合作的态度。互联网调查的对象比较复杂，调研人员又没有解释说明的机会，所以要求调查问卷不仅要简单明了，而且尽量要增加趣味性。由此可见，调查问卷的设计必须考虑到收集数据所采用的方法，结合收集数据方法的特点来设计问卷。

6.1.3.3 问题设计

问题设计是调查问卷设计的关键和核心。问题设计所包括的工作量也最大。一份规范的调查问卷应当依次包括三类问题：

第一类是排除性问题，把不适当的调查对象从本次调查中排除出去，保证问卷的被调查者确实都是调查目的所需要的合理调查对象。

第二类是初步筛选问题，目的是进一步确定被调查者的身份特征、所属社会群体，是否符合对特定资格的要求等。

第三类是与调查目标直接相关的主要问题。

前两类问题比较简短，但是主要问题的设计不仅费时，也是调查成败的关键。主要问题的设计要考虑以下方面的内容：

一是问题的内容合理，既不应遗漏必要的问题，又不应包括不必要的问题，同时要考虑到问题内容的设计是否真正有助于实现调查的目标。

二是确定问题的类型和组织形式，保证问题的组织形式既适合所需要信息的特点，也适合调查对象的特点。

三是确定问题的排列次序，便于被调查者回答。

四是确定问题措辞，不仅要保证被调查者完全理解问题的意思，乐意完成问卷，而且保证问卷所得到的信息是准确有效的。

五是保证问题的排版和布局看起来清晰规范，给被调查者留下良好的印象。

6.1.3.4 问卷的评估和确认

在完成初步设计后，问卷设计人员还应当对问卷进行一次评估，从问卷设计的要求出发，再一次对问卷进行客观的评价。此时，特别需要注意的是问卷是否太长。一般来说，问卷长度应当保证能在10～15分钟之内完成。除非是被调查者特别感兴趣的话题，很少有人愿意花半小时以上时间来完成一份调查问卷。所以，如果完成问卷所需要的时间超过半小时，半途放弃或拒绝合作的被调查者比例就会大大提高。

经自我评估以后的问卷草稿还应当分发给调查项目有关负责人，以期获得他们的建议和确认。这样做可以保证问卷确实包括了调查目的所需要的全部信息，因为如果等调查实施后再发现问卷设计中遗漏了某些问题，就无法补救了。所以，根据有关负责人的意见和建议对问卷进行修改是必要的，保证问卷确实包括了所有必要的问题，也是问卷设计的必要环节。

6.1.3.5 预调查和进一步修改

经过有关负责人认可的调查问卷还必须在小规模范围内进行一次预调查，以便得到更多人对问卷设计的反馈意见，确认问卷设计确实适合实际的现场调查。预调查的目的还在于发现问卷设计中的不足之处，并及时进行进一步修改。对于预调查所获得的数据，最好也进行整理和编辑，看看问卷所获得的数据是否能满足分析和调查目标的需要。有人往往认为只要前面几个步骤都认真做好了，预调查就没有必要了。其实，即使是富有经验的专业人员，在问卷设计中也不可能做到万无一失。预调查是设计一份高质量调查问卷的必不可少的步骤。

6.1.3.6 问卷印刷和实施调查

经过预调查并修改定稿后，除了电话调查和互联网调查以外，都要进行问卷的印刷。在邮寄问卷调查的情形下，被调查者的合作程度和回收率会受到问卷印刷质量的影响，因此，保证印刷质量也是提高问卷回收率的重要手段之一。

调查问卷设计完成后，在实施现场调查前还需要准备与调查问卷配合使用的以便保证现场调查正确、高效进行的辅助材料。这些辅助材料包括管理者调查实施指南、现场访谈人员调查实施指南，以及必要的配套使用的可视辅助材料或样品等。

管理者调查实施指南是说明在不同地点和时间实施现场调查时在管理上要求的文件，从而保证现场调查的地点、时间、抽样对象、抽样配额、现场访谈人员的人数和资格都符合调查设计的要求。现场访谈人员调查实施指南为现场访谈人员提供具体的现场调查实施要点，以便保证现场调查的规范化和标准化。配套使用的可视辅助材料或样品在产品或态度研究中常常是必要的，在调查实施前都必须准备好。

6.2 调查问卷的问题设计

在调查问卷众多的设计步骤中，最重要的就是问题设计了。一份设计良好的调查问卷必须是问题内容合理、类型合适、次序正确、措辞和表达方式适合被调查者填写。

6.2.1 排除特殊群体和初步筛选问题

调查问卷的开头需要将本身就从事市场营销调研、市场开发的专业人士，以及从事所调查的特定行业或职业的人员排除在外。在调查对象中排除这些人员是出于两个方面的原因：

一是为了保证调查结果的质量。上述同行业或同专业的人员可能对所调查内容是相当熟悉的，他们并不是严格意义上的消费者。他们的观点和看法与普通购买者是完全不同的。在调查对象中包括这个群体会影响调查结果的有效性。

二是出于保密的需要。让上述特殊群体接受调查很可能泄露调查细节，也可能让竞争对手获悉有关情况。

如果调查是针对特定对象，而不是所有消费者展开的，在排除了特殊群体后，还需要通过一组初步的筛选问题来确定被调查者的身份特征确实属于调查目标所规定的调查对象。如果调查人员到调查结束时才发现被调查者并不符合调查的特定对象条件，就前功尽弃了。所以，在询问主要问题之前，应当了解被调查者与调查主题有关的特征，如年龄、性别或职业等。在调查特定产品用户的态度或行为时，甚至需要询问被调查者与特定产品有关的购买行为或使用经历等状况。

只有那些经过初步筛选问题确认的、合格的被调查对象才适合进入主要问题的调查；对于不合格的被调查对象，应该放弃调查计划。

调研实践 6-1

某次有关家电产品调查的一组甄别问题

女士/小姐/先生：

您好！我是××市场营销调研公司的访谈员，现在正在作一项有关家电产品的调查。很想听听您或者您的家人的意见，会耽搁您一点儿时间，届时，备有小礼品以示感谢，希望得到您的配合。

Q1：请问您或您的家人中有没有在下列单位工作？（复选）

电子产品的研究/生产/销售/维修部门______________

市场营销调研/广告/公共关系公司______________

咨询公司/民意调查机构______________（如有人在上述部门工作，终止访问）

以上都没有______________（继续访问）

Q2：由于我要在您家中选取一位被访者，所以想先了解一下包括您在内，您家有多少位20～49岁的已婚家庭成员。我指的是一周至少有5天是住在这里的。

______________位

Q3：现在，我想与您家的男性户主谈谈，他在家吗？（如被访者不在家，请预约合适的时间再来访）

预约时间______________

Q4：请问您在过去半年内是否接受过任何形式的市场调查？

是______________（终止访问）

否______________（甄别完毕，开始正式访问）

【分析】问卷调查成功的前提是问卷填写者确实就是事先所确定的调查对象。如果填写者压根就不是所要调查的人，则结果毫无价值。为避免这种情形的发生，问卷开头通常需要设置一组甄别问题，用来识别填写者是否就是事先所确定的调查对象。

6.2.2 确定核心问题

在确定调查问卷中的核心问题时，必须考虑以下几点：

6.2.2.1 问题是否确实必要

调研人员总是希望通过调查问卷得到尽可能完整的信息，因此，常常想让调查问卷包括尽可能多的问题。但是，从调查的直接目的看，某些问题就完全没有必要了。有些问题可能对于调查发起人或调研人员个人而言是很有兴趣的，但对于所研究的主题来说很可能是无关的。如果被调查者的态度对最终的决策毫无影响，或者某一特殊问题的内容与所研究的主题或最终决策的选择没有直接关系，这些问题就没有必要包括在调查问卷里了。

调研人员在拟定每一个问题时都必须想一想，为什么要问这个问题，是否确实必要。

许多调研人员总认为自己所提的问题与调研目的是有关的，但是经过仔细的推敲也许发现关系并不是很密切。如果只是一些非常间接的关系，就没有必要放到调查问卷中去了。调查问卷只需要包括直接的、必要的问题。

此外，调研人员一定要注意到，所有被调查者对某个问题的回答是否可能是基本上一致甚至完全一样的。对于那些答案可能基本一致的问题是完全没有调查价值的。同时，在一份调查问卷中也不应该提重复的或者类似的问题。出现这种情形，不仅浪费被调查者的时间，而且会引起被调查者的反感，导致拒绝率的上升。

但调查问卷中的问题一旦确定，以后整个调查中就再也无法了解到调查问卷中所没有提到问题的信息了，所以，既需要去掉不必要的问题，也绝对不能遗漏确实需要的问题。

6.2.2.2 问题能否达到收集所需要信息的目的

有时问题对于所调查的主题而言可能是必要的，但是不一定能够达到收集所需要信息的目的。如果问题过于综合或者笼统，所涉及的内容过于宽泛或含义不清，就经常会出现这种情形。

例如，对于“您是否喜欢这个公寓？”这个问题，被调查者既可能因为公寓的布局，也可能是因为公寓的地段、周围环境甚至是楼层而喜欢这个公寓的，所以即使得到肯定的回答，也说明不了什么问题。

对于“请问您的收入是多少？”这个问题，由于不同的人对其“收入”的理解可能是相当不同的，因此，不同人所提供答案的含义也就很可能是相当不同的。这样看来这个问题就变得过于笼统了。某些人会回答他们的个人收入，另一些人会回答他们的家庭收入；一些人认为是调查月收入，另一些人认为是调查年收入；有人会回答工资收入，也有人会回答总收入。

对于过于笼统和含义不清的问题，被调查者会随便选一个答案，使问题失去它原来应有的意义和作用，无法收集到所需要的信息。有时，把这类问题分成两个或更多个单独的小问题往往可以使问题的范围更确定、含义更明确，能够保证获得所需要的资料。

6.2.2.3 被调查者能否准确回答问题

首先，如果被调查者不了解问题的背景，不知道回答问题时的参照物应当是什么，就可能无法清楚地表明自己的态度，也就无法作出正确的选择了。

例如，某份调查问卷中问道：“您为什么买××牌化妆品？”对于这个问题，一部分人认为，调研人员是问为什么买，而不是不买的理由；另一些被调查者可能认为，调研人员是问买这种品牌而不买其他品牌化妆品的理由。被调查者所选择的参照物不同，所选择的答案自然也不同。为了帮助被调查者清楚地表达自己的态度，最好尽量明确问题的背景和被调查者回答问题时应当所依据的参照物。

又如，对于“您采用哪一种洗衣机？”这个问题，有的被调查者会以半自动波轮、全自动波轮或滚筒等来作为分类依据；有的被调查者会以品牌作为分类依据。这样就会因所得到的信息缺乏一致性而失去价值。如果把一个问题分为如下两个问题就能防止产生上述情形。

【例 6-1】Q1：您家洗衣机的类型是：

单缸波轮________

双缸半自动波轮________
全自动波轮________
滚筒________
Q2：您家洗衣机的品牌是：
海尔________
小天鹅________
……

其次，问题必须适合被调查者的社会经历、文化水平和表达能力。对于大学生的调查问卷要求只有中学文化水平的人来填写显然是不合适的。对于某些涉及比较抽象的概念或者感受方面的问题，许多被调查者会感到很难清楚地表达自己的想法。例如，对于下列问题："请您描述您所喜欢的购物氛围是什么样的？"大多数被调查者可能感到无法找到合适的措辞来表达自己的意思。所以，除非调研问卷能够向被调查者提供几种关于购物氛围的可供选择的答案，否则，上述问题很难得到有价值的结果。

最后，如果问题要求被调查者回忆很久以前发生过的某些事件的详细情况，特别是涉及数量或细节方面的问题，也可能遭到拒绝。由于时间间隔过长，被调查者很可能遗忘了，根本就没有能力提供问题答案。对于这类问题是无法得到有意义的结果的，即使把它包括在调查问卷中也是没有作用的。所以，调查问卷不应询问一些人们已经淡忘的问题。

6.2.2.4　被调查者是否愿意提供真实的答案

有时，虽然问题对于所调研的主题来说是密切相关的，看来似乎是必要的，含义也是明确的，被访者也能准确回答，但是如果涉及被调查者不愿意回答的内容，仍然可能遭到拒绝。被调查者不愿提供真实答案的原因是他们害怕透露个人或家庭的隐私，或出于安全方面的考虑。针对这种情形，调研人员在设计问题时应当尽量避免问题的攻击性，并从措辞和问题排列等方面尽量减少被调查者的敏感性，尽可能避免被调查者拒绝回答。

6.2.3　选择问题的类型

调查问卷中的问题可以分为两种类型：开放式问题和封闭式问题。

6.2.3.1　开放式问题

开放式问题（open-ended question）是让被调查者用他们自己的语言自由地回答所提出问题的一种形式。这类问题不要求被调查者从一组固定的选项中选择一项或几项来作为问题的答案，而是给了被调查者很大的自由度来表达他们自己的观点。因此，即使对同一个问题，从不同的被调查者身上所得到的答案，可能在长度和详细程度上都会有很大差异。

【例6-2】请问您选择现在所从事工作的主要原因是什么？

（1）开放式问题的应用

开放式问题更适合个人访谈和邮寄问卷调查的情形。开放式问题对于下列几种情形特别有效：

第一，当要求被调查者对某次调查或某一主题给予一个总体的评价时，如："总的说来，您对××银行服务水平的感觉如何？"

第二，当需要衡量某一被调查者观点的特色时，如："您认为本地区的下一个畅销产品会是什么？"

第三，当问题有多种可能的答案或者答案根本无法预先列出时，如："您为什么会选择购买这个新村的房子？"

第四，当要让人们充分表达他们的意见或计划，想要发现在调研报告中作为典型例子来引用的观点和问题时。

一般来说，一份调查问卷中至少应有一个开放式问题：否则，被调查者就失去了自由地表达自己想法的机会，调研人员也就不可能获得来自被调查者的创造性思想了。由于被调查者回答开放式问题需要比较多的时间，一份问卷中的开放式问题超过两个时，被调查者需要花的回答时间就会成倍增加，拒绝率也会迅速上升。所以，除非很有必要，通常每份调查问卷中开放式问题不宜超过两三个。

（2）开放式问题的优缺点

开放式问题的最大优点是为被调查者提供了表达最确切答案的机会。调研人员事先也不必提出各种可能的选项，从而减少了预先列出的答案范围对被调查者的影响，扩展了问题答案的范围，而且避免了被调查者选择那些并非确切地表达他们意见的答案的情形。所以，开放式问题在探测性调研中特别有用。利用开放式问题可以发现值得更进一步深入研究的结构化问题。

开放式问题的另一个优点是能够从不同被调查者的回答中发现有代表性的被调查者的生动答案，从而能丰富最后的调研报告的内容。

开放式问题有如下两个缺点：

① 调查结果难以记录。开放式问题答案的准确性及价值在很大程度上既依赖被调查者的表达能力及填写问卷时的态度，也依赖调研人员在调查现场能够准确记录和概括的能力。由于书写速度受到一定的限制，个人访谈调查过程中往往难以准确地记录被调查者所表达的意见，因此常常需要利用录音机把被调查者所说的话录下来。但这样做需要事先征得被调查者的同意。有些人在被录音时可能感到紧张，影响回答的效果。

② 即使回答被成功地记录下来，也难以整理和概括。由于开放式问题的答案内容五花八门、形式繁多，结果的总结不仅耗费时间，对结果进行分析判断时也很容易出现失误。对于开放式问题的调查结果，必须由训练有素的调研人员来整理、概括和总结。在整理开放式问题的结果时，可能存在的一种倾向是，调查结果的整理和编辑人员更容易受到那些较善于清晰地表达意见的人或者更有效地提供他们答案的人的观点的影响。例如，具有较高文化水平的人更加倾向于提供一个具有一定深度的回答，而具有较低文化水平的人更加倾向于给出一个简单的答案。因此，某些调查结果常常会无意识地更倾向于代表那些文化层次较高的人的意见。由于上面同样的原因，开放式问题整理的结果常常更多地反映了那些性格外向的被调查者的意见，而性格内向的被调查者的意见常常容易被忽视。

6.2.3.2 封闭式问题

封闭式问题不仅提供一个问题，而且提供对于问题的一组备选答案（或称为选项），让被调查者从中选择一个或多个自己认为最合适的选项作为最终答案。封闭式问题有多种形式，而且其设计要比开放式问题困难得多。

(1) 封闭式问题的类型

封闭式问题根据所提供答案的多少，可以分为两项选择题和多项选择题两种形式。

① 两项选择题，是指问题所提供的答案只有两种互相排斥的答案，要求被调查者从中选择一个答案。两项选择题的最常用选项是："是"与"不是"；"有"与"没有"；"同意"与"不同意"等。

【例6-3】您在过去一年里有没有购买过家用电脑?

有________

没有________

两项选择题最经常的用途是筛选和分类，对被调查者的身份进行甄别。多个两项选择题的配套使用，可以达到把被调查者划分成多个不同类别的目的。

② 多项选择题。封闭式问题中，如果问题所提供的答案多于两个，就是多项选择题。多项选择题要求被调查者从几个可能选项中选出最适合自己情形的答案。多项选择题又可以分为单选题和多选题。单选题只允许被调查者在众多选项中选择一个答案。多选题允许被调查者在众多选项中选择两个或两个以上的选项作为自己的回答。

【例6-4】您家最近一次购买的彩电屏幕是多大的?（单选题）

32英寸及以下__________

39~43英寸__________

45~50英寸__________

55~60英寸__________

65英寸及以上__________

【例6-5】您家最近一次购买彩电时参考了哪些因素呢?（多选题）

电视广告__________

网络广告__________

杂志广告__________

电台广告__________

售货员推荐________

亲友或同事介绍__________

其他（请注明）__________

多项选择题的最主要用途有：

第一，解决分类问题。

【例6-6】您在坐火车旅行时，如果能买到想要的车票，您会选择：

硬座________

硬卧________

软卧________

高铁（动车）二等座________

高铁（动车）一等座________

高铁商务座________

第二，解决频率测定问题，用来询问某种事件发生的频率。

【例6-7】您收看央视生活频道的频率是多少？

每天________次

每周5～6次________

每周2～4次________

每周1次________

每周少于1次________

从来不看________

第三，测定态度、偏好或意向的程度。

【例6-8】您家对最近一次购买彩电的总体满意程度如何？

非常不满意________

不满意________

一般________

满意________

非常满意________

第四，对被调查者的经验、经历和偏好的总结。

【例6-9】在下列洗衣机品牌中，您了解哪些品牌？

荣事达________

小天鹅________

海尔________

西门子________

美的________

海信________

其他（请注明）________

(2) 选项的设置

对于封闭式问题的设计，确定适当的选项是关键。选项设置要遵守下列原则：

① 选项数目要合理。在第5章讨论态度的选项度量法时，我们已经分析过，对于一般的态度度量问题而言设置5至7个选项已经足够了。即使对于含义更广泛的一般分类问题，分为5至7类也已经完全能满足大多数情况的需要了。在种类特别繁多的情况下，也可以设置“其他”选项，把所有其余意见都归入这一类当中。

② 选项应当互斥、完整、精确和有意义。互斥要求选项是互相排斥的，每个被调查者只可能选其中一个，完整是要求选项包含所有可能的回答。如果缺乏互斥性，某些被调查者在没有把握的情况下就会作出自相矛盾的回答。选项只有包罗万象才能保证被调查者在所提供的选项中找到最适合自己的答案。如果找不到合适的，他们就会选择“其他”，而选“其他”选项的人太多，又会降低问题的价值。

下面的例子中，由于选项之间有明显的重叠，被调查者会无所适从。

【例6-10】您每天用手机通话的次数一般是：

0～5次________

5～10次________

10次及以上________

应当改为：

您每天用手机通话的次数一般是：

5次以下________

5～10次（不包括10次）________

10次及以上________

有时，调研人员在了解被调查者对某个品牌产品的认知和评价时，如果直接询问，被调查者就会有意无意地给出好的评价。此时，如果让被调查者同时对其他有关的竞争品牌一起作出评价，就会比较客观。

【例6-11】请您对表6-1中的牙膏品牌的总体喜欢程度作出评价。

表6-1 **牙膏品牌的总体喜欢程度回答表**

品　牌	很不喜欢	不喜欢	一般	喜欢	很喜欢
舒客					
云南白药					
纳爱斯					
冷酸灵					
舒适达					

③ 涉及分类的选项设置要符合常规要求。许多调查问卷中的选项都会涉及对于被调查者或者某些调查对象的分类问题。对于某些常见的分类问题，问卷设计人员尽量不要自己创造新的分类规则，而应当使用那些被别人广泛运用的分类方法。使用别人广泛使用过的较标准的分类方法有助于避免错误，并且可以把自己的样本构成和结果与其他人的相比较。

对于被调查者的背景材料的询问就属于这种情形。对于被调查者性别、年龄、家庭规模和构成、收入和受教育程度等，都应当采用分组的方法，既方便被调查者回答，便于与其他研究结果相比较，还可以降低被调查者的敏感性。

在调查某个组织背景的情形下，通常也应当采用分组的方法。对于组织而言，用来进行分组的3个最基本的指标是：员工总数、年销售额和资产总额。当然，调研人员也可以根据调研问题的特定目标和要求，增加其他用来分组的指标。

④ 不宜总是设置“不知道”选项。在讨论态度的度量问题时，我们提到，在许多情形下“不知道”选项往往是不可省的。但是，问卷设计中也需要严格控制设置“不知道”选项的数目。过多地设置“不知道”选项，有时也会弊大于利。没有必要在所有问题下都设置这一选项，因为如果在每一个问题后面都有这一选项，就会助长被调查者敷衍了事的意识，他们为了尽快完成问卷会动不动就选择“不知道”。只有当问卷设计者确认被调查者可能真的无法提供答案时，才需要加上“不知道”选项。

⑤ 尽量避免因选项排列次序造成的误差。在要求被调查者从多个选项中挑选一个或多个答案时，许多被调查者往往倾向于选择那些列在最前面的、最后面的或者中间的答案。这就可能导致选项的位置偏差。产生位置偏差是封闭式问题的潜在缺点，使得对于同

一个问题，因所给出的选项排列不同，得到的调查结果也可能不同。为了减少位置偏差，最好是依次改变每一份调查问卷中同一个问题选项的排列次序，使得每种选项在被调查者前面出现的次序是随机决定的。

(3) 封闭式问题的优缺点

尽管封闭式问题有多种形式，但不管是哪一种形式，它们的优点都是对被调查者来讲比较容易回答，减少了由于被调查者的表达能力以及调研人员的理解能力的差异对调研结果的影响。同时，由于被调查者只要在适当选项上打个记号就可以了，不需要花精力去构思如何表达自己的意思。这样一来不仅可以节省被调查者完成调查问卷所需要的时间，而且比较容易得到被调查者的合作。对于调研人员而言，资料的记录和制表都会比较方便，对于结果的分析也比较容易，节省了调研人员对调查结果的编辑和汇总处理的时间，因提问和记录回答方式的不规范所引起的误差也将会大大减少。用封闭式问题来调查某一项内容所花费的时间比用开放式问题来调查同一项内容要少得多。

但是，封闭式问题也有如下一些缺点：

① 问题的设计并不容易。封闭式问题的设计不仅要使问题容易被理解，而且要保证问题的选项确实包括了所有可能的回答。为此，最好事先做一些细致的调查工作，同时各种选项的含义要明确；否则，会影响调查结果的有效性。

② 封闭式问题的回答在很大程度上受给出的选项数量及内容的限制和影响。封闭式问题死板地规定了几种选项，被调查者就失去了自由表达自己思想的机会。同时，选项往往无法包含所有被调查者的回答以及相互之间的细微差别，这就可能影响到最终的调查结果。

③ 在某些情况下，采用封闭式问题进行调查对结果的有效性有一定的影响。如果被调查者对所调查问题并不熟悉，在认真思考答案前就看到或听到可供选择的答案，他就可能选择一个在回答相应的开放式问题时根本不会考虑到的答案。被调查者如果感到现有的选项中没有合适的选项，他也可能随便选择一项，从而影响结果的正确性。对于那些比较尴尬或敏感的问题，被调查者往往会竭力避免作出困难的选择和判断，从而选择一个看来比较容易的或者认为比较合理的答案来应付，影响结果的有效性。

6.2.3.3 开放式问题与封闭式问题的结合使用

在调查问卷中，究竟是设计开放式问题还是设计封闭式问题，并不是一个非此即彼的问题。有时，把开放式问题与封闭式问题结合在一起使用可以有效地利用两者各自的优点，提供更多的信息。通常的做法是在问过封闭式问题后，再用开放式问题继续问下去，采用“追问”的形式可能获得更有价值的信息。追问方式可以从选择某种特殊答案的部分回答者身上获得更有价值的信息。如对于某个封闭式问题选择了“其他”选项的人，设置一个开放式问题就能够解释他们选这个答案的原因。

此外，如果能够把开放式问题转化成封闭式问题来表述往往也是有效的。例如，想要了解被调查者的婚姻状况、收入或存款等比较敏感或涉及隐私的问题，如果用开放式问题来问，拒绝率就比较高；如果把问题组织成封闭式问题，仅仅请被调查者选择他落在哪个组中，被调查者的敏感性就会降低，调查成功的把握就会大得多。

6.2.4 问题的排列次序和表达方式

6.2.4.1 确定问题排列次序的原则

问题的排列次序往往影响被调查者是否愿意采取合作的态度。问题的排列次序不仅要使被调查者愿意接受调查、对调查内容产生兴趣，而且要方便被调查者尽可能迅速地完成调查问卷。在确定一份调查问卷的问题次序时，要遵守下列一些基本原则：

(1) 问题排序一般应当从大到小、从普通到具体

问题排序应当遵循从概括的、一般的问题开始，再到具体的、特殊问题这样一个次序。这有两个方面的原因：一是因为先问小的、具体的问题容易使被调查者产生对调查活动目的的敏感，从而在回答后面的问题时会不自觉地带有个人倾向。二是一般的、概括性的问题通常比较容易回答，不需要过多思考，而具体的、特殊的问题需要较多的思考时间。把具体问题放在后面可以使被调查者逐渐适应调查环境，这样他们就更可能采取合作的态度，完成繁杂的具体问题的回答。

(2) 敏感的、带有威胁性的问题应当尽量放在后面

市场营销调研中有时不得不涉及被调查者个人或家庭有关隐私，如年龄、婚姻状况、收入、存款金额、政治倾向和宗教信仰等，也可能需要了解被调查者不愿透露的特殊消费行为和习惯，如抽烟、喝酒和玩牌等。调查问卷如果一开始就问这类问题，被调查者因不愿回答而采取拒绝态度的可能性较大；相反，从简单的、没有威胁性的问题开始，会使被调查者感到轻松，容易对调研人员产生信任，这时即使再提出敏感的、带有威胁性的问题，也比较能够获得被调查者的合作。

(3) 从一个主题转到另一个主题时过渡一定要自然、合理和顺畅，富有逻辑性

问题排列要避免逻辑上突然转变，因为这样做会使被调查者感到迷惑而导致回答产生误差。当提出一个新的主题时，应当说明新主题与前面问题及研究目的之间的联系。问题排列不能有反复或重复现象。被调查者一旦发现问题重复，就会失去耐心，不愿意回答。

(4) 从问题内容上看，问题排列要遵循行为—态度—意向的顺序

有关行为方式的问题要放在态度或意向问题之前。有关个人行为方式方面的问题，只要不是太具体，一般凭回忆都能回答出来，被调查者不会感到困难，从了解行为进而探索态度或意向是顺理成章的；相反，如果先问态度问题，被调查者没有足够的时间来考虑，往往会产生前后不一致的情形。为了自圆其说，他们就会编造事实，导致调查结果缺乏真实性。

(5) 从问题涉及的时间上看，问题要遵循现在—过去—将来的次序

当前的情况历历在目，被调查者很容易回答，很少会拒绝，回答目前的情形也有助于被调查者回忆过去及计划将来。如果一开始就询问过去或将来的情况，被调查者会感到无所适从，拒绝回答的可能性就会增加。

(6) 对于比较复杂的需要认真思考、回忆或计算的问题应当放在问卷的末尾

例如，询问被调查者家庭的人均月收入是多少，看起来是一个很简单的问题，但实际上是需要经过计算的。尽管计算只涉及加法和除法，但是对于一个被“突然”拦截下来参加问卷调查的普通消费者来说，压根儿就没有作这种计算的思想准备。如果把上述问题放在调查问卷开头，被调查者会感到难以回答，怀疑自己究竟能否最终完成整份问卷，很可能知难而退、半途放弃。相反，把上述问题放在最后，就可以增强被调查者对于完成整份问卷的信心。当被调查者发现已经回答了绝大部分问题，只剩下一两个问题时，他因为已经看到了“光明”，所以也乐于坚持到最后一分钟。

6.2.4.2 问题的措辞

调查问卷的设计要使得被调查者在阅读问卷时能完全理解问题的意思，尽量对问卷保持兴趣，没有受到威胁的感觉，愿意提供真实的资料。为了避免因措辞不正确而产生拒绝或回答误差，问题的措辞一定要遵守下列原则：

（1）用语要简单明确，容易理解

问题表达应使用被调查者熟悉的、比较简单的词语，所表达的意思必须是每个被调查者容易理解的。调研人员通常习惯于使用专业术语或专有名词，但大多数被调查者并不理解它们的含义，许多被调查者遇到这些词语不是乱答一通，就是中途退出，拒绝继续合作。所以，问卷设计中要尽量避免使用过多的专业术语，问卷设计者必须把专业术语转换成人们所熟悉的日常语言来表达。在设计针对某些特定产品的调查问卷时，如果问卷设计人员本身不熟悉必要的专业术语，同样会遇到麻烦。此时，只有问卷设计人员在自己先搞清楚有关专业术语的含义后，才可能设计出合格的调查问卷来。一个简单例子是，表示声音大小的“分贝”和表示颜色的“色标”，对于专业人员来说，它们的含义是非常清楚的，但是对于普通消费者而言就很难理解了。

（2）措辞要尽量具体，含义明确

表述要避免使用语义不清或含义模棱两可的词，也不应采用多义词。涉及时间、空间和程度等方面的问题时，如果缺乏参考依据，就会影响调查结果的准确性。在时间方面，对于如“曾经”“偶尔”“经常”“有时”“通常”“总是”等词，不同的人会有不同的理解标准，就会使调查结果没有可比性。空间和地点方面的某些词的含义往往也很不精确，如“这儿”“那儿”可能是指所在的省、城市，甚至是指所在的这栋房子，问题中必须严格定义清楚。在表示程度方面，如“多数”“少数”“许多”“好的”“一般的”“差的”等词汇，用于问卷的选项时含义也是过于模糊、不够具体的。

（3）要避免使用引导性和暗示性的用语

在某种意见或观点前面加上“您是否同意”或“您难道不认为”的词语，往往就有引导被调查者同意某种观点的倾向。

暗示性的问题有以下多种形式：

① 提供不完全选项的问题往往具有暗示性，如：“您一般选择哪个频道的电视节目？是××二台还是其他台？”

② 采用一些充满感情的、令人激动的语言的问题往往具有暗示性。例如，“公平的做法是”“基本的水平应该是”的说法就具有强烈的暗示作用。

③ 显示权威观点的问题也有暗示性。例如，“专家建议……，您是否赞成？”实际上会引导被调查者采取赞同的态度。

④ 只提供不平衡选项的问题往往具有强烈的暗示性。除特殊情形外，提供的选项应当是平衡的，避免倾向性。

【例6-12】您对××牌运动鞋的总体印象如何？

超级精品________

很好________

好________

不好________

【例6-13】您对××牌电视机的总体印象如何？

极差________

很差________

比较差________

不错________

显然，例6-12所列的选项具有引导被调查者回答好的倾向；例6-13所列的选项具有引导被调查者回答差的倾向。

（4）要避免“双重”问题和假设性问题

① 如果一个问题涉及好几件事，就被称作“双重”问题。“双重”问题会使被调查者感到迷惑和困难，也会使数据分析人员难以得出结果的含义。

【例6-14】您是否认为××银行窗口服务人员的业务水平高、态度友好？

强烈同意________

同意________

一般________

不同意________

强烈不同意________

这个问题有可能使被调查者左右为难，因为实际情形是：业务水平高的人态度不一定友好；业务水平低的人态度也不一定差。某些被调查者遇到这种情形就会选择放弃这道题目或退出调查。

② 假设性问题是以“如果”为前提，再问被调查者的态度和意向的问题。这类问题中的假设往往鼓励被调查者去猜测或推测实际上并没有经历过事件的反应，从而影响调查结果的有效性。

【例6-15】如果您看到一种式样很新奇的鼠标，您是否愿意购买？

愿意购买________

不愿意购买________

这一问题中假设的“式样很新奇的鼠标”很可能使被调查者感到迷惑，由此所得到的调查结果也很难说明什么问题。所以，问题应该更侧重于度量被调查者对所调查主题的了解程度、态度和兴趣，而不是对某种假设的反应。

（5）问题应当适合每个被调查者

回答某些问题可能要具备一定的条件，如问“您现在的工作是什么？”就意味着被调查者已经有了一份工作或者有了一份新的工作。又如问“您在使用目前这辆轿车前，用的是什么牌子的轿车？”就意味着被调查者至少已经买过两辆轿车了。然而，这些问题对某些被调查者来说不一定合适。对于前一个问题而言，被调查者现在也许根本就没有工作，或者也许一直就没有换过工作。而对于后一个问题，被调查者也许只用过一辆轿车。许多被调查者一看到某些并不适合他的问题，就会随便选一个选项，导致结果的严重偏差。对于某些带有前提性的问题，正确的做法应当是，首先提一个筛选性的问题，由此确定被调查者的资格或状况，然后针对不同的对象提出适合他们的不同问题；对于不适合回答某些问题的被调查者，让他们直接跳过有关的问题，避免产生偏差。

【例6-16】Q1：请问你们家现在是否已经有了家用轿车？

有________（请转到Q2）

没有________（请转到Q10）

Q2：你们家轿车的品牌型号是：

____

Q3：（关于上次购买行为和评价的一组问题）

……

Q10：你们家是否有在近3年内购买轿车的计划？

有________（请转到Q11）

没有________（请转到Q16）

Q11：（关于购买意向的一组问题）

……

Q16：（关于对轿车认知和评价的一组问题）

……

（6）措辞要适合调查对象和形式

对于某些很容易受感情因素影响的问题，最好采用间接的问题表述方式。幼儿园在新生入学前通常需要了解孩子的有关情况，会给孩子家长发一份调查问卷。其中一项内容是了解该孩子是否可能伤害其他孩子，构成对其他孩子的威胁。但是，毫无疑问，很少有家长会承认自己的孩子会对其他孩子构成威胁。因此，调查问卷设计者可以创造性地把问题设计成如例6-17所示的内容。

【例6-17】您的孩子的朋友是否经常受到伤害？

是__________

不是__________

这种间接性措辞避免了答案受感情影响，提高了答案的可靠性。

对于敏感性问题，也可以假借问被调查者周围人的情况来获得所需要的信息。如对于“您的业余时间是如何安排的？”问题，多数被调查者会往合理的、好的方面说，而不愿如实回答。如果把问题改为“您周围的朋友业余时间主要干什么？”，被调查者会更愿意如实地回答。其实，他所提供的关于周围朋友的答案在一定程度上也反映了他自己的情况。

6.2.4.3 问卷的排版方式

（1）版面布局不能太拥挤

问卷排版和布局设计必须留下足够空白，方便被调查者填写。问卷排版过于拥挤会让被调查者感到不舒服，拒绝回答率就会上升。此外，问题与相应选项必须出现在同一页上；否则，被调查者不仅会感到很不方便，而且稍一疏忽就会遗漏问题。如果问题与选项无法一起放在同一页纸上，问题就应当从下一页顶头开始。

（2）字体要清楚好认，字号不能太小

调查问卷的字号大小不仅牵涉到被调查者阅读和回答是否方便，而且影响问卷页面的长度，进而影响被调查者参与调查的积极性。字号过大，会使问卷看起来太长，被调查者会因担心需要花费许多时间而拒绝合作；字号过小，不仅不方便阅读和回答，还会因显得过于拥挤而容易出错。通常，问卷设计中采用五号或小四号字号。但是如果考虑到调查对象中包括中老年人，为方便他们的阅读和回答，采用较大一点的字号常常是更合适的。

（3）在必要的地方加上特别说明

如果调查问卷中的某些问题对于被调查者或者现场调查的采访者有具体特定要求，就应当在适当地方加上特别说明。例如，对于跳跃式问题或分支问题，加上应当如何回答的指示往往是必要的。这些指示说明应当用黑体字、斜体字或楷体字来印刷，以便与问题正文区别开来。

（4）封闭式问题的选项最好采用垂直排版的格式

垂直排版的格式是指每行只有一个选项，这使得被调查者、现场采访人员和数据整理分析人员都容易识别调查结果。请比较同一个问题下列两种排版形式的效果。

【例6-18】您最喜欢的手机品牌是什么？

品牌A__________　品牌B__________　品牌C__________　其他__________

您最喜欢的手机品牌是什么？

品牌A________

品牌B________

品牌C________

其他________

尽管垂直排版的格式要占据更多篇幅，但是适当的空白使问卷看起来更清晰，无论填写或整理都更加方便。但清单式问题是个例外的情况。清单式问题包括一系列问题，每个问题都需要被调查者表明态度差异，此时用表格的形式来排版会更清楚、更方便。

【例6-19】请您对表6-2中的可能影响人们购房决策的因素的重要性作出评价。

表6-2　**可能影响人们购房决策的因素的重要性评价表**

项　目	非常重要	较重要	不重要
交通方便			
户型设计合理			
朝向合适			
楼层合适			
定价合理			
开发商信誉好			
楼盘配套设施齐全			

6.2.5 网上调查问卷的设计

在互联网上实施问卷调查时，应当注意到，电子问卷绝对不应该只是书面问卷的翻版。网上调查问卷要获得高的回收率应当在设计时就考虑到网上调查的特点。同时，网络和软件技术的发展为网上调查问卷设计提供了更大的灵活性。设计者在问卷设计过程中可以运用画面、文字、颜色和声音等多种手段和工具的结合，来达到吸引被调查者参与调查的目的。

网上调查问卷设计应当特别注意以下方面：

6.2.5.1 注重个性化设计

对于调查对象明确的网上调查问卷，有可能采取更个性化的称呼，提高对方应答率。即使对于一般调查问卷，在设计中也可以根据被调查者对前一个问题的回答，来调整后面问题及其选项，从而顺利地解决复杂问题之间的转向衔接。同时，网上调查问卷可以根据被调查对象的身份特点，随意地设置提问顺序或者选项的排列次序，从而最大限度地减少排列次序和表达方式所引起的误差。

6.2.5.2 增强对调查对象的吸引力

首先，网上调查问卷设计要注意从话题内容上吸引被调查者。在通过论坛和新闻组实施网上调查的情形中，问卷设计者应以被调查者感兴趣的话题来吸引他们参与调查。

其次，要在画面和形式上提高问卷吸引力。网上调查问卷设计可以采用更灵活多样的方式插入丰富多彩的图画、颜色和声音，使电子问卷变得更加有趣，提高人们参与调查的兴趣；当然，把画面和颜色搞得过分花哨也会适得其反。

6.2.5.3 提供激励，提高应答率

网上调查问卷设计中，要提高应答率，提供激励是必要的。激励可以是物质的，也可以是非物质的。物质的激励包括现金和赠品。非物质激励的方法包括优惠券、更好和更个性化的服务、免费使用某种软件若干天等。

6.2.5.4 考虑到系统兼容性问题

兼容性是网上电子问卷设计中存在的特殊问题。设计人员与被调查者的电脑显示设置之间的差异可能导致电子问卷不能在被调查者电脑屏幕上正确显示，文本没有对齐，或者有其他视觉上的问题。设计人员应当尽量避免类似的问题。

6.3 调查问卷设计中的其他问题

一份完整的调查问卷的设计，除了问题设计以外，还包括调查问卷前言设计和调查问卷总体结构设计。其目的都是促进被调查者采取合作态度和提高调查问卷的回收率。

6.3.1 调查问卷前言设计

调查问卷必须有适当的封面标题和前言。

封面标题不仅是给所实施的调查确定一个名称，还要说明确定合适被调查者的规则。在由现场采访人员实施调查的情形下，还应当有适当的地方，请他们记录访谈开始和结束的时间，以便事后对调查质量进行监督。

前言是一个关于调查情况的简短说明。前言应当有吸引力和说服力，使被调查者产生兴趣，但是不能冗长。为了获得被调查者合作，以便得到有效的回答，前言中要通过对调查发起人和调查目的的介绍，恳请合作；同时，应当用适当的方式激励被调查者，争取他们完成整份调查问卷中的问题，保证获得一份完整有效的调查问卷。前言中的激励方式通常有以下四种：

6.3.1.1 社会效用

该方式是通过说明本次调查的社会价值和效用来激励被调查者采取合作态度。例如，某份调查问卷的前言是这样写的："这次调查对于促进当地商业的发展将有重要作用。您的态度和观点将帮助我们更好地了解当地的商业机构如何才能为顾客提供更好的服务。全区的消费者和商业机构都将十分感谢您的合作精神和宝贵意见。"读了这段前言的大多数被调查者会了解自己完成调查问卷的作用和意义，从而促使他们采取合作的态度。

6.3.1.2 请求帮助

该方式是直接说明希望得到对方支持和合作的愿望。有一份调查问卷的前言是这样说的："我们需要您的帮助，您的态度和观点对于帮助我们顺利地完成这次调研将起到非常重要的作用。我们十分感谢您的合作精神。"面对这样坦诚的请求，多数人会愿意伸出友谊之手，帮助完成调查问卷。

6.3.1.3 激发自豪感

利用该方式请求合作时可以说："您是我们从成千上万个被调查者中间挑选出来的一个。您的观点是非常重要的。调查的结果将会大大改善当地××产品的销售服务情况。您完成这份调查问卷将意味着您对××产品的发展作出了贡献。我们感谢您的意见和建议。"被调查者的自豪感一旦被激发了，采取合作态度也就变得顺理成章了。

6.3.1.4 综合激励法

采用该方式时我们可以说："您的观点和意见是重要的、有价值的。您完成了这份调查问卷就对当地商业繁荣和社会发展起了促进作用，也将使您自己从中受益匪浅，您也有力地帮助了我们顺利地完成这项调研任务。谢谢您的合作。"

在决定设计调查问卷的前言究竟采用哪一种激励方式时，既要考虑调查对象，也要考虑调研发起人的身份。一般来说，对于机关、学校和团体等调研发起人来说，强调社会效用的方法比较有效。而对于公司等商业机构而言，激发自豪感的方法往往更有效。

调研发起人的名义对调查问卷的回收率常常也有一定的影响。调研发起人应当是合法、信誉良好、受人尊敬的。要让被调查者尽量感到本次调查与特定产品的销售没有直接的关系。如果调研发起人确实是一家公司，则最好在公司后面加上“研究开发部”“消费者研究部”或其他与公司的销售部门相分离的部门的名称，使本次调研与公司一般的促销活动区别开来。比较起来，大学、研究机构、政府部门或社会福利机构发起的调研往往更能得到被调查者的合作和支持。

调研实践6-2

两份调查问卷的前言

前言一

尊敬的董事长（总经理、厂长）：

您好！

您手中的这份问卷是由××、××、××、××和××等单位联合发起的市场调查项目组所寄发的。

本次调查的目的是……您和您的企业是在科学抽样基础上精心选出的代表。你们的独特性和代表性是不可替代的。请您在百忙之中花一点儿时间，认真填写这份问卷。问卷的答案选择无所谓对错，重要的是合乎您的真实情况和想法。我们将对您的答案予以保密，请不必有任何顾虑。

如果您能在×月×日前寄回有效问卷，本调查项目组为感谢您的支持，将在调查结束后免费给您寄送一份调查报告。本调查结果将不公开发表，凡不参加调查的单位将无权得到本调查的报告。

感谢您的合作和支持！

××××市场调查项目组

202×年6月18日

前言二

您好！

酒在我国居民的饮食生活中占有重要的地位。为了深入了解我国居民对酒类产品的消费习惯，既满足居民对酒的消费需求，又促使酿酒企业的健康发展，我们受有关部门的委托，组织了这次市场调查。调查结果对广大居民和酒类的生产和经销企业都具有重要意义。您的观点对于我们的调查将有重要的价值。调查是匿名的，希望您提供真实的结果。

对于您的合作，我们表示衷心的感谢！同时，我们备有小礼品表示谢意。

××××市场营销调研中心

202×年8月17日

【分析】调查问卷的前言在迅速获得被调查者的信任和合作中起着重要的作用。因此，调查问卷开头前言的设计要起到既说明调研目的和要求，又消除顾虑、激发兴趣促使合作的作用。

6.3.2 调查问卷总体结构设计

调查问卷的总体结构设计要尽量提高被调查者的兴趣，激励他们填写完调查问卷，从而提高问卷回收率和所收集到信息的质量。为此，在调查问卷的总体结构设计方面，通常可以采用下列方法：

6.3.2.1 附上回寄信封是提高问卷回收率的有效方法

在采用邮寄问卷调查的情形下，在向被调查者邮寄问卷时，同时寄上附有邮票并写上回信地址的回寄信封，常常会使被调查者感到调研人员对本次调查的重视和诚意，产生一种义务和责任感。这样做对于提高问卷回收率的效果往往比使用物质鼓励的方法更为有效。若在邮寄调查问卷时不附这类信封，那么被调查者不仅会因为麻烦而不回答，而且即使在填写完调查问卷后也可能因找不到合适的信封或犹豫是否值得花一张邮票寄回而降低了问卷的回收率。

6.3.2.2 现金或物质刺激对于提高问卷回收率是有用的

对于面向消费者或者公司经理人员的调查问卷，通过附上表示感谢的小礼物，如代金券或其他纪念品等也确实能提高回收率。一般来说，用现金刺激的方法来提高回收率有一个起点。当现金刺激低于某一数值时，效果不明显；只有当现金刺激高于某一数值时才有明显的效果。当然，调查问卷中附赠的代金券或对完成调查问卷的回答者赠予礼物的承诺都只是一种表示感激的象征，并不能看作对完成调查问卷所花时间的一种真正的补偿。对于谢礼金额的确定并没有什么可以依据的标准，通常是根据习惯来决定的。不过，调研人员也不必对谢礼金额过于敏感，因为即使现金或物质刺激的金额高也不一定会增加调研资料的精确度。

6.3.2.3 答应提供调查结果往往能促使被调查者愿意合作

人们常常希望了解自己，把自己的观点、态度和行为与别人作比较。提供调查结果的承诺恰好能满足这一要求。因此，在调查问卷中答应今后向回答者提供调查的结果，往往能促使被调查者采取合作的态度。此外，承诺提供调查结果也表示了调查人员及其所代表的组织的真诚，有利于促进双方之间的交流。这些都降低了不回答的可能性。

6.3.2.4 注重调查问卷的印刷质量是必要的

调查问卷的纸张和印刷质量在一定程度上显示了本次调查的重要程度和调研人员的重视程度。较高的印刷质量有利于提高被调查者的兴趣和调研人员的工作效率。在可能的情况下，寄送调查问卷时要尽量使用个人的名字和地址。使用个人名义可以增加私人接触的成分，提高回收率。信封上的地址最好是打印的，而不是手写的。尽管调查问卷的前言及问题总是印刷的，但是，如果在前言末尾由调研组织者个人签名，对于提高问卷回收率也是有帮助的。

本章小结

结构化的询问调查是依靠调查问卷来实现的。调查问卷是调研人员为了达到调研目的和收集必要的资料，而设计好的一组规范化的问题。调查问卷的设计需要遵循一定的逻辑步骤，并通过预调查和进一步修改，来保证最后所得到的调查问卷的高质量。

调查问卷中的问题从内容上看包括：排除性和初步筛选问题以及主要问题两大类。在决定主要问题的内容时，必须考虑到：问题是否确实必要，问题能否达到收集所需要信息的目的，被调查者能否准确回答问题和是否愿意提供真实的答案。调查问卷中的问题的类型从提问方式上看可以分为：开放式问题和封闭式问题。两类问题各有其优缺点。对于封闭式问题而言，选项的设置是关键，选项设置必须遵守一定的原则。

调查问卷设计中除了注意问题内容外，还需要注意问题排列次序、问题的措辞和表达方式，以及问卷的排版和格式等的合理性。

一份完整的调查问卷的设计，除了问题设计以外，还包括调查问卷前言设计和调查问卷总体结构设计。无论前言还是总体结构设计都要尽量提高被调查者的兴趣，激励被调查者填写完调查问卷。

主要概念

结构化询问调查　调查问卷设计　预调查　排除性问题　初步筛选问题　开放式问题　封闭式问题　两项选择题　多项选择题　“双重”问题　假设性问题　调查问卷前言设计　调查问卷总体结构设计

基本训练

◆ 知识题

1. 说明结构化询问调查的含义及与调查问卷之间的关系。
2. 说明市场营销调研对于调查问卷设计的要求。
3. 说明调查问卷设计的步骤。
4. 什么叫排除性问题和初步筛选问题？它们的作用分别是什么？
5. 确定调查问卷中主要问题的内容时应该考虑哪些因素？
6. 比较开放式问题与封闭式问题的优劣及适用条件。
7. 说明在决定封闭式问题选项时需要考虑的因素、可能遇到的问题及解决方法。
8. 说明决定问题排列次序的原则。
9. 说明在决定问题措辞和表达方式时需要注意的问题。
10. 说明决定调查问卷排版和格式时需要注意的问题。
11. 说明调查问卷前言设计和调查问卷总体结构设计的要点。

◆ 技能题

1.分析和评价下列问题设计的合理性：

(1) 您了解和拥护《中华人民共和国个人所得税法》吗？

是________ 否________

(2) 您玩网络游戏的频率是：

不太频繁________ 偶尔________ 频繁________ 非常频繁________

(3) 既然吸烟对身体健康的影响和危害已经广泛地得到了证实，您对吸烟的态度是：

强烈反对________ 反对________ 中立________ 支持________ 强烈支持________

(4) 当您外出吃饭时，有时是否会在同一家餐馆吃饭？

是________ 否______

(5) 您认为政府对环境保护的控制是否足够充分？

充分________ 不充分________

(6) 人人都知道十几岁的孩子和他们的父母经常吵架。近来您和您的父母在哪些事情上争吵过？

____

2.评价下列问题设计，并说明应当如何修改。

(1) 您的收入的主要来源是：

父母供给________ 勤工俭学________ 贷款________ 亲朋接济________

(2) 您会在哪里购买您的大多数衣服？

百货公司________ 专卖店________ 专业市场________ 网购________

(3) 您通常是在就餐时和非就餐时都喝饮料吗？

是________ 否________

3.绿马公司计划对其电动车产品的用户进行一次调查，以确定顾客的满意度，还希望发现需要改进的地方。问卷设计人员初步拟定了下列一些需要调研的问题。请对下列问题进行排序：

(1) 您如何评价绿马电动车的速度？

(2) 您如何评价乘坐绿马电动车的舒服程度？

(3) 您如何评价操作绿马电动车的便捷性？

(4) 您对绿马电动车的总体评价如何？

(5) 您如何评价绿马电动车的安全性？

(6) 您何时购买绿马电动车的？

(7) 您是否有更新绿马电动车的意向？

4.请设计一份完整的（但简短的）评价某旅行社（快餐店、航空公司或动物园）形象的调查问卷。

◆ 能力题

撰写一份针对大学本科四年级学生的调查问卷，目的是调查他们关于就业的意向、态度、偏好和行为，以便针对不同类型的学生实施就业辅导和提供咨询。

第7章　抽样调查与现场调查

学习目标

◆ 描述市场营销调研中抽样调查的特点；说明市场营销调研中抽样调查的步骤；熟悉市场营销调研中常用抽样调查类型的特点及适用条件；说明在决定抽样规模时需要考虑的三类因素。

◆ 根据调研问题和目的，决定抽样调查方法；掌握应用统计方法来计算样本数量的方法；掌握和运用对现场调查的实施进行管理和控制的方法。

◆ 根据整体调研计划，编制简单的抽样调查方案；能胜任现场调查的实施和简单的管理。

引　例

“数码新星”应该如何实施抽样调查

“数码新星”是H市一家经营计算机和其他数码产品的连锁超市。这家公司计划在K市也开设一家连锁超市，以便拓展市场。考虑到今后公司业务拓展的方便以及为公司积累关于K市计算机和数码市场有关知识的需要，公司决定不委托其他商业性的市场营销调研机构来实施调研工作，而是委派了本公司的工作小组负责实施对K市的市场营销调研。其中，吕强负责对抽样调查方案的设计和实施。

吕强认为，一个城市的居民对于计算机和数码产品的需求具有多样性：既有各类组织机构的需求，也有家庭和个人的需求；既有组织和个人为工作服务的购买需求，也有数量庞大的学生为学习而购买的需求，还有家庭和个人为生活和娱乐而购买的需求。

当然，这类调查只能是抽样调查，而且受费用和时间的限制，样本数量也不可能非常多。但是，公司要求对于某些关键性指标的估计误差，如平均每户家庭每年用在计算机和数码产品上的花费、每个大学生和中学生每年分别用来购买计算机和数码产品的费用等的估计误差不应超过10%，而且调查结果至少应该具有95%的可信度。

吕强需要检索一下以前有没有其他机构作过类似的调研或者制订过类似的抽样计划可供参考。同时，公司可能需要作简单的预调查，掌握大致情况，然后编制一份抽样计划，明确与抽样有关的问题，如样本应该如何产生、样本应当有多大、抽样调查实施的步骤有哪些等。最后要注意在现场调查过程中如何实施质量控制，保证所得到资料的有效性。

吕强感到要做的事情还真不少，需要理一理自己的思路，再抓紧时间开始工作。

资料来源　由本书第一作者胡介埙撰写而成。

正如吕强所遇到的，无论采用哪一种收集原始数据的方法，都必须确定究竟向哪些对象收集数据。这就是抽样设计问题。为了保证在费用和时间允许的限度内收集到尽可能精确的数据，抽样设计既需要决定样本产生的方法，即抽样调查的类型，又需要决定为保证调研结果达到所规定的精确度所需要的最小样本数。抽样设计需要针对具体的调研项目，明确上述两个问题，从而保证向适当的调查对象收集到尽可能准确的资料。本章将首先讨论市场营销调研中抽样调查的特殊性，再分析抽样的类型和方法，最后研究如何根据调研的目的、要求和条件来确定合适的样本数量的方法。

7.1 市场营销调研中的抽样调查

7.1.1 市场营销调研中的抽样调查概述

7.1.1.1 市场营销调研中流行抽样调查的原因

抽样调查的目的是希望从样本中获得关于总体的信息。普查当然能获得有关总体更全面的、精确的信息，但用普查的方法来获得所需要信息常常会有困难，这样就只能用抽样调查所得到的信息来推测总体信息。在市场调查中，这种困难主要是由费用、时间和信息的精确度等限制所造成的。

费用往往是市场调查中进行普查的一个限制。普查所涉及面很广，花费很大。普查所需要的费用往往会超过所获得信息的价值。这时，抽样调查就成为获得信息的唯一合理的方法了。

市场信息的价值是与时间限制密切相关的。普查通常要花费相当长时间，要用普查方法来收集信息往往不得不推迟决策，导致机会成本的上升、信息价值的下降。抽样调查可以保证信息的及时性，从而充分利用信息的价值。

从理论上讲，普查没有抽样误差，抽样调查就包含抽样误差。粗看起来，在其他条件相等的情况下，普查结果比较精确。可是，普查中可能包含非抽样误差。普查涉及的面太广，就需要招聘一大批调查人员，对他们进行训练和指导。在大范围内进行市场调查时，对整个调查过程难以实施控制。很可能因为分配任务和安排不当，出现拒绝回答和记录错误等情况，产生的总误差仍然可能是相当大的。在时间和费用一定的条件下，抽样调查可能使结果中的抽样误差和非抽样误差之和大大低于普查中的非抽样误差。此时，抽样调查的结果反而可能比普查更精确。

7.1.1.2 市场调查对抽样的要求

然而，要保证抽样调查的结果精确可靠，抽取的样本必须满足下列要求：

(1) 样本要有代表性

这是指样本要能代表适当定义的总体。抽样一方面要考虑到总体特征，另一方面要考虑到抽样调查的目的。如果总体是由不同特征的群体所组成的，则为了反映总体状况，样本中具有不同特征的群体的比例要与总体中相应的比例相一致。对于目的是掌握总体中平均或一般情况的抽样调查，与目的是掌握总体中某些极端情况的抽样相比，抽样方法可能是不同的。了解某一特定市场状况的抽样与了解总体市场情况的抽样，所用方法也会有所不同。

（2）样本要能足够精确地提供稳定的结果

如果从同一总体中以同样方法选取大小一样的两个样本，所得到的结果差距很大，这就意味着抽样不稳定，所得到的结果价值就不大。抽样稳定性部分地依赖抽样程序的正确性，部分地依赖样本数量。

（3）样本要尽可能精确地得到问题所需要的各类信息和细节

有时，常用的抽样方法并不能满足实际问题的要求，就应当根据问题的特定条件，设计一种能满足要求的抽样方法。

（4）样本所反映的资料要及时

只有反映当前状况的及时的资料，才有价值。因此，抽样调查所得到的资料不仅要精确可靠，而且要在许可的时间限制内提交给有关人员；否则，资料的价值就会一落千丈。对于时间上要求严格的抽样问题，过大的样本和太复杂的抽样方法就不宜采用了。

7.1.1.3 市场调查中抽样环境的特点

市场调查中的抽样不仅要满足上述要求，而且往往受到抽样环境条件的限制，因此，必须考虑到所研究问题的特点。理论上可行的抽样方法，对于特定的调研对象而言，也许是不实际的。

在市场调查中，抽样所面临的环境条件具有如下特点：

（1）总体的聚集性

一般地，抽样理论总是假设总体中的个体是高度独立和分散的，但是在市场调查中，总体中的个体大多是聚集成群的。不管是从居住或工作的地点看，还是从收入和社会阶层看，这种聚集性都是客观存在的。

（2）总体的相对有限性

抽样理论通常假定总体是无限的或者非常大的，但是市场调查所关心的总体往往是有限的或者较小的。有时为了调查方便起见，往往直接把有限总体当作无限总体来对待。

（3）抽样对象的不确定性

在一般的抽样问题中，我们总是假定，总体和抽样方法确定以后，样本自然就确定了，从样本得到数据是简单而自然的。然而，在大多数市场调查中，由于个体的流动性，根本无法对抽样单位实施调查，有时也常常会遭到样本的拒绝，从而无法得到某些样本的观点和态度，或者不得不用其他个体来代替原来样本。这就增加了抽样过程的复杂性，影响了样本的代表性。

（4）抽样时应当利用以前类似项目的经验

在市场调查中，调研人员经常需要利用其他调研人员过去对类似问题的抽样经验和他们自己事先得到的有关知识来简化抽样程序，处理抽样问题。这在一般的抽样理论中常常是不允许的。

（5）需要综合权衡抽样误差与非抽样误差

例如，特定的现场调查可能需要业务熟练的面谈调查人员，但实际上往往又无法得到足够的合格人员来开展理论上要求的大规模调查，这时就不得不使用其他人员来负责实施调查。在复杂的现场调查中，要保证现场调查工作的质量，不得不把样本数量减少到很小，或者去掉那些较远的样本，以便使调查成本保持在允许的预算限度之内。

在市场调查中，抽样条件的特定性增加了抽样的困难性，要求市场营销调研人员在进行抽样调查以前，特别需要明确调查的目的和调查的环境条件，由此来决定抽样的具体方法。

7.1.2 抽样的过程

在市场调查中，抽样过程包括以下步骤：

7.1.2.1 定义抽样总体

精确地定义抽样总体（sampling population）是市场调查的关键。如果对所调查总体的认识模糊，调查结果就是模糊的。如果总体定义错误，则调查结果会毫无价值。在市场调查中，抽样总体首先是由调查目标所决定的，想要适当地界定总体的含义和范围，就需要对所研究的问题有深入了解。

然而，即使是在调研目的确定以后，抽样总体一般也并不是唯一的。要研究消费者对某一品牌的态度时，既可以直接选择某市全体消费者作为调查总体，也可以选择该市所有零售商作为总体，还可以选择所在省所有消费者作为总体。调研人员应当从中选择一个最合适的对象集合作为调研总体。

决定总体时，要决定总体范围，划定总体边界。边界包括地理位置边界和其他各种特性的边界，如时间和属性的边界。要决定总体成员是包括某一时点之前的还是某一时点之后的，或是某一时段内的对象。在容易产生界限不清的情况时，最好明确哪些对象是排除在总体之外的。

决定抽样总体时，对总体中个体的要求也不应当过于严格，要考虑到今后实施现场调查时的方便可行性。对总体限制越严格，以后实施现场调查时的费用可能会越昂贵，因为要确定和找到这类调查对象，所花的时间和费用都会很高。

7.1.2.2 决定抽样框架

抽样框架（sampling frame）是表达总体中单位的一种工具。抽样框架可以是具有某一特征的居民或顾客名单，也可以是电话号码本，甚至可以是地图或者一组抽样时必须遵守的规则。一个完整的抽样框架应当是总体中每一个单位都出现一次，而且仅仅一次。实际上，要找到一个完整的抽样框架往往是困难的，有时所选的抽样框架往往大于或小于所定义总体。尽管电话号码本常常作为对居民进行调查时的抽样框架，但是由于某些人家里可能没有安装电话，即使安装了电话的人，有些也不愿意把自己的电话号码刊登在电话号码本上。同时，电话号码本出版以后，新迁入和迁出居民的电话号码也无法在电话号码本上反映出来。这些都造成了按电话号码本抽样时的误差。调研人员在决定抽样框架时，首先总是考虑是否有现成的资料可以作为抽样框架，以节约费用，然后考虑在有限费用的限制内制定一个抽样框架。

7.1.2.3 确定抽样单位

抽样单位（sampling unit）是包括在被抽样总体中的个体基本单位，可以是个人、家庭、商店、产品，甚至是交易。抽样单位可以是组成总体的个体本身，也可以是包括总体中个体的单位。例如，如果要对年满18周岁的男性进行调查，既可以是直接逐个地选择样本，也可以以家庭为抽样单位，对于所选择的家庭中符合要求的男性全部进行调查。对总体中的个体进行成批抽样调查时，通常称为整群抽样。如果抽样过程是多阶段的，则要分别规定每一阶段的抽样单位。抽样单位的选择一方面依赖抽样框架所提供信息的完整性，另一方面依赖调查的目的和条件。

7.1.2.4 选择抽样方法

抽样方法是选择抽样单位的方法。在决定抽样方法时，需要决定以下最基本的决策：① 是随机抽样还是非随机抽样；② 是分层抽样还是不分层抽样；③ 是按比例抽样还是不按比例抽样；④ 是一次性抽样还是多阶段抽样；⑤ 是顺序抽样还是非顺序抽样等。每一个具体的抽样方案总是上述一系列决策的结果。

7.1.2.5 确定样本的数量

确定样本数量的方法将在后面介绍。但是，调研人员在确定样本实际数量时，往往需要把理论上确定样本数量的方法与利用样本提供信息的成本和价值之间的关系结合起来考虑，因为实际上人们往往被迫从经济角度来确定样本数量。

7.1.2.6 确定抽样实施计划

抽样实施计划是规定抽样是如何具体执行的方案。例如，如果决定家庭是样本的基本单位，那么具体地应当抽取哪些家庭？现场访谈人员是否需要区分一般的标准家庭、共用一套住房的两个家庭以及某些远房亲戚所组成的家族？要是在抽样时选中作为样本的家庭成员外出，现场访谈人员应当怎么办？

7.1.2.7 选择样本、实施调查及收集信息

这是抽样过程的最后阶段，需要事先在调查现场做大量的准备工作。在实际进行抽样时，对于抽样过程的每一步都必须进行评价，以保证样本的质量达到预定的要求。

调研实践7–1

不合理的抽样常常误导民意调查的结果

许多国家在总统大选前常常用民意调查来预测选举的结果，但是有时那些兴师动众、花了九牛二虎之力得到的民意调查的结果，往往与事后选举的结果背道而驰。造成这种严重误导的主要原因就是抽样的不合理。

在1993年12月俄罗斯议会选举中，自由民主党获得了近25%的选票，多于其他任何一个政党。这一结果使当时的俄罗斯总统叶利钦及其所委托的民意调查者大吃一惊。因为此前人们预计，自由民主党所获得的选票将少于5%。事后的进一步研究表明，民

意调查中抽样过程和抽样对象的不科学是导致这种严重错误的主要原因。

民意调查者倾向于从主要的城市地区中抽样，但是，在农村地区相当多的居民支持自由民主党。

民意调查在某些地方使用了配额抽样。那些同意参加调查的人倾向于支持叶利钦，而在没有参加民意调查的人中，支持自由民主党的比例相当高。

一些调查是通过电话进行的。拥有电话的投票人比没有电话的投票人富有，而富有的人更倾向于支持叶利钦。因此，民意调查中支持叶利钦的人的比例被夸大了。

某些俄罗斯投票人喜欢在回答调查时表示与实际投票时不同的态度。因此，民意调查结果对叶利钦的支持被夸大了，而对自由民主党的支持被低估了。

资料来源 金尼尔，泰勒. 市场调研：一种应用方法［M］. 罗汉，蔡晓月，丁洁，等译. 5版. 上海：上海人民出版社，2004：332-333.

【分析】抽样调查的设计和所抽取样本的合理性直接影响调查结果的正确性。不合理的抽样多半会得出错误的结果，不仅失去调研的意义，最终也可能产生严重的后果。

7.1.3 抽样的类型

抽样方式种类繁多，根据抽样时所用的方法不同，抽样通常可以分成如下一些类型：

7.1.3.1 固定抽样和顺序抽样

固定抽样是指样本的大小事先决定，所有抽样资料在结果分析前都收集好的抽样方法。顺序抽样（sequential sampling）是指样本数目事先并不确定，而是根据决策规则来决定的抽样方法。顺序抽样每抽取一个样本以后，就需要进行决策，是继续进行抽样还是已经可以得出结论，停止抽样。顺序抽样可以保证抽样结果的精确度较高，而成本较低，因为如果看起来结果已经达到了要求，就不再抽样了。顺序抽样的困难在于抽样过程难以用数学公式来表达，需要经过多次尝试，实施起来并不容易。为此，大多数抽样都是采用固定抽样的。我们下面着重讨论的也是固定抽样。

7.1.3.2 随机抽样和非随机抽样

随机抽样（random sampling）是指总体中的每个个体都以某种已知可能性被随机地选取作为样本的抽样方法。如果样本不是随机地决定的话，就是非随机抽样（non-random sampling）。

（1）随机抽样的优点和缺点

从理论上讲，随机抽样能保障样本具有一定代表性。因此，其具有两个优点：

一是由于总体中每个个体都有按事先知道的概率被抽中作为样本的可能性，因此，抽样误差的大小可以客观地计算出来。

二是给定了所希望的精确度以后，所需要的样本数量也就能计算出来了。

随机抽样的缺点是，与非随机抽样调查相比，所花的时间和费用、抽样的复杂性都增加了。同时，随机抽样也不能保证预计得到的抽样结果一定具有某一已知的精确度。

(2) 非随机抽样的优点和缺点

非随机抽样的相对优点是，在抽样允许的时间和费用一定的条件下，通常能得到比随机抽样更大的样本。有时，也许非随机抽样的样本反而比随机抽样所得到的较小样本更有代表性。此外，应用非随机抽样时所节省的费用可以用来采取一些其他措施来减少抽样误差。对于非随机抽样，我们无法肯定它是否具有代表性，因此，抽样效果在很大程度上依赖调研人员的技能和判断能力。

针对某一个具体调研项目，究竟是选择随机抽样还是非随机抽样，主要是权衡抽样方法的成本与价值，要考虑总体的要求、允许的误差、总体中个体间的差异以及误差所引起的代价等因素。一般来说，越想要精确地了解总体参数，越想要减少误差，总体中个体间的不均匀性越大，误差所引起的代价越大，就越应当采用随机抽样。

7.1.3.3 属性抽样和变量抽样

抽样也可以根据试图估计的总体参数来分类，这时可以分为属性抽样和变量抽样。

属性抽样的目的是估计总体中具有某种属性的个体比例。在这里，属性就表示总体中的个体具备或不具备的某种特征。例如，是否拥有某种特定品牌的电视机就是一种属性；在一定时期内，具有某种消费行为也可以看作一种属性。当试图用样本中的比例来估计总体中相应比例时，就要进行属性抽样。

变量抽样是试图估计总体均值时进行的抽样。当试图用样本均值来估计总体均值时，就要进行变量抽样。为了度量总体某一个参数而进行的抽样，往往既可以看作变量抽样，也可以看作属性抽样。

7.1.4 非随机抽样

如前所述，从统计学角度看，非随机抽样并不是一种非常合理的抽样方法，通常只有受费用和时间方面的限制而无法进行随机抽样时才会采用非随机抽样。非随机抽样包括如下几种类型：

7.1.4.1 方便抽样

如果调研人员以方便为原则来选取样本作抽样调查，就是方便抽样（convenience sampling）。例如，在购买现场对购买某种产品的顾客进行的抽样调查就是方便抽样。方便抽样在探测性调研中是相当有用的一种方法，因为这时的主要目标是产生思想和观点。然而，在描述性调研和因果性调研中，方便抽样就不是很合理了。

7.1.4.2 目标抽样

目标抽样是根据是否满足事先规定的某种重要标准来选择样本的抽样。由于目标抽样是根据某种预定的目标来抽样的，有时调研人员反而会选取那些在总体中没有代表性的个体作为样本。例如，为了研究儿童玩具的安全性和可靠性，调研人员也许不是选取一般的儿童作为样本，而是专门选取那些顽皮儿童，请他们玩玩具，以检验和评价某种玩具的可靠性及安全性。

7.1.4.3 配额抽样

配额抽样（quota sampling）是一种常用的方法，其目的是要保证样本与总体在构成上保持类似性。应用配额抽样时，先要把总体分成几个子类，然后确定每个子类中的抽样配额，最后按配额对每个子类进行抽样。配额的确定要使样本中各类个体的构成与总体中各类个体的组成比例保持一致。分类的方法既可以是一维的，如年龄，也可以是二维的，如年龄和性别，还可以是三维的，如年龄、性别和受教育程度。

按配额法决定每个子类中的样本数目时，应用的公式是：

$$某子类中的样本数=\frac{子类中的个体总额}{总体中的个体总额}\times 样本总数$$

如果按上述公式计算得到的数目有小数，则可以通过四舍五入的方法来处理。

应用配额抽样时，选择误差对结果有较大的影响，如果现场调查不严格按照配额的要求来挑选样本，结果自然会有较大误差。此外，如果分类不正确，也会使样本缺乏代表性，造成结果的偏差。

配额抽样法在需要对大量的社会公众开展某一方面观点的调查，又受到时间和费用方面的限制时，是一种比较有用的方法。

7.1.4.4 判断抽样

判断抽样（judgment sampling）是按照调研人员的判断来选取样本的一种抽样方法。样本是由判断所决定的，实际上不一定具有代表性。样本质量的好坏完全取决于选择样本的人的判断能力。当然，这并不是说判断抽样就一定没有代表性。相反，在某些特定情况下，专业人员的判断反而可能产生比随机抽样更有代表性的样本。当样本很小而总体规模很大、分布又很广时，判断抽样往往是一种比较有效的方法。

判断抽样中有一种特殊的方法，被称作滚雪球抽样（snowball sampling），应用得较广。应用这种方法时，调研人员每次在向被调查者调查的过程中，都同时请他们提供其他可能的被调查者的名单，然后逐一对这些名单上的被调查者进行调查，如此不断扩大被调查者的范围。如果所研究的总体本身很小，又是由具有某一特色专长的人所组成的，则这种抽样方法是很有效的。这种抽样方法的缺点是，被调查者通常倾向于推荐与他关系亲密的朋友或同事，结果所接触到的被调查者的思想、观点和行为可能都有类似性，这样代表性就差了。

7.1.5 随机抽样

最主要的几种随机抽样方法如下：

7.1.5.1 简单随机抽样

简单随机抽样（simple random sampling）的最大特点是总体中的每个个体被抽中作为样本的概率是相等的。按简单随机抽样法进行抽样时，通常先对总体中的个体进行编号，然后利用随机数表产生样本的编号，决定具体的样本究竟是哪些。

简单随机抽样尽管简单，但在应用时也会遇到一些问题：

首先，应用简单随机抽样前，必须把总体中的全部个体排成一队，列出一张完整的表。对大多数总体而言，要列出这样一张表是很困难的。

其次，决定样本和从中收集信息的费用很高。特别是当样本中含有分布很分散的个体又采用人员访谈时，交通费用是很昂贵的。

最后，简单随机抽样对于很多总体而言，其效果从统计意义上说还不如其他的抽样技术，如分层随机抽样那样有效。

尽管如此，当总体比较小，可以得到总体中个体的清单，或者样本地理位置的分散对调查费用影响不大时，简单随机抽样不失为一种相当有用的方法。

7.1.5.2 系统抽样

系统抽样（systematic sampling）与简单随机抽样很相似，应用起来也很方便。这种方法也要求总体中的所有个体都能用一张清单罗列出来，然后随机地选择一个起点，再从表中每隔K个个体选取一个样本。例如，当要求从6 000个个体所组成的总体中选取100个样本时，总体是样本的60倍，我们可以先在1～60之间选一个随机数，如18作为抽样的起点。从起点开始每隔60个就选取一个样本。由于起点是随机选取的，保证了总体中每个个体被选取作为样本的机会是均等的。

如果要从电话号码本中选取一定数目的样本，则可以应用系统抽样法。假如电话号码本共有70页，要从中选取140个样本，则我们可以决定从每页上选取2个样本。例如，我们可以随机地决定每页中选取第1列的第5个号码和第2列的第12个号码作为样本。

系统抽样法也可以帮助现场访谈人员决定调查的样本。例如，一个现场访谈人员在街道上作拦截式调查而选择调查对象时，他可以决定每次都选择从他前面经过的第20个居民作为样本。这样就可以避免调查人员在选择样本时受其他因素影响而产生选择误差。

用系统抽样法选取样本时，对于同一个总体所得到的样本与简单随机抽样所得到的样本相比，既可能更有代表性，也可能缺少代表性。如果总体成员是按照我们所感兴趣的某一个参数以某种次序来排列，则系统抽样的结果可能比简单随机抽样更有代表性。如果总体成员中有周期性变动，特别是变动周期也恰好等于系统抽样中的间隔K，则对于同一个总体来说，系统抽样的代表性比简单随机抽样要差了。这种情况在特定条件下也是确实可能发生的，所以，在决定采用系统抽样法时应当事先就考虑到是否存在这种可能，并尽量避免这种情况的发生。

7.1.5.3 分层抽样

分层抽样（stratified sampling）的基本思想与配额抽样类似。分层抽样的关键是分层。进行分层抽样时，先把总体分成一些互不交叉也不遗漏的类别，称作层。各层的个体与总体参数之间存在某种关系。对于我们所关心的变量而言，同一层中的个体之间应该非常接近，不同层的个体之间的差异应当比较大。进行分层抽样时，对每个层内的个体都采用随机抽样的方法挑选样本。一个层内既可以采用简单随机抽样法、系统抽样法，也可以采用其他随机抽样方法来选择样本。

一般来说，分层抽样可以为我们提供关于总体参数值的较好估计值，但是结果是否真正优于简单随机抽样，取决于总体中个体之间的差异性和一致性。在实施分层抽样时，不同层个体之间的差异越大，同一层的个体之间的一致性越强，分层抽样的效果就越好。但是，分层抽样法实施起来相对复杂，费用也比较高，同时要求抽样设计人员事先取得有关总体分层结构的信息。因此，分层抽样法的应用也受到条件的限制。

设计分层抽样法时，必须考虑下列问题：

(1) 分层的依据

总体可以根据一个或多个参数来分层，如按照地理位置、人口统计特征、经济以及总体的其他有关参数进行分层。原则上，分层的结果要使得对于我们所感兴趣的变量而言，同一层内的个体之间尽可能地接近或一致，不同层的个体之间差异尽可能大。在决定分层依据时，事先进行探测性调研或查阅有关的二手资料等，可能比单独由调研人员凭主观判断来决定如何分层要有用得多。

(2) 层数的决定

对于同一个总体，所分的层数越多，每一层内的一致性就越强，但所花费用会迅速增加，对总体估计的精确性不可能迅速提高。因此，在分层时尽量不要分得太多，以至于不同层的个体之间的差异并不大，这就失去了分层的意义。

(3) 按比例与不按比例的分层抽样

在分层抽样中，一般采用按比例的分层抽样。这种方法与配额抽样法一样，使每层样本中具有某一特征的个体比例与总体中具有同一特征的个体比例相一致。然而，当分层抽样时，如果某些层内的个体间的差异性可能比其他层的大得多或小得多，则不以同一个比例来决定每一层的样本数可能反而更合理些。这时的抽样方法被称作不按比例的分层抽样法。此时，对于某些从总体的参数看非常接近的特定层，样本数目只需要很少就可以了；对于另一些差异很大的层来说，样本数目就要大大增加了。

从调查结果的有效性角度看，在样本总数给定的条件下，要以最小的抽样误差去估计总体均值时，不按比例的分层抽样法有一定的优势。然而，应用这种方法要求我们事先较多地了解所研究总体内各个层的特征，即不仅要了解各个层相对的均值大小，而且要了解各个层中个体对于均值的相对变动程度，但要做到这点并不容易。

7.1.5.4　分群抽样

分群抽样（cluster sampling）的基本思想是成批地或者按群体地而不是逐个地选取样本。分群抽样时，第一步是把总体划分为互不交叉又不遗漏的一些群体；第二步是在总体中，以群体为单位，按简单随机抽样的方法挑选样本群体；第三步是对被挑选为样本的群体，按需要进行抽样调查或者普查。

用分群抽样法所产生的随机样本在统计上并不比同样大小的简单随机抽样所产生的样本更有效，但是，在样本数量一定的条件下，分群抽样法通常所需要的成本比较低。由此可见，如果实施现场调查，调研人员与样本接触、收集资料的成本较高，则分群抽样是特别有用的。

7.1.5.5　分区抽样

分区抽样（area sampling）其实是分群抽样的一种，只是以地理区域作为决定总体分类的依据。地理区域既可以是国家、城市，也可以是邮区等。此时，我们把要抽样的整个地区划分为几个不同的区域，然后从这些区域中随机地选择样本区域，最后按分群抽样的方法实施调查。分区抽样中所碰到的最大问题是，具有同样的人口统计特征，如收入、职业与受教育程度相同的人，通常生活得比较接近。这就导致了由这种方法所得到的样本从统计上看不如简单随机抽样得到的样本更有效。可是与分群抽样一样，在进行分区抽样时，现场调查的时间和费用都比较节约，从而有可能增加样本数，以补偿精确性方面的损失。

7.1.5.6 多阶段抽样

抽样过程既可以是一阶段的，也可以是多阶段的。进行多阶段抽样时，每一阶段都用随机抽样法来选择包括最终样本在内的某个个体的集合，然后在所得到的样本中再次进行随机抽样。总体中的每个个体包含在最终样本中的概率是已知的。多阶段抽样法可以利用分群抽样和分区抽样的优点，只要有地图或者表格，即使没有现成的、精确的总体清单，也可以通过逐次随机抽样确定其他方法所无法选取的样本。

调研实践7-2

抽样设计方案

一家市场营销调研公司在某大城市为某品牌的清洁剂作产品测试时，由于无法获得当地城市居民的数据库，又考虑到简单随机抽样的效果不好，就采用了分群抽样的方法。他们在全市的每个城区各随机抽取两个街道，每个街道又随机抽取3个居委会，每个居委会又随机抽取3个居民小区，每个居民小区又随机抽取15户家庭进行调查。这一抽样方案不仅使调研实施非常方便，而且保证了样本的足够分散，从而有更好的代表性。

资料来源　顾小君. 如何进行有效的市场调查（中）[J]. 销售与市场（管理版），1999（5）：58-61.

【分析】并不是每次抽样调查总能找到理想合适的抽样框架和抽样方法的。当抽样过程受到诸多外部条件的制约时，调研人员就必须因地制宜地设计出既可行又合理的抽样方案。

7.2 样本数量的确定

7.2.1 影响抽样规模的因素

确定抽样规模或者样本数量是市场营销调研中的一项重要决策。如果样本数太少，就很难保证现场调查所收集到的数据足够有效，而样本数过多又会导致费用过高，超过预算。适当的抽样规模的决定是一个涉及财务、管理和统计3个方面的问题。实际上，市场营销调研人员在确定样本数量时会受到下列因素的影响：

7.2.1.1 财务上的考虑

由于现场调查费用在整个调研预算中占了很大比重，所以在整个调研预算确定的情况下，样本数量就会受到预算的严格限制。尽管由预算来决定抽样规模看来缺乏科学性，但实际上任何一项调查的样本通常确实总是直接、间接地由可支配的预算所决定的。在决定抽样规模时还必须考虑到抽取每一个样本所需要花费的成本。如果每一个样本的取样成本较低，则应该抽取较多的样本；反之，就只能抽取较少的样本了。

7.2.1.2 管理上的考虑

决定抽样规模的问题从管理角度看最为复杂。从管理上考虑，确定样本数量时必须考虑到如下因素：

（1）需要分析的组或子群数

在几乎所有的调研问题中，组或者子群之间的比较都是提供有用信息的重要手段，也往往是开展调研的目的之一。因此，在任何一个确定样本规模的问题中，首先都必须考虑到所要分析的总体子群数，而且必须考虑到代表总体的最小组或群体的样本数。确保最小组的样本数也达到足够大是保证调查结果可靠的重要手段。经验表明，抽样规模要大到足以保证每一个要分析的子群中的样本数至少为100或更多，因此，所要分析的子群数目越大，所需要的总体样本数也就越大。有时，为了调研的需要，在组或子群下面可能还需要分更次级的组或群体，这样一来所需要的样本规模就更大了。

【例7-1】某市旅游部门想要通过对3类公众的市场营销调研，获得他们对改进某湿地公园建设的建议：① 湿地公园的常客；② 偶尔到湿地公园游玩的人；③ 从未游过湿地公园的人。初步估计3类公众中经常到湿地公园游玩的人最少，仅占总体人数的10%。如果调研设计规定，实施按比例的分层抽样法调查，为了保证人数最少的湿地公园的常客样本也达到100人，则样本的总数需要达到1 000人。当然，如果总体中的某些组只在总体中占有较小的份额，那么可以采用不按比例的分层抽样法。

（2）所要调查的信息价值

从管理的角度看，确定样本数量时还需要考虑所要调查信息的总体价值，特别是对调查结果精确度的要求。如果信息价值大，对调查结果精确度的要求高，就应当考虑增加样本数；否则，就可以减少样本数。

（3）预期回收率

确定样本数量时还需要考虑资料的回收率。如果要求最终获得500份有效问卷的调查数据，而估计回收率是40%，则初步决定的抽样规模至少应该达到1 250个。

（4）允许误差和要求达到的置信度

抽样调查的目的多半是估计总体参数。如果管理上对估计结果精确度的要求很高，也就是允许的误差范围很小，那么样本必须多一点；如果管理上对估计结果精确度要求不高，也就是允许误差范围比较大，则样本少一点也能满足要求。如果要求估计的置信度很高，即要求估计的可靠性很高，就必须有较多样本才能得到保证；否则，只要有较少的样本就足够了。而允许误差和要求达到的置信度都是出于管理上的考虑而决定的。

7.2.1.3　统计上的考虑

从统计角度看，抽样规模应当满足调研目标对调查结果有效性和精确度的要求。如果总体中个体之间的差异很小，我们只需要抽取较少样本就可以了；如果总体中个体之间的差异很大，则不仅需要抽取较多样本，而且如果差异大到一定程度就更需要实施分层抽样了。如果总体中个体间的差异（总体方差或标准差）已知，调查结果的允许误差事先设定，调查结果的可信度（置信度）也事先确定，我们就可以根据统计学方法计算出为了满足问题的要求所需要的最小样本数了。

7.2.2 确定样本数量的统计学方法

尽管样本数量的决定受多种因素的影响，但是根据统计学方法来计算样本数量是最科学、最合理的。采用统计学的方法来确定样本数量时，根据要估计的参数不同需要采用不同的公式。

7.2.2.1　均值估计问题中样本数量的确定

统计学中区间估计的理论为我们提供了确定样本数量的基础。为了估计某一总体的均值μ，我们可以从总体中随机地抽取一定数量的样本，计算出样本平均数$\overline{X}$。统计理论证明，假如原总体是正态分布的，标准差为σ，抽取的样本数为n，则这个样本平均数$\overline{X}$也是服从正态分布的，其正态分布的均值就是原总体的均值μ，而其标准差就为$\frac{\sigma}{\sqrt{n}}$。在确定区间估计的置信度为（1-α）以后，查表得到$Z_{\alpha/2}$的值，我们可以得到总体均值μ落在如下范围内的概率是（1-α）：

$$\overline{X}-Z_{\alpha/2}\cdot\frac{\sigma}{\sqrt{n}}\leqslant\mu\leqslant\overline{X}+Z_{\alpha/2}\cdot\frac{\sigma}{\sqrt{n}}$$

假设管理上允许的估计误差为E，根据上式我们就得到估计的实际误差$Z_{\alpha/2}\cdot\frac{\sigma}{\sqrt{n}}$应当不大于$E$，即满足：

$$Z_{\alpha/2}\cdot\frac{\sigma}{\sqrt{n}}\leqslant E$$

由此，我们就得到：

$$n\geqslant\frac{Z_{\alpha/2}^2\cdot\sigma^2}{E^2}$$

由于统计学中进一步证明了，即使对于总体并不服从正态分布的情形，只要样本数量足够大，上述结论也仍然是成立的。因此，一般我们总能得出上面的结论。

由此可见，为了计算出估计总体均值所需要的样本数，需要掌握3个数据：

① 管理上允许的估计误差E；

② 管理上要求的估计结果的置信度（1-α），由此查表得到$Z_{\alpha/2}$；

③ 有关人员对总体标准差σ的估计值。

将这3个数据代入上述公式，取满足条件的最小整数，就可以得到所要求的最小样本数。

【例7-2】为了调查最近3个月内网上购物者的平均年龄，我们需要确定对网上购物者进行抽样调查的样本数量。假定管理上要求估计值与实际值之间的差距不超过1，而且要求实际值落在估计区间以内的置信度达到95%。而类似的调研表明，网上购物者年龄的标准差为8。根据公式可以得到：

$$n \geqslant \frac{1.96^2 \times 8^2}{1^2}=245.9$$

可见，要达到调查的目的要求，至少要选取246个近3个月内网上购物者的样本。

7.2.2.2　比例估计问题中样本数量的确定

在需要估计总体中具有某种属性或特征的个体比例P时，我们同样可以利用区间估计的结果来确定所需要的样本数。统计理论证明，当样本数量足够大时，从总体中抽取的样本中具有某种属性或特征的个体比例p也是满足正态分布的。如果抽取的样本数为n，其正态分布的均值就是总体中具有某种属性或特征的个体比例P，正态分布的方差是$\frac{P(1-P)}{n}$。如果要求估计结果的置信度为（$1-\alpha$），那么查表得到$Z_{\alpha/2}$的值，统计学中关于比例的区间估计的结果告诉我们，总体比例P落在如下范围内的概率是（$1-\alpha$）：

$$p-Z_{\alpha/2}\cdot\sqrt{\frac{P(1-P)}{n}} \leqslant P \leqslant p+Z_{\alpha/2}\cdot\sqrt{\frac{P(1-P)}{n}}$$

尽管上式在估计总体比例P时又用到了P，似乎陷入了循环推理之中，但统计理论告诉我们，只要样本容量n足够大，并且满足np和n（$1-p$）都大于5的条件，在上式的左右两项中，直接用样本比例p代替总体比例P，所得到的估计结果仍然是可靠的。因此，可以得到：

$$p-Z_{\alpha/2}\cdot\sqrt{\frac{p(1-p)}{n}} \leqslant P \leqslant p+Z_{\alpha/2}\cdot\sqrt{\frac{p(1-p)}{n}}$$

假设管理上允许的对比例的估计误差为E，则上式中的实际估计误差$Z_{\alpha/2}\cdot\sqrt{\frac{p(1-p)}{n}}$应当不大于$E$，即满足：

$$Z_{\alpha/2}\cdot\sqrt{\frac{p(1-p)}{n}} \leqslant E$$

由此，我们就得到：

$$n \geqslant \frac{Z_{\alpha/2}^2 \cdot p(1-p)}{E^2}$$

由此可见，为计算估计总体比例所需要的样本数，也需要掌握3个数据：

① 管理上对比例估计的允许误差E；

② 管理上要求的估计结果的置信度（$1-\alpha$），由此查表得到$Z_{\alpha/2}$；

③ 通过预调查获得的对总体比例的事先估计值p。

将这3个数据代入上述公式，取满足条件的最小整数，就可以得到所要求的样本数。

【例 7-3】为了调查最近3个月内网上购物者中年龄在60岁以上的人的比例，我们需要确定对这类网上购物者进行抽样调查的样本数量。假定管理上要求估计值与实际值之间的差距不超过1%，而且要求实际值落在估计区间以内的置信度达到95%。小范围的调研表明，60岁以上的网上购物者的比例约为6%。根据公式，我们可以得到：

$$n \geqslant \frac{1.96^2 \times 0.06 \times 0.94}{0.01^2} = 2\ 166.66$$

可见，要达到调查的目的要求，至少要选取2 167个近3个月内网上购物者的样本进行调查。

7.3 现场调查

7.3.1 现场调查的实施

许多调研项目的调研设计往往是由具有良好素质的专业人员来承担的，但是，现场调查和数据收集常常交给没有接受过任何调查培训和经验的人来完成。结果，现场调查工作的质量影响了整个调研项目的效果。实际上，数据收集阶段对于整个调研项目而言是关键性的，因为如果现场调查所收集到的数据零乱，缺乏代表性，调查结果的有效性就很难得到保证了。实际上，整个调查结果的质量不可能高于现场调查工作的质量。

在现场调查由调研设计人员所在的组织本身实施的情形下，调研设计人员不仅要组织现场调查力量，而且需要对现场调查实施监控。在把现场调查委托给外部机构来承担的情形下，调研设计和管理人员也需要知道现场调查中可能发生的问题，以便在现场调查过程中避免这些问题。

现场调查的管理与实施是与数据收集所采用的方法直接有关的。

在现场调查组织者物色好现场访谈人员之后，对现场访谈人员开展培训是必要的。为了保证所获得资料的正确性，还应当对现场访谈人员的工作过程进行监督，确保他们的工作与计划要求相一致，并对他们所提交结果的完整性和可靠性作检查。最常用的一种质量监督方法是，在被调查者的身份或地址可以识别的情形下，从现场访谈人员上交的调查资料中随机抽取5%～10%的被调查者，通过电话调查来检验收集到的数据的真实性和可靠性。如果现场访谈人员的工作质量达不到要求，就应当重新培训或者另换其他人。

对现场访谈人员报酬的支付有两种方法：按小时支付或按采访人数支付，很难说哪一种方法更合理。按采访人数支付可能导致现场访谈人员匆忙完成采访，甚至欺骗或伪造采访，从而影响所收集数据的质量。按小时支付又可能促使现场访谈人员拖时间，导致现场调查费用上升。如果费用足够，又希望对调查结果的质量加以控制，就应该考虑采用按小时支付的方法。

电话调查的实施过程也常常需要进行监控，并据此来评估调查采访的质量。对电话调查的直接监控还可以较早地发现采访中的问题并及时纠正。邮寄问卷调查和互联网调查直接由调研人员来组织，不需要专门的现场访谈人员。

现场调查组织者除了需要安排好访谈人员以外，还需要准备好现场调研所需要的各种材料，如调查问卷、抽样执行指导书和其他必要的辅助印刷材料。其中的抽样执行指导书要明确规定调查对象是如何产生的，还要特别详细说明在遇到各种特殊情况时的处理方法。

7.3.2 现场访谈人员的招募和培训

一般来说，现场调查工作量巨大，很少是全部由调研项目设计者本人来执行的。因此，在自行组织现场调查力量的情形下，招聘到合适的现场访谈人员是收集到高质量数据的关键。

现场访谈人员通常是由适当的兼职人员来充当的。由于现场调查多半是很辛苦的，因此招募的访谈人员应该身体健康、年龄适中，同时必须具有较高的文化程度和较强的沟通能力。实际上，要招募到有经验的现场访谈人员是不容易的，所以在招募到符合基本要求的人选后，必须对没有经验的调查人员进行简单的培训，确保所有的现场访谈人员熟悉所调查的目的和内容，对数据收集工具的使用一致，从而保证每位被调查者所提供的都是所需要的同一种类型的数据。培训应包括如下一些内容：

7.3.2.1 如何与被调查者接触，并获得采访机会

现场调查成功的关键是要迅速地与被调查者之间建立起良好的关系。因此，培训的首要任务是帮助现场访谈人员掌握初次接触时作适当陈述、说服受访者合作的技巧。要促使对方合作，重要的是一开始就要向被调查者表明所进行的确实是真实的调查，而不是推销产品。

7.3.2.2 正确的提问方法

未经训练的现场访谈人员在提问中往往会受个人偏好的影响，从而造成调查的误差。许多缺乏经验的现场访谈人员不懂得正确地使用提问方法和技巧的重要性，常常不能严格按要求来提问。而一部分有经验的现场访谈人员会因贪图方便，走捷径，省略某些叙述；但提问时即使仅在文字上作稍微的改变，也有可能歪曲问题的原意和引起某些误差。培训应帮助现场访谈人员认识到正确提问的重要性，掌握提问陈述的方法和技巧，避免由此而产生的误差。现场访谈人员在提问中必须做到：

① 提问要完全按问卷中问题的顺序和文字表述方式来陈述；

② 阅读每一个问题时速度要慢，而且不应遗漏或省略任何问题；

③ 对于被调查者不理解或误解的问题要作适当的重复和允许范围内的解释。

7.3.2.3 引导询问成功的技巧

开放式问题常常要求现场访谈人员对被调查者进行正确的引导，让被调查者更充分地发表意见，从而获得更多的信息。特别是在被调查者没有回答、回答不完整时或要求对方进一步明确回答时，进行适当的引导是必要的。现场访谈人员只有掌握好这些技巧才能确保询问的成功。根据现场调查所面临的不同情况，现场访谈人员可以采用下列几种引导方法：

（1）简单地重复问题

当被调查者保持沉默时，他也许是没有理解问题或还没有决定怎样回答，这时只需要简单地重复问题多半就能鼓励被调查者提供回答。

（2）作观望性停顿

如果现场访谈人员认为受访者还有想说的东西，就可以保持沉默并伴随观望性注视，也许就能鼓励被调查者整理出他的思路，给出完整的答案。

（3）重复被调查者的回答

现场访谈人员如果在记录回答的同时，逐句重复被调查者的回答常常也能刺激被调查者拓展他的回答内容。

（4）中性的追问

现场访谈人员通过追问，进而告诉被调查者还想要的信息，促使询问调查的结果更深入、更有针对性。但是，追问应当是中性的、没有诱导性的。追问一般可以分为两种形式：探索性追问和明确性追问。

探索性追问是在被调查者已经回答的基础上，进一步挖掘式地询问问题，以便引出被调查者对有关问题的进一步阐述。

【例 7–4】访谈人员：您当时购买这款手机的原因是什么？

被调查者：外观漂亮。

访谈人员：还有其他原因吗？

被调查者：价格还优惠。

访谈人员：还有别的原因吗？

被调查者：没有了。

明确性追问是让被调查者对已经回答的内容作进一步详细的解释。

【例 7–5】访谈人员：您当时购买这款手机的原因是什么？

被调查者：心里挺喜欢的。

访谈人员：喜欢它什么呢？

被调查者：外观设计漂亮。

访谈人员：怎么个漂亮法呢？

被调查者：外形的弧线看起来特别舒服。

通过培训使现场访谈人员掌握上述引导回答的技巧，对于保证现场调查所获得资料的深度和广度是非常必要的。

7.3.2.4 记录回答的方法

记录回答看起来简单，但如果缺乏训练仍可能产生错误。对于封闭式问题，现场访谈人员应该使用正确地反映被调查者回答的记号。记录开放式问题对于大多数调查人员来说都是困难的，因此，培训应该提供逐字记录回答的练习。此外，在记录开放式问题的回答时，现场访谈人员特别要注意：

① 坚持在访谈过程中记录回答，而不能在事后凭记忆来记录。

② 使用被调查者的语言，而不是调查人员自己的语言，并记录与问题有关的所有内容。

③ 记录时，不要综合或解释被调查者的回答。

7.3.2.5 如何结束访谈

现场访谈人员应避免匆忙结束访谈。有时，被调查者在回答完所有问题后还可能发出自发的评论，这对整个调研工作也会有启发作用，因此，调查人员对此也应加以记录。此外，在访谈结束前，调查人员应回答好被调查者所提出的与调研目的有关的任何问题，还要感谢被调查者的合作，给被调查者留下一个好的印象。

现场访谈人员的素质、能力和责任性直接关系到调查结果的有效性和可靠性。为保证调研成功，对调查现场访谈人员进行一定的培训是必要的。拓展阅读7-1分析了调查现场访谈人员培训的类型和内容。

拓展阅读7-1

7.3.3 现场调查的管理

现场调查的管理包括如下方面的工作：

7.3.3.1 介绍调研项目

向所有参加现场调查的人员介绍调研项目的有关情况总是必要的。即使是对于已经受过基本培训、有一定经验的调查人员，在具体调研项目开始实施以前，也必须向他们介绍调研委托方的背景、调研的目的、抽样技术、所提问题的内容、问卷回收过程和与调查有关的其他问题。

7.3.3.2 进行抽样选择的培训

某些调查项目中要求现场访谈人员负责样本的选择，对被调查者的选择作某些判断。此时，就需要对调查人员进行抽样选择的培训，尽量减少现场调查中的样本选择误差。要避免选择误差并不容易，让调查人员获得减少选择误差的训练是必要的。

7.3.3.3 对现场调查工作的监督

虽然对现场访谈人员的培训可以减少他们的错误，但是现场调查实施过程中仍然存在相当多发生错误的可能性。为此，对现场调查过程进行监督是必要的。对现场调查过程的监督实际上是控制现场访谈人员的错误，确保现场调查工作的程序正确、所收集到的数据的质量高。对现场调查过程的监督主要包括三个方面：一是进行抽样验证，保证访谈对象是按照抽样计划进行的，而不是随意选择的。二是防止和避免调查人员造假。三是通过再访进行验证。通常，监管人员需要与大约10%的受访者进行接触沟通，来验证现场调查的真实性和资料的可靠性。接触沟通并不是重复原来的访谈过程，而是了解原来访谈的时间长度、被调查者对调查人员的反映，以及被调查者的人口统计数据，以便检验是否存在调查人员造假的情况。

本章小结

由于市场调查受到费用、时间和信息精确度等条件的限制，一般总是按抽样调查的方式来进行的。市场调查中的抽样调查步骤可以分为：定义抽样总体、决定抽样框架、确定抽样单位、选择抽样方法、决定样本的大小、决定抽样实施计划，以及选择样本、实施调查和收集信息。

抽样方法可以从多种不同角度进行分类，其中最主要的非随机抽样又包括方便抽样、目标抽样、配额抽样和判断抽样；随机抽样又有简单随机抽样、系统抽样、分层抽样、分群抽样、分区抽样和多阶段抽样等。

抽样规模或样本数量的确定要考虑到财务、管理和统计3种因素。从财务上看，抽样调查的总成本不能超过预算的限制。从管理上考虑，决定抽样规模要考虑总体内计划分析的组或子群数。从统计的角度看，样本数量至少不能小于满足允许估计误差要求的最小样本数。

现场调查的组织实施是决定调研资料质量的重要步骤，所以必须选派合格的现场访谈人员来实施，并需要对整个现场访谈过程进行有效的控制。

主要概念

抽样总体　抽样框架　抽样单位　固定抽样　顺序抽样　随机抽样　非随机抽样　属性抽样　变量抽样　方便抽样　目标抽样　配额抽样　判断抽样　简单随机抽样　系统抽样　分层抽样　分群抽样　分区抽样　多阶段抽样

基本训练

◆ 知识题

1. 说明市场营销调研中经常采用抽样调查的原因。

2. 说明抽样总体、抽样框架和抽样单位的含义，以及它们之间的关系。

3. 市场调查中在决定抽样规模大小时，除了统计学上的考虑外，还需要考虑其他哪些问题？

4. 假定想要在某城市中对下列内容或对象进行调查，请列出可能的抽样框架。

（1）上个月乘坐公交汽车的全部乘客。

（2）体育用品商店。

（3）晚上电视节目的观众。

（4）高收入家庭。

（5）某一图书馆的所有读者。

（6）年龄超过30岁的居民。

(7) 某地区内全部出租房屋。

5. 随机抽样的效果是否一定比非随机抽样要好？说明市场营销调研中经常采用非随机抽样调查的原因。

6. 说明分层抽样中比例抽样法和不按比例抽样法之间的差异，并举例说明在什么情况下适宜采用这两种方法。

7. 讨论和分析系统抽样法、分层抽样法和分群抽样法之间的差异，并举例说明它们各自的适用条件。

8. 对现场访谈人员的基本要求是什么？对现场访谈人员培训的主要内容有哪些？

9. 如何对现场调查进行管理？

◆ 技能题

1. 评价下列各种情形下调研人员所采取的抽样方法。为了进一步提高调研方法的合理性，请提出你的改进意见。

(1) 为了调查人们对一家百货公司或连锁超市的态度，请现场访谈人员在有关商店的汽车停车场或自行车停车处直接询问那些愿意回答他所调查问题的人的态度。

(2) 为了估计昨天晚上究竟有多少个家庭观看了某一个电视节目，按随机方式选定了1 000个电话号码，然后逐一拨打这些号码。有800个家庭作了回答。其中，有200个家庭回答看过这个节目，其余600家说没有看过。调研人员估计，在200个无人在家的家庭中，也有50家观看过这个节目。

(3) 为了收集人们对某种小家电产品如电风扇的意见，制造商推出了一种有条件的产品保修办法。办法规定，只有把保修卡连同一份简单的调查问卷一起寄回厂里才能获得保修服务。制造商通过这一办法回收了很多调查问卷。

2. 某公司为了估计平均每笔交易额，需要对500 000张销售发票进行抽样统计。假定整个调查总体的标准差是3 000元。估计的允许误差不超过200元，而且估计结果要达到90%的置信度。要求：

(1) 要达到预定的要求，所选的样本至少应是多少张？

(2) 假如所调查总体标准差估计值变为2 000元，所选的样本至少应是多少张？

(3) 假如估计的允许误差变为300元，所选的样本应为多少张？

3. 分析评价下列现场调查中可能存在的问题，并提出改进的建议。

(1) 在入户个别访谈中，有一个访谈员的拒访率特别高。

(2) 有一个现场调查员报告说，许多被调查者在访谈结束时都询问他们的回答是否正确。

(3) 在对现场调查工作进行核实时，一个被调查者说他不记得是否接受过电话调查了，但调查人员坚称曾经对他进行过调查。

◆ 能力题

针对本章引例，请帮助吕强分析可供采用的抽样设计方案；比较不同的抽样设计方案，提出你认为最合理可行的抽样设计方案。

第8章　资料的整理与分析

学习目标

◆ 讨论对调查资料进行整理、编辑、分析和解释的含义；说明如何在资料分析中选择合适的分析方法；深入理解数据的描述和统计推断；掌握常用的数据间差异的分析方法；掌握常用的变量间关系的分析方法；了解最常用的多变量分析方法——因子分析、聚类分析和判别分析。

◆ 掌握和熟练运用对数据的描述和判断的方法；熟练应用常用的数据间差异的分析方法，特别是假设检验和方差分析；熟练应用常用的变量间关系的分析方法，特别是独立性检验、相关分析和回归分析。

◆ 应用常用的资料分析方法，对调研所得到的资料进行分析。

引　例

客户分类服务需要资料分析来支持

金明是一家股份制银行客户服务部的经理。最近他受命对本公司客户交易情况进行分析，目的是制定更加合适的客户服务策略。

为了应对市场上新出现的众多银行和其他金融机构对客户的分流，前几年金明所在的银行大力增设营业网点，积极开拓市场，结果近年来客户数量大幅度增加，营业额也有了较大增长。但是，随之而来的是营业成本的上升。今年以来，为了提高经济效益，银行管理层打算对客户实行分类服务和管理。最基本的思路是把所有客户按业务量大小分成为4类，提供不同的服务：把业务量最大的5%客户列为大客户，实行专人服务制；把业务量次大的10%客户列为重要客户，银行设立专门的重要客户服务室，由指定业务人员所组成的团队为他们提供服务；对于包括长期没有交易的“睡眠”客户在内的业务量最小的10%客户，则采取适当收费服务的方法；对其余处于中间状态的75%客户，则在营业大厅提供普通服务。

首先，金明需要确定，按照上述要求对客户分类时，大客户和重要客户的年业务量的下限标准以及收费客户业务量的上限标准应当定为多少。

其次，他还需要估计实施新的服务方法后，全部银行客户服务的成本会上升多少，顾客满意度将会发生怎样的变化。为此，他还需要调查银行客户的满意度究竟是由哪些因素所决定的。所有这些都需要金明对调查资料进行深入的分析和解释。

金明的这些工作都需要通过对调研所得到的资料的分析来完成。但是，究竟应当采用哪些方法对资料进行分析才能得到上述所需要的结果呢？分析结果又会意味着什么呢？尽管金明曾经学过一些统计分析方法，但是他仍然不能确定应当如何进行分析。于是，金明决定找人请教和讨论一下上述资料分析问题，以便少走弯路，节省时间，早日完成上述任务。

资料来源 由本书第一作者胡介埙撰写而成。

调研所得到的原始资料必须经过整理和分析，才能发现有价值的结果。本章首先将讨论如何对现场所得到的资料进行整理和编辑，然后逐一介绍单变量分析中的3类主要问题的分析方法：对调查结果作统计上的描述、说明数据之间是否存在差异以及变量之间其他关系的研究。本章最后介绍最常用的多变量分析方法：因子分析法、聚类分析法和判别分析法。

8.1 资料的整理、编辑、分析和解释

调查中收集的资料必须进行整理、编辑、分析和解释才能变成有用的东西。资料的整理和编辑是把调查所得到的一系列数据转换成便于解释的形式；分析和解释则是把整理和编辑后的数据以某种有意义的形式表达出来，从中得出描述性叙述或关于某种关系结论的过程。资料的整理和编辑尽管很烦琐费时，又枯燥，却是资料分析和解释的基础，是必不可少的。资料的分析和解释是一个得出最终的有用结论，以便提出对决策有指导意义的建议的过程，是整个市场营销调研的“收获”阶段，是十分重要的一个步骤。

8.1.1 资料的整理和编辑

资料的整理和编辑包括整理、编码和制表等步骤。对资料进行整理和编辑的目的是要得到一组尽可能完善的而且误差小的基本数据，以便能对这些数据进行分析。

基本数据是指由每一个抽样调查对象对每一个问题回答的记录所组成的一批数据。假定某份调查问卷中有35个问题，每个问题平均有4个选项，这样每份调查问卷共包括140个变量的值。如果样本数是150人，基本数据就包括21 000个（140×150）数据。对资料的整理和编辑过程是要保证这些数据从调查问卷中尽可能完善地、没有错误地转换为便于分析的数据表格的形式。

8.1.1.1 整理

数据整理是对调查问卷中的每一个问题的答案进行审查，看是否有答案以及答案是否有效。如果某些调查问卷缺少了关键性信息，就应要求调查人员补充相应的资料。整理工作的目的是要保证获得具有可读性和精确性的并能正确反映原始数据中信息的资料。

（1）数据整理工作的主要内容

① 尽量获得丢失的数据，使数据易于阅读并提高准确性。现场调查所得到的许多调查问卷往往仍然有一些项目留下空白，没有回答。在调查问卷由被调查者自己填写的情形下，很可能每份调查问卷都会有一些项目甚至整页因被调查者的疏忽而没有回答。留有空白的调查问卷既可以看作“我不知道”，也可以把它当作完全没有回答的问卷而弃之不

用。不过在许多情况下，整理人员愿意根据实际情况作出合理的决定。整理人员处理这类不回答者的意见时，可能有几种选择：一是让它仍然保持空白；二是根据被调查者的其他背景资料得到最可能的估计数；三是补作一次电话调查；四是再作一次邮寄问卷调查。如果仍然让它保持空白，则可以留到数据分析阶段，再视要求具体处理。

② 剔除那些模棱两可和不合规的数据。有时，回答者会把记号打在两种选择之间，有些调查问卷中答案的书写形式不合要求。此时，整理人员往往需要决定回答者的真实意思，或者干脆剔除这些数据。

③ 检验资料的一致性，弃用那些矛盾的资料，保证资料的准确性。整理人员既要注意资料是否存在内部的不一致性，也要注意过分的一致性。某些极端的回答往往是有误差的。如果同一个现场访谈人员所得到的调查结果全是类似的，那么可能意味着是现场访谈人员不合理的暗示引起了误差。

（2）数据整理工作的关键

在采取各种措施提高数据的准确性时，应当评价和权衡所花的成本与提高的准确性两者之间的关系。有时，为了保证准确性而花费了很大的代价，但是结果对提高数据准确性的作用并不大，这就要考虑是否值得了。为了做好整理工作，必须遵守下列原则：

① 调查所获得的资料要及时上交、整理。这样做就能迅速发现遗漏、无效和含义不清的回答，并及时反馈给调查人员，以便及时修正、改进和完善以后的调查工作。

② 整理人员也应当尽量参加部分现场调查工作。整理人员越了解现场访谈人员的记录和书写的风格，对调查问卷中资料的含义就了解得越清楚，也就越容易发现现场访谈人员的错误和疏忽之处。

③ 原始资料要保留，修改要用特殊的记号来表示。保留原始资料的目的是在将来需要时作参考。整理人员如果需要在调查问卷上作修改也应当用彩色铅笔，以便与原记录区分开来。

④ 为了减少整理中的误差，应当制定整理方法的规范。整理常常需要作出判断，因此，要尽量制定出书面的编辑规范，减少需要整理人员作出的判断。当整理人员超过一个人时，这样做就更有必要了。规范要明确规定如何处理遗漏的数据、如何检验数据的内部一致性和如何处理含义不清的回答等，保证处理方法的统一。

8.1.1.2 编码

尽管整理与编码往往是由同一个人完成的，但是编码是一个独立的步骤。编码实际上是用数字代码来代表某种答案，以便对答案进行分类的过程。编码的作用是便于对答案进行分析。

编码首先是规定类别，再归类编码。对于两项选择题和多项选择题答案的类别，在题目拟定时就已经确定了。因此，可以采用预编码的方法，即在设计调查问卷时就直接把编码也放在上面，这样在整理答案时就已经自动编好码了。当然，也可以采用事后编码的方式，即在完成调查后整理答案时再对答案进行编码。

【例 8-1】请问，您在本银行拥有哪些账户？

活期存款账户	□（31）
定期存款账户	□（32）

住房按揭贷款账户 □（33）
汽车按揭贷款账户 □（34）
银证转账账户 □（35）
借记卡账户 □（36）
信用卡账户 □（37）

对于开放式问题的答案就只能采取事后编码的方式了。编辑人员必须在得到全部调查资料以后，先阅读完被调查者的所有实际答案，然后尽量合并类似答案，确定答案应分成几类，最后对每一类答案确定适当的代码。

8.1.1.3 制表

编码后的数据需要录入到计算机中制成表格。制表（tabulation）既是整理归纳的最后一个步骤，也是资料分析工作的开始。常用的表格可以分为两类：

（1）单栏式表格

单栏式表格主要用于对单个问题进行分析，通常用来说明一个问题不同答案的频率分布或比例分布。

（2）多栏式表格

多栏式表格主要用于对多个问题的多因素进行综合分析。这对于多种不同频率分布状况的分析、对于发现可能存在于某些因素之间的联系往往是很有效的。有时，通过编制多栏式表格可以直接发现问题的答案。编制多栏式表格时，选择栏目是关键，所选择的栏目必须符合调研目的的要求，使用因素的类型和每一个因素的取值都必须随调研目的和性质的不同而变化。但是，如果因素选择不当，就可能得出错误的结果。即使是因素选择正确，但所选的范围和分类不当，也可能找不到数据之间所存在的真实关系。

8.1.2 资料的分析和解释

资料的分析和解释既要利用各种统计分析方法来发现数据所反映的规律，也要对发现的结果进行解释。介绍各种具体的统计分析方法是应用统计学的内容，并不是我们这门课程的重点。因此，本章随后的主要内容也是讨论各种统计分析方法在市场营销调研中的应用，而不是重复介绍某个具体方法。不过，在此之前我们首先必须强调对分析结果进行解释的必要性。

在应用市场营销调研方法来解决企业经营中的实际问题时，应该认识到理解市场营销调研信息的含义比起实施调研获取信息本身还要困难得多。很多公司通过市场营销调研获得了市场信息，但是由于没有对市场信息的含义作出正确的解释，就没能了解到市场的真正需求。

解释是指说明资料分析结果的含义，把纯粹的数据分析结果变成有价值的信息。由此可见，未经解释的数据分析结果常常难以直接指导决策；只有经过合理的解释，才能帮助制定正确科学的决策。

调研人员对分析结果的解释应当抱客观的态度，尽可能地减少偏见。同时，解释过程中调研人员还应当具有洞察力。洞察力是一种从经验中得到的非常有价值的个人才能，它不能从书本以及常规的教条中得到。

调研人员在对调查资料进行分析和解释时要注意以下几点：

8.1.2.1 分析和解释要围绕目标，而且要注意经济性

任何复杂的分析结论都应当来源于简单的基础性观点。不能认为某些方法复杂，所得到的结论就可靠，要注意从小样本得到的结论的限制。

8.1.2.2 要公正地对待各种证据，不应当存有任何偏见

调研人员在分析和解释资料时，态度要诚实，绝对不能夸大、隐瞒或歪曲事实。许多调研人员倾向于某一种观点的证据，这是应当避免的。在分析调查资料时，不仅要看不同观点在数量上的比例，而且要看哪些事实是最关键的。有时，少数人的意见可能反而是最关键的，会使结论发生根本性的变化。因此，要重视少数人的有价值的观点。

8.1.2.3 既要考虑数据的集中趋势，也要注意分散程度

在分析某种趋势时，既要考虑平均值的大小，也要考虑偏离平均值的程度。因为在平均的过程中，偏离因素被抹掉了，而偏离达到一定程度，某种具有明确方向的趋势也就不存在了。

8.1.2.4 要区分观点和事实、原因和结果

有时，资料是由有关人员根据模糊的记忆或者粗略地推算得来的，事实上，资料中包含了调查人员的观点，因此，把观点和事实区分开来是绝对必要的。某些研究人员发现相互联系在一起的两个因素时，常常简单地假定其中一个是原因，另一个是结果。其实，研究人员可能忽视了第三个作为真正原因的因素，从而混淆了原因和结果的关系。

8.1.3 资料分析方法的选择

由于统计分析方法种类繁多，在讨论如何应用各种具体的统计方法进行资料分析以前，我们首先需要探讨的是对于调查所得到的一组资料如何选择适当的统计分析方法。针对某特定调研问题而言，最合适的资料分析方法是由整个调研环境所决定的。在选择资料分析方法时要考虑3个因素：

8.1.3.1 变量数量

所要研究的变量数量是选择统计分析方法时首先需要考虑的。如果所研究的问题只有一个自变量，就可以使用简单的单变量统计分析方法。如果需要描述两个或两个以上的自变量对另一些变量的影响，就必须选择多变量分析方法。

8.1.3.2 数据度量尺度

数据度量尺度决定了允许使用的统计分析方法。对于使用类别尺度所得到的数据，至多只能计数，得出不同组的频数、比例以及众数。对于由顺序尺度所得到的数据可以进行从小

到大或从低到高的排序，并将中位数看作位置平均数。对于由等量尺度和比例尺度所得到的数据，可以计算出算术平均数和标准差，来反映调查数据的集中化趋势和离散化趋势。

8.1.3.3 想要回答的问题类型

资料分析想要回答的问题类型，对于单变量分析方法而言，大致可以概括为三类：对调查结果作统计上的描述、说明数据之间是否存在差异，以及说明数据所反映的变量之间是否存在某种关系。对于多变量分析方法，所要回答的问题比较复杂，必须针对不同的特殊问题选择有针对性的方法。

调研实践8-1

有效的市场营销调研必须与资料的分析、解释和决策相结合

美国微型货车市场竞争的结果证明，对市场调研资料的分析、解释和应用远比谁先着手开展一项有关的市场调研项目更重要。

从1983年起，克莱斯勒的微型货车一直是美国市场上最盈利的产品。实践证明，美国存在一个微型货车的巨大市场。但事实上，早在1973年福特汽车公司就开展了对这种车型的调研，并制造出了一辆样车。而通用汽车公司也通过营销调研产生了开发微型货车市场的想法，在1979年还试制成了一辆实际上和克莱斯勒的微型货车非常相似的样车。实际上，克莱斯勒是美国最后一家调研微型货车概念的汽车制造商。

但是，福特汽车公司的总裁亨利·福特二世因担心投资太大、风险太高，而否决了正式投产微型货车的建议。同时，通用汽车公司最终也没有选中微型货车。而从福特汽车公司跳槽到克莱斯勒公司并当上了总裁的李·艾可卡始终对微型货车具有独特的眼光、天生的信念和特殊的信赖。通过调研，他在确认市场对微型货车的巨大需求以后，终于采取了行动，把这种微型货车引入了市场，从而使克莱斯勒起死回生，李·艾可卡本人也因此而大获成功。

资料来源 萨德曼，布莱尔．营销调研［M］．宋学宝，等译．北京：华夏出版社，2004：41.

【分析】市场营销调研能否确实促进企业的发展，不仅取决于是否作了市场营销调研和什么时候作了市场调查，更取决于如何作市场营销调研。先作市场营销调研的公司如果方法不对，得出错误的结论，可能与市场机会失之交臂；后来实施市场营销调研的公司只要方法得当，仍可能发现新的市场机会而取得成功。本案例告诉我们：不要盲目轻信其他公司调研的结果。市场营销调研最终是否有效是调研、数据分析、资料解释和决策相结合的结果。

8.2 调查数据的描述和推断

8.2.1 统计数据特征的描述

对调研数据或结果的描述可以采用描述性统计方法。描述性统计（discriptive statistics）的目的是更有效地概括大量调查统计数据的特征。调研人员应当从一组调查数据中计算出最能反映这组数据特征的一个或几个数量指标。这些指标主要是反映集中化趋势的指标、反映离散化趋势的指标，以及频数分布和百分比分布。

8.2.1.1 反映集中化趋势的指标

反映集中化趋势的指标主要包括均值（mean）、中位数（median）和众数（mode）。其中，均值属于数值平均数，而中位数与众数属于位置平均数。当分析的目的是确定一个变量的典型数值或一组调查数据的最一般特征时，这些指标是非常有用的。

（1）数值平均数

均值或算术平均数只适用于采用比例尺度或等量尺度度量而得到的数据。用均值来反映一组数据的平均趋势时，所遇到的最大问题是容易受到一些极端值的影响，从而不能准确地反映一组变量的集中化趋势。

（2）位置平均数

中位数适用于除了用类别尺度度量所得到的数据以外的各种数据。中位数是一种位置平均数，其特点是有一半的调查数据小于它，另一半调查数据大于它。用中位数来反映一组数据的平均趋势具有稳定性，不会受个别极端值的影响。因此，用中位数来反映收入差异比较大的情形下的收入变量的平均趋势比均值要合理得多。

众数是出现次数最多的数值，适用于采用各种尺度度量得到的数据。

8.2.1.2 反映离散化趋势的指标

集中化趋势所研究的实际上是一组数据的共同特征，但有时市场营销调研还需要研究所得到的数据之间的离散程度，即差异大小。用来衡量一组数据离散化趋势的指标首先是极差（R）。极差表示一组数据中最大值与最小值之差。由于极差所反映的是一种极端的情形，因此其应用并不广泛。

实际上应用得最广泛的是方差（S^2）或标准差（S）。根据一组调查数据，利用下列公式就可以计算出标准差：

$$S = \sqrt{\frac{\sum (x_i - \bar{x})^2}{n - 1}}$$

标准差越小，调查数据落在均值附近的概率就越大，数据之间的差异也就越小，均值反映数据集中化趋势的效果也越好。标准差越大，就说明调查数据越分散，数据之间的差异也越大，用均值反映数据集中化趋势的效果也受到影响。

8.2.1.3 频数分布和百分比分布

集中化趋势和离散化趋势的度量指标都仅仅反映了总体的大致信息，并没有提供关于总体内部分布情况的足够详细的信息。市场营销调研中经常需要分析变量取值或数据的分布情况。反映数据分布情况的最简单方法是计算各个分组的频数分布和百分比分布。

8.2.2 对总体参数的推断

市场营销调研的最终目的是了解总体的情形，因此，计算出样本统计量或数字特征以后，还需要据此来推算总体的参数。依据一组调查数据来推断总体参数的方法被称作统计推断（statistical inference）或统计估计。市场营销调研中最经常遇到的问题是根据样本数据来估计总体的均值和比例。统计推断或统计估计根据所采用的方法不同又分为以下两种方法：

8.2.2.1 点估计

点估计的基本思路是直接用样本均值来估计总体均值。对于简单随机抽样、不会产生偏差的不分层非随机抽样或者按比例的分层抽样来说，样本的均值是总体均值的无偏估计。但是，在按比例的分层抽样情形下，如果样本回收情况不理想，原来的按比例分层抽样变成不按比例的分层抽样，再用样本均值来估计总体均值就会产生较大的偏差。这就意味着，在计算用于估计总体均值的样本均值时，要注意防止产生偏差。

上述想法如果从纯粹的数据分析角度看，就是对于一组未经分组的调查数据来说，根据众所周知的计算样本均值$\overline{X}$的公式，只要样本数足够大，就可以得到总体均值的无偏估计。但是对于分组数据而言，在计算均值时，特别要注意对于不同组别所加的权数要合适。事实上，很多调研人员在计算分组数据的均值时，由于采用的权数不合理，由此所产生的误差可能是很严重的。

例8-2说明了在分层抽样的情况下经常可能发生的误差。

【例8-2】为了调查某100万人口的城市中人均消费某种果酒的情况，调研设计决定选取2 000人的样本进行抽样调查。根据对这种果酒消费情况的初步分析，总体可以分为3个层次或者小市场面：第一层是18岁以上的男性居民；第二层是18岁以上的女性居民；第三层是18岁以下的男女青少年。根据二手资料，该城市中第一层、第二层和第三层的人口比例分别为38.5%、38.5%和23%。因此，在各层中按比例选取样本，分别选取770、770和460人作为样本，并实施了问卷调查。

调查结果是，各层中回收的问卷数分别为540、444和216，合计1 200人，总的回收率仅为60%。调查得到这1 200个样本共消费所调查的果酒3 524.4千克。于是，有人根据上述数据计算得到总体的人均年消费量为：

3 524.4÷1 200=2.937（千克）

实际上，按上面的计算方法所得到的结果包含了很大的误差。如果我们先计算每一个层次样本的人均消费量，再对3个层次的结果进行综合，情况就会大不相同。假如计算得到，第一层人均年消费量为5.5千克，第二层人均年消费量为1.2千克，第三层人均年消费量为0.1千克，则1 200人共消费果酒：

5.5×540+1.2×444+0.1×216=3 524.4（千克）

按上述算法计算得到的结果就意味着：

（5.5×540+1.2×444+0.1×216）÷1 200=2.937（千克）

由此可见，上述算法实际上是按回收样本的比例进行了加权，这个估计值显然是有偏差的。正确的结果应当是按照总体中原来各层的结构比例或者按各层计划样本的比例来加权：

5.5×0.385+1.2×0.385+0.1×0.23=2.603（千克）

由此，我们看到对于人均消费量的估计，两种估计的误差达到0.334千克（2.937-2.603）。而对全市100万名居民而言，果酒总消费量估计的误差将达到334吨。

例8-2说明的是对总体均值作估计的情形；在对总体的比例作估计时，也会发生同样的情况。

【例8-3】如果在例8-2所介绍的问题背景中，调研人员还需要增加对总体中饮用这种果酒的消费者人数比例作出估计，于是同样分3个层次进行分层抽样调查。简单的做法是在上述调查问卷中增加一个问题："您是否饮用××果酒?"假设回收的3个层次样本问卷中，第一层中有饮用者173人，第二层中有饮用者53人，第三层中有饮用者7人，各层样本中饮用者的比例数分别为32%、12%和3%。

对于总体中饮用这种果酒的消费者比例的估计，常见的错误估计是以调查结果与回收样本之比作为结果的：

（173+53+7）÷1 200=0.194

因为173=0.32×540，53=0.12×444，7=0.03×216，所以上述算法就意味着：

（0.32×540+0.12×444+0.03×216）÷1 200=0.194

与例8-2同样的原因，这种计算方法实际上也是按回收样本的比例进行加权的，所以估计结果显然是有偏差的。正确的结果应当是按照总体中原来各层的结构比例或者各层计划样本的比例来加权：

0.32×0.385+0.12×0.385+0.03×0.23=0.176

两种估计的误差达到0.018。

8.2.2.2 区间估计

无论是调研项目的委托方还是调研人员，对于调研的结果仅仅用样本的描述性统计量或者点估计的结果来说明往往是不满足的，因为抽样调查过程包含一定程度的误差。既然所得到的样本总会有某种抽样误差，于是用某一个范围来估计总体的参数将显得更加合理。影响所估计的区间大小的一个重要因素是调研人员期望的置信程度。因此，在作区间估计前，调研人员首先需要确定他们想要的置信度。市场营销调研人员想要的对置信度的典型期望值通常是90%、95%和99%等。

确定总体均值或比例的置信区间的步骤如下：

① 确定区间估计中所用的样本统计量。在估计总体均值时用样本均值$\overline{X}$，在估计总体比例时则用样本比例p。

② 计算样本的标准差。在总体均值估计问题中用样本标准差，在总体比例估计问题中也要用到样本比例p。

③ 确定样本容量。

④ 决定期望的置信度（$1-\alpha$），由此决定相应的$Z_{\alpha/2}$的值。当市场营销调研人员想要的置信度分别是90%、95%和99%时，相对应的$Z_{\alpha/2}$的值分别为1.64、1.96和2.58。

⑤ 按公式计算得到所需要的置信区间。

【例8-4】某市场营销调研公司受客户委托，需要确定A市居民家庭每年在旅游方面的花费是多少。由于受到调研费用和时间等方面的限制，公司只能进行简单抽样调查。调研人员调查了400个有代表性的家庭，发现这些样本家庭每年在旅游方面的平均花费是2.5万元，标准差为1.2万元。在要求达到90%置信度的条件下，A市居民家庭平均每年在旅游方面的花费会落在什么范围内？

这是一个典型的统计推断问题，要求根据对样本家庭的调查数据推算总体均值的置信区间。根据问题的资料，我们得到样本均值$\overline{X}$=2 500，样本标准差S=1.2。同时，置信度（1−α）=0.90，α/2=0.05，$Z_{\alpha/2}$=1.64。于是，我们直接就可以得到该市90%居民家庭每年在旅游方面的花费会落在下列区间内：

$$[\overline{X}-Z_{\alpha/2}\cdot\frac{\sigma}{\sqrt{n}},\ \overline{X}+Z_{\alpha/2}\cdot\frac{\sigma}{\sqrt{n}}]$$

直接把有关数据代入上述公式，就得到该市90%的居民家庭每年在旅游方面的花费会落在［24 016，25 984］内，即不会少于24 016元，也不会多于25 984元。

上述区间估计所研究的是总体中位于中间的某一部分个体的数量特征；但是，有时我们需要估计的是位于总体某一端的个体的数量特征。

【例8−5】某市决定对全市家庭人均收入最低的5%的家庭实施低收入家庭补助。从统计部门获悉，当地居民家庭人均收入服从均值为2 000元、标准差为800元的正态分布，则应当把能享受低收入家庭补助的家庭人均收入标准定为多少，才能恰好保证该市收入最低的5%家庭享受到该项补助？

此时，要估计的是处于家庭人均收入最低的5%居民的最高收入。我们利用总体的正态分布特性，同时注意到要估计的是位于总体某一端部分个体的数量特征，要补助的家庭收入应落在：

$(-\infty,\ \overline{X}-Z_{\alpha}\cdot\sigma)$

根据上述公式，我们就可以计算得到：

2 000−1.64×800=688（元）

由此，我们得到：到应对家庭人均收入等于和低于688元的家庭实施补助，恰好能保证该市家庭人均收入最低的5%的家庭享受到该项补助。

8.3 调查数据间的差异分析

8.3.1 对一个或两个总体间参数差异的检验

市场营销调研中最经常需要作的分析之一，是检验某个总体的均值或比例是否等于、小于或大于某个事先估计的值，或者是两个总体的均值是否相等。对于这些问题我们都可以采用假设检验的方法来完成。

每一个学过统计基础的人都应当熟悉假设检验的方法，所以，在这里我们并不打算重复介绍假设检验的方法，只是想简单地复习一下有关的知识。这样做将帮助我们更熟练地应用这种方法来解决市场营销调研中的实际问题。

假设检验包括如下5个基本步骤：

8.3.1.1 形成假设

假设检验的第一步是要明确地陈述假设。假设分为原假设H_0和备择假设H_1。这两种假设必须是互斥的。原假设与备择假设之间的关系有几种不同的情形。假如要检验某地居民每年用于购买书籍的花费是否等于500元，则此时的假设是：

H_0：$\mu=500$

H_1：$\mu\neq500$

这类想要确认是相等还是不相等的检验被称作双侧检验（two-sided test）。但是，我们也经常遇到单侧检验（one-sided test）的情形。例如下面的几种情形就都属于单侧检验。

如果我们的假设是某总体的均值究竟是等于还是大于某个数，此时的假设就变为：

H_0：$\mu=500$

H_1：$\mu>500$

当然，我们也可以假设某总体均值是不大于还是确实大于某个数，此时的假设就变为：

H_0：$\mu\leqslant500$

H_1：$\mu>500$

而在某些情形之下，我们的假设是某总体均值是不小于还是确实小于某个数，此时的假设就变为：

H_0：$\mu\geqslant500$

H_1：$\mu<500$

8.3.1.2 选择适当的检验统计量

调研分析人员需要根据所检验假设的特征来选择适当的用来检验假设的统计量。在检验总体均值或比例的情形下，我们会分别采用样本的均值或比例作为检验统计量。根据统计学的结果，样本的均值或比例也服从正态分布，因此可以根据样本统计量计算出相应的Z值或t值。对于其他类型的假设检验，我们就需要选择其他更为复杂的检验统计量。

8.3.1.3 确定判断标准

调研人员需要事先确定接受原假设还是备择假设的依据，这就是显著性水平（significance level），通常用α来表示。显著性水平也就决定了原假设的接受区域与拒绝区域的位置。当所选择的显著性水平$\alpha=0.05$时，就表示当抽样调查的结果发生的概率小于或等于0.05时，我们才拒绝原假设，接受备择假设；否则，我们就总是接受原假设。根据确定的显著性水平α，我们就可以查表决定分隔原假设的接受区域和拒绝区域的Z^*和t^*的值。

8.3.1.4 计算检验统计量并进行检验

从所研究的总体中随机抽取一个样本，计算样本的检验统计量并进行检验。如果样本的检验统计量落在接受区域内，就接受原假设；否则，就拒绝原假设。

8.3.1.5 说明检验的结果

总结检验的结果，陈述对于最初所调研问题的结论。

由于这类检验中我们要利用样本统计量的Z分布或t分布特性，因此，通常把这类检验称作Z检验或t检验。

【例8-6】向阳公司在A市经营某种特色餐饮获得了成功，计划向外地市场扩展。但是，初步的研究表明，这一特色餐饮市场的规模与当地居民每次外出就餐的人均花费有关。向阳公司初步决定，首先向那些居民每次外出就餐的人均花费不低于A市的地方拓展。已知A市居民每次外出就餐的人均花费为86元。向阳公司委托市场营销调研公司在B市进行抽样调查。结果发现，256个B市居民样本每次外出就餐的人均花费是78元，标准差为48元。向阳公司希望确定，在显著性水平α=0.10的条件下，B市是否具备作为优先开发市场的条件。

根据问题，我们形成假设如下：

H_0：$\mu \geqslant 86$

H_1：$\mu < 86$

该问题所要检验的是总体均值的大小，因此，我们选择样本的均值作为检验统计量。根据题目的意思，这是一个单侧检验问题，在检验的显著性水平α=0.10的条件下，Z_α=1.28。由此可以计算得到原假设的接受区域为：

$$(\overline{X}-Z_\alpha\cdot\frac{\sigma}{\sqrt{n}},\ \infty)$$

根据题目的已知条件，样本的均值应当大于等于下列值：

86−1.28×48÷16=82.16（元）

现在根据抽样调查的结果，B市居民每次外出就餐的人均花费是78元，小于82.16元。显然，样本的检验统计量落在原假设的拒绝区域内，所以应该决定拒绝原假设，接受备择假设。对于最初所要研究的问题而言，我们所得到的结论是，B市居民每次外出就餐的人均花费明显低于A市，因此不宜作为优先拓展的市场。

不过，正如统计学原理所告诫我们的，在进行假设检验时要注意到两类容易犯的错误，通常称为第Ⅰ类错误和第Ⅱ类错误。

第Ⅰ类错误是指调研人员根据假设检验的方法拒绝了原来正确的原假设所引起的错误，也称弃真错误。这种错误是由抽样误差所造成的。要减少第Ⅰ类错误的可能性就需要减少检验的显著性水平α的值。

第Ⅱ类错误是指调研人员没有拒绝本来是错误的原假设所引起的错误，也称取伪错误。要减少第Ⅱ类错误就需要提高在原假设错误的时候就拒绝它的概率。通常，我们把发生第Ⅱ类错误的概率称为β。因此，要减少第Ⅱ类错误就要减少β值。

但是，由于第Ⅰ类错误和第Ⅱ类错误并不是互补的，而且一般$\alpha+\beta\neq1$，所以要确定合适的α值并不容易。调研人员在确定α值时，首先必须与调研委托方商讨，由此决定究竟是第Ⅰ类错误还是第Ⅱ类错误所产生的后果将会更严重。如果拒绝了原来正确的原假设会带来严重的后果，就应当取较小的α值，保证尽量不拒绝正确的原假设。如果接受了原来错误的原假设会带来严重的后果，就应当取较小的β值，保证尽量不接受错误的原假设。

但是，β值是从来不能提前设定的。当我们减少α值时，β值就自然变大了。所以，如果想要减少第Ⅱ类错误，就应当减少β值，这可以通过选择一个较大的α值来实现。

如果第Ⅰ类错误和第Ⅱ类错误的影响没有太大的差别，那么通常会把α值设定为0.05。

8.3.2 多个总体间参数差异的检验

对于3个或3个以上总体均值之间差异的检验，如果仍然采用Z检验或t检验的方法来解决，就需要进行多次的、每次两两的比较检验。这样就会显得缺乏效率，也会增加出现第Ⅰ类错误的可能性。解决这类问题的适当方法是使用方差分析（analysis of variance，ANOVA）。方差分析中的方差的意思并不是去计算一组数据的方差或标准差，方差分析是一种检验不同总体均值之间差异的方法。由于方差分析所要检验的并不是总体是等于还是不等于某个数，而是不同总体间的均值是否相等的问题，所以方差分析是一种非参数的假设检验。

【例8-7】齐力市场营销调研公司受绿世界房地产开发公司委托，对后来计划开发的某楼盘的3种户型结构进行评价。为了调研当地潜在顾客对3种不同户型的偏好和满意程度的差异，调研公司请了42位潜在顾客分别对3种不同户型的偏好和满意程度按百分制进行评价，结果如表8-1所示。现在，齐力市场营销调研公司的分析人员需要确定，在检验的显著性水平α=0.05的条件下，潜在顾客对3种不同户型的偏好和满意程度是否存在明显的差异。

表8-1 **潜在顾客对不同户型的评价结果**

户 型	偏好和满意程度评分	均 值
A	78，86，65，69，89，91，72，81，76，83，90，69，71，89	79.21
B	65，75，86，88，79，64，82，79，91，64，81，82，73，65	76.71
C	83，79，63，64，79，82，87，91，63，78，82，83，85，84	78.79

这一问题所要研究的是3个总体均值之间是否存在明显差异的问题，因此，可以用方差分析法来解决。应用方差分析法时的主要步骤如下：

8.3.2.1 提出假设

针对上述问题，我们形成的假设是：

H_0：$\mu_1=\mu_2=\mu_3$，即潜在顾客对不同户型的评价无差异。

H_1：不是所有的μ_i（i=1，2，3）都相等，即潜在顾客对不同户型的评价有明显差异。

8.3.2.2 计算样本的组间离差方和（*SSA*）和平均组间离差方和（*MSA*）

$$SSA=\sum_{i=1}^{k}n\cdot(\overline{X}_i-\overline{X})^2$$

对于例8-7而言，我们可以计算得到SSA=50.048。

$$MSA=\sum_{i=1}^{k}n\cdot\frac{(\overline{X}_i-\overline{X})^2}{k-1}$$

例8-7所研究的是3个总体的情形，因此，k=3，MSA=25.024。

8.3.2.3 计算样本的各组组内离差方和（SSE）和平均组内离差方和（MSE）

$$SSE=\sum_{i=1}^{k}\sum_{j=1}^{n}(X_{ij}-\overline{X}_i)^2$$

根据例8-7所提供的数据，计算得到SSE=3 225.571。

$$MSE=\sum_{i=1}^{k}\sum_{j=1}^{n}\frac{(X_{ij}-\overline{X}_i)^2}{N-k}$$

对于例8-7所提供的观察数据总数，N=42，由此，计算得到MSE=82.707。

8.3.2.4 计算F统计量

$$F=\frac{MSTR}{MSE}$$

式中：$MSTR$表示组间均方差。根据统计学的结果，这一统计量服从F分布。对于例8-7而言，可以计算得到F=0.303。

8.3.2.5 确定接受区域和拒绝区域，实施检验

根据问题中事先给定的检验显著性水平α的值，我们就可以查表，得到F^*，从而决定接受区域与拒绝区域的分界线。对于例8-7，由于问题事先给定的显著性水平α=0.05，则我们可以查表得到：

$F^*_{0.05}$（2，39）=3.23

现在由于$F=0.303<F^*_{0.05}$（2，39）=3.23，样本的检验统计量F落在接受区域内，因此，我们就接受原假设，说明潜在顾客对于3种不同户型的偏好和满意程度没有明显的差异。

不过，实际上我们在应用方差分析法解决问题时，总是应用计算机软件来完成繁杂的计算的。此时，我们只要根据计算机所输出的方差分析表，就可以得出方差分析的结论。对于例8-7，我们得到的方差分析输出结果如表8-2所示。

表8-2 方差分析输出结果

方差来源	离差平方和	自由度	均方差	统计检验量F	Sig.或p
组间	50.048	2	25.024	0.303	0.741
组内	3 225.571	39	82.707		
总方差	3 275.619	42			

从表8-2中我们看到，根据样本计算得到的F=0.303的发生概率达到0.741，远大于检验的显著性水平α=0.05，所以得到的结论同样是接受原假设。因此，我们的结论仍然是，潜在顾客对3种不同户型的偏好和满意程度没有明显的差异。

8.4 变量间关系的分析

市场营销调研人员通常所关心的变量之间的关系主要是3种类型：几个变量的影响之间是否独立、变量之间是否相关，以及变量之间是否存在线性回归关系。

8.4.1 变量间独立性检验

市场营销调研人员经常会遇到所关心的变量受到两个或两个以上其他变量影响的情形，此时就需要确定这两个或两个以上的变量对某个所关心变量的影响是否独立。例如：

① 不同业务人员的业绩好坏是否与他们在哪些地区开展业务活动有关？如果业务人员与不同地区这两个变量是相互独立的，营销经理们在分派不同的业务人员到不同地区工作时就具有更大的自由度；否则，就需要考虑把每一个业务人员分派到最适合他们工作的地区去。

② 在研究人们对某类产品的购买行为时，我们会关心顾客的性别或收入状况与他们对品牌的选择是否存在联系。如果存在某种联系，则对于这种产品而言，顾客的人口统计特征变量与品牌之间是不独立的。对于某种品牌的产品，营销重点就应该指向某些特定的人群；否则，某种品牌的产品就可以实施无差异的策略，面向所有的消费大众。

对于这类问题，我们都可以用χ^2检验中的独立性检验（test of independence）来解决。下面我们用一个例子来说明独立性检验的方法和步骤。

【例8-8】某市场营销调研公司根据调查得到的某地不同收入阶层消费者购买不同品牌的某类产品的资料如表8-3所示。现调研人员需要分析，在显著性水平$\alpha=0.05$的条件下，消费者购买这类产品时，收入因素与品牌因素对消费者的影响是否独立。

表8-3　**不同收入消费者购买不同品牌的人数**

项　目	品牌A	品牌B	品牌C	品牌D
低收入者	100	150	180	200
中收入者	250	300	350	450
高收入者	450	500	600	800

变量之间的独立性检验可以用χ^2检验来解决。与方差分析一样，χ^2检验也是一种非参数的假设检验，其具体方法和步骤如下：

8.4.1.1 提出假设

H_0：两个变量之间是独立的，即相互没有影响。

H_1：两个变量之间是不独立的，即相互有影响。

8.4.1.2　计算检验统计量χ^2

定义：$\chi^2=\sum\sum\frac{(O_{ij}-E_{ij})^2}{E_{ij}}$

式中：O_{ij}为问题中给定的观察数据；E_{ij}为与每一个O_{ij}相对应的期望值。期望值E_{ij}是根据如下公式计算得到的：

$$E_{ij}=n\cdot\frac{O_{i\cdot}}{n}\cdot\frac{O_{\cdot j}}{n}=\frac{O_{i\cdot}\cdot O_{\cdot j}}{n}$$

式中：$O_{i\cdot}=\sum_{j=1}^{m}O_{ij}$；$O_{\cdot j}=\sum_{i=1}^{k}O_{ij}$。

利用上面的公式计算出期望值，得到表8-4。

表8-4　　购买不同品牌的不同收入消费者人数期望值

项　目	品牌A	品牌B	品牌C	品牌D
低收入者	116	138	164	211
中收入者	249	296	352	452
高收入者	434	516	613	787

根据表8-3和表8-4，利用上述公式，就可以计算出χ^2了。根据本题中的数据计算得到$\chi^2=7.05$。

8.4.1.3　实施χ^2检验和决策

首先确定出χ^2检验的临界值。χ^2检验的临界值决定了原假设的接受区域与拒绝区域的位置。当χ^2落在接受区域时就接受原假设；否则，就拒绝原假设，接受备择假设。χ^2检验的临界值可以根据检验的显著性水平α和χ^2的自由度查表来得到。χ^2的自由度为观察数据的（行数-1）×（列数-1），即为6。查表得到χ^2的临界值$\chi^{2*}=12.6$。由于$\chi^2=7.05<12.6=\chi^{2*}$，所以我们得到的结果是，接受原假设，即在$\alpha=0.05$的条件下，消费者的收入与他们所购买的品牌之间是独立的，相互没有影响。

8.4.2　变量间相关分析

市场营销调研经常需要确定两个变量的变化之间是否存在某种相关关系的问题，即当一个变量变化时另一个变量是否也跟着相应地作某种变动。例如，为了衡量公司广告投入的效果，就需要确定某一时期内销售量或销售额与广告费用之间是否存在相关关系。有时则需要研究消费者对某类消费品的消费量与某个环境因素，如气温、降雨量或冰冻天数之间是否存在某种相关关系等。对于这类问题，我们可以通过相关分析来解决。

相关分析中最简单的情形是研究两个变量之间是否存在线性相关关系。具有线性相关关系的两个变量之间的相关程度可以用线性相关系数来表示。在线性相关分析中，最常用的是皮尔逊相关系数（Pearson correlation coefficient）。皮尔逊相关系数（r）的计算公式如下：

$$r=\frac{\sum(x_i-\bar{x})(y_i-\bar{y})}{\sqrt{\sum(x_i-\bar{x})^2}\sqrt{\sum(y_i-\bar{y})^2}}$$

式中：x_i、y_i分别为变量X与Y的观察值，$\bar{x}$、$\bar{y}$分别为变量X与Y的观察值均值。

按上述公式计算得到的相关系数r落在一定的范围内：$-1\leqslant r\leqslant 1$。r的数值大小决定了两个变量之间相关程度的大小，r的正负决定了两个变量变化的方向。r的绝对值越接近于1，就说明两个变量之间的相关性越强；否则，变量之间的相关性就越弱。当r接近或等于0时，两个变量完全不相关；当$r>0$时，两个变量正相关，当一个变量增加（或减少）时，另一个变量也增加（或减少）；当$r<0$时，两个变量负相关，当一个变量增加（或减少）时，另一个变量则减少（或增加）。

【例8-9】百合花礼品集团在为集团的连锁店选址过程中发现，礼品连锁店的年销售额似乎与周边的客流量有关。为了确定究竟是否存在某种相关关系，公司组织力量对礼品连锁店的年销售额和周边客流量进行调查，获得一手资料（见表8-5）。要求：该礼品连锁店的年销售额和周边客流量之间是否确实存在线性相关关系？

表8-5　**礼品连锁店的年销售额和周边客流量的资料**

礼品连锁店编号	周边客流量（千人/天）	年销售额（万元）
1	1.3	35.1
2	1.6	40.2
3	2.5	73.2
4	3.7	95.4
5	2.1	60.2
6	0.8	25.0
7	3.9	109.9
8	4.5	129.0
9	3.0	95.1
10	1.0	29.4
11	0.5	16.0
12	3.4	88.8
13	2.1	55.1
14	1.7	55.3
15	4.2	125.2

利用皮尔逊相关系数的计算公式，可以得到r=0.989。

这说明该礼品连锁店的年销售额和周边客流量之间确实存在很强的线性正相关关系。对于周边客流量大的礼品连锁店来说，其年销售额也相应地较大。因此，百合花礼品集团就可以根据某地客流量的大小来大致推测出计划新开设礼品连锁店的年销售额情况。

8.4.3 变量间回归分析

如果在确认两个变量之间存在相关关系之后，还想要继续找出这两个变量之间是否存在某种具体的线性关系，就需要进行回归分析（regression analysis）了。不过，应当注意到，与相关分析不同，回归分析是一种因果分析。所以，在回归分析之前，首先要决定两个变量中哪个变量代表的是原因，哪个变量代表的是结果。两个变量中代表原因的那个是自变量，代表结果的那个是因变量。我们总是把自变量定义为x，把因变量定义为y。回归分析是确定两个变量x和y之间的数量关系。最简单的线性回归分析是确定一个一元线性回归方程：

$$y=a+bx$$

确定一个一元线性回归方程的关键是根据一组观察值来估计回归方程的系数a与b，最常用的方法是最小二乘法。根据最小二乘法，可以根据变量x与y的一组观察值（x_i，y_i）计算得到回归系数a与b的一组估计值：

$$b=\frac{\sum x_i y_i-\frac{1}{n}\sum x_i\sum y_i}{\sum x_i^2-\frac{1}{n}(\sum x_i)^2}$$

$$a=\frac{\sum y_i}{n}-b\frac{\sum x_i}{n}$$

在求出系数a与b以后，我们就可以得到回归方程了。对于例8-9的数据，我们可以得到：

$$y=0.986+28.047x$$

在得到回归方程以后，我们还需要检验该方程的有效性。为此，我们可以采用3种不同的方法，从不同的角度来检验回归方程的有效性。

8.4.3.1 方差分析

方差分析可以用来检验自变量与因变量之间的总体回归效果。为了检验回归方程的有效性，进行方差分析时的原假设和备择假设分别为：

H_0：自变量与因变量不线性相关，回归方程无效。

H_1：自变量与因变量线性相关，回归方程有效。

对于例8-9，我们采用SPSS统计分析软件进行回归分析，可以得到回归分析的F检验结果（见表8-6）。

表8-6　　回归分析的F检验结果　　ANOVA[b]

Model	Sum of Squares	df	Mean Square	F	Sig.
1 Regression	18 567.748	1	18 567.748	601.635	.000[a]
Residual	401.208	13	30.862		
Total	18 968.956	14			

a. Predictors：(Constant)，VAR00001

b. Dependent Variable：VAR00002

检验结果表明，根据一组样本计算得到的F=601.635，其发生的概率Sig.=0.000，因此拒绝原假设H_0，接受备择假设H_1，即我们认为回归方程有效。

8.4.3.2 判别系数

判别系数（coefficient of determination）即相关系数的平方，记作R^2，也可以用来检验变量间的总体相关关系。判别系数越接近1，回归方程的效果就越好。对于例8-9，R^2=0.979，说明两个变量之间确实存在很强的线性相关关系，也说明回归方程是有效的。

8.4.3.3 t检验

回归方程到底是否有效，还取决于自变量的系数究竟是否等于0。若自变量系数确实不等于0，或与0之间有明显的差异，就表明方程是有效的；否则，回归方程是无效的。所以，要检验方程是否有效也可以用t检验，来检验自变量x的系数是否确实不为0。这样一来，回归方程有效性的检验也就变为如下的假设检验问题：

H_0：$b=0$

H_1：$b\neq 0$

采用SPSS统计分析软件进行回归分析，可以得到与t检验有关的一张表。对于例8-9，我们得到与t检验有关的输出表（见表8-7）。

表8-7　　回归分析与检验有关的输出表　　Coefficients[a]

Model	Unstandardized Coefficients		Standardized Coefficients	t	Sig.
	B	Std. Error	Beta		
1 (Constant)	.986	3.117		.316	.757
VAR00001	28.047	1.143	.989	24.528	.000

a.Dependent Variable：VAR00002

从表8-7看到，一元线性回归方程的常数项等于0.986，自变量x的系数为28.047。对自变量的系数作b=0的假设检验，得到t=24.528，其发生概率几乎为零。所以，我们拒绝原假设，认为自变量x的系数不可能为零，回归方程是有效的。

8.5 多变量分析方法

市场营销调研中所面临的实际问题往往受到多于一个自变量的影响，要用一个或两个变量来描述所调研的对象经常难以达到理想的效果。所以采用多变量分析方法来研究实际问题是非常必要的。另一方面，计算机硬件和软件技术的发展也为多变量分析方法的应用提供了基础和工具。现在，市场营销调研人员要想方便地分析大量且复杂的数据已经成为可能，多变量分析方法已经成为资料分析中一种重要的工具和手段。这里我们简单介绍最常用的3种多变量分析法：因子分析法、聚类分析法和判别分析法。

8.5.1 因子分析法

因子分析法（Factor Analysis Method）是一种研究一组变量之间相互关系的多变量统计分析方法。其可以从一组变量的观察值中分析出决定和影响这组变量变化的、共同的本质因素，我们把它们称为因子。这样把数量上较多的原始变量简化、压缩或概括为数量上较少的综合变量，加深对所研究问题本质的认识。

8.5.1.1 因子分析法的作用

（1）揭示变量之间的相互关系

市场营销调研中所遇到的问题通常是多变量的。例如，在研究顾客对不同品牌商品的购买决策时，企业必须考虑到顾客的选择是对商品的价格、式样、包装、商标和质量等一系列因素进行综合评价的结果。企业在决定某一种商品的销售渠道时，也必须考虑到不同中间商的经营能力、经济实力、地理位置、知名度以及公司之间合作时间长短等多种因素。对于某一个特定问题而言，影响问题的各个变量相互之间往往存在一定的相关性，可能都受某种共同因素的强烈影响。因子分析法可以帮助我们发现原始变量中所隐含的相互关系，认清问题的本质，使研究的结果更加明确、深刻。

（2）使问题更简单、直观

因子分析法通过确定初始因子，继而进行因子旋转，压缩和简化变量，大大减少变量的个数，达到简化问题的目的。曾经有人对于消费者购买鱼和肉类产品的态度和行为进行了研究，发现不同的消费者对购买鱼、牛肉、羊肉、猪肉和鸡肉的态度和行为往往是不同的。然后，他对部分消费者购买上述5种食品的态度和行为进行了调查，并用因子分析法进行分析。结果发现，当地消费者购买这类产品时，主要考虑的只是两个因素：脂肪含量以及价格。这两个因素正是影响人们对于5种食品有不同购买态度和行为的共同因子，从而使所研究的变量减少到了两个，大大简化了问题的性质。

8.5.1.2 因子分析法的相关问题

（1）因子的含义和因子得分

因子分析法中所谓的因子，实际上是一系列所研究的初始变量的线性组合。例如，在某次因子分析中，从所研究的5个初始变量中得到如下的两个因子：

$F_1=0.03x_1+0.41x_2+0.01x_3+0.15x_4+0.63x_5$

$F_2=0.33x_1+0.14x_2+0.21x_3+0.52x_4+0.04x_5$

实际上，因子F_1和F_2是从原始变量中新产生的一组变量，又综合了5个原始变量的变化，这样就使我们达到了压缩和简化初始变量的目的。同时，根据对于原始变量的一组观察值，我们又可以计算出因子F_1和F_2的相应值，将其称作因子得分（factor score）。当用因子分析的结果来预测或解释某些现象时，就需要用因子得分作为输入量。

（2）因子载荷

因子载荷（factor loading）是指分析每一个原始变量x_i对于因子F_j影响的大小。例如，在某次因子分析中，得到因子载荷如下：

$x_1=0.42F_1+0.56F_2+0.02F_3$

…

$x_5=0.03F_1+0.16F_2+0.28F_3$

在统计上可以证明，因子载荷方程中的每一个载荷值是每一个原始变量x_i与相应的因子F_j的相关系数。如果原始变量x_i与因子F_j紧密相关，相应的载荷值就大。

（3）旋转、决定因子数目和因子命名

初始得到的一组因子与原始变量之间的关系往往是没有规律的，因此，因子本身的实际含义也常常是不明确的。为此，需要对坐标轴进行旋转，使原始变量与因子间的载荷尽可能地接近绝对值1或者0。对于经过旋转后的一组因子，还需要决定所保留因子的数目。这需要在精确性和简洁性两方面作权衡。要使新的一组因子更精确地反映原始变量的变动状况，需要保留较多的因子，但这样做会使问题仍然显得过于复杂。而仅保留较少的因子，尽管在反映原始变量的变动方面会产生误差，却能使问题变得简单而明确。最后保留下来的因子在经济、物理或统计上的含义也会比较清晰。分析人员可以根据经过旋转后得到的最终一组因子与原始变量之间的关系，对最终一组因子命名。

（4）利用新因子对原问题进行研究

在得出一组新因子并对新因子命名以后，就可以根据新因子对原问题开展研究了。由于新因子的个数要远少于原问题的变量，所以利用新因子对原问题进行研究会简单得多，就有可能得出更合理、正确的结果。

8.5.2 聚类分析法

聚类分析法（Cluster Analysis Method）是一种研究分类问题的多元统计分析方法。

8.5.2.1 聚类分析法的作用

聚类分析的主要作用是将对象或事物进行分类，使归入同一类中的对象或事物尽量具有类似的特性，而不同类别之间的对象或事物具有显著的差异。

市场营销调研中存在大量的分类问题，在实施市场细分策略时就需要对消费者进行分类，把动机、行为、态度和习惯等特征比较一致的消费者归入一类，组成一个细分市场，从而把整个市场划分为若干细分市场。由于影响市场需求的因素很多，各种因素相互影响，会产生交互作用，因此，不能只依据某一个因素进行划分，而要用一系列因素的组合来确定分类的结果。这就需要采用一定的数学方法，将有关因素综合起来分析。聚类分析法正是提供了解决这类问题的一种方法。

除了实施市场细分策略需要对消费者进行分类外，市场营销调研中还需要对产品、各类商店、营销业务人员、广告进行分类等，这些分类问题都可以用聚类分析法来解决。

8.5.2.2 聚类分析法的原理

聚类分析法中用来作为分类依据的因素被称为指标。如果我们按顾客的年龄、收入和文化程度来进行分类，年龄、收入和文化程度就是3个指标。我们把每一个分类对象称为一个样本，对于每个样本都可以得到相应的一组指标的值，称其为样本观察值。假如在一次调研中获得了一批样本的观察值，聚类分析是根据关于这些指标的样本观察值，找出一些表示样本之间相似程度的度量值，然后以这些度量值作为划分类型的依据；把一些互相比较相似的样本归入一类，另一些互相比较相似的样本归入另一类，如此继续，直到把所有的样本都聚合到不同的类别中。

8.5.2.3 聚类分析中分类指标的类型和确定方法

聚类分析的关键是测量被研究对象之间的相似性，根据相似性对研究对象进行分类。衡量研究对象之间相似性的数量指标通常有以下两种：

（1）距离

如果我们是以N个指标对样本进行分类，就可以把每个样本观察值都看作N维空间中的一个点。这样，两个样本之间的相似程度就可以用N维空间中两个点之间的距离来度量。我们总是把距离相对接近的那些样本归入同一类。通常会采用明考斯基（Minkowski）距离作为度量函数。

设样本i的观察值为（$x_{i,1}$，$x_{i,2}$，…，$x_{i,N}$），样本j的观察值为（$x_{j,1}$，$x_{j,2}$，…，$x_{j,N}$），如果用$D_{i,j}$表示两个样本观察值之间的距离，则：

$$D_{i,j} = [\sum_{k=1}^{N}(x_{i,k} - x_{j,k})^q]^{\frac{1}{q}}$$

式中：$x_{i,k}$，$x_{j,k}$（k=1，2，…，N）分别为样本i和样本j的观察值。

明考斯基距离最常用的形式是当q=1或2的情形。

当q=1时：

$$D_{i,j} = \sum_{k=1}^{N}|x_{i,k} - x_{j,k}|$$

这是通常的绝对值距离。

当q=2时：

$$D_{i,j} = \sqrt{\sum_{k=1}^{N}(x_{i,k} - x_{j,k})^2}$$

这是通常二维空间中两点之间的距离。

（2）关联系数

以距离作为分类依据的出发点是，认为样本指标的绝对值包含了有用的信息，但有时样本指标的相对值才包含对问题有用的信息。例如，有时我们认为指标值成比例的两个样本才是完全相似的。此时，用距离作为度量指标就不合适了，我们通常会采用关联系数作为度量相似性的指标。我们每次总是把关联系数最大的那些样本归入同一类。最常用的关联系数有以下两种：

① 夹角余弦。把样本i的观察值与样本j的观察值分别看作N维空间中的两个向量，它们之间的夹角余弦记作$\cos\theta_{i,j}$，则由解析几何的知识可知：

$$\cos\theta_{i,j}=\frac{\sum_{k=1}^{N}x_{i,k}x_{j,k}}{\sum_{k=1}^{N}(x_{i,k})^2\sum_{k=1}^{N}(x_{j,k})^2}$$

$\cos\theta_{i,j}$越接近于1或者-1，样本i与样本j就越相似。

② 相关系数。我们也可以把根据两个样本的观察值计算得到的皮尔逊相关系数r定义为实施聚类分析的指标，于是两个变量观察值之间的关联系数可以按下列公式来定义：

$$r_{i,j}=\frac{\sum(x_{i,k}-\bar{x}_i)(x_{j,k}-\bar{x}_j)}{\sqrt{\sum(x_{i,k}-\bar{x}_i)^2}\sqrt{\sum(x_{j,k}-\bar{x}_j)^2}}$$

式中：$\bar{x}_i$和$\bar{x}_j$分别为（$x_{i,1}$，$x_{i,2}$，…，$x_{i,N}$）和（$x_{j,1}$，$x_{j,2}$，…，$x_{j,N}$）的平均值。

8.5.2.4 实施聚类分析的方法

用聚类分析法对样本进行分类时的计算方法通常有以下两种：

(1) 系统聚类法（由下向上法）

把每个样本看作一类，计算样本间的距离或者关联系数，然后根据样本间的最小距离或最大关联系数，把最接近的样本合并成为一类，再重新计算各类别之间的距离或相关系数，再归类，直至把所有的样本都合并成所要求的聚类数目为止。用这种方法进行计算时，样本间的距离很容易求得，但类别与类别之间的距离有各种不同的定义法。通常使用的是最短距离法，即把两类中样本之间最短的距离定义为类别与类别之间的距离。

(2) 逐步聚类法（由上向下法）

这种方法首先把所有的研究样本都看作一类，或粗略地分成指定的若干类，然后按照某种最优的选择原则，将每一类样本重新进行调整，分解成为几个新的类别，如此继续，直到分类的结果满足要求为止。

采用逐步聚类法进行分类时通常有3个步骤：

首先，选择凝聚点。凝聚点是指一些有代表性的可作为初步分类的核心。凝聚点选择的好坏会直接影响随后的初步分类、最终分类的结果和计算时间，因此尽量要选择得合理一些。

其次，初步分类，将全部样本按照凝聚点初步划分成若干相互独立的类别。

最后，调整分类，将每个类别中的样本按初步分类时所规定的原则进行调整，把不合适的样本归入其他类别中，直到调整结果满足要求为止。

无论是系统聚类法还是逐步聚类法，要分解到何种程度或多少类别都是需要调研人员进行主观判断来决定的。判断的原则是尽量使得对每一类的解释比较容易，而且分类结果要具有一定的稳定性。

8.5.3 判别分析法

8.5.3.1 判别分析法的应用

判别分析法（Discriminant Analysis Method）是一种判断样本所属类型的多变量统计分析方法。判别分析法所研究的是，在已知被研究对象分成若干类别的情况下，判断新的样本应当属于哪一类的问题。判别分析法与前面所讨论的因子分析法和聚类分析法不同，后两者都是研究分类问题的，判别分析法则是研究判断新样本应当属于哪一种已知类型的问题。

判别分析法在市场营销调研中有广泛的应用。例如，在决定引进何种新产品的市场营销调研中，如果公司拥有以前引进的许多产品的资料，某些是成功的，某些是失败的，判别分析就可以根据各种有关变量的历史资料来建立起判断哪些新产品可能成功、哪些新产品可能失败的判别模型。如果判别模型对于过去所引进产品成败的评价是成功的、有效的，就可以用来对新产品的成功率进行预测。判别分析法也能通过比较两组或更多组的消费者特征，识别他们之间的区别，从而决定某一个新的消费者究竟属于哪一类。我们也可以利用判别分析法研究一种产品或服务的用户与非用户之间的差别、一个商店的顾客与另一个商店的顾客之间的差别，以决定一个新对象所属的类别。

8.5.3.2 判别分析法的步骤

为了判别一个新对象所属的类型，要解决两个相互关联的问题。首先，需要把有关的变量以某种方式组合起来，使得它们的判别能力达到最大。其次，要建立一个规则，使得据此能把一个新对象归入某一类之中。

（1）确定判别函数

假如为了掌握某类产品用户的特点，调研公司抽样调查了50名消费者，其中，25人是这类产品的用户，另外25人是非用户。经过调查，初步确定消费者究竟是用户还是非用户是由消费者的年龄和收入两个因素所决定的。为此，我们调查每个消费者样本的年龄和收入情况。于是，我们就可以把每个人表示为由年龄和收入所定义的二维空间中的一个点，用U表示用户，用N表示非用户。

从图8-1中可知，用户的收入较高，而年龄一般较轻；非用户一般年龄较大，而收入较低。但是，不管对于收入还是年龄，用户与非用户的调查资料都有一定程度的重叠。

如果我们能找到上述两个变量的某种线性组合，使得用组合后的新变量的值来判别某个新的对象究竟是属于两类中的哪一类，就有可能比单纯用一个变量来判别的效果更好。这种线性组合被称作判别函数，可以表示为：

$$Y=a_1X_1+a_2X_2$$

式中：Y为判别函数的值；X_1为消费者的收入；X_2为消费者的年龄；a_1、a_2分别为两个变量的权重系数。

对于每一个被调查者的收入X_1和年龄X_2，根据判别函数，我们就可以得到一个确定的判别函数值Y。这个值就表示判别函数对于被调查者究竟属于哪一类的估计值。

图8-1表示了一个判别函数以及它的观察值的分布情况。我们看到，尽管用户组和非

用户组仍然有重叠，但是两个组的判别函数值的重叠，明显比单个变量值的分布要少得多。

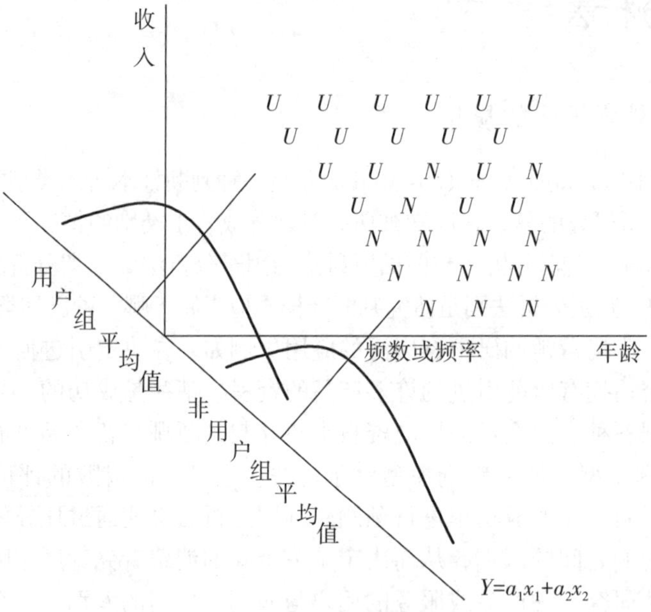

图8-1 判别分析原理图

可见，我们要寻找的判别函数，在只分为两组的情形下，要求根据两个初始变量X_1和X_2的取值，计算得到Y的值，在同一组内的变差要尽可能地小，而在不同组计算得到的均值之间的差异要尽可能地大。于是判别函数可以根据使下式达到最大化来确定：

$$\max\left(\frac{\text{不同类别的}Y\text{均值之间的差异}}{\text{同一类别内}Y\text{值的变化}}\right)$$

给定了判别函数，则对于两组样本的Y值以及每一组内的Y值的变差都是容易计算得到的。在只分为两组的情形下，应用回归分析不难决定判别函数中的判别系数的值，即使用于判别分析的分类变量多于两个，也可以用多元回归分析来决定。

(2) 对新对象进行分类

在确定判别函数以后，就可以对新对象进行分类了，即根据新对象的判别函数的值决定其所属的类别。为此，我们首先根据新对象对于两个原始变量的观察值，应用判别函数计算出新对象的Y值，然后决定这个Y值是接近于用户组的Y均值还是接近于非用户组的Y均值。如图8-2所示，Y轴上两个均值之间的中点是分类中的临界点。当然，分类也不是非常完美的。对于某些对象也许会产生错误的分类。可是，如果判别函数是有效的，错误的数目就可以很少。

有两种情况可能改变调研人员把新对象归入Y轴上离均值最接近的一类的规则。

第一种情形是错误分类所产生的成本对于每一类型是不一样的。例如，调研人员宁可把一个非用户看作用户，而不愿把一个可能的用户看作非用户。这时，分类的临界点就可能向非用户的均值方向移动。

第二种情形是其中一类中的个数可能大大超过其他类别中的个数。例如，如果总体中的90%是用户，则对于随机选择的对象，不管所得到的判别函数的值是多少，都更可能是用户。因此，临界点的位置也应当根据总体中各个类别的大小来进行调整。

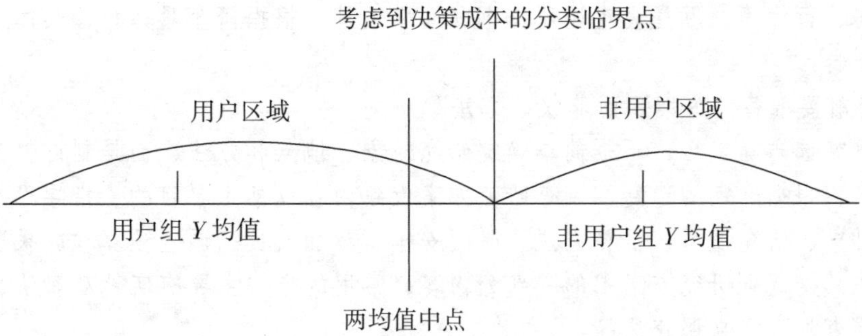

图8-2 考虑决策成本后的分类临界点

应用判别分析法不仅可以把总体分为两组或两群，还可以把总体分为更多的组或群。当要求把总体分为多于两组时，通常需要确定几个判别函数。显然，一个判别函数能够进行分为2个组的判别分析，3个组之间的差异要描在一条直线上就有困难了。此时，可以再确定一条与第一条直线垂直的判别函数（直线），3个组的均值就能够表示在一个二维空间中了。一般来说，调研分析人员需要确定的判别函数数目等于分组数目减去1。不过，实际上即使要分的组数大于3组，通常2至3个判别函数也够了。

当组数大于2时，把某一个对象归入某一组的处理方法也与分为2个组的情形相同。首先，根据每个判别函数决定每组的均值。对于要分组的新对象，也根据判别函数计算出相应的值，据此一般情况下即可决定所属的组或群。对于特定情况，要分组的新对象在满足根据分类错误的成本以及各组的规模大小不同进行调整的条件下，也可以归入另外适当的组或群。

素养园地

调查研究应注意的问题

党的二十大报告指出："弘扬党的光荣传统和优良作风，促进党员干部特别是领导干部带头深入调查研究，扑下身子干实事、谋实招、求实效。"领导干部要提高调查研究的水平和成效，必须注意以下问题：

1.调查前要准备"问题"而非仅"选题"

紧紧围绕"问题"展开，无论是问题的真相和全貌、问题的本质和规律，还是解决问题的思路和对策，都是以"问题"作为出发点和落脚点。可以说，问题意识是做好领导干部调查研究工作的重要基础，问题意识强否、能否抓住关键问题，将决定调查研究工作的成效。领导干部调查研究的选题必须紧扣现实工作需要，出发点是为党委、政府工作提供所需的对策建议，落脚点是解决经济社会中的具体问题。

2.调查前要准备"设计"而非仅"设备"

科学严谨的调查研究之前必须精心设计选题，而非仅仅准备调查研究的设备。设计选题重点把握以下几个关键环节：一是查阅文献资料，通过查阅文献资料掌握初步情况；二是提出研究假设，通过文献资料研究，推测性判断调查对象的特征及有关现象之间的关系，从而进行尝试性设想，明确重点、方向，使调查研究具体化；三是完成概念具体化，具体化是调查访谈提纲和问卷设计的前提和基础；四是确定调研内容，调研内容通常包括状态、意向、行为等；五是设定调研提纲和问卷设计，根据概念具体化，具体设计调研提纲和设计问卷。

3.调查前要准备“方案”而非仅“方法”

调查研究选题确定后，不是简单确定研究对象、地点和方法，而是制订较为完备的调查研究方案。根据确定的选题，调查研究方案大致内容包括主要目的、指导思想、基本原则、具体对象、研究设计、主要方法、时间安排、参加人员、调查预算和成果要求等。调查研究方法只是调查研究方案中的一部分内容，常用的方法主要有实地观察法、访谈调查法、问卷调查法、文献调查法等。

4.调查中要带着“疑点”而非“观点”

“提前预设调子”，即带着自我观点，将导致调研者在调研过程中有意或无意地重视与自我观点相符合的信息，忽视与自我观点不一致的信息，调研结果必然偏颇。时下有一种调查却反其道而行之，即先有认识、先有结论，再“逆向”运行。这种“逆向”调查“法则”，说穿了是以调查之名行主观意志之实，其结果只能是在虚假和荒谬的路上越走越远。

5.调查中要带着“感情”而非“感性”

“价值中立”是衡量调查者素养的一个重要标准，是确保调查结果客观公正的重要保证。但是“价值中立”不等于不要感情。研究者对某一群体或领域感情越深厚，越会促使其在调研过程中克服一切困难，弄清事情真相，把问题搞明白，找准对策。当然，感情不等于感性，在具体调查研究的过程中仍要坚持实事求是的态度，按照科学的调查研究方法收集资料、了解信息，确保调查研究结果的真实性、公正性及有效性。

6.调查中要带着“身子”而非“架子”

在调查研究过程中，各级领导干部只有扑下“身子”，才能了解到最全面的信息；只有放下“架子”，才能获得最真实的信息，为正确决策提供准确的依据。组工干部作为“管干部的干部，管党员的党员”，在调查研究过程中更要保持不怕脏、不怕苦、不怕累的心态，坚持谦虚、务实、低调的作风。

7.调查后要带回“资料”而非“材料”

要写出一篇好的调查报告，资料的收集是最基础的工作，因此要通过多层次、多方位、多渠道调查，掌握大量第一手资料。调研过程中要注重调查方法的多样性、调查对象的广泛性，设计各种类型的问题，了解各个阶层不同的声音。

8.调查后要带回“思考”而非“思绪”

调查研究的过程，其实就是一个深入思考问题的过程。调查研究结束后，调研者对原来的问题的假设会有新的思考。很多同志从不会积极思考问题，在整个调查研究过程中是被动的，其调查结果必定是对调研过程“好的方面”回味和遐想，对“不好的方面”抱怨和责备。

9.调查后要着手“研究”而非“总结”

调查研究要达到解决问题的目的，就必须实现“调查—研究—决策—落实”全过程的统一：不仅要搞好调查，而且要在分析研究上下功夫，在利用调研成果上做文章；不仅要搞好为决策提供依据的超前型调查研究，还要注意在决策执行和落实环节上的追踪反馈调查。

10.调查报告既要“研究”更要“讲究”

深入开展调查研究后，必须坚持“调”“研”并重，做到“研以致用”。调查后不仅要研究调查资料背后的规律，更要讲究调查资料基本的处理三步法：综合、分析、提炼。当然，调查研究报告的价值关键在于情况掌握是否全面准确、问题及原因分析是否科学到位、对策建议能否解决实际问题。

资料来源 郑传贵. 调查研究应注意的十个问题［N］. 学习时报，2017-04-21（A4）.

本章小结

市场调查所得到的原始资料必须经过整理、编辑、分析和解释才能得出有价值的结果。数据整理是检查和保证问卷中每个问题答案的有效性。编码是用数字代码来代表某种答案，以便对答案进行分类的过程。编码后的数据还需要制表，成为便于分析的形式。

资料的分析是利用各种统计分析方法来发现数据所反映的规律；解释则是说明分析结果的含义，把纯粹的统计分析结果变成能帮助制定正确决策的有价值的信息。

数据分析首先是描述性统计。描述性统计主要分析数据的集中化趋势和离散化趋势。统计推断是依据一组调查数据来推断总体参数的值。

更深入的数据分析方法的选择，需要根据分析目的来决定。对于单变量分析而言，分析目的主要是要说明数据之间是否存在差异，以及数据所反映的变量之间是否存在某种关系。检验数据或总体间差异的分析方法主要有假设检验和方差分析法。检验变量之间是否存在某种关系的分析方法有：χ^2独立性检验、相关分析和回归分析。多变量分析方法根据所要回答的问题不同，最常采用的方法有因子分析法、聚类分析法和判别分析法。

主要概念

数据整理　编码　制表　资料分析　资料解释　描述性统计　数据集中化趋势　数据离散化趋势　统计推断　点估计　区间估计　假设检验　χ^2独立性检验　相关分析　线性回归分析　因子分析法　聚类分析法　判别分析法

基本训练

◆ 知识题

1. 说明对调查资料进行整理、编辑、分析和解释的含义，并说明对资料进行分析、解释的重要性。

2. 解释描述性统计分析与推断性统计分析之间的差异，并分别说明它们在市场营销调研资料分析中的作用。

3. 说明在市场营销调研中应当如何选择适当的资料分析方法。

4. 如果想要比较样本数据与假设的总体参数之间是否有差异，应当选择哪一种分析检验方法？

5. 什么是独立性检验？如何进行独立性检验？

6. 相关分析的目的是什么？如何进行相关分析？

7. 回归分析的目的是什么？讨论线性回归分析与相关分析的区别，并说明如何进行线性回归分析。

8. 分别说明因子分析法、聚类分析法和判别分析法的目的和作用。

◆ 技能题

1. 有人拟订了对家庭成员年龄的3种编码方案（见表8-8）。你认为哪一种编码方案最合理？为什么？

表8-8　对家庭成员年龄的3种编码方案

方案一		方案二		方案三	
编码	年　龄	编码	年　龄	编码	年　龄
0	1～10岁	0	0～9岁	0	1岁以下
1	10～20岁	1	10～19岁	1	1～10岁
2	20～30岁	2	20～29岁	2	11～20岁
3	30～40岁	3	30～39岁	3	21～30岁
4	40～50岁	4	40～49岁	4	31～40岁
5	50～60岁	5	50～59岁	5	41～50岁
6	60岁以上	6	60岁及以上	6	51～60岁
9	无信息	9	无信息	7	60岁以上
				9	无信息

2. 说明假设检验中发生第Ⅰ类错误所产生的后果要比第Ⅱ类错误所产生的后果更严重的例子。

3. 为了检验居民对于某工程建设项目的态度是否与他们的年龄有关，调研人员把居民分为18～25岁、26～45岁、46～60岁、60岁以上等几类，请他们按支持、不确定和反对等几项表示自己的态度。你认为调研人员应当采用哪一种资料分析方法才能实现市场营销调研的目标？

4. 如果想要比较东部、西部和中部或者南方和北方城市居民年收入之间是否有差异，你认为应当采用哪一种资料分析方法？

5. 对于下列各种情形，应当使用哪一种假设检验方法来分析？

（1）对200名创业者的成功情况进行分析，希望说明创业者的成功程度与性别无关。

（2）对公司的36名销售业务人员实施了一项培训，管理部门希望评价实施培训计划前后这些销售业务人员的业绩是否有所改善。

（3）某公司营销部负责人想要检验目前所采用的3种直邮广告的促销效果的好坏，并选出促销效果最好的一种。

◆ 能力题

针对本章引例，如果金明要求与你讨论他所面临的资料分析问题，你认为金明应当采用哪些方法对哪些数据进行分析？他最后会得出哪些可能的结论？

第9章 市场预测与定性市场预测方法

学习目标

◆ 深入理解市场预测的含义、原理、类型和步骤；理解主要定性预测法的特点、原理和方法。

◆ 能根据要求设计和制定预测步骤和计划；掌握应用主要定性预测方法的技能。

◆ 能根据需要来选择并应用适当的定性预测方法，解决实际预测问题。

引　例

DRMH的市场营销调研和预测

DRMH是永健公司经国家有关部门批准，从国外引进的一种新型的高科技医疗器械产品。该产品不含抗生素和激素，通过高科技罐体结构，用具有保健作用的纯天然超细水珠冲洗掉鼻腔内的尘螨、粉尘等致敏原，起到杀菌、消炎和抗过敏的作用。其作为一种先进的理疗方法，在发达国家是一种常用的治疗和护理手段。

由于该产品兼有治疗和护理功能，永健公司在引进产品的初期，把它定位为高档化妆品及大众保健品。但是，公司据此开展营销活动始终未能成功地打开市场。

经过几年的实践和探索，永健公司认识到，可能需要对该产品进行重新定位。如果把DRMH当作医疗器械产品或药品来营销，有可能获得更大的市场，并取得成功。

确实，对DRMH的临床试验表明，该产品在医院的五官科、呼吸科、小儿内科、妇产科和放疗科等都有较好的治疗效果，且使用安全方便，有着广泛的应用基础和发展潜力。然而，基于开发DRMH产品市场几年来的经验教训，永健公司认识到，在把DRMH投入到医疗器械市场前，需要对相关的医疗器械市场作一个深入的市场营销调研，明确医疗器械的市场需求状况。只有这样才能决定开发消费者对DRMH的哪些需求，才能决定在营销过程中，向医生和病人推荐的主要诉求或者说独特的卖点是什么，并在此基础上对DRMH的消费者需求作出预测。

永健公司负责DRMH市场开发的欧阳经理打算根据市场营销调研和预测的结果来决定是否应该和值得进入医疗器械市场；如果值得进入的话，应该进入哪些细分目标市场，在这些目标市场中应该如何定位。

欧阳经理准备好好计划一下如何来组织和实施这项市场营销调研和预测。

资料来源　由本书第一作者胡介埙撰写而成。

市场营销调研的结果可以为企业提供对于市场需求、竞争格局和现有的营销策略效果的深入的了解。但是，随着市场的环境变化越来越快，市场竞争的态势又变幻莫测，仅仅掌握市场的现状已经远远不够了。要掌握经营主动权，企业还必须在市场营销调研的基础上，对未来状况作出科学的预测。所以，本章我们将讨论市场预测的理论、方法和应用。

9.1 市场预测

9.1.1 市场预测的含义和基本原理

9.1.1.1 市场预测与市场营销调研

市场预测是指根据收集得到的各种资料，运用一定的方法或数学模型，对与市场有关的未来状况作出估计和判断。由此可见，市场预测着重于对市场未来状况的探究。比较起来，市场营销调研着重于对市场过去和现在状况的调查分析。但市场预测对市场未来状况的估计和判断，又必须以对市场过去和现在状况的深入了解为基础，然后才有可能应用科学的方法进行推测和估计。可见，市场预测和市场营销调研本身是前后连贯的对市场进行深入分析研究的两种方法。

这两种方法又都是为同一个目的——经营决策服务的。在一个复杂多变的市场环境中，企业的经营决策往往依赖科学的市场预测所提供的可靠基础。而市场预测的前提和基础是市场营销调研。方法科学正确、内容系统完善的市场营销调研为市场预测的开展奠定坚实的基础，而市场预测将市场营销调研的结果加以延伸和深化。所以，市场营销调研—市场预测—经营决策，构成了企业应对环境和竞争的压力以及提高经营水平所必须采用的3个相互关联的步骤，是缺一不可的基本管理方法和手段。

9.1.1.2 市场预测的基本原理

市场预测的目的是估计未来，但未来充满着许多我们无法认识和不能控制的东西。能够正确进行市场预测的可能性或者市场预测所依据的基本科学原理如下：

(1) 连贯性原理

社会经济现象的发展，从时间上看会按一定的规律作连续性的发展变化。现状是过去的发展变化延续到现在的结果。将来的市场状况也必然是在过去和现在的基础上继续演变而形成的结果。对将来的预测结果必然是过去和现在的延续。以后我们运用时间序列进行趋势外推法是依据了连贯性的原理。

(2) 因果性原理

世界上任何事物的发展变化都是互相联系、互相依存和互相制约的。这些互相影响的因素之间往往存在因果关系。作为原因的因素在发生变化时，必然引起结果因素的相应变化。因此，对于存在因果关系的事物之间，我们可以从已知的原因变化来推断结果的可能变化。

市场需求和企业经营业绩的变化也受到众多相关因素的影响。如果我们能够进一步从中找出某种因果关系，就有可能利用因果关系，根据原因来预测结果的变化。利用因果性原理进行预测的最常用方法是在相关分析的基础上，确定相互影响密切的因素，进而对这些因素作回归分析，确定因果关系的数学模型，再得出对于未来的预测结果。

（3）类推性原理

许多事物的发展变化都存在相似性或类同性。掌握了某一类事物发展变化的规律，就可能推测出其他类似事物发展变化的规律。通常所说的“举一反三”或者“依此类推”正是对这一原理的通俗诠释。

市场预测中，只要找到拟预测的事物与另一事物之间发展变化的类似性，我们就可以根据已知事物的发展变化规律来预测未知事物的规律。类推性原理特别适用于缺乏历史数据时的预测。尽管没有历史资料，但如果能够找到类似程度很高的另一个对象，根据另一个对象的发展规律来预测未知事物的变化规律，通常是合理的，而且类似程度愈高，预测的效果愈好。

（4）系统性原理

任何企业都是整个社会经济系统的一部分。市场的发展变化受整个社会经济系统中众多变量变化的影响。社会经济系统与其他任何一个系统一样，是由相互联系、相互依存、相互制约和相互作用的更低一级的子系统所组成的统一体。如果我们掌握了系统内部的结构和层次，以及其内在运动规律，了解了外部环境因素与系统之间的相互关系，就能较好地认识和把握预测对象的变化规律，进而依据这些规律对预测对象的未来态势作出科学的推测与判断。

系统性原理是定性预测分析方法的基础。预测人员如果能够对影响预测对象发展变化的社会经济系统中的各种因素进行深入透彻的分析，就可能根据经验作出正确合理的判断，得到正确的预测结果。

9.1.2　市场预测的分类

市场预测的种类繁多，我们通常可以从预测的空间、期限、对象或商品类别，以及预测方法的性质等不同的角度进行分类。

9.1.2.1　按预测的空间范围来分

（1）宏观市场预测

其是与对整个国民经济总量以及整个社会经济活动发展前景和趋势的预测相联系的。宏观市场预测的直接目标是商品的全国性市场容量及其发展变化趋势、商品的国际市场份额及其变化、相关的经济效益指标及各项经济因素对它的影响等。

（2）中观市场预测

中观市场预测是指部门经济或地区经济活动与发展前景的趋势预测，如对部门或地区的产业结构、经济规模、发展速度、资源开发和经济效益等指标的预测。

（3）微观市场预测

微观市场预测是指对于一个企业产品的市场需求量、销售量、市场占有率、价格变化趋势、成本与经济效益指标等的预测。

上述三类市场预测之间既有区别也有联系。在预测活动中，人们可以从微观市场预测、中观市场预测推到宏观市场预测，形成归纳推理的预测过程；也可以从宏观市场预测、中观市场预测推到微观市场预测，这便是演绎推理的预测过程。

9.1.2.2 按预测期限来分

市场预测按需要预测的时间跨度来分，可分为近期预测、短期预测、中期预测和长期预测。近期预测一般是指预测期在1年以内，以周、旬、月或季为时间单位的市场预测。短期预测一般是指预测期为1～2年的市场预测。中期预测一般是指预测期为2～5年的市场预测。长期预测通常是指预测期为5年以上的市场预测。

一般来说，预测期越长，预测结果的准确度便越低。而近期和短期的市场预测有可能达到比较高的准确程度。不过，企业在制定中长期发展规划或作重大项目的投资时，又必须作中长期预测。

9.1.2.3 按预测对象或商品类别来分

（1）单项商品预测

单项商品预测是指对某种具体商品的市场需求状况与变化趋势的预测。单项商品预测往往是对不同品种、品牌、规格、质量、价格的具体商品的需求量与销售量以及效益指标的预测。

（2）同类商品预测

同类商品预测是指对某个类别商品的市场需求量或销售量的预测。为保证预测结果正确有效，根据预测目的来选择和确定大小合适的商品类别进行预测是至关重要的。

（3）目标市场预测

目标市场预测是指对营销策略所选定的具体目标市场所需求产品的品种和需求量的预测。例如，针对某地区25～35岁女性对具有某种特定功效化妆品需求的预测，就属于这类预测。

（4）市场供求总量预测

市场供求总量预测是指既可以预测市场总的商品需求量与供给量，也可以预测市场总的商品销售额。

9.1.2.4 按预测方法的性质来分

（1）定性市场预测

定性市场预测是指依靠预测人员的直觉和经验以及主观判断来作出的市场预测。由于从表面上看，定性市场预测并不一定需要和利用历史数据，所以，常常有人质疑定性市场预测的科学合理性。但实际上，只要预测人员的经验是客观可靠的，作出判断所依据的理论是合理正确的，定性市场预测的结果就仍然是有可能达到预期要求的。此外，定性市场预测对于预测对象的发展变化方向和性质所作出的判断往往比定量市场预测更有效。定性市场预测方法主要有判断预测法、德尔菲预测法和类推预测法等。

（2）定量市场预测

定量市场预测是指根据事物发展变化的历史数据和相关因素的变动状况，建立相应的数学模型，对市场的未来状况与发展趋势所作出的预测。定量市场预测如果所依据的历史数据正确、数学模型合理可靠，预测结果就可以达到比较高的精确度。但是，并不能说定量市场预测的结果就一定比定性市场预测的结果好。如果拥有的历史数据量过少，所建立的数学模型不够可靠，定量市场预测的结果就不一定正确可靠。定量市场预测方法主要有时间序列预测法、回归分析法和因果分析法等（详见本书第10章）。

为了保证预测结果有较高的准确性和可靠性，在实际预测工作中应当尽可能地将定性市场预测与定量市场预测结合起来使用。两种不同方法所得到的结果相互验证、相互补充，发挥各自的优势来完善预测的结果。

9.1.3 市场预测的步骤

为保证市场预测得到满意的结果，市场预测应当遵循下列步骤：

9.1.3.1 确定预测目标

确定预测目标是要明确预测所需要解决的问题。确定预测目标后，一定要把它写下来，形成书面的材料，以便作为制订后续工作计划的依据。只有在确定预测目标后，才能明确预测的任务、方向、内容、方法和要求等。明确目标也可以作为以后对整个预测工作评价和考核的依据，所以，形成书面的、明确的预测目标是绝对必要的。

9.1.3.2 明确影响因素

在确定预测目标后，还需要详细分析影响预测目标的各种因素，并从中选择出那些最主要的影响因素。预测目标不同，影响因素也各不相同。确定影响预测目标因素的方法不外乎两种：一是依据相关经济理论来确定；二是直接通过实际观察与分析来确定。

值得注意的是，依据上述两种方法所确定的影响因素应当是尽可能详尽的，因为预测对象的发展变化往往是多个因素共同作用的结果。如果遗漏或疏忽了某些因素的影响，就会造成预测结果较大的误差。

在明确了各种可能的影响因素后，评价各种因素所产生的影响大小，从中选取少量主要的影响因素。要保证在预测精度达到要求的前提下，尽可能使最后所确定的影响因素少一些。这样做反而能增强预测结果的效果。

9.1.3.3 搜集和整理资料

搜集和整理资料是市场预测的基础工作。这项工作是与市场调查紧密结合在一起的。在以市场预测为目的搜集资料时，应既注重现实资料的搜集，也注重历史资料的搜集；既搜集有关的直接资料，也搜集某些间接资料。

对于搜集得到的资料需要进行整理。资料的整理包括：

① 校核，以去伪存真；

② 分类，以明确资料的结构和内部关系；

③ 编码，用数值表示以便于分析处理。

9.1.3.4 分析和预测

对于搜集和整理得到的资料，还需要对它们进行综合分析，从资料中得出对于市场未来发展趋势的方向性判断，并在此基础上作出预测。这一阶段具体可以分为下列步骤：

（1）选择预测方法

预测方法的种类繁多，各种不同的方法都有各自的特点和适用条件。要对市场未来的发展趋势作出正确的判断和估计，选择正确的预测方法是非常关键的。同时，为保证预测结果有足够的有效性和可靠性，多种预测方法相互结合使用，互相印证、互相补充，可以大大增强预测结果的有效性和可靠性。

（2）建立预测模型

在采用定量市场预测方法的情形下，如果能以某种经济理论作为指导，建立起预测模型，就能精确地表征出预测目标同各种影响因素之间的关系，进而方便地计算出所需要的预测值。但是建立预测模型，特别是预测数学模型时，必须注意以下几点：

① 要以正确的经济理论作指导，因为所采用的经济理论不同，所建立的预测模型会有很大的差异。

② 应尽可能准确地确定模型中变量与变量之间的数量关系。

③ 所使用的预测模型应尽可能地简化，所包含的变量不能太多。

④ 模型往往需要经过多次修改，不断完善。

（3）确定预测值

不管是采用定量市场预测，还是采用定性市场预测方法，最后都应当根据预测目的提出预测值。预测值在很多情况下应当包括点预测值和区间预测值；同时，需要通过将预测值与历史观察值相比较，对预测的可能误差范围作出估计。对预测可能范围的估计，实质上是对预测模型精确度的直接评价，决定着是否认可模型、是否需要修正模型以及需要在多大程度上作出修正。

（4）写好预测报告

预测报告是预测结果的文字表述。写好预测报告既是完成预测工作的必要步骤，也是对预测过程的总结。预测结果能否对决策产生影响，也与预测报告的质量有很大关系。

预测报告应当是对于整个预测项目目标和决策的分析，因此，要避免把预测报告写成数据的堆砌，而应当是对目标和决策的综合分析。

一份规范的预测报告一般应当包括题目、摘要、目的、正文、结论和建议以及附录等部分。

9.1.3.5 评价总结和预测结果

随着时间的推移，我们会逐渐发现预测结果与预测期的实际观察值之间可能存在误差。这种现象是普遍存在的。其实，预测应当是一个持续不断的过程。任何一次性的预测都很难保证预测结果达到预期的要求。对预测结果进行评价，不断改进预测方法，就能逐渐减少预测误差，保证预测最终达到预期的结果。

分析预测误差、评价预测结果的效果好坏是非常必要的，是预测过程的最后一个必要环节。有人认为评价本次预测结果的意义和作用不大，因为等到知道预测误差时，其对决策已经没有意义了。但是，这对于总结预测工作的成功或失败的原因、积累预测的经验、不断改进预测方法和提高预测水平，以及对今后同类预测和决策将具有至关重要的作用。

9.1.4 预测模型的选择和预测结果的评价

9.1.4.1 预测模型的选择

由于预测方法众多，根据不同方法所建立起来的模型差异很大。市场营销调研人员在具体进行一项市场营销调研时，必须认真地分析，决定采用哪一种方法和模型。

选择预测模型时，首先必须考虑预测时的特定条件，然后把预测的要求与各种预测方法的功能特点相比较。一般来说，预测的要求是由几部分所组成的：一是对结果精确性的要求；二是对数据的要求；三是时间上的要求。如果要求预测结果精度达到5%，那些预测精度不能保证达到10%的预测方法就被排除了。如果对于所研究的问题没有某种预测方法所需要的资料，就不可能采用这种方法进行预测了。如果某种预测方法不可能在所要求的期限内得到预测结果，那么只能考虑采用其他方法了。

上述三方面的要求和限制，有时会把相当数量的预测方法排除在选择之外，在余下的预测方法中进行选择时，常常会根据利益/成本的比来决定。

为了提高销售预测的精确度，常常对同一预测问题选用多于一种的预测方法进行预测。国外曾经有人对170家公司的销售预测情况进行过调查分析，结果发现，这些公司平均采用2.6种预测方法来解决某一个销售预测问题，只有少数公司偶尔会选用1.8种预测方法来解决某一个销售预测问题。

9.1.4.2 预测结果的评价

企业销售预测的实践表明，一年的销售量预测通常可以达到相当高的精确度。但是，由于不同公司的产品和市场状况的差异相当大，某些公司的销售预测特别精确，另一些公司的销售预测特别困难，误差特别大，因此，对预测结果进行客观的评价是必要的。

从预测的实际结果看，生产资料生产企业的预测结果的误差一般要比消费品生产企业的预测误差要大。对于新产品销售预测的误差又要明显地大于对现有产品预测的误差。

对销售预测进行评价时，最好应用两种度量评价方法：一是每个预测期都运用直观预测法进行预测，并与通过其他基本预测方法得到的整个预测期间的结果进行比较。二是定期地检查预测精确度。如果发现其他基本预测方法的精确度并不比直观预测法所得到的结果更好，预测的结果就值得怀疑了。此外，如果在整个一段时期内，某种基本预测方法的预测精确度没有改进，则意味着这种预测方法有问题，应该尝试采用其他的预测方法。

9.2 定性市场预测方法

如前所述，定性市场预测方法主要是依靠预测人员的经验和判断，对于所预测对象的前景、方向和程度所作出的预测。因此，定性市场预测的结果主要取决于预测人员的经验、所依据的理论、掌握的资料和分析判断能力。

在掌握的历史资料不多、不够准确或者主要的影响因素无法用数字来描述时，我们可采用定性市场预测方法。定性市场预测方法也分为很多种，我们主要讨论判断预测法、德尔菲预测法和类推预测法。

9.2.1 判断预测法

判断预测法是将人们的判断评价作为对事物未来发展的预测。由于预测是以主观判断为基础的，任何两个人对于同一个事物所作出的判断结果往往都是不同的。因此，一般来说，判断预测的结果主观性比较强，误差较大。用判断预测法进行预测时，主要采用如下几种方法：推销人员意见综合法、用户调查预测法和专家调查预测法。

9.2.1.1 推销人员意见综合法

用推销人员意见综合法进行预测时，首先是请每个推销人员估计预测期内他们各自所负责的产品或地区内的销售量（额），然后把所有推销人员的估计数相加，就得到总的销售预测量。

这种预测方法对于短期预测来说是比较精确的，成本也比较低。对于生产资料类产品的预测，这种方法往往是非常有用的，因此被广泛地应用于该类产品的销售量预测中。

用推销人员意见综合法进行预测时，要注意以下几个问题：

（1）激励销售人员做好预测

许多销售人员往往只关心与自己的收入有直接关系的业绩，而对销售量的预测并不感兴趣，因此总是对预测采取敷衍了事的态度。要通过激励调动他们做好预测的积极性，也要认可和肯定他们为预测所作的努力。

（2）对估计进行调整，减少误差是必要的

要对销售人员的估计进行调整，减少他们因乐观或悲观估计所造成的误差。除了销售人员个人判断中的片面性可能造成预测的偏差之外，销售人员之间估计时的相互影响也会造成误差。某一段时间内，整个销售队伍可能受某些短期因素的影响，而倾向于都高估销售预测值；在另一些时候，推销人员们又可能因受其他一些因素的影响，而一致地倾向于低估销售预测值。

此外，销售人员的估计也会受到供应因素的影响。当某一产品供应短缺时，销售人员总是倾向于特别地高估销售预测值，他们通常认为销售预测值估计得越高，今后分配到的产品一定也会越多。为了尽可能地减少这类估计误差，需要连续地对销售业务人员的每期估计值与实际销售业绩进行比较，然后根据所得到的偏差对每个人的预测值按一定的比例进行调整。

（3）根据宏观经济状况对估计结果进行调整

销售人员通常对于今后几个月中他们的顾客购买量的变化是很敏感的，而且一般也是能够掌握的；然而，他们常常不了解可能影响他们所在行业以及顾客购买情况的宏观经济变化趋势。为此，如果把每个销售人员个人所作的预测综合起来，再考虑到宏观经济因素可能产生的影响，形成一个对今后半年或一年销售情况总的预测，尽管精度可能不高，但也是比较有价值的。问题在于，要用这种方法来辨别转折点，效果就不理想了。

（4）采用多种方法帮助销售人员提高预测精度

在采用判断法进行预测时，通常企业还应采用如下几种辅助的方法来提高预测能力，改进预测精度：

① 在预测时，为每个销售人员提供他们过去销售业绩的记录。

② 为每个销售人员提供预测期内公司经营的概况。

③ 让负责每一个地区销售的区域经理与本地区的销售人员进行讨论，以确认和修正预测值。

采用这些方法以后，就可以大大提高所得到的预测结果的精度。

9.2.1.2　用户调查预测法

如果某一个产品或行业的最终用户相对地专业性比较强、规模比较小或地理位置比较集中，则为了进行产品销售的市场预测可以对用户开展一次普查，调查每一个用户下一年或下一个计划期中产品的需求量和购买意向。把所有用户的有购买意向的需求量相加，就可以得到对销售量的市场预测。但是，如果用户的数目很多，用调查的方法来估计不仅花费大，而且有时也不可行，此时就必须在抽样调查的基础上再作市场预测。

采用抽样的方法进行用户调查预测时，需要区分需求量和购买意向之间的差异。需求量表示用户对同类产品的总体需求量；购买意向则表示用户对于特定厂家或某种品牌产品的购买计划或估计。

在估计产品需求量时，需要注意生产资料产品和消费品在调研预测方法上的差异。

对于生产资料类产品，通常先通过典型调查，了解在使用所研究产品的每一类行业中，平均每家公司或每个员工需要购买所研究产品的数量；然后从有关的政府部门统计报告中查阅到这一地区内使用所研究产品的每一类行业中的员工总人数，两者相乘就得到每一个不同行业中用户的需求量；把不同行业的数量相加，就得到总需求量的预测值。

对于消费品，通过对典型消费者的抽样调查，获得产品的用途和回答者的家庭收入等有关资料，在此基础上估计不同收入水平的消费者的平均消费量；参考当地统计部门发布的关于居民收入水平分布的统计资料，把不同收入水平的家庭平均消费量乘以相应收入水平的家庭数，就可以得到某一层次家庭的市场销售潜力；然后把各个不同收入水平的市场销售潜力相加，就得到整个市场需求量的预测值了。

通过调查用户的购买意向来进行预测时，应当要求被调查对象说明对于特定厂家或具体品牌产品的购买计划或估计。调查购买意向对工业生产资料产品进行预测的效果远比对消费品的预测要好，其对耐用消费品进行预测的效果也要比对普通消费品的预测效果好一些。普通消费品的购买容易受到购买现场和情感因素的影响，通过调查用户购买意向来预测可能导致结果有较大的误差。

值得注意的是，在预测销售额时对于用户调查预测法得到的结果还需要乘以物价上涨指数，这样得到的结果比较合理可靠。

9.2.1.3　专家调查预测法

专家调查预测法也称专家意见预测法，是将专家判断所得出的意见作为预测结果的一种方法。这里，我们所指的专家是那些在专门领域中具有特别技能和知识的人。例如，销售预测中的专家就包括市场营销调研人员、公司经理人员、咨询人员、行业协会的负责人、行业杂志的编辑，有时也包括政府官员等。公司经理和咨询人员能够预测某种产品的公司销售量（额），也许还能预测出整个行业的销售量（额）。而其他专家通常只能预测出这种产品的整个行业的销售量（额），而无法预测出某个具体企业的销售量（额）。

(1) 专家调查预测法的类型

根据预测所得到的结果进行分类，专家调查预测法可以分为3种形式：

① 点预测法，是指将某一特定的数量作为某种具体产品销售量（额）的预测值。不过，今后某种具体产品销售量（额）的实际发生值恰好落在估计点上的可能性是相当小的。点预测也无法得到预测的误差是多少，误差发生的概率又是多少。因此，点预测是一种最简单的预测，所给出的信息量比较少。

② 区间预测法，是指确定某种具体产品的销售量（额）以某给定的置信度落在某一范围内的预测。例如，某一公司的销售经理在预测时可能估计，他的公司下一年的销售额有80%的把握会落在500万～550万元之间，这就是一个区间预测。

③ 概率分布预测法，又称主观概率估计预测法，是指请有关专家确定某种具体产品的实际销售量（额）落在两个或两个以上的可能销售区间内的概率是多少。

【例9–1】某一公司的销售经理对于公司下一年度某种具体产品销售额的预测结果参见表9–1。根据表9–1，我们可以计算出这位销售经理对销售额预测的期望值是：

$5\,250\times0.2+5\,750\times0.5+6\,250\times0.3=5\,800$（万元）

表9–1　**对于公司下一年度某种具体产品销售额的预测结果**

销售额范围	发生可能性
5 000万～5 500万元	20%
5 501万～6 000万元	50%
6 001万～6 500万元	30%

尽管用概率分布预测法进行估计时可以把估计区域分为许多区间，但是，通常总是把估计区间分为3个，分别代表悲观的、最可能的和乐观的估计值。这种方法对于预测者来说比较简单方便，对于使用者来说也比较容易应用。

(2) 应用专家调查预测法时要解决的问题

① 如何才能获得正确的专家预测值。

调研人员要从专家那里获得正确的预测值，最好是采用直接与专家面谈的方法。要想得到有价值的预测值，调研人员在面谈时还应当注意采取如下一些策略：

第一，调研人员应当主动提出一些参考值，启发专家作出正确的预测。在面谈刚开始时，专家们多半难以给出有效的预测结果。他们往往不愿以单独一个数字作为估计值，来满足调研人员的要求。但是，如果调研人员提出某一个参考值，他们就可能指出这个估计值是过高、略高，还是过低、略低。他们也许会认为某一个估计数字是相当可能的。

第二，调研人员在询问中要逐渐缩小估计的区间范围。调研人员开始时所提出的预测区间总是比较大的，随后应当要求他们逐渐把预测区间缩小。在作出预测估计时，也应当允许作出预测的专家表达对别人预测结果的看法，而不应迫使专家作出他自己个人的预测。

第三，面谈调查时，专家的谈话中往往隐含着对概率的估计，但是又不会直接给出一个估计的数字，所以调研人员需要据此来推测专家心目中的概率分布范围。例如，某些人会说某一估计值是完全不可能的，说另一个估计值是可能的或相当可能的。此时，调研人员就应当请专家对可能性的大小作更具体的描述，推测出一个具体数字。

② 如何对专家预测的意见进行综合。

要把从每一个专家处得到的预测值综合为一个总的预测结果时，通常可以采用加权平均的方法。常用的加权平均法有如下几种：

第一，如果每个专家的权重一样，可以采用算术平均的方法。

第二，对专家的专业知识进行主观评价，然后采用一组与主观评价的结果成比例的权数加权。

第三，先请专家对本身与预测有关的专业知识熟悉的程度进行评价，然后采用一组与他们自身评价成比例的权数加权。例如，可以请专家用1～10的数字来表示他自己对所预测的产品或行业情况了解的程度，然后用所得到的数字加权。

第四，先决定不同专家过去预测中的相对精确度，然后采用一组与他们各自的预测精确度成比例的权数加权。

在需要对专家分组的情形，首先，要决定不同组的专家在最终预测结果中的权重大小；其次，决定同一组内不同专家的相对权数大小；最后，先对同一组内专家的预测结果进行综合，再对不同组的专家预测结果进行加权平均，得到最终的结果。

【例9-2】某通信设备公司为预测下一年度某种设备的销售额，请公司2名销售经理、销售科的3位主管以及5位主要经销商人员利用概率分布预测法进行预测。假设经过评价，销售经理、销售科主管以及主要经销商人员的权数分别为0.35、0.35和0.3。同时，每一个专家所作出的预测以及他们在同一个组内的权数也分别参见表9-2、表9-3和表9-4。

表9-2 **经理人员的预测结果及权数**

经理	销售估计值						期望值	权数
	销售好	概率	销售一般	概率	销售差	概率		
王经理	600	0.3	550	0.5	500	0.2	555	0.6
李经理	650	0.4	600	0.4	580	0.2	616	0.4

表9-3 **销售科主管的预测结果及权数**

主管	销售估计值						期望值	权数
	销售好	概率	销售一般	概率	销售差	概率		
何主管	600	0.5	500	0.4	400	0.1	540	0.4
周主管	550	0.4	500	0.4	450	0.2	510	0.3
余主管	650	0.3	600	0.4	550	0.3	600	0.3

表9-4　主要经销商人员的预测结果及权数

经销商	销售估计值						期望值	权数
	销售好	概率	销售一般	概率	销售差	概率		
科士	600	0.3	580	0.4	550	0.3	577	0.3
华丽	700	0.4	650	0.5	600	0.1	665	0.2
南元	690	0.2	650	0.4	600	0.4	638	0.2
中宝	650	0.4	600	0.4	550	0.2	610	0.1
余新	650	0.3	580	0.4	550	0.3	592	0.2

根据表9-2的结果，可以得到2位经理的平均预测值为：

$555\times0.6+616\times0.4=579.4$

根据表9-3的结果，可以得到3位销售科主管的平均预测值为：

$540\times0.4+510\times0.3+600\times0.3=549$

根据表9-4的结果，可以得到5位主要经销商人员的平均预测值为：

$577\times0.3+665\times0.2+638\times0.2+610\times0.1+592\times0.2=613.1$

最后，我们对3类不同专家的平均预测值作加权平均，得到最终的预测结果是：

$579.4\times0.35+549\times0.35+613.1\times0.3=578.87$

9.2.2 德尔菲预测法

9.2.2.1 德尔菲预测法及其特点

德尔菲（Delphi）预测法也称专家小组预测法，所以采用的方法与前文所讲的专家调查预测法很类似。不过由于它的特殊性，以及影响大、应用广泛，所以专门单独进行讨论。

德尔菲预测法是采用信函调查的方法，对与所预测问题有关领域的专家分别提出问题，而后将他们回答的预测结果进行综合、整理和反馈，这样经过多次循环，最后得到一个比较一致的且可靠性也较好的预测意见。

德尔菲预测法最早是美国兰德公司在20世纪40年代末为提高专家预测的效果，改进传统的专家调查预测法的基础上提出来的。这种方法自问世以来已经在国内外的技术、经济、社会和军事等领域得到了极其广泛的应用，并取得了显著的经济和社会效益。这种方法本身也得到了日益完善。

在市场预测方面，德尔菲预测法特别适用于对处于引入期的新产品的销售量、市场份额、产品价格的变化和对盈利的潜在影响等问题的预测。它既适合短期的、中期的预测，也适合进行长期的预测。

德尔菲预测法与一般的专家调查预测法相比，具有如下特点：

（1）匿名性

德尔菲预测法中专家的分析判断是在背靠背的情况下作出的。作预测的专家只与预测主持者保持联系，彼此之间并不通气；专家们的具体意见也并不公布。所以，专家可以改变自己的意见，而无损于自己的威望。匿名性能保证各种不同的观点得到充分的发表。

（2）反馈性

为了促使专家对自己所作的预测结果进行慎重的考虑，德尔菲预测法向专家多次征询意见，每次征询时都会把上一轮专家预测意见的统计结果反馈给每位专家。多次的反馈有助于专家们从反馈资料中参考和吸收其他人的有价值的意见，进行更深入的思考和反复比较，集思广益，提出更合理的预测结果。

（3）收敛趋同性

德尔菲预测法对于每次专家预测的结果都作出统计归纳，并反馈给专家，专家能根据反馈资料不断修正自己的意见。因此，专家的预测意见会逐渐趋于一致，收敛到最终的预测值。

由于上述几个特点，德尔菲预测法与一般专家调查预测法相比更能集思广益，综合每一位专家的意见和观点：首先，重复多次反馈的估计可以使不同专家估计之间的差异逐渐缩小；其次，预测组织者的综合和反馈可以把不同专家所提出的预测值逐渐引向一个正确的结果，问题只在于要保证收敛到正确的数值上。

9.2.2.2　德尔菲预测法的步骤

（1）确定预测主题

在这一阶段需要完成如下两项工作：

① 明确预测目的和主题。预测组织者首先要明确预测所要达到的目的，据此确定预测主题。

② 准备背景资料。预测组织者需要事先收集和准备与预测主题有关的各种背景材料，并经过整理和加工，准备发给预测专家，作为专家预测时的参考资料。

（2）选择专家小组

预测组织者在明确预测主题后就应当选择专家小组。专家小组成员的选择是否合理是预测能否成功的关键。德尔菲预测法所选定的专家应当是对预测问题有比较深入的研究、知识渊博、经验丰富、思路开阔，富于创造性和判断力的人。同时，选择专家时应遵循以下原则：

① 广泛性。本企业、本部门对预测问题有研究的专家应大致占1/3。与本企业、本部门有业务联系、关系密切的行业专家也应大致占1/3。社会上有影响的知名人士中对预测问题有研究的专家也应大致占1/3。

② 自愿性。选择专家时应考虑到专家是否有时间、有精力作预测；是否自愿参加此项预测活动。只有充分考虑到专家的自愿性，才能保证专家充分发挥积极性、创造性和聪明才智，才能保证专家意见的回收率达到满意的结果。

③ 人数适度。专家人数太少，缺乏代表性，信息量不足，难以保证预测结果的质量；人数过多，会造成组织工作困难，成本增加，预测效率会降低。专家人数一般以10 ~ 50人为宜。对于一些重大问题的预测，人数也可以超过100人。

（3）多次匿名预测与反馈

这一阶段才是德尔菲预测法真正的预测过程。预测组织者在这里需要反复地向预测专家征询预测的意见。通常，德尔菲预测法的预测过程分为4轮：

第一轮，由预测组织者提出预测主题。组织者将预测主题的调查问卷和有关背景材料函寄给各位专家，请专家明确回答预测主题相关的问题。专家在提出初步预测、把结果返回给预测组织者后，预测组织者对第一轮专家预测的结果进行汇总整理。

第二轮，预测组织者将第一轮专家预测汇总整理的结果、预测组织者的要求和补充的背景材料反馈给各位专家，请专家进行第二轮预测。专家们在收到第二轮材料后，可以了解第一轮专家预测的总体结果，并由此作出新一轮的预测。他们既可以修改自己原有的意见，也可以仍然坚持自己第一轮的意见，最后把第二轮预测结果寄还给预测组织者。

第三轮，预测组织者将第二轮专家预测汇总整理的结果和预测组织者的要求反馈给各位专家，请专家进行第三轮预测。专家在收到材料后，可以了解第二轮专家预测的总体结果，并由此作出第三轮的预测，返回给预测组织者。经过几次反馈，各位专家会在充分考虑其他专家意见的基础上，来决定自己的判断和预测，所以，专家的预测意见会逐步趋于一致。

第四轮，如果第三轮专家预测的意见已经趋于一致或者基本稳定，即大多数专家不再修改自己的意见，就不需要作第四轮预测了。假若前三轮的预测结果还未能趋于一致或稳定，就需要作第四轮预测。最后一轮预测要求专家预测的意见已经趋于一致或者基本稳定。这是最后预测的结果。由此可见，反复征询的次数需要灵活掌握。但绝大多数的这类预测经过大约 4 轮的反馈都能得到所需要的结果。

（4）预测结果的处理

这阶段需要对最后一轮的专家预测意见进行统计归纳，在此基础上，预测组织者对专家意见作出分析评价，确定预测结果。

对专家预测意见进行统计归纳通常采用如下两种方法：

① 中位数和上下四分位数法，是指将中位数作为代表专家预测共同意见的结果，用上下四分位数来反映专家意见的离散程度。中位数是将每个专家预测的结果按照从小到大的顺序排列，选择处于中间位置上的那个数。中位数的特点是，有一半的专家预测结果大于它，有一半的专家预测结果小于它。所以，中位数具有位置平均的概念。类似的，上下四分位数是分别处于专家预测结果排序数列中 3/4 位置和 1/4 位置上的两个数。中位数和上下四分位数法由于在统计学中已经作过详细介绍，这里不再重复讨论了。

② 算术平均法，是指将所有专家预测结果的算术平均数作为专家预测的最终结果。

【例 9-3】假设利用德尔菲预测法预测当地游艇市场的如下两项指标：（1）游艇在当地市场进入成长期从目前算起还需要的年份数，以便决定公司在市场开拓方面的投资计划。（2）当地游艇市场进入成熟期后的潜在的年需求量，以便决定公司的生产规模。经过 3 轮预测和反馈，专家小组的 15 位专家对上述两项指标的最后预测结果参见表 9-5。

表 9-5　**运用德尔菲预测法预测某地游艇市场发展状况的最终结果**

专家编号	1	2	3	4	5	6	7	8	9	10	11	12	13	14	15
年份数	4.5	5	6	4	6.5	3	3.5	5.5	6	6.5	7	7.5	8	6	4.5
最高年销量	230	300	290	500	420	510	320	580	640	670	700	800	600	710	510
最可能年销量	200	250	270	400	410	500	300	530	540	650	650	750	500	670	490
最低年销量	170	240	250	300	390	490	280	500	430	600	620	690	400	650	470

1. 对市场进入成长期还需要的年份数预测结果的处理

对市场进入成长期需要的年份数预测结果，我们采用中位数法来处理。把15位专家预测所需要的年份数按从小到大的顺序排列，就可以找出中位数和上下四分位点作为预测结果。

3　3.5　4　4.5　4.5　5　5.5　6　6　6　6.5　6.5　7　7.5　8

这个数列中位于第8个位置上的数6就是中位数。而下四分位数是位于第4个位置上的数，即4.5。上四分位数是位于第12个位置上的数，即6.5。因此，得到最终预测结果为：德尔菲专家小组预测当地游艇市场在6年后进入成长期。专家预测意见之间的差异是2年，估计最早进入成长期的时间是4.5年后，估计最晚进入成长期的时间是6.5年后。

2. 对当地游艇市场进入成熟期后潜在年需求量结果的处理

对当地游艇市场进入成熟期后潜在年需求量的预测，采用算术平均法来处理。先计算15位专家对最高销售量的预测，就是对每位专家最高年销量预测值求算术平均，得到：

最高销售量=7 780÷15≈519（艘）

最可能销售量=7 110÷15=474（艘）

最低销售量=6 480÷15=432（艘）

最后，采用加权平均法求最终的综合预测值。将最高销售量、最可能销售量和最低销售量的权数分别设定为0.3、0.5和0.2，则最终预测值为：

519×0.3+474×0.5+432×0.2≈479（艘）

9.2.3　类推预测法

类推预测法是利用事物之间的类似性特征，用已经知道的某种先行事物的发展变化规律来类推同类的后继事物的未来发展变化规律。类推预测法一般适用于对新开拓市场销售的预测，也可以预测潜在购买力和需求量以及新产品长期的销售变化规律等。类推预测法主要适用于中长期预测。

类推预测法细分为如下几种方法：

9.2.3.1　产品类推法

可采用相近或类似产品的销售变化规律来类比预测某种新产品的销售变化规律。例如，由于液晶电视是显像管电视的更新换代产品，两者在功能、效用等方面具有类似性，所以，有人就成功地用当地以前显像管电视的销售变化的历史资料来类推同一地区液晶电视的销售变化情况。我们也可以用某一种已经处于成熟期或衰退期的家电产品的销售历史数据来类推相近的家电新产品的销售变化规律。

9.2.3.2　地区类推法

同一产品在不同地区之间的销售变化规律也有相似性。因此，我们可以用经济发达地区的产品的销售变化规律来类推经济落后地区的同一产品的销售变化规律。地区类推法既可以用发达国家历史上某种产品的销售变化规律来推测发展中国家同种产品的销售变化规律，也可以用同一个国家发达地区某种产品的销售变化规律来推测相对落后地区的销售变化规律。例如，有人曾经利用日本、印度和巴西等国的家用轿车销售的历史资料来预测我国家用轿车的市场发展规律。

9.2.3.3 行业类推法

许多产品的发展都是从某一个行业开始，逐步向其他行业推广的。例如，许多产品的应用与市场开发都是从军事工业开始，然后逐步向民用工业发展的，可以根据该产品军工市场的发展变化规律来推测民用市场的发展变化规律。

9.2.3.4 点到面类推法

点到面类推法是指通过典型调查，掌握一些具有代表性的局部对象的市场发展变化规律，再来推测大范围或全局的市场变化状况。因此，这种方法也是从局部类推到全局或总体的方法。这种类推法主要适用于许多消费品需求量的预测。利用这种方法所得到的短期、近期的预测结果往往有较高的可信度。

本章小结

市场预测是根据收集得到的各种资料，运用一定的方法或数学模型，对与市场有关的未来状况作出估计和判断。市场预测和市场营销调研本身是前后连贯的对市场进行深入分析研究的两种方法。这两种方法都是为经营决策服务的。

市场预测之所以能作出科学合理的估计和判断，是因为市场预测依据了如下一些基本的科学原理：连贯性原理、因果性原理、类推性原理和系统性原理。市场预测通常可以从多种不同的角度进行分类。为保证市场预测得到满意的结果，市场预测应当遵循一定的步骤来进行。

定性市场预测主要是依靠预测人员的经验和判断，对于所预测对象未来发展的前景、方向和程度所作出的预测。定性市场预测方法主要包括判断预测法、德尔菲预测法和类推预测法等。判断预测法包括推销人员意见综合法、用户调查预测法和专家调查预测法。德尔菲预测法作为一种特殊的专家调查预测法，具有广泛的应用性。类推预测法是利用事物之间的类似性特征，用已经知道的某种先行事物的发展变化规律来类推同类的后继事物的未来发展变化规律。

主要概念

市场预测　连贯性原理　因果性原理　类推性原理　系统性原理　定性市场预测　定量市场预测　判断预测法　推销人员意见综合法　用户调查预测法　专家调查预测法　德尔菲预测法　类推预测法

基本训练

◆ 知识题

1.说明市场预测的含义，分析市场预测与市场营销调研之间的关系。

2. 说明市场预测依据的基本科学原理。

3. 如何对市场预测进行分类？市场预测主要可以分为哪些类型？

4. 市场预测主要包括哪些步骤？说明每一个步骤的主要目标和任务。

5. 说明改进推销人员意见综合法预测效果的思路和方法。

6. 如何对专家调查预测法的意见进行综合？

7. 说明德尔菲预测法的特点、步骤和基本方法。

8. 说明类推预测法的基本原理和常用的具体方法。

◆ 技能题

1. 某公司邀请了6位有关专家对下一年度本公司产品的销售额进行预测，结果参见表9-6。

表9-6　**某公司专家的销售额预测结果**

预测人员	销售额预测值					
	最高销售额（万元）	概率（%）	最可能销售额（万元）	概率（%）	最低销售额（万元）	概率（%）
A经理	130	20	120	50	100	30
B经理	230	10	180	70	160	20
C科长	190	30	160	60	140	10
D科长	200	25	180	55	150	20
E主管	260	15	200	70	180	15
F主管	240	20	190	60	160	20

假设每个经理的权数都为3，每个科长的权数都为2，每个主管的权数都为1。根据上述专家意见，对下一年度的销售额预测值应该是多少？

2. 为了预测某种家用保健医疗仪的家庭普及率达到20%还需要多少年，邀请了11位有关专家，组成专家小组用德尔菲预测法进行预测。预测得到的第三轮结果（单位：年）为3、4、4、5、5、5、6、6、6、7、8。请对预测结果进行处理和解释。

◆ 能力题

将全班学生分成5～6人一组，每组选定下列调研预测题中的一题，实施调研和预测，并提交一份3 000字左右的书面报告：

（1）大学生勤工俭学现状的调查及发展趋势预测；

（2）大学生每月日常消费调查及消费内容和消费理念的趋势预测；

（3）大学生创业现状调查及发展趋势预测；

（4）大学生就业现状调查及发展趋势预测。

第10章 定量市场预测方法

学习目标

◆ 理解时间序列预测法的种类、原理和方法；理解回归分析法的原理和方法。

◆ 掌握应用时间序列预测法解决预测问题的技能；掌握应用回归分析法解决预测问题的技能。

◆ 能根据需要来选择并应用适当的定量预测方法，解决实际问题。

引 例

如何才能更科学地制订采购计划

刘浩是某烟草公司下属储运中心的采购主管。近年来，公司提出既要满足市场需求，又要尽可能提高公司的经济效益，这就要求储运中心在制订采购计划时更加科学合理。但是，每年市场对卷烟的需求无论从品种还是数量上都会呈现出很强的季节性波动。在春节、国庆和元旦等重大节日前后，消费者会对卷烟，特别是高档品牌卷烟表现出强劲的需求，而在其他时间，消费者不仅对高档卷烟的需求明显减少，而且总需求量有所下降。

制订采购计划的另一个困难在于，卷烟的储存时间不太长。刘浩所在的地区，每年春夏之交都要经历一个月左右的梅雨季节，而在秋天如果台风接二连三地光顾当地，同样会出现长期的阴雨时段，卷烟很容易霉变。所以，刘浩在决定采购计划时不仅要考虑需求的季节性，还需要兼顾气候的季节变动和中长期的天气预报。

除了需要考虑上述两方面的波动因素的影响外，刘浩还发现，随着当地经济的发展，居民生活水平和消费习惯也在慢慢发生变化。当地居民对卷烟的需求，无论是在总体数量、档次结构还是品种上都反映出某种变化趋势，所以，在制订年度以上的采购计划时也必须考虑所有这些因素。

刘浩知道，要保证采购计划的科学合理，首先需要度量上述因素的影响大小，再通过适当的方法把所有这些因素的影响综合起来，这样才可能得到对合理采购量的有效估计。

所有这些影响因素的作用大小都只有通过分析历史观察数据才能发现和揭示出来，所以，他找来近几年有关的历史数据，开始着手对其进行深入的分析。

资料来源 由本书第一作者胡介埙撰写而成。

10.1 时间序列预测法

10.1.1 时间序列预测法概述

10.1.1.1 时间序列的概念及变动趋势

时间序列是指某一个变量，如销售量的观察值，按发生的时间先后顺序排列而成的序列。时间序列既可以是逐年、逐月排列的，也可以是逐日排列的。

时间序列预测法所依据的基本假定是，过去几期中所观察到的销售方面的变化形式能够用于对将来销售情况的预测。时间序列的变动模式通常是4种变动合成的结果：

① 趋势性变动，是指时间序列的长期变动特性。其通常有3种形式：增长型、水平或平稳型、下降型。

② 周期性变动，是指销售量（额）随时间变化而重复以前的变动规律的特性。大多数公司的销售量（额）随着整个宏观经济态势的变动状况、市场对产品的需求、竞争者的活动和其他因素的变动而波动。当这种波动的期限超过一年时，我们就称这种波动为周期性变动。要预测这类波动一般是比较困难的。

③ 季节性变动，是指一年或一年以内的有规律的、重复发生的波动。许多产品的销售都或多或少地具有季节性波动。

④ 随机性变动，是指受某些随机因素的影响而产生的波动。这种波动是不可预见的。

10.1.1.2 时间序列的分析模型

一个时间序列通常包括上述4种或其中某几种变动因素。因此，用时间序列进行分析和预测的基本思路是将其中的变动因素一一分解出来，测定其变动规律，再把各种变动因素综合起来，得到整个时间序列的变动规律。

采用何种方法分析和测定时间序列中各变动因素的影响规律，取决于对4种变动因素之间相互关系的假设。一般地，对时间序列各变动因素的影响关系有两种不同的假设，即加法关系或乘法关系，由此相应地形成两种不同的分析模型。

（1）加法模型

加法模型假设时间序列中4个变动因素之间相互独立，且可以依次叠加：

$Y_t=T_t+S_t+C_t+I_t$

式中：Y_t表示时间序列在t时的取值；T_t表示时间序列在t时的长期趋势影响值；S_t、C_t和I_t分别表示季节性变动、周期性变动和随机性变动的影响值，实际上是对长期趋势的偏离值。

显然，加法模型假设季节因素、周期因素和不规则因素均围绕长期趋势值上下波动，它们可表现为正值或负值，以此测定其在长期趋势值的基础上增加或减少若干单位，并且反映其各自对时间序列值的影响和作用。

(2) 乘法模型

乘法模型假设时间序列中4个变动因素之间为相乘或放大的关系，即时间序列值是各因素的连乘积，以公式表示就是：

$Y_t=T_t\times S_t\times C_t\times I_t$

式中：S_t、C_t和I_t是针对长期趋势值的变动比率。

显然，乘法模型也假设季节因素、周期因素和不规则因素围绕长期趋势值上下波动，但这种波动表现为一个大于或小于1的系数或百分比，以此测定其在t时的长期趋势值基础上增加或减少的相对程度，并且反映其各自对时间序列值的影响和作用。

10.1.1.3 时间序列预测的步骤

时间序列受趋势性变动、季节性变动、周期性变动和随机性变动因素的影响，其分析的目的是逐一分解和测定时间序列中各项因素的变动程度和变动规律，然后将其重新综合起来，预测时间序列今后的综合发展变化规律。

在时间序列的上述4种变动形式中，随机性变动无法预测；周期性变动往往与宏观经济波动有关，也难以预测；季节性变动影响大，容易分析；趋势性变动也是可以分析出来的。因此，时间序列分析预测中，首先分析季节性变动的影响，在此基础上再分析趋势性变动和其他影响。

根据上面的分析，我们得到时间序列的综合预测分析的步骤如下：

① 根据时间序列观察值绘制散点图，确定其变动趋势的类型。

② 对观察期内时间序列的数值进行处理，以消除季节性变动、周期性变动和随机性变动的影响。具体做法是，根据观察期数据测定季节性变动的影响程度，并以季节性变动指数调整时间序列的原始观察值，得到消除季节性变动影响后的时间序列。

③ 建立时间序列分析预测的模型。根据消除季节性变动影响后的时间序列，建立起反映时间序列长期变动趋势的预测模型，并用模型进行模拟运算。

④ 修正预测模型。在建立反映长期变动趋势的预测模型的基础上，考虑和添加季节性变动、周期性变动和随机性变动因素的影响。

⑤ 实施预测。利用修正后的模型预测目标变量的预测值，并对预测值进行分析评价。

10.1.1.4 时间序列预测的分析方法

利用时间序列进行预测时，既要预测出时间序列的长期变动趋势，也要辨识时间序列是否受到季节性变动因素的影响。预测时间序列的长期变动趋势的基本思路是趋势外推法，即根据时间序列在观察期内的变化趋势来推测其今后可能的变化状况。趋势外推法通常采用以下4种具体方法：直观预测法、移动平均法、指数平滑法和回归分析法。而对时间序列受季节性变动因素的影响分析需要计算衡量季节性变动的数量指标，再根据季节性变动的衡量指标值来确定季节性变动影响的大小。

10.1.2　直观预测法

直观预测法的特点是在上期销售量（额）的基础上，加上一个调整值直接得到预测的结果。调整值就等于上期与前期之间的差距：

$Y_{t+1}=Y_t+（Y_t-Y_{t-1}）$

在销售量（额）的变化趋势是每期增加或减少一个相对固定的量，而且周期性或季节性变动的影响可以忽略的情形下，这个模型是很合适的。

10.1.3　移动平均法

移动平均法是以过去连续n期观察值的平均数作为对下一期的预测值的一种预测方法。这里移动的意思是每一期求平均值所采用的数据都是不断更新的。如果我们每次都用n期观察值的平均数，即用x_1，…，x_n的平均值$\bar{x}$作为对x_{n+1}的预测值，则当第（n+1）期结束，对第（n+2）期进行预测时，我们把x_{n+1}的值加到求平均的数列中去，而把x_1从求平均的数列中去掉，保证每次都用n个数据求平均。移动平均法又可以分为一次移动平均和二次移动平均两种方法。同时，移动平均法还可以与加权平均结合起来，成为改进后的移动平均——加权移动平均法。

10.1.3.1　简单移动平均法

（1）一次移动平均法

一次移动平均法是最简单的移动平均法，直接把本期及以前n期观察值的平均数作为对下期的预测值。一次移动平均的预测模型为：

$$M_{t+1}=\frac{x_t+x_{t-1}+\cdots+x_{t-n+1}}{n}$$

根据上述定义公式，我们可以得出：

$$M_{t+1}=M_t+\frac{x_t-x_{t-n}}{n}$$

应用一次移动平均法时，首先，绘制观察数据的散点图，确定观察数据所反映的变化趋势；然后，决定求平均的跨越期。确定合理的移动平均期数是非常重要的。一般来说，如果观察数据的变化比较平稳，没有明显的上升或下降趋势，则求平均的期数选得大一些，效果会更好。如果观察数据呈现出某种变化趋势，则求平均的期数应当选得小一些，以便对变化趋势呈现出更高的灵敏度。接着，利用公式直接计算移动平均值，进行预测。

【例10-1】表10-1第2列是南华公司2024年11月—2025年12月期间的月销售额的时间序列。据此应用移动平均法对月销售额进行预测。

【解析】表10-1第3列是对观察值作3期移动平均的结果，也就是对下一月的预测。如2024年11月、2024年12月和2025年1月共3个月的销售月收入的移动平均值为127.3万元，也就是对2025年2月销售收入的预测值。表中第4列是5期的移动平均值，如2024

年11月—2025年3月共5个月的平均月销售额是对2025年4月销售额的预测值。

表10-1 **南华公司月销售额的移动平均结果** 金额单位：万元

月　份	月销售额	3期移动平均	5期移动平均	二次移动平均	加权移动平均
2024年11月	120				
2024年12月	138				
2025年1月	124	127.3			127.4
2025年2月	115	125.7			122.3
2025年3月	137	125.3	126.8	126.1	127.8
2025年4月	188	146.7	140.4	132.6	158.1
2025年5月	190	171.7	150.8	147.9	178.8
2025年6月	230	202.7	172.0	173.7	209.6
2025年7月	268	229.3	202.6	201.2	241.0
2025年8月	340	279.3	243.2	237.1	301.4
2025年9月	350	319.3	275.6	276.0	330.6
2025年10月	368	352.7	311.2	317.1	357.0
2025年11月	390	369.3	343.2	347.1	375.4
2025年12月	420	392.7	373.6	371.6	400.6
MSE		3 394.1	8 069.4	8 207.1	2 516.7
MAE		52.0	86.5	87.2	44.7

为了比较求平均的跨越期n的大小对预测准确度的影响大小，一般可以通过比较预测结果的均方误差和绝对均差的大小来确定，从而选择适当的n值。所选取的n值应当使这两项误差越小越好。

预测的均方误差（*MSE*）是预测误差值，即预测值与同期实际观察值之差的平方和的平均数：

$$MSE = \frac{\sum(Y_i - \hat{Y}_i)^2}{n}$$

均方误差的一个主要缺陷是，它会夸大误差较大的项对均方误差计算结果的影响，为了弥补这一缺陷，往往计算绝对均差（*MAE*）。绝对均差的计算公式是：

$$MAE = \frac{\sum\left|Y_i - \hat{Y}_i\right|}{n}$$

根据表10-1的数据，我们发现当n=3时移动平均的均方误差和绝对均差都小于n=5时的误差，说明用n=3时移动平均预测的效果比n=5时要好。当然在实际工作中，仅比较两种移动平均的跨越期是不够的，往往需要选择多个不同的跨越期进行比较，从中确定最佳的求平均的时间跨越期。

(2) 二次移动平均法

一次移动平均法能够较好地解决水平或平稳型时间序列的预测问题，但是并不能很好地适应具有上升或下降趋势的时间序列的预测问题，因为一次移动平均数的变动总落后于观察数据变动。为了能更好地解决具有上升或下降趋势变动的时间序列的预测问题，有必要对一次移动平均法加以改进。对一次移动平均的结果再作一次移动平均，就是二次移动平均。二次移动平均的公式为：

$$M_t^{(2)}=\frac{M_t^{(1)}+M_{t-1}^{(1)}+\cdots+M_{t-n+1}^{(1)}}{n}$$

表10–1第5列是对第3列的一次移动平均结果再作一次移动平均，得到二次移动平均的结果。对2025年1月、2月和3月这3个月一次移动平均的结果再作移动平均，就得到对2025年4月的二次移动平均预测值。由于二次移动平均的滞后作用，再加上我们也没有对滞后进行调整，所以，表10–1的结果显示，二次移动平均的结果无论从均方误差还是从绝对均差看，都并不优于一次移动平均的结果。

通常，二次移动平均能更好地反映数据的变动趋势，但是，正如从上面的例子中看到的，二次移动平均值不仅滞后于观察数据，也滞后于一次移动平均数。所以，采用二次移动平均法来进行预测时，可以先求出一次移动平均数与二次移动平均数之间的差值，然后将此差值加到一次移动平均数上去，再考虑趋势变动值，就可以得到比较接近于实际值的预测值。于是，可以构造出二次移动平均的预测模型：

$$\hat{Y}_{t+T}=a_t+b_tT$$

式中：$\hat{Y}_{t+T}$为对（$t+T$）期的预测值；t为本期；T为本期到预测期的间隔期数；a_t和b_t为参数。

$$a_t=M_t^{(1)}+\left(M_t^{(1)}-M_t^{(2)}\right)=2M_t^{(1)}-M_t^{(2)}$$

$$b_t=\frac{2}{n-1}\left(M_t^{(1)}-M_t^{(2)}\right)$$

10.1.3.2　加权移动平均法

简单移动平均法最大的缺点是，它实际上假设求平均数的各项观察值对于未来的影响是相等的，但是在实际上，往往是越接近预测期的观察值对于未来的影响越大。因此，有必要采用加权移动平均法来计算移动平均值。

加权移动平均法实际上仅仅是简单移动平均法的变形，它赋予越靠近预测期的观察值以越大的权数。加权移动平均法的计算公式为：

$$M_t^{w}=\frac{w_nY_t+w_{n-1}Y_{t-1}+\cdots+w_1Y_{t-n+1}}{w_n+w_{n-1}+\cdots+w_1}$$

式中：w_i为权数；Y_t是当期的观察值。

权数的选择往往比较麻烦，需要仔细地考虑，选择正确合理的权数依靠预测人员的经验和对时间序列特点的判断。

应用加权移动平均法进行预测时，首先，需要绘制观察数据的散点图，确定观察数据所反映的变化趋势。其次，决定求平均的跨越期n和各期的权数大小。最后，就可以利用公式，直接计算加权移动平均值进行预测了。

对表10-1第2列的观察值，按每3期加权移动平均，相应的权数分别为2、3、5，离预测期最近的当期加权为5，上一期和前一期的加权分别为3和2，得到的加权移动平均结果如表10-1第6列所示。表10-1的结果显示，用3期加权移动平均结果进行预测的结果，无论从均方误差还是从绝对均差看，都要优于3期一次移动平均、5期一次移动平均，以及二次移动平均的结果。

10.1.3.3 对移动平均法的总结

移动平均法通常只用于预测下一期的值，用于对今后几期的预测时，精确度就会迅速下降。移动平均法也不能预测出转折点，它只能把出现的变化结合到预测值中去。移动平均通常用来作为标准化产品的库存控制系统的预测，效果是比较理想的。同时，移动平均法常常用来进行短期预测，进行周、月或季度的预测，可望取得较满意的效果。

移动平均法主要适合于水平或平稳型时间序列的预测。对于呈现某种上升或下降趋势的时间序列，应用移动平均法进行预测会产生明显的滞后作用。这也正是在我们的例子中加权移动平均预测的效果要优于一次和二次移动平均的原因。

如果被预测对象的季节性波动很小或者没有季节性波动，那么用移动平均法来预测的效果通常是很好的。对于季节性波动的影响不能忽略的情形，可以在用移动平均法得到预测结果的基础上，再用季节性指数进行调整。

10.1.4 指数平滑法

10.1.4.1 指数平滑法的原理

指数平滑法是以当期的实际观察值和上期对当期的预测值为基础，利用平滑系数进行加权平均，得到当期对下期的预测值。指数平滑法的预测模型为：

$$\hat{Y}_{t+1}=\alpha Y_t+(1-\alpha)\hat{Y}_t$$

式中：$\hat{Y}_{t+1}$是对下一期的预测值；Y_t是当期的实际观察值；$\hat{Y}_t$是用指数平滑法得到的当期预测值；α是平滑系数。

根据指数平滑法的基本模型，有：

$$\hat{Y}_t=\alpha Y_{t-1}+(1-\alpha)\hat{Y}_{t-1}$$

…

$$\hat{Y}_2=\alpha Y_1+(1-\alpha)\hat{Y}_1$$

$$\hat{Y}_1=\alpha Y_0+(1-\alpha)\hat{Y}_0$$

把上述各式逐次代入预测基本模型，就得到：

$$\begin{aligned}\hat{Y}_{t+1}&=\alpha Y_t+(1-\alpha)[\alpha Y_{t-1}+(1-\alpha)\hat{Y}_{t-1}]\\&=\alpha Y_t+\alpha(1-\alpha)Y_{t-1}+(1-\alpha)^2[\alpha Y_{t-2}+(1-\alpha)\hat{Y}_{t-2}]\\&=\alpha Y_t+\alpha(1-\alpha)Y_{t-1}+\alpha(1-\alpha)^2Y_{t-2}+\cdots+\alpha(1-\alpha)^{t-1}Y_1+(1-\alpha)^t\hat{Y}_1\end{aligned}$$

可见，指数平滑法实际上是对时间序列的历史观察值Y_t，Y_{t-1}，Y_{t-2}，…，Y_1和初始值

$\hat{Y}_0$的加权平均，各项的权数分别为：

α，$\alpha(1-\alpha)$，$\alpha(1-\alpha)^2$，…，$\alpha(1-\alpha)^{t-1}$，$\alpha(1-\alpha)^t$

这一组权数是递减的，距离预测期越远的观察值对当前预测结果的影响就越小。所以，指数平滑法实际上就是一种特殊的加权平均法。

10.1.4.2 指数平滑法的特点

(1) 其本质上是一种加权移动平均法

如前所述，指数平滑法是以首项系数为α、公比为（$1-\alpha$）的等比数列为权重的加权平均法。利用指数平滑法预测时，对越是接近预测期的观察值所加的权数越大。这是合理的，因为越接近于预测期的观察值与以前的观察值相比，越是会对预测值产生较大的影响。

(2) 其各权重之和为1

这是因为利用初等数学中计算首项为α、公比为（$1-\alpha$）的等比数列前n项之和的公式，直接就可以求得前t项的权重之和为：

$$\alpha+\alpha(1-\alpha)+\alpha(1-\alpha)^2+\cdots+\alpha(1-\alpha)^{t-1}=1-(1-\alpha)^t$$

因为$0<\alpha<1$，当$t\to\infty$时，$\lim\left[1-(1-\alpha)^t\right]=1$。

(3) 其具有修匀效果

与移动平均法一样，指数平滑法对时间序列观察值也具有修匀效果。移动平均法的修匀效果取决于求平均的跨越期的大小，期数大，则修匀效果明显；反之，则修匀效果差些。指数平滑法的修匀效果则取决于平滑系数的大小，α越小，则修匀效果越明显；反之，则修匀效果越差。

10.1.4.3 平滑系数α的选择

在指数平滑法中，平滑系数的选择特别重要。α的取值大小直接影响到在新的预测值中当期观察值与当期预测值各占的份额。α值越大，则新观察值所占的份额越大，当期预测值所占的份额相对减少；反之，亦然。因此，在进行短期预测时，希望能尽快地反映观察值的变化，这就要求提高α的值；若想要较好地排除季节性波动对时间序列的干扰，借以平滑随机误差的影响，又要求降低α的值。在很多情况下，二者很难兼得，只能采取折中的方法。

一般来说，α取值的大小主要取决于预测的目的：

① 当应用指数平滑法来预测，重点是反映时间序列中所包含的长期趋势时，α值应当取得小一些，如$\alpha=0.1\sim0.3$。

② 当应用指数平滑法来预测，重点是反映时间序列的季节性波动或随机性变动的影响时，α值应当取得大一些，如$\alpha=0.6\sim0.8$。

10.1.4.4 初始值的确定

应用一次指数平滑法时，除了选择合适的α值以外，还要确定一次指数平滑法的初始值$\hat{Y}_0$。初始值确定的原则是：

① 当时间序列的观察数据较多时，如$n \geqslant 10$，初始值对以后预测值的影响不大，可直接选用第一期的实际观察值作为初始值。

② 当时间序列的观察数据较少时，如$n<10$，初始值对以后预测值的影响较大，一般采用最初几期的实际观察值的算术平均数作为初始值。

【例10–2】沿用表10–1的观察数据，用一次指数平滑法进行预测。由于时间序列反映出明显的长期变动趋势，而季节性波动的影响并不明显，据前所述，平滑系数的取值应当小一些，落在0.1～0.3之间。所以，第一次分别以$\alpha=0.1$、$\alpha=0.2$和$\alpha=0.3$，计算得到相应的一组预测值（见表10–2）。与移动平均法类似，我们把预测结果与实际观察值相比较，分别计算得到不同α值的*MSE*和*MAE*，发现*MSE*在$\alpha=0.2$时最小，而*MAE*在$\alpha=0.3$时最小。由此，首先可以排除$\alpha=0.1$的选择，而推测出同时使预测误差*MSE*和*MAE*达到最小的α值应当落在$\alpha=0.2$和$\alpha=0.3$之间。

表10–2 **南华公司月销售额的指数平滑预测结果**

月份	月销售额（万元）	$\alpha=0.1$	$\alpha=0.2$	$\alpha=0.25$	$\alpha=0.3$
2024年11月	120.0	120.0	120.0	120.0	120.0
2024年12月	138.0	121.8	123.6	124.5	125.4
2025年1月	124.0	122.0	123.7	124.4	125.0
2025年2月	115.0	121.3	122.0	122.1	122.0
2025年3月	137.0	122.9	125.0	125.8	126.5
2025年4月	188.0	129.4	137.6	141.4	145.0
2025年5月	190.0	135.5	148.1	153.6	158.5
2025年6月	230.0	145.0	164.5	172.7	180.0
2025年7月	268.0	157.3	185.2	196.5	206.4
2025年8月	340.0	175.6	216.2	232.4	246.5
2025年9月	350.0	193.0	243.0	261.8	277.6
2025年10月	368.0	210.5	268.0	288.4	204.7
2025年11月	390.0	228.5	292.4	313.8	260.3
2025年12月	420.0	247.6	317.9	340.4	308.2
MSE		15 069.7	8 724.3	6 852.8	8 914.5
MAE		99.2	77.4	69.3	75.6

第二次取$\alpha=0.25$，计算各期的预测值，也计算出相应的预测误差*MSE*和*MAE*，我们发现$\alpha=0.25$时的预测误差*MSE*和*MAE*都远小于$\alpha=0.2$和$\alpha=0.3$时的情形。由此可以确认，使预测误差*MSE*和*MAE*达到最小的α值确实是落在0.2和0.3之间。但是要最终确定α取值多大才能达到最好的预测效果，还应当在0.2和0.3之间增加一些取值点来试算，并由此确

定针对这组观察值而言，最合适的α值究竟应当是多少。

尽管指数平滑法的形式是很简单的，但是由于每次计算都要用新的数据，计算过程是相当烦琐的。编制好一定的程序以后，用电脑来计算是相当方便的。

10.1.4.5　二次指数平滑法

与一次移动平均法类似，一次指数平滑法也只适用于对水平型或平稳型的时间序列的预测。对于明显存在上升或下降变动趋势的时间序列的预测，即使α取值很大，也仍然会产生较大的滞后偏差问题，需要进行修正。二次指数平滑法是对滞后偏差的一种修正方法。它的基本思路与一次移动平均法类似，即在一次指数平滑法的基础上，再进行第二次的指数平滑，并根据一次指数平滑、二次指数平滑的最后一项指数平滑值，建立直线趋势预测模型，进行预测。

与一次指数平滑法的模型相类似，二次指数平滑法的基本公式为：

$\hat{Y}_{t+1}^{(2)}=\alpha Y_t^{(1)}+（1-\alpha）\hat{Y}_t^{(2)}$

式中：$\hat{Y}_{t+1}^{(2)}$是对下一期的预测值；$Y_t^{(1)}$是当期的实际观察值；$\hat{Y}_t^{(2)}$是用指数平滑法得到的当期预测值；α是平滑系数。

关于二次指数平滑法的更详细的内容，可以参考相关的资料，不作赘述。

10.1.5　时间回归分析法

对时间序列应用回归分析法进行预测时，把时间看作自变量，而以时间序列本身（如销售量（额））作为因变量。最简单的线性回归方程的形式是：

$Y_{t+1}=a+b（t+1）$

式中：Y_{t+1}是对下一期的预测值；a和b各是回归系数；t是时间变量。

10.1.6　季节变动预测法

无论是移动平均法还是指数平滑法，所预测得到的都只能是时间序列的长期变动趋势。对于受季节性波动影响较大的时间序列，其实际发生值还会受预测当月或当季所处的究竟是淡季还是旺季的影响。对于这种受季节性因素影响的预测问题，要用季节变动预测法来解决。

采用季节变动预测法对时间序列作预测时，通常首先要区分时间序列是否具有上升或下降的趋势，还是仅仅是水平型变动的情形。对于仅仅具有水平型变动的时间序列，只需要考虑季节性变动因素就够了；对于具有趋势变动的时间序列的预测，首先需要把长期趋势影响与季节影响分离开来，在分别对两个影响因素作出预测后，再把它们合在一起。

10.1.6.1　水平型时间序列预测法

水平型时间序列是指以年为间隔期的时间序列不含趋势性的变动，只受季节性变动和随机性变动的影响。

（1）季节性变动的衡量指标

对时间序列进行预测时，衡量季节性变动影响的主要指标有季节指数和季节变差。季节指数是一种以相对数来表示的季节性变动衡量指标。季节变差是以绝对数来表示的季节性变动衡量指标。它们的计算公式分别如下：

月（季）季节指数=历年同月（季）平均值÷全时期月（季）度平均值

月（季）季节变差=历年同月（季）平均值-全时期月（季）度平均值

在季节指数和季节变差这两个指标中，季节指数应用得更为广泛。在实际应用中，季节指数既可以用百分数来表示，也可以用根据上述公式计算得到的用百分数表示的季节指数再乘以100来表示。这样，100就表示了季节指数的平均值。季节指数小于100的季节是淡季；季节指数高于100的季节相应地是旺季。

不过，只根据一年或两年的观察数据计算得到的季节指数和季节变差往往会受到随机性变动因素的较大影响，所以在实际预测中通常要求运用3年以上的观察数据来计算季节变动指标，这样所得到的结果比较可靠。

（2）预测步骤和方法

① 计算时间序列中历年同月（季）观察值的平均值。

② 计算全时期中历年月（季）的平均值。

③ 按上述公式，计算各月（季）的季节指数。

④ 根据对目标年份的总体或平均的预测值，计算对各月（季）的预测值。

【例10-3】表10-3为某公司2022年1月—2025年12月逐月的实际销售额，据此预测该公司2026年各月的销售额。

表10-3 **某公司销售额统计资料** 金额单位：万元

项　目	1	2	3	4	5	6	7	8	9	10	11	12	全年月平均值
2022年	85.0	88.0	105.0	112.0	130.0	140.0	139.0	115.0	99.0	95.0	80.0	92.0	106.7
2023年	89.0	81.0	99.0	110.0	117.0	132.0	142.0	109.0	89.0	92.0	76.0	85.0	101.8
2024年	92.0	79.0	102.0	108.0	120.0	121.0	131.0	112.0	91.0	91.0	70.0	81.0	99.8
2025年	90.0	86.0	100.0	102.0	118.0	130.0	132.0	105.0	97.0	90.0	78.0	92.0	101.7
月平均值	89.0	83.5	101.5	108.0	121.3	130.8	136.0	110.3	94.0	92.0	76.0	87.5	102.5
月季节指数（%）	86.8	81.5	99.0	105.4	118.3	127.6	132.7	107.6	91.7	89.8	74.0	85.4	100.0
2026年各月预测值	88.3	82.9	100.7	107.2	120.3	129.8	135.0	109.4	93.3	91.3	75.3	86.9	

根据上述预测步骤，首先计算表10-3观察值中历年相同月份销售额的平均值，如历年1月份的月平均值是：（85+89+92+90）÷4=89。然后，计算整个4年的月销售额平均值。这既可以通过求表中月平均值一行的平均数来得到，也可以通过求表中最后一列全年月平均值的平均数来得到，最终的结果都是102.5。

接着，计算各月销售额的季节指数。这是指用表10-3中月平均一行中的各月平均销售额除以全时期整个4年的月销售额平均值。如1月的销售额的季节指数是：89÷102.5×100%=86.8%，依此类推，可以得到各月的季节指数，如表10-3中第7行所示。

由于时间序列呈水平型变动，各月的季节指数的平均正好为100，所以，我们可以直接用上一年的平均月销售额乘以各月的季节指数得到下一年的预测值。如2026年1月的预测值是：101.7×0.868=88.3。依此类推，就可以得到对2026年各月的预测值，如表10-3中第8行所示。

10.1.6.2　趋势变动型时间序列预测法

对趋势变动型时间序列进行预测时，衡量季节性变动影响的主要指标仍然是季节指数和季节变差。但是，在计算季节指数和季节变差时，必须把历年同月（季）平均数与同时期的趋势值相比较。所以，它们的计算公式为：

某月（季）季节指数=历年同月（季）平均值÷相应月（季）趋势值

某月（季）季节变差=历年同月（季）平均值－相应月（季）趋势值

而在预测时，先需要计算得到预测期相应月（季）的趋势值，将趋势值乘以季节指数就得到最终的预测值。

由此可见，对于具有趋势变动型的时间序列，首先需要确定出趋势变动模型。确定趋势变动模型可以采用移动平均法、指数平滑法或回归分析法中的任何一种方法。

【例10–4】表10–4为某旅游景区2022年1月—2025年12月间各季度旅游收入。要求根据表10–4的历史观察值，预测该旅游景区2026年各季度的旅游收入。

表10–4　**某旅游景区近年各季度旅游收入**　单位：万元

项　目	第一季度	第二季度	第三季度	第四季度
2022年	150	890	1 200	340
2023年	560	1 280	2 890	460
2024年	670	2 100	5 100	600
2025年	790	3 200	7 400	1 200

（1）计算与时间序列各观察值相对应的趋势值

表10–4的观察数据表明，该旅游景区时间序列既有趋势变动，又受到季节因素的影响。所以，首先需要确定趋势变动。如前所述，要确定趋势变动模型。为方便起见，我们选择回归分析法来研究趋势变动。为此，以时间为自变量，观察值为因变量，得到一个回归方程，对回归方程进行 F 检验，发现 F=4.821，F 值相应的 p=0.045。可见在 α=0.05的条件下，回归方程有效。回归方程具有如下的形式：

Y=6.250+211.250×T

利用这一回归模型，我们就可以计算与时间序列各观察值相对应的趋势值，分别填入表10–5第4列。

表10–5　**某旅游景区旅游收入季节指数计算表**　金额单位：万元

时期编号	时　间	观察值	趋势值	当期季节指数（%）
1	2022年第一季度	150	217.50	69.0
2	2022年第二季度	890	428.75	207.6

续表

时期编号	时　间	观察值	趋势值	当期季节指数（%）
3	2022年第三季度	1 200	640.00	187.5
4	2022年第四季度	340	851.25	39.9
5	2023年第一季度	560	1 062.50	52.7
6	2023年第二季度	1 280	1 273.75	100.5
7	2023年第三季度	2 890	1 485.00	194.6
8	2023年第四季度	460	1 696.25	27.1
9	2024年第一季度	670	1 907.50	35.1
10	2024年第二季度	2 100	2 118.75	99.1
11	2024年第三季度	5 100	2 330.00	218.9
12	2024年第四季度	600	2 541.25	23.6
13	2025年第一季度	790	2 752.50	28.7
14	2025年第二季度	3 200	2 963.75	108.0
15	2025年第三季度	7 400	3 175.00	233.1
16	2025年第四季度	1 200	3 386.25	35.4

（2）计算各季的平均季节指数

由于时间序列是有趋势变动的，所以，首先要用时间序列中各观察值除以相应的趋势值得到所对应季节的季节指数。如2022年第一季度的季节指数为：150÷217.5×100%=69.0%，依此类推，可以得到4年中每一季度的季节指数（如表10–5第5列所示）。由于除了季节性变动影响外，时间序列还受长期趋势、周期性变动和随机性变动的多重影响，历年同一季度的季节指数各不相同。为剔除其他因素的影响，对历年同一季节的季节指数求平均，得到每一季度的季节指数的平均值：

历年第一季度的季节指数的平均值=（69.0%+52.7%+35.1%+28.7%）÷4=46.4%

历年第二季度的季节指数的平均值=（207.6%+100.5%+99.1%+108.0%）÷4=128.8%

历年第三季度的季节指数的平均值=（187.5%+194.6%+218.9%+233.1%）÷4=208.5%

历年第四季度的季节指数的平均值=（39.9%+27.1%+23.6%+35.4%）÷4=31.5%

（3）调整季节指数

理论上说，如果把季节指数的平均值确定为100%，1年12个月的季节指数之和应当为1 200%；1年4个季度的季节指数之和应当等于400%。但是计算得到的季节指数并不一定刚好满足上述要求。在例10–4中，4个季度的季节指数之和为：46.4%+128.8%+208.5%+31.5%=415.2%。

因此，上述季节指数的平均值需要乘以一个调整系数，以满足对季节指数规范化的要求。

调整系数=400%÷415.2%=0.9634

调整后各季度的季节指数分别为：

第一季度的季节指数=46.4%×0.9634=44.7%

第二季度的季节指数=128.8%×0.9634=124.1%

第三季度的季节指数=208.5%×0.9634=200.9%

第四季度的季节指数=31.5%×0.9634=30.3%

（4）计算所需要的预测值

计算目标年份的预测值时，首先需要计算所需要预测的月或季度的趋势值，再由趋势值乘以相应的季节指数，得到最终的预测结果。

首先，根据长期趋势的回归模型：

Y=6.250+211.250×T

我们可以计算得到需要预测年份各季度的趋势值。

设T=17，得到：2026年第一季度的趋势值=3 597.5（万元）

设T=18，得到：2026年第二季度的趋势值=3 808.75（万元）

设T=19，得到：2026年第三季度的趋势值=4 020（万元）

设T=20，得到：2026年第四季度的趋势值=4 231.25（万元）

各季度的趋势值乘上相应的季节指数就得到最终的预测值：

2026年第一季度的预测值=3 597.5×44.7%=1 608.1（万元）

2026年第二季度的预测值=3 808.8×124.1%=4 726.7（万元）

2026年第三季度的预测值=4 020×200.9%=8 076.2（万元）

2026年第四季度的预测值=4 231.3×30.3%=1 282.1（万元）

10.2 因果分析预测法

10.2.1 因果分析预测法的基本概念

时间序列预测法，不管是移动平均法、指数平滑法还是季节变动预测法，都仅仅是从构成时间序列的观察值表面上的变化中寻找规律，然后依据这种过去的变化规律去推测未来的趋势。时间序列预测法没有探究引起时间序列观察值变化的根本原因，更无法知道引起变化的原因和结果之间的数量关系。因此，时间序列预测法只能是一种比较表面的、适合短期预测的方法。

因果分析预测法首先要求研究引起结果变化的原因，再试图确定原因与结果之间的数量关系，最后根据原因的可能变化来预测结果的变化。所以，因果分析预测法把需要预测变量的任何变化都看作其他一个或多个变量变化的结果。因果预测法的预测步骤是：首先，辨认引起预测变量变动的原因，度量或估计反映原因的变量的变化值；其次，确定这些原因变量与预测量之间的关系；最后，根据所确定的关系计算出所需要的预测值。

因果分析预测法包括多种技术和可应用的模型，主要的有回归分析法、领先指标法、投入产出法、计量经济模型和实验预测法等。

10.2.2 回归分析法

10.2.2.1 回归分析法的步骤

回归分析法是一种最常用的因果分析预测法。其基本步骤如下：

（1）确定变量之间的相关关系

应用回归分析法进行预测时，首先需要根据经济理论、专业知识和实践经验，从定性的角度分析判断所研究的变量之间是否可能存在相关的因果关系，再通过计算相关系数来判定变量之间是否确实存在某种相关关系。

（2）确定哪个是因变量、哪个是自变量

对存在因果关系的变量进行回归分析时，需要确定什么是原因、什么是结果，原因是自变量，结果是因变量。

（3）选择正确的回归模型

回归模型有很多种，因变量与自变量之间的关系既可能是线性的，也可能是非线性的。许多需求函数往往还是对数形式的，因此，预测时需要根据观察数据所反映的变量的变化规律来选择正确合理的预测模型。为了保证所选择预测模型的可靠性，需要收集自变量和因变量的足够的观察值。通常，要得到满意的预测结果，对于每个自变量和因变量至少要获得20个观察值。

（4）对预测模型的检验

根据任何一组观察数据，利用最小二乘法的公式总是可以计算得到一个由回归方程来表示的模型。但是要用所得到的回归方程进行预测，必须保证所得到的回归方程是有意义的。为此，必须对回归方程中自变量和因变量之间的依存关系的密切程度进行检验，确认是有效的后才能用于预测。

（5）预测

直接利用所得到的回归方程作预测，并对预测结果进行合理的解释。

10.2.2.2 一元线性回归分析法

因为一元线性回归分析法的基本原理和步骤已经在第8章作了讨论，所以这里着重讨论在确认回归方程的有效性后如何进行预测。

（1）点预测

对于给定的x_i，根据回归模型就可以求出y_i的估计值$\hat{y}_i$。但是用$\hat{y}_i$来预测y仅仅是一种点预测。在实践中，实际发生值恰好等于预测值的概率常常是很小的，所以我们还必须对预测结果的精确度或者可能的误差作出估计，即估计实际发生值可能偏离用回归模型所得到的预测值的范围，这就是区间预测。

（2）区间预测

统计上用估计平均误差这个指标来度量回归方程的精确度，对回归方程进行评价。估计平均误差可以用一组观察值与预测值之间的离差平方和的大小来度量，即根据实际观察值与回归直线的偏离程度作为预测估计的平均误差的衡量指标。一个回归模型的估计平均误差由下式来定义：

$$S_e = \sqrt{\frac{1}{n-2}\sum_{i=1}^{n}(y_i - \hat{y}_i)^2}$$

值得注意的是，式中分母是（n−2），而不是（n−1）或n，这是因为n个观察值的数据点用于计算参数a与b时失去了2个自由度，还余下（n−2）个自由度。

运用估计平均误差可以对回归方程的估计或预测结果进行区间预测。若回归方程经过前面的假设检验是有效的，则（$y_i-\hat{y}_i$）服从正态分布。由正态分布的性质可知，在n很大时，观察值落在回归直线两侧的概率是服从正态分布的，且方差相等，则预测结果有68.27%的点落在回归直线±S_e的范围内，有95.45%的点落在回归直线±2S_e的范围内，有99.73%的点落在回归直线±3S_e的范围内。

【例10−5】根据例8−9和表8−5的资料，假设百合花礼品集团公司在对某连锁店选址过程中发现，其周边客流量为5 300人/天。公司希望对这一潜在的连锁店选址可能的年销售额作出预测（包括点预测，以及置信度为68.27%、95.45%和99.73%的区间预测）。

在8.4.3部分的回归分析中，我们已经根据观察数据建立了回归方程：

y=0.986+28.047x

同时，通过计算判别系数和F检验，确认上述回归方程是有效的。所以，我们可以利用这个方程进行预测。

把x=5.1代入上述方程，就得到y=143.99。

对于周边客流量为5 300人/天的连锁店选址，年销售额的预测值为143.99万元。

把观察值与相应的预测值代入S_e的计算公式，我们可以计算得到回归方程的估计平均误差为S_e=5.56。由此可以得到：

置信度为68.27%的预测区间是（143.99−5.56，143.99+5.56），即（138.43，149.55）；

置信度为95.45%的预测区间是（143.99−2×5.56，143.99+2×5.56），即（132.87，155.11）；

置信度为99.73%的预测区间是（143.99−3×5.56，143.99+3×5.56），即（127.31，160.67）。

10.2.3 其他因果分析预测法

10.2.3.1 领先指标法

某些经济指标与公司的销售量之间具有领先或滞后的关系。如果公司的销售量与其他某些经济指标确实存在这种关系，我们就可以利用这些领先指标来预测销售量的变动。然而，对单个企业来说，通常不一定能找到合适的领先指标。因此，应用领先指标预测时，通常先是对整个行业的经济状况或者宏观经济状况进行预测，而不是直接对单个企业的销售量进行预测。然而，大多数公司的销售情况至少在一定程度上是与宏观经济状况相关的。因此，我们可以先预测总的经济状况，再预测单家公司的销售量。

常用的领先指标有：制造业平均的工作周数、新建公司数、耐用消费品生产行业中的新订货量、生产设备新制造合同或订货量、经政府批准的新建筑物的规模、工业原材料的价格和一些最大的股票上市公司的股票价格等。

应用领先指标法进行预测时，会遇到两个问题：

第一，结果不一致。用某一组领先指标进行预测分析所得到的结果，很可能与采用另外一组领先指标来预测所得到的结果不一致。在这种情况下，究竟接受哪一种结果常常是很难决定的，必须非常谨慎。

领先指标计算出的扩散指数是解决多个领先指标预测结果不一致问题的一种方法。在某一特定时期内，一组领先指标中的上升指标的百分比被称为这组指标在这一期间的扩散指数。扩散指数等于100，就表示全部指标都指示销售量会上升；扩散指数为0，就表示全部领先指标都指示销售量是下降的；若有一半指标指示上升、另一半指标指示下降，则扩散指数等于50，表示销售量可能不变。

第二，错误信号。大多数领先指标能预测出实际销售指标的转折点。但是问题在于，有时通过领先指标预测出的转折点实际上并不一定存在。

扩散指数也能帮助分析人员解决错误信号的问题。如果在一个经济增长时期内，连续几个月出现扩散指数很小的情况，就意味着有一个向下的转折点。如果在一个经济衰退时期内出现扩散指数很大的情形，就意味着即将出现一个向上的转折点。当然，要预测得精确，就需要分析人员具有一定的技能和经验。

10.2.3.2 投入产出法

投入产出模型是通过编制投入产出表，建立投入与产出之间的数量关系来反映不同经济部门或产品生产和消费之间的内在联系。投入产出模型既可以用于对国民经济总体情况的预测，也可以用于对单个企业销售情况的预测；但是比较起来，更多的是用于对整个国民经济总体的预测，并且效果更好；当研究一个工业大类产品的需求变化对另一个工业产品的影响时，该模型是特别有用的。

用投入产出法对单个企业的销售情况进行预测时，只能对一大类产品，而不能对一种特定的品种或规格进行有效的预测。

用投入产出法进行预测时遇到的最大问题是投入产出表中的资料要求正确及时；否则，部门间或产品间的投入产出关系发生变化就会直接影响结果的正确性。这是因为技术的变革、产品结构变化以及代用品相对价格变动等多种因素，都可能引起某些工业部门中销售量的迅速变化。

应用投入产出法进行预测时的另一个问题是综合的程度。大多数投入产出表对工业部门的定义过宽，对预测来说价值不大。公司必须根据自己产品的情况建立起更详细的投入产出表。这意味着公司在用投入产出模型进行预测时，需要花费相当大的财力、时间和精力。这对于大多数公司来说是有困难的。鉴于上述原因，通常只有那些规模特别大的公司才会偶尔用这种方法来作预测。

10.2.3.3 计量经济模型

计量经济模型是根据现实的统计资料，具体地评价由经济理论所给出的经济变量之间存在的各种关系，然后依据这种关系进行预测的方法。

从方法本身上看，计量经济模型是一种相当科学合理的预测方法，但是，要使模型能够如实地反映经济系统的状况，必须有正确的经济理论作指导；否则，应用不当会产生较大的误差。

用计量经济模型进行宏观经济预测已经取得了较成功的经验。毫无疑问，计量经济模型是一种很有潜力的预测方法。然而，应用这种方法进行预测也曾出现过不少错误，甚至得出了相反的结论。企业在应用该模型时一定要结合本身的实际情况，运用正确的经济理论，积累经验，建立适当的模型，并进行认真的分析评价。这样才能得到满意的预测结果。

10.2.3.4 实验预测法

如前所述，无论实验室实验或销售现场试验，都能用于评价新产品和营销组合变量对销售的影响，对于预测新产品引入期间的销售量尤为有效。

本章小结

时间序列通常是由趋势性、周期性、季节性和随机性变动合成的结果。分析预测时间序列的长期变动趋势的基本思路是趋势外推法。趋势外推法通常采用以下4种具体方法：直观预测法、移动平均法、指数平滑法和回归分析法。

移动平均法又可以分为一次移动平均和二次移动平均两种方法。同时，移动平均法还可以与加权平均法结合起来，成为改进后的移动平均法——加权移动平均法。

指数平滑法实际上是一种加权移动平均法。应用指数平滑法预测时要注意平滑系数的选择和初始值的确定。

采用季节变动预测法对时间序列作预测时，要区分时间序列是否具有上升或下降的趋势，还是仅仅呈现水平型的变动。衡量季节变动影响的主要指标有季节指数和季节变差。

因果分析预测法与时间序列预测法不同，首先要求研究引起结果变化的原因，再试图确定原因与结果之间的数量关系，最后根据原因的可能变化来预测结果的变化。

因果分析预测法主要包括回归分析法、领先指标法、投入产出法、计量经济模型和实验预测法等。

主要概念

时间序列预测法　直观预测法　移动平均法　指数平滑法　回归分析法　季节变动预测法　因果分析预测法　领先指标法　投入产出法　计量经济模型

基本训练

◆ 知识题

1.时间序列的变动受哪些因素的影响？时间序列分析的加法模型和乘法模型的含义各是什么？

2. 对时间序列进行分析预测时包括哪些步骤？每一步骤的目的和任务各是什么？

3. 说明采用一次移动平均法、二次移动平均法和加权移动平均法的目的、特点和适用条件。

4. 说明指数平滑法的特点以及应用指数平滑法预测时的注意事项。

5. 说明采用季节变动预测法对时间序列作预测的方法、步骤和注意点。

6. 说明因果分析预测法的特点以及包括哪些具体的预测方法。

7. 说明回归分析法的步骤和要点。

◆ 技能题

1. 某家化企业当年1—11月的销售额参见表10-6。要求：

（1）用一次移动平均法预测当年12月的销售额。

（2）求平均的期数取n=3和n=5两种情形，用均方误差和绝对均差两种指标来比较n的大小对预测效果的影响。

表10-6　**某家化企业当年1—11月的销售额**　单位：万元

月　份	1	2	3	4	5	6	7	8	9	10	11
销售额	180	150	250	260	420	240	210	250	340	400	380

2. 对于上题所提供的观察数据，试用指数平滑法，对当年12月的销售额进行预测。分别采用平滑系数α=0.3和α=0.7两种情形作出预测，并用均方误差和绝对均差比较两个平滑系数α的预测效果，说明哪一个平滑系数更合适。

3. 某商品过去3年各季度的销售量参见表10-7。若第4年计划销售量为5 000箱，试用季节指数法预测第4年各季度的销售量。

表10-7　**某种商品过去3年各季度的销售量**　单位：箱

年＼季度	1	2	3	4
1	290	1 200	2 300	590
2	450	2 100	3 100	340
3	340	1 700	2 400	480

4. 某企业过去3年各季度的销售额参见表10-8。要求：用季节指数法预测第4年各季度的销售额。

表10-8　**某企业过去3年各季度的销售额**　单位：万元

年＼季度	1	2	3	4
1	160	900	1 100	140
2	220	1 100	1 600	130
3	290	1 900	3 200	160

5. 某地区在过去几年中，居民人均月收入与当地某种建筑材料的销售额之间的历史观察数据参见表10-9。根据这组观察数据，完成下列练习：

（1）建立一元线性回归方程。

（2）检验回归方程的有效性。

（3）预测当居民月收入达到11 000元/月时，这种建筑材料的销售额将达到多少。请给出点估计，以及置信度分别为68.27%和95.45%的区间预测。

表10-9 某地区居民人均月收入与当地某种建筑材料销售额资料

观察月份编号	1	2	3	4	5	6	7	8
人均月收入（千元/月）	1.6	1.8	2.3	3.0	3.4	3.8	4.3	4.8
某种建材销售额（百万元）	4.7	5.9	7.0	8.2	10.5	12.0	13.0	13.5
观察月份编号	9	10	11	12	13	14	15	16
人均月收入（千元/月）	5.2	5.4	5.8	6.5	7.3	8.2	9.1	9.5
某种建材销售额（百万元）	14.0	15.0	16.4	17.5	20.3	22.7	25.0	26.4

第11章 市场营销调研和预测报告及结果的评价和跟踪

学习目标

◆ 理解市场营销调研和预测报告的主要概念、撰写原则和方法；了解口头报告的重要性及成功要点；讨论如何对市场营销调研结果进行评价和跟踪。

◆ 掌握和运用市场营销调研和预测报告的撰写要求和方法；掌握和运用口头报告的要求和方法。

◆ 根据市场营销调研和预测要求与结果来组织书面报告；根据书面报告和汇报对象作口头报告。

引 例

陈涛和他的团队的烦恼

“北斗星”管理咨询公司的项目经理陈涛和他的团队经过了5个月的艰苦调研后，终于完成了某服务品牌的环境和竞争态势分析以及定位和营销策略的调研。调研过程收集了大量的有关市场环境、消费者购买行为和竞争态势等的资料。最后，陈涛的团队写出了150多页的报告。

报告包括了许多统计数据和图表，真是图文并茂、资料翔实、观点鲜明，同时提出了关于这一品牌定位的新思路，以及几个可以重点开发的细分市场。所以，陈涛在完成调研并把报告提交给委托方经理后信心百倍，对自己及整个团队前段时间的工作非常满意，期待委托方经理给出高度的评价。

3个星期过去了，陈涛还没有收到委托方的任何反馈意见。他着急了，打电话给委托方，要求安排时间作一个口头报告，介绍调研的情况和结果，委托方也同意了。两天后，口头报告会如期进行。委托方几乎所有高层领导都参加了会议。陈涛作了一个小时充满事实、数据与图表，也提出了发现和结论的口头报告。出乎意料的是，对方总经理说：“听你堆积了那么多枯燥乏味的数据后，我完全搞糊涂了，反而不知道该怎么办了。请你在明天上班前向我提交一份3页纸的摘要。”说完，会议就结束了。

陈涛和他的团队备感委屈，经过艰苦的调研所得到的精心准备的调研报告并没有得到应有的好评，反而引起委托方的不满。这是陈涛和他的团队所始料未及的。但无论如何，今天必须按要求准备委托方所需要的摘要，保证明天上班前提交到对方总经理手里。

其实，陈涛和他的团队所遇到的问题也正是许多从事调研和咨询工作的人所经常面临的尴尬境况。调研人员花费大力气完成了调研，但是最终的报告未能得到委托方或者有关领导、部门的认可。怎样才能撰写出得到对方认可的报告呢？或者说如何才能使调研报告得到委托方或有关方面的认可呢？这是任何一个调研人员都必须面对的实际问题。

资料来源　由本书第一作者胡介埙撰写而成。

11.1　市场营销调研和预测报告

11.1.1　市场营销调研和预测报告的作用

11.1.1.1　市场营销调研报告的作用

市场营销调研的目的是为解决企业经营所面临的决策问题提供帮助，因此，不管是市场营销调研中所获得的资料还是资料分析所得出的结果，都必须通过市场营销调研报告提供给有关部门和人员。市场营销调研报告不仅是必要的，而且是非常重要的。因为不管调研过程的质量如何高，也不管调研所得到的资料多精确、结果的用处有多大，如果不及时有效地提交给管理决策者，那么市场营销调研所得到的结果实际上仍然是没有任何价值的。

市场营销调研报告主要有如下三方面的作用：

（1）作为调研过程的总结和进一步研究的参考

调研报告是把资料、分析过程和得到的结果有机地组织在一起的一种适当的形式。作为整个调研结果的唯一系统性的记录，调研报告可以为今后同类问题的研究提供参考。

（2）作为评价市场营销调研工作质量的依据

通常公司的经营决策者与市场营销调研人员之间个人的接触并不多，他们只能从调研报告中了解到调研人员的技能和工作成效。因此，调研报告是反映调研结果水平的重要工具。

（3）作为管理部门决定行动方案的主要依据

市场营销调研的作用就在于帮助决策者制订行动方案，而这主要是通过提交调研报告来实现的。一个组织合理、明确而有效的调研报告自然会促使决策者采取某种行动或制定某项政策。

11.1.1.2　市场预测报告的作用

市场预测报告除了具有市场营销调研报告的上述作用外，还具有如下两项重要的作用：

（1）有助于决策者确定最佳决策方案，作出正确的经营决策

科学有效的市场预测可以发现市场变化的动向，增进决策者对于市场的认识和理解，提高决策水平。同时，在市场预测报告中，预测人员可以通过提出建议为决策者提供参考，帮助决策部门和决策者确定最佳决策方案。

（2）有助于决策者制订合理的计划，增强企业竞争力

基于正确的市场营销调研的预测报告，可以预见到未来一段时间内市场和企业发展的前景，最大限度地减少不确定性，帮助制订出科学合理、切实可行的经营计划，保证实现决策的目标和任务，结果自然能增强企业的竞争力。

11.1.2 市场营销调研报告的类型及与市场预测报告的区别

11.1.2.1 市场营销调研报告的类型

市场营销调研报告从表达的形式上看，既可以是书面的，也可以是口头的。口头报告比较简明扼要，便于与有关的人员进行双向沟通。书面报告比较全面，但很难保证有关人员能全部仔细地阅读和理解报告内容。因此，最好的方法是有机会先与有关经营决策者口头讨论一下调研的结果，再提交一份全面的书面报告。当然，也可以先提交一份全面的书面报告，然后安排一次口头报告，与有关经理人员当面沟通，回答他们的疑问，并深入探讨他们所感兴趣的问题。对于一个市场营销调研人员来说，无论是口头的还是书面的交流沟通能力，都是非常重要的，是使报告成果受到决策者重视和应用的重要条件。

根据报告的对象和侧重点不同，市场营销调研报告从内容上可以分为以下类型：

（1）基本报告

这是调研人员为他们自己使用或为编写最终的调研报告而准备的第一份报告，通常是由一些工作报告以及原始图表所组成的。这一报告为市场营销调研人员撰写其他各类报告提供了基本的观点。忽视这份报告，就无法得到这项调研工作最基本、最完整的记录了。基本报告也可以作为将来需要时提供关于调研方法和调研资料时的参考。可惜，很多调研人员往往忽视这份报告，把它省略了。

（2）发表的报告

这类报告是专门为刊登在各类报刊上面的文章而准备的。撰写这类研究报告的关键是要符合特定报刊编辑的要求，并抓住阅读者所关心的、感兴趣的问题进行讨论。这类报告一般要求浓缩，篇幅要尽量压缩，除非是在技术性很强的专业性杂志上发表，不然一般可以把细节略去。

（3）技术性报告

这类报告是专门为特定的专业人士而写的。他们总是对所描述问题的特殊细节以及导出结论的逻辑与统计方面的细节感兴趣。因此，这类报告必须一步步地说明、分析并解释研究过程，统计和检验也常常是必要的。这类报告的附录还常常包括了一些技术上复杂的方法以及一组完整的参考文献，以便阅读者能深入地研究这个问题。

（4）提供给经理们的报告

大多数经理人员总是很忙的，他们对所研究问题的技术或逻辑方面不像科技人员那样感兴趣，他们也不太精通各种研究方法和专门术语。有关的经理人员往往也远不止是一个人，他们阅读研究报告的兴趣、理由和要求往往也是不同的。因此，这类报告主要是提供研究项目的结论和建议，一般不需要提供技术上的细节；即使需要，也应放在附录中。

11.1.2.2 市场营销调研报告与市场预测报告的区别

市场营销调研报告与市场预测报告是相互联系、既有类似性又有区别性的两种报告。它们之间的区别主要是：

(1) 目的不同

市场营销调研报告的目的是为企业制订营销策略方案提供翔实、可靠的依据和启示。因此，市场营销调研报告的重点在于提出问题和发现问题，探索原因和解决方法。市场预测报告则是在已有事实的基础上，对市场和企业未来的状况作出前瞻性的预测，但这种预测仍然有许多不确定因素。预测方法再科学，也只是一种预期，而不是肯定发生的必然结果。因此，市场预测报告的目的只是提供一种决策参考。

(2) 要求不同

市场营销调研报告要求资料充实、真实可靠，并说明问题，既要有二手资料，也要有一手资料，对资料的统计分析要科学合理，结论要客观、可信。而市场预测报告更多的是考虑预测对象的过去和现在将会对其未来产生什么样的影响、预测对象的发展变化趋势是什么、各种外部因素对预测对象的变化将会有什么样的影响等。因此，预测报告更注重预测方法的科学性和预测结果的有效性。

11.1.3 市场营销调研和预测报告的结构和内容

总体上说，市场营销调研和预测报告的结构和内容应当符合报告目的和报告对象的要求，因此，很难给出一个关于报告结构和内容的标准清单。下面所介绍的也仅仅是一种大致的范式，不同的作者可以根据他们所调研的不同项目和报告对象的特点，创造出更合适的结构来。

11.1.3.1 市场营销调研报告的结构

下面我们以提供给经理们的报告为例，来说明市场营销调研报告的结构。

(1) 标题页和封面

标题页应当说明报告的日期、研究人员、调研项目名称、为谁而进行调研。即使报告是内部发行或限制发行的，上述内容也是必要的。报告的题目要尽可能精确地说明调研的性质。

(2) 目录

除非调研报告特别简单，否则应当包括内容目录，并附有页码，以说明主要章节所在的页数。

(3) 内容概要

内容概要不一定必要，但是经理人员通常没有时间和耐心读完整个调研报告。有了内容概要就可以使经理们在很短时间内就了解报告的大概；要是时间允许，或者经理们对概要所介绍的内容感兴趣，他们就会读完整篇报告。内容概要要能够精确地综述报告的所有基本部分的要点，包括所有主要的事实、发现的结果以及结论。

（4）引言

调研报告在进行详细的讨论前，应当向阅读者简要地介绍所调研的问题，包括进行这项调研的原因、调研工作的范围、所调研问题的概况、要达到的目标以及所根据的假设。这部分的许多内容往往来自市场营销调研开始时的项目建议书或调研计划。

（5）调研方法

这一部分内容需要说明为了达到预定的目标所采用的步骤。由于经理们对调研方法并不很感兴趣，而且不熟悉技术方面的术语，因此，要写好这部分内容并不容易。但是向经理们介绍一些基本的调研方法还是必要的。要使阅读者知道采用的调研方法是什么，为什么采用这种方法而不是其他方法。这部分内容应当包括研究的类型、数据的来源、抽样的方法、调查问卷的设计思路和方法、研究人员的类型和数目等。

（6）调研的发现与结果

这是整个调研报告的主要部分。在介绍发现与结果时，为了让阅读者容易理解，对于所用的数据要进行合理的组织。同时，在说明中常常可以采用表格、曲线与图形来解释所分析数据之间的关系。报告所提供结论的完整性及详细程度是由阅读者与调研目的所决定的。一般来说，应当使阅读者清楚地知道所进行的工作。至于更详细的细节，通常可以放在附录中，供阅读者进行比较深入的研究时作参考。

（7）调研工作的局限性

这部分要介绍调研工作中可能存在的问题及限制。研究人员在报告中客观公正地说明这些局限性，可以帮助阅读者了解调研项目中的一些特殊问题。但是，既不应低估也不应高估研究的局限性，应以适当的方式进行说明；否则，会影响研究工作的可信度。应当说明的局限性包括调研工作时间上的限制、研究人员数量上的限制和各种潜在误差的影响等。

（8）结论和建议

结论是对发现和结果的总结，常常会改变或否定研究开始阶段所作出的假定。在叙述整个调研项目的研究目标与关于计划的每一个子目标的结论以及问题时，必须非常小心。结论从逻辑上看是从研究发现中推理出来的，但是，这中间包括了调研人员的解释和推理，因此，产生错误结论的可能性仍然是存在的。

许多调研报告往往只写结论，没有建议，其实，建议总是必不可少的。建议是调研人员对今后行动所提出的意见。调研人员不管是否写上建议，他们自己心中对于今后的决策和行动都应当经过认真的思考，能回答决策者所提出的有关的疑问。

（9）附录

附录总是包括调研报告的正文中所提到的但是又没有具体说明的材料，如数据、图表、问卷的形式、调查对象的清单、有关的公式和计算步骤等。

（10）参考资料

这是研究报告的最后部分，包括分析研究中所提到的有关信息和方法的来源。

11.1.3.2 市场预测报告的结构

市场预测报告的结构通常分为如下几个部分：

(1) 标题页和封面

标题页和封面一般包括预测期限、预测范围、预测对象和文件名称等内容，如《2024年中国旅游经济运行分析与2025年发展预测》。

(2) 正文

市场预测报告的正文可以分为前言、主体和结尾。

① 前言。市场预测报告的前言写法多种多样，既可以介绍预测对象的总体情况，也可以交代预测时间、地点、对象、范围、目的和调研预测的方法等。不论采用哪种写法，都应当高度概括、简明扼要。

② 主体。主体部分是市场预测报告的重点，包括以下几方面内容：

第一，介绍历史和现状。这是为预测未来服务的，因此，内容必须紧紧围绕预测目标。要根据预测对象和预测目的的需要，来选择和组织能够反映事物发展规律的资料，避免泛泛而谈。这部分内容既可以采用文字形式，也可以采用表格形式来说明，但都要求资料翔实、数据准确。

第二，预测发展趋势及规律。这是市场预测报告最核心、最关键的部分。这部分内容要根据前一部分所介绍的资料，对预测对象进行深入的分析与研究，运用适当的预测方法，对其未来的发展趋势和规律作出科学的推断和估计。

主体部分在写作上要求内容充实、分析透彻。如果采用的是定性预测，不仅要清楚说明预测结果，而且应详细阐明作出这种预测的原因。如果是定量预测，在说明计算结果的同时，也应扼要介绍所采用的计算方法及依据，做到有理有据、令人信服。

第三，提出对策和建议。市场预测报告应当针对预测对象的现状和发展前景提出具体的对策、措施、意见和建议。这也是市场预测报告的一项重要内容。在提出对策和建议时，应注意：首先，必须以预测结果为依据。对策和建议必须与预测结果有必然的逻辑联系。其次，对策和建议要有独到的见解，只有这样才能提高企业的决策水平，提高经济效益和竞争力。最后，对策和建议要明确具体、切实可行，避免笼统抽象，更不能脱离实际。

市场预测报告主体的上述三个方面内容，虽然各自都有相对的独立性，但又是互相联系、互相影响的。所以，这几方面内容之间应当紧密结合，形成一个完整的主体。在写作方式上，可以采取比较灵活的方法，既可以分开来书写，也可以穿插叙述。

③ 结尾。结尾部分的写法比较灵活自由，既可以总结对预测工作的体会，以便今后改进提高，也可以分析预测中可能的误差，讨论预测的有效性和可靠性，甚至可以在主体部分写完就自然结束，不单独写结尾。

11.1.3.3 市场营销调研和预测报告的内容组织

在确定了市场营销调研和预测报告的结构、准备好了撰写报告所需要的资料后，还需要对报告的内容进行合理的组织。在动手写报告前，应回顾市场营销调研和预测委托方所提出的要求、调研项目要达到的目的。如果忽视了这些要求和目的，市场营销调研和预测报告就可能变成漫无头绪的流水账。所以在确定市场营销调研和预测报告的内容前，最好与委托方再作一次交流，深入地了解市场营销调研项目的要求和目的。在市场营销调研和预测报告的内容组织方面要避免出现下列失误：

（1）结论和所提出的建议缺乏实际的可操作性

这种情形通常是市场营销调研和预测报告脱离了实际情况，忽视了经济性、竞争、法律或管理上的限制。如果市场营销调研和预测报告不能反映市场上最新发生的变化，会导致委托方对市场营销调研和预测报告的不满。

（2）市场营销调研和预测报告所提出的预期与委托方管理层的预期完全相反

如果调研人员在报告中提出“在实施本报告所提出的推广方案后，公司在目标消费者中间的知名度可望达到25%”，而委托方管理层认为“本公司目前在目标消费者中间的知名度早就达到了25%”，市场营销调研和预测报告的价值就很难得到委托方的认可了。

（3）把本来就可以通过某些渠道获得的资料当作了不起的结果来发布

调研委托方往往会通过特殊渠道来收集感兴趣的某些资料。如果调研人员不了解这种情形，反而在调研或预测报告中把这类资料当作重要的发现来发布，而提供的数据又不精确，就会出现非常尴尬的场面。

11.1.4 市场营销调研和预测报告的编写原则和方法

11.1.4.1 市场营销调研和预测报告的编写原则

市场营销调研的作用是为经营决策提供资料和支持。只有当市场营销调研报告能够让调研的委托人理解市场营销调研和预测所得到的数据和结论的含义，向他们证实结论的正确性，才有可能使决策者或调研委托人采取行动，使市场营销调研和预测工作产生实际的价值和作用。成功的市场营销调研和预测报告应当让人容易理解和接受报告的统计和逻辑上的结论，并促使他们按照市场营销调研和预测报告的结论和建议采取行动。要编写成功的市场营销调研和预测报告，必须遵守下列原则：

（1）报告要着重反映市场营销调研和预测的目标

市场营销调研和预测工作的出发点是帮助制定决策。因此，市场营销调研和预测报告应当围绕决策以及与决策有关的信息来说明。这正是经理们所感兴趣的。然而，调研人员常常对所研究问题本身及研究所采用的方法更感兴趣，所以，市场营销调研和预测报告常常只反映了调研人员的兴趣，而不是经理们的兴趣。这种情形是必须避免的。

（2）报告应当尽量减少对研究方法和技术方面的介绍

如果市场营销调研和预测报告过多地讨论专业性的研究技术问题，如详细地讨论抽样计划，说明一种抽样为什么优于另一种抽样等，则经理们认为研究人员只是在证明他们专业知识的熟练和完备，对研究报告的兴趣会减退。经理们很少会对技术细节感兴趣。研究人员自己应保留这些细节的资料，作为将来进一步研究的参考和用于回答所有关心研究方法的人所提出的任何问题。

（3）报告要尽量使用经理们容易理解的术语

许多经营决策者往往并不熟悉像相关系数、显著性水平或概率分布等这样一些专业性术语的含义。因此，尽管在市场营销调研和预测报告中利用这些概念来描述将更加明白清楚，也常常是必要的，但是还是应当避免经常直接地使用这类术语。应用这类术语时，最好作一个简单的说明和解释，也可以干脆把这类专业性术语全部去掉。这往往取决于报告对象的特点与所传达信息的性质。如果许多阅读者不理解专业性术语，就应当用描述性的解释来代替专业性术语。

(4) 报告要强调理论联系实际

市场营销调研和预测报告的编写过程也是得出结论的过程，结论必须为决策服务。因此，报告一定要联系实际，不能过于理论化。

(5) 报告既要分析严密、推理清楚，也要生动有趣

市场营销调研和预测报告的内容通常都包括大量的统计数据、各种复杂的分析方法和一系列的推理过程，因此尽量避免烦琐冗长。报告的组织形式和表达方法应当尽量生动有趣，激发经理们阅读时的兴趣。报告也要注意排版方式。排版方式合理可以帮助阅读，同时会增加报告的吸引力。

11.1.4.2 市场营销调研和预测报告的编写方法

市场营销调研和预测报告一般是由文字和图表所组成的。如果在内容编排上使用更多的图形，则可以强调某些内容或者使表达更加明确直观。编写市场营销调研和预测报告最好了解阅读者的要求与偏好，使市场营销调研和预测报告更有效。关键的阅读者通常只是个别的经理人员，掌握他们的需要特点，针对他们的要求来编写市场营销调研和预测报告是必要的。例如，对一个犹豫不决的决策者，报告需要提供强有力的证据和激励，并采用生动活泼的表达方式；对一个注重分析的经理人员，报告需要提供完整的数据和全面的讨论。对于那些办事果断、善于综合的经理人员，并不需要提供详尽的数字和文字说明。但是，如果阅读者并不明确，报告就应当写成一种明确而直接的形式。

下面我们分3个方面来说明市场营销调研和预测报告的编写方法。

(1) 文字的表达方法

文字是市场营销调研和预测报告中最基本的沟通工具，无论采用的图表多么清楚明确，详尽的文字说明总是必要的，因为文字说明是最明确的。为了使市场营销调研和预测报告表达清楚，在编写报告前，调研人员自己必须对调查结果有深刻的理解，这是书写市场营销调研和预测报告时的最基本要求。只有这样，才能让阅读者了解报告的确切含义。

编写市场营销调研和预测报告时，在文字表达方面必须注意下列几个方面：

① 报告应当紧贴调研项目的主题来组织。要按照一个由观点所构成的脉络分明的主线来描述，并由此形成一个完整的画面。所以，市场营销调研和预测报告不一定要罗列所调查的每一个问题的答案，只要报告那些能帮助人们了解与调研目的相关的事实就够了。同时，陈述也不是罗列各种资料，而应当将各种相关的信息有机地组合在一起。也就是说，不仅要给出某个问题的答案，而且应当把某个问题的答案与另一些问题的答案进行对照。这样就能让报告的阅读者获得一个更为完整的印象。

② 报告的内容和叙述方法要明确易懂。报告的逻辑结构要清晰，主要论点要突出。对所调研的每一个问题都要有一个标题。每一节也应当有一个小标题。报告的表达应当不会引起误解。

③ 报告要注意表达的顺序。按照调查问卷中问题的顺序进行叙述并不是一个好方法，有时，按照不同的调研目标来设计叙述的结构和顺序，效果可能更好。例如，可以考虑按照竞争状况、客户状况和供应商状况来组织叙述的内容。对于定量调研结果的叙述可以采取下列典型的表达顺序来说明：

第一，说明向被调查者提出的问题。

第二，用文字简要说明所得到的结果。

第三，如果用文字说明不够清晰，则最好用一个表格或图形来说明。

第四，对于那些在图表中没有出现的子群组的情况增加分析评价。

第五，超脱具体直接的数据说明，解释所展示的数据对于调研中的其他发现及整体调研结果的含义。

④ 文句要简洁流畅，避免运用专业性很强的术语。报告要覆盖所调研的各个有关方面，特别是关键性问题，但细节可以省略。简洁的报告会给阅读者留下深刻的印象，文句流畅可以帮助阅读者加深对报告的理解。

⑤ 任何判断、发现和结论都要有根据。调研人员在表述中一定不要在没有任何根据的情况下作出任何判断，因为这种判断很可能导致对委托方的误导，在很多情况下会产生十分严重的后果。

⑥ 报告要经过多次的反馈和修改。调研报告在初步完成后，要尽量征求各有关方面的意见，并根据反馈意见进行修改。调研报告常常需要经过多次的修改才能达到良好效果。

（2）表格的表达方法

调研报告一般都会涉及大量的统计数字，这些统计数字以表格的形式来表达是最简单明了的，因此，调研报告中要尽量使用表格作为表达工具。此时，要注意以下几点：

① 表格一定要有名称，并加以编号。表格的名称和编号通常总是在表格全部完成以后才加上去，这样可以使标题更确切。标题要求精炼，省略不必要的词语。编号的目的是在文字说明中进行解释或引用时更加方便。

② 表格栏目的安排要合理。栏目既可以按地理分布来排列，也可以按时间顺序来排列，还可以按其他的一定次序来排列，有时也可以按字母顺序来排列。

③ 表格要有度量单位。度量单位通常放在标题行中。

④ 表格的下方要说明数据的来源。除非表格中的数据都是一手资料，否则必须在表格的下方指出数据的来源。

（3）图形的表达方法

图形能帮助阅读者理解所表达的内容，但是，调研人员也必须保证一张图形完整地表达了某种观点或思想。图形有多种不同的形式，采用图形表达取得良好效果的关键是选择合适的图形类型。下面分别讨论最常用的一些图形类型。

① 直线图或曲线图。这是表示连续函数的理想工具（如图11-1所示），能比较直接地表示出变量的变化情况，因此应用很广泛。使用直线图或曲线图时，选择的比例要合适。改变水平轴或垂直轴的比例，图形中的直线或曲线的斜率就会发生变化。一张图可以同时呈现两条或两条以上比例不同的直线或曲线。

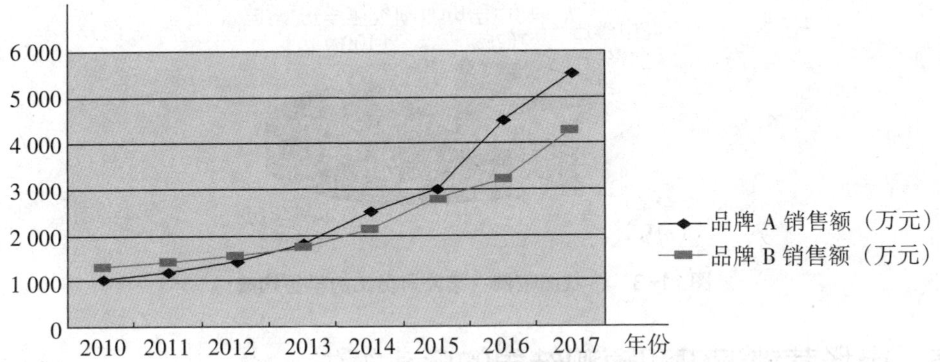

图11-1　曲线图范例：两种品牌销售额的比较

② 条形图。条形图既可以是水平放置的，也可以是垂直放置的（如图11-2所示）。在条形图中，每一条都分别表示一类观察值，不同的条表示项目之间的比较，这常常比在直线图中更清楚。如果数据是按数量或年份来分类，那么采用垂直的条形图比较合适；如果数据是按属性或地理位置来分类，则采用水平的条形图更合适些。

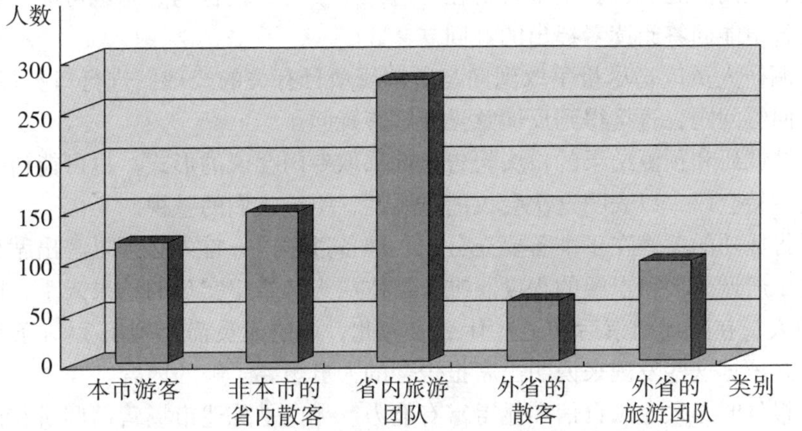

图11-2　条形图范例：某旅游景点的客源状况

如果要在一个条形图中表示两组或两组以上的数据，则可以采用节状的条形图：每一组变量都采用一节来表示，并表示成不同的颜色或阴影。这种方法也有不足之处，就是只有最底部的部分才有一条固定的水平底线，可以看出这组变量的变化状况，但对于其他的几组变量，由于底部变动而难以判断其变化情况。

条形图稍作修改也可以用来表示正或负以及变化的情形。这种条形图被称作两边对称的条形图。这时，条形可以分布在基线的两边。

③ 饼状图。饼状图用一个圆圈来表示总数，而按一定的比例把圆分成几个扇形，来表示相应的部分之间的比例（如图11-3所示）。用饼状图来表示一个整体的各个组成部分的结构是比较有效的。

④ 地图与统计地图。地图与统计地图常用以显示那些与地理位置或某个区域有关的数据。地图还可以用不同的颜色来表示相应的特征。

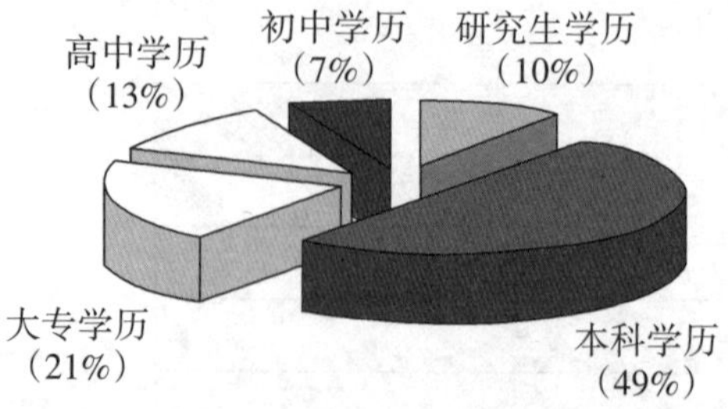

图11-3　饼状图范例：某公司员工的学历构成

11.1.5　市场营销调研和预测结果的口头报告

多数市场营销调研和预测报告都是以书面报告的形式提交给经理们的。然而，要使市场营销调研和预测结果对决策产生影响，仅仅通过书面材料与决策者进行沟通是不够的。因为尽管市场营销调研和预测报告写得非常完美，但可能仍然不能引起经理们的兴趣，他们在漫不经心地阅读之后，会把报告扔在一边；阅读者对报告的意思也可能产生误会。同时，书面报告不能回答阅读者提出的疑问。

为此，调研人员应当尽量争取到向与所调研项目有关的经理们进行口头报告的机会，当面解释，回答问题，直接得到反馈意见并解答疑问。

市场营销调研和预测结果的口头报告最好采取专门会议的形式。尽可能请一位高层经理人员出面主持会议，以表明这次会议的重要性，引起人们的重视。

口头报告成功的关键在于准备要充分。在准备过程中，首先必须了解出席会议的对象以及他们对于所调研项目了解的程度。准备工作应当从希望实现的结果入手，即想要使参加报告会的人员在陈述结束后知道些什么。为此，调研人员需要列出3～4条需要强调的重要发现，并依据这些发现来说明出席报告会的人员想要了解的内容。

作口头报告时必须充满自信和显得富有能力。无论是陈述市场营销调研和预测的发现或结论，还是回答与会者的提问，自信都是必要的。自信是让经理人员相信市场营销调研和预测结论的重要性的前提。如果经理人员本身不相信市场营销调研和预测结论的重要性，则即使最可靠、最有效的市场营销调研和预测工作也是毫无价值的。

口头报告一定要掌握好时间进程，使之适合与会人员在时间上的要求。如果事先仅安排20分钟的口头报告，报告陈述就占用了1个小时，很可能引起与会者的不满，影响对陈述者和报告本身的评价。

口头报告并不等同于朗读。直接朗读会妨碍沟通交流的效果。所以，陈述者尽量不逐字阅读事先准备好的文字材料，而应当使用更为流畅的口头语言，加以必要的简短注释和归纳，经常性地与听众保持目光的接触，并在适当时候重复要点，这样才能产生良好的沟通效果。

为了改进口头报告的效果，陈述者最好利用多媒体工具，提供视觉信息的辅助材料，让口头报告显得更加生动有趣。人们的思想往往受视觉的支配。视觉材料可以大大加深听众的印象，看与听的结合可以帮助听众更快、更容易地理解报告所表达的意思，避免误解。此外，视觉材料可以帮助陈述者控制会场的气氛。

11.2　市场营销调研和预测结果的评价和跟踪

11.2.1　市场营销调研和预测结果的评价

在整个市场营销调研和预测过程中，特别是在项目结束前，应当对整个调研项目的实施情况进行一次评价。在整个调研工作结束以后，也应当再进行一次总的评价。评价是度量项目实际取得的结果与预定目标之间的差距。然而，评价往往是与下一步行动的决策联系在一起的，即通过评价回答应当作什么决策。因此，调研人员首先要能回答，调研项目在多大程度上成功地达到了它原定的目标：是仅仅结束当前这项调研，还是需要再进行一项新的调研；是对原来的调研结果进行修改，还是需要扩展调研的范围。这些都需要通过对项目的评价来回答。在调研过程中以及调研过程结束以后，调研人员应当回想整个调研过程，发现调研中可能存在的许多不足和错误，以及没有达到的预定期望。这对于以后进行同类市场营销调研和预测是很有价值的。

但是，评价往往也有几方面的困难。首先，对调研结果的评价往往是与决策联系在一起的。调研人员应当注意到，关于决策的内容和性质，通常是随决策者在组织中的层次不同而变化的。公司上层决策者所关心的与公司的普通职员所关心的决策是不同的。其次，评价的另一个困难是每项调研往往不能兼顾长期目标与短期目标。长期目标与短期目标往往是互相冲突的，评价时必须确定决策所依据的时间跨度。

对市场营销调研和预测工作的评价分为以下两部分：

11.2.1.1　对具体市场营销调研和预测项目的评价

对一个具体市场营销调研和预测项目的评价重点有以下方面：

① 整个市场营销调研和预测过程是否一直处于有效的控制之下，实现了预定的计划。

② 市场营销调研中所收集和使用的数据是否有效可靠。

③ 市场营销调研所得到的结果是否合乎逻辑，适合于制定决策。

④ 市场营销调研结果是否达到了预定的目标。

11.2.1.2　对公司整体市场营销调研和预测状况的综合评价

公司对市场营销调研和预测状况的综合评价与对具体市场营销调研和预测项目的评价是不同的。有时，公司中每个具体市场营销调研项目可能都完成得很好，公司总的调研成效却不如预想的好。这往往是因为许多项目都是属于“救火”性质的，忽视了公司长期决策所需要的信息。

对具体市场营销调研和预测项目作评价的基础是公司所规定的调研目标。一个合适的调研目标应当是明确的、可度量的，或能转化为具有可操作性陈述的。因此，调研目标将规定应当度量哪一些结果。然而，有时预定的调研目标不一定合理。当环境因素产生较大的变动时，可能需要对调研目标进行适当的修改。如果公司本身的条件发生变化，调研目标就可能需要作出相应的调整。因此，公司对市场营销调研和预测状况的综合评价要求会更全面、更切合实际。

公司对市场营销调研和预测结果的总体评价包括以下方面：

（1）有效性

有效性是指市场营销调研和预测所得出的各种观点的正确性。一个调研人员如果发现从某组独立数据中所得到的结论与调研的结果不符，就必须对调研过程和结果重新进行检查；否则，有效性就会受到怀疑。不过，有效性往往是与现实性和精确性密切相关的，因此，有效性问题必须到最后才能确定。

（2）适用性

适用性是指市场营销调研和预测结果是否满足调研初期所提出的问题和决策的要求。有时，通过评价会发现最初关于问题的构思是错误的，其实应当进行市场营销调研和预测的是另外一个问题。造成这种情况的原因是决策者与调研人员之间沟通不畅、调研人员对问题的解释错误，或者决策者对问题与决策的理解错误等。

（3）可接受性

可接受性是指关键性决策者是否接受市场营销调研和预测的结果。如果市场营销调研的发现和结果为今后的行动指明了方向，而且决策者最终确实采取了所建议的行动，就证明人们接受了市场营销调研和预测的结果。在口头陈述的情形下，少数经理人员可能当面拒绝市场营销调研和预测的结果。绝大多数的经理人员在内心拒绝市场营销调研和预测的结果，然而不明确表示出来，也不说明原因，这会直接影响市场营销调研和预测结果的价值和作用。调研人员应当努力了解市场营销调研和预测结果遭到拒绝的真实原因，以便日后改进。

11.2.2 市场营销调研和预测结果的跟踪

任何一位负责的调研人员都不会把提交市场营销调研和预测结果的报告看成调研工作的结束。在提交报告以后，他们会等委托方或有关经理人员读完报告后，再次与有关人员联系，收集反馈意见。调研人员不仅应当了解他们对市场营销调研和预测结果的反应，而且应努力确定决策者是否还需要调研人员提供额外的信息，或者说明决策者所关注的其他问题。即使在有关部门制定和实施决策以后，调研人员最好也坚持对决策实施过程和结果进行跟踪，从决策实施的角度对原市场营销调研和预测方法及结果的合理性和有效性作进一步的总结分析，积累市场营销调研和预测的经验。对市场营销调研和预测结果的跟踪还可以帮助调研人员确定调研委托方或决策制定部门对所实施的调研项目的满意程度。

本章小结

市场营销调研和预测报告可以分为书面报告和口头报告。书面报告又可以分为基本报告、发表的报告、技术性报告和提供给经理们的报告等，其中最重要的是提供给经理们的报告。

市场营销调研和预测报告的撰写要注意结构和内容的规范。报告要着重反映市场营销调研和预测的目标，减少对研究方法和技术方面的介绍，使用经理们容易理解的术语，强调理论联系实际，既要分析严密、推理清楚，也要生动有趣。

市场营销调研和预测报告的文字叙述应当紧贴调研项目的主题，逻辑结构清晰，内容明确易懂，表达顺序合理，文句简洁流畅，任何判断、发现和结论都要有根据，同时经过多次反馈和修改。市场营销调研和预测报告要尽量利用表格和图形来表达，而且表格和图形的使用方法要规范。

市场营销调研人员在提交书面报告的同时，应当尽量争取直接向与市场营销调研有关的经理们进行口头报告的机会，以便当面解释，回答问题，直接得到反馈意见并解答疑问。

对市场营销调研和预测结果的总体评价主要包括有效性、适用性和可接受性。

主要概念

市场营销调研报告　市场预测报告　基本报告　发表的报告　技术性报告　给经理们的报告　书面报告　口头报告　市场营销调研和预测结果的评价　市场营销调研和预测结果的跟踪

基本训练

◆ 知识题

1.说明市场营销调研和预测报告在整个市场营销调研中的重要性和作用。

2.市场营销调研和预测的书面报告通常分别是由哪些部分组成的?

3.市场营销调研和预测的书面报告中内容概要、发现、结论和建议之间的区别和相互关系是什么?

4.为什么在提交书面报告的同时，还应作口头报告?

5.保证口头报告取得良好效果的要点有哪些?

◆ 技能题

1.根据对书面市场营销调研和预测报告的要求，设计一张关于书面市场营销调研和预测报告的评价表。

2.根据对口头报告的要求，设计一张关于口头报告的评价表，并与其他同学讨论这张评价表的合理性。

3.在图书馆或网络上搜索一些市场营销调研和预测报告，分析评价它们是否符合市场营销调研和预测报告的撰写原则和要求。

◆ 能力题

邀请本校的部分同学，组织一次关于课程考试改革的焦点群体访谈。讨论对现有考试改革方案的评价，探索实施新的考试方案的思路和可行性。根据访谈结果编写一张调查问卷，在小范围内组织调查。根据调查结果编写书面报告，并用PPT编写口头报告的提纲，在小范围内作口头陈述。请其他同学对你的书面报告和口头报告进行评价。

第12章　调研应用（一）：市场需求与营销战略的调研

学习目标

◆ 掌握市场细分和产品定位调研的步骤和方法；理解产业市场营销调研的特点和方法；掌握有关顾客满意度调研的基本概念和方法。

◆ 掌握和运用市场细分和产品定位调研的方法；掌握和运用产业市场营销调研的方法；掌握和运用顾客满意度调研的方法。

◆ 分析和解决市场细分和产品定位调研中的问题；分析和解决顾客满意度调研的问题。

引　例

新保健产品开发的市场营销调研

“百花蜜”公司原是一家中药材粗加工企业。公司由于在长期的经营过程中积累了一定的食疗产品加工方面的经验，因此计划开发一种以中药制剂为主要原料的新型保健品。但是由于前几年市场上涌现的大批保健品鱼目混珠，有的言过其实，有的根本就没有效果，严重挫伤了消费者购买保健品的积极性，损坏了行业信誉，同时市场上现有的保健品又种类繁多，竞争十分激烈，所以，公司管理层认识到，公司计划开发新型保健品将承担较高的风险。

但为了促进公司长期的发展，开发新型保健品又是必要的。为了降低开发新产品的风险，公司决定在技术部内成立专门的新产品研发小组，并实施一项新产品开发调研，以便最大限度地降低风险，提高成功率。

公司指定营销部的陆副经理负责这项调研。公司要求陆副经理组织营销人员与新产品研发小组紧密配合、充分协调，在新产品开发的各个不同阶段都能保持开发与调研同步推进，确保新产品开发的成功。

在接受这项任务以后，陆副经理感到肩上的担子很重，因为公司总经理在向他交代这项任务时说过，这次新产品开发能否成功，调研小组起码有一半的责任或功劳。想到这里，陆副经理愈加感到只能成功，不能失败。他打算安排专门时间与产品开发组的技术人员进行一次讨论，就新产品开发中需要开展的市场营销调研的任务和目标以及实施的时间表，列出一份清单，并以此为基础组织调研，配合研发小组顺利完成任务。

资料来源 由本书第一作者胡介埙撰写而成。

前面我们依次介绍了市场营销调研的计划和管理过程，以及市场营销调研中常用的基本方法。从本章开始，我们将依次讨论可以用市场营销调研方法来解决的各种实际问题，以及解决这些问题时应采用的方法。

12.1 市场细分和产品定位调研

市场营销调研中最经常遇到的也是市场营销调研方法最能够有效地帮助我们解决的营销问题，就是与市场需求、市场细分、目标市场选择及产品定位相关的调研问题。市场细分策略的目的是以细分为基础，明确一个适当的目标市场，并开发一份有效的市场营销计划。产品定位是在目标市场消费者心目中塑造起自己产品独特的个性和地位，把它与同类产品相区别开来，以便获得竞争优势。市场营销调研正是帮助我们实现这个目标的有效工具。

首先，市场营销调研是发现正确的市场细分因素的有效手段，从而帮助我们发现有价值的细分市场。

其次，通过市场营销调研可以确定细分市场的规模。

再次，市场营销调研能对细分市场的情况提供比较完整的资料，帮助我们拟订出一份有创造性的、有效的营销计划。

最后，市场营销调研可以帮助我们了解目标市场消费者的购买行为、态度和动机，掌握竞争态势，从而帮助我们发现正确的产品定位思路。

12.1.1 市场细分调研的设计

市场细分调研根据研究设计的时机可以分为：

12.1.1.1 事前细分的调研

这是指市场根据事先人为确定的标准进行细分。调研人员根据已知的或估计的不同顾客群购买或使用产品（或服务）中的不同行为模式，将消费者细分为不同的群体。采用事前细分方法的依据是，某些事先确定的顾客群对产品的不同规格或型号、价格、广告方案、分销方式会有不同的反应。但是，由于这种事前细分往往是建立在便利或经验之上的，缺乏实证研究的基础，所以，在实践中事前细分所得到的实际效果常常并不是很理想。

12.1.1.2 事后细分的调研

这是一种建立在实证研究基础上的市场细分方法。先通过实证研究来识别出某些已经存在的细分市场，再确认不同细分市场之间是否确实存在差异，继而寻找产生差异的原因，最后确定不同目标市场的规模和潜在获利能力。虽然从方法上看，事后细分的调研应该是更科学合理的，但是，其无法发现那些当时还未显露出来的重要的细分市场。这是因为事后细分的方法不可能辨认出由于产品的规格或型号、价格、广告方案、分销方式的变化和创新可能形成的某些目前还未开发出来的潜在市场，对这些市场的细分就必须采用事前细分的方法。

12.1.1.3 随意细分的调研

这是指在不知道细分市场的状况、类型和形成原因等的情况下，单纯根据数据的收集和分析结果来确认细分市场的一种方法。

由于事前细分和随意细分所需要的只是调研人员的经验、判断和感觉，并不需要对调查数据作深入分析，所以，下面我们主要讨论与事后细分调研有关的问题。

12.1.2 事后细分调研的步骤

12.1.2.1 确定市场细分的具体目标

尽管市场细分调研的最终目的都是深入了解细分市场的情况，进而确定目标市场，并制定在目标市场上的营销策略，但对于不同的产品或企业而言，市场细分所研究的对象不同，要求也不同。所以，在进行市场细分调研之前，必须明确目标用户的范围及产品的基本属性，进而确定市场细分的具体目标。所谓细分的具体目标是对市场细分调研的广度和深度的描述说明。

12.1.2.2 确定细分可能采用的因素或指标

究竟采用什么因素或指标对市场进行细分，是市场细分调研的关键，将直接决定细分策略的成败。在进行调研和收集数据之前，初步确定一组可能对市场进行细分的因素或指标是至关重要的。同一个市场可以选择许多种不同的因素或指标来进行细分，关键是要保证用所选择的因素或指标来细分市场时的有效性。在确定可能采用的因素或指标时，特别要注意如下两点：

（1）用户和产品的特点不同，所采用的细分因素往往也是不同的

对消费品市场进行细分所采用的因素并不一定适用于工业品市场；对耐用消费品市场适用的细分因素不一定对快速消费品有效。

（2）能有效地对市场进行细分的因素或指标常常在动态地变动

即使以前某些企业依据某个因素对类似市场实施市场细分取得过成功，也并不能保证目前再依据同一个因素进行细分就一定能成功。随着时间的推移，市场环境发生了变化，调研人员需要补充或修改原来曾经采用过的因素或指标。为了保证所确定的细分因素或指标的合理性，最好是采用焦点群体访谈或深度访谈等定性调研方法集思广益，分析比较采用不同因素进行细分的得失，从中筛选出一组最有价值的细分因素。

12.1.2.3 收集用户相关的资料

准确把握用户需求是制定市场细分策略的前提，因此，所收集的用户调查资料一定要及时准确。根据初步确定的一组因素或指标，设计出对用户的调查问卷以后，一定要在小范围内进行一次预调查，确认所收集到的用户相关的资料确实能够反映不同用户之间需求的特征及差异。同时，要保证所收集得到的资料具有有效性和可靠性。

12.1.2.4 分析数据，找出确实合理的细分变量

市场细分调研中，进行数据分析首先是要确认不同用户群体在需求上确实存在差异，而且这种差异应当是调研人员可以衡量出来的；同时，根据某个或某些变量划分成的细分市场应当具有一定的规模。在数据分析的过程中需要对用户进行不同角度的聚类实验分析。细分后的类别越多，对需求的了解越清晰，不同类别之间的差异越明显；但是对于具有不同需求用户的可识别性就越差，每一个细分市场的规模会显得不经济。数据分析需要在两者之间进行权衡。

12.1.2.5 描述细分市场

根据数据分析所得到的最有效的细分变量，可以得到一组不同的细分市场。调研人员应当对每一个细分市场的特点、构成细分市场的用户群体结构等作详细的描述，并给每一个细分市场配一个名称。对每一个细分市场的了解越详细、深入，随后选择目标市场和制定目标市场的营销策略就越合理。

12.1.2.6 选择目标市场，拟定目标市场的营销策略

目标市场既要具有足够的规模、良好的需求之间差异的可识别性，也要保证有盈利，因此，对目标市场的选择既要依据数据分析结果对不同细分市场的特性进行描述，也需要充分利用调研人员的经验和判断。由于企业的资源总是有限的，因此，在选择目标市场时，更加需要考虑企业是否拥有足够的资源，能把自己的营销活动渗透到目标市场的用户中。

12.1.3 消费行为和与市场细分因素有关信息的收集

用来对市场进行细分的最主要因素可以分为地理、人口特征、社会经济、消费心理和消费行为等信息。调研人员在从事市场细分的调研时，既要熟悉如何去收集这类用于市场细分的有用信息，也需要充分理解这类信息和资料的含义。

12.1.3.1 地理信息

根据与消费需求有关的地理信息来细分市场是市场细分时最常用的做法。地理信息可以作为市场细分依据的理由是，由于不同地区的消费者在收入、气候条件、消费习惯和其他方面的不同，消费需求也会不同。不同地区的消费者，不仅对产品的总需求会不同，而且对口味、色调和广告主题的偏好也会各不相同。根据地理因素划分的细分市场，在需求相同的地区内，实行相同的营销计划；在需求不同的区域内，可以提供不同的产品，使用不同的广告，制定不同的价格，也可以采用不同的销售渠道。这样不仅比较容易识别、区分和确定值得开发的细分市场，而且细分策略的实施比较简单可行，容易取得成功。

以地理因素来细分市场的通常做法是以国家、省、市和县等行政区划为单位。一般地，各级行政区划范围内实际的或潜在的销售资料常常可以从政府部门或行业协会等统计资料中获得，所以，资料易获得是用地理信息进行市场细分的一个优点。

邮政编码区域的细分也常常作为邮购和某些产品销售时市场细分的依据。查阅和分析资料，可以得到邮政编码前两位或前三位的地区或者相应的市、县等行政区域内的总人口、家庭数、某种商品的零售总额和区域面积等资料，从而了解到各细分市场的情况。

用地理信息来进行市场细分，对于消费品与工业产品、批发与零售市场都是适用的。

12.1.3.2 人口特征信息

市场细分中有用的人口特征信息包括年龄、家庭结构、家庭规模、性别、种族、民族、国籍和宗教信仰等因素。

（1）年龄

毫无疑问，这是进行市场细分的主要因素。对不同年龄段的消费者实施不同的营销计划往往是有效的。利用年龄因素进行市场细分时，年龄段的细分与所研究的产品是直接相关的。对绝大多数产品而言，年龄只要细分为少年、青年、中年和老年几种类型就足够了；但是对于某些产品而言，如婴儿食品和化妆品等，也许必须细分出更多的类型才能满足需要。年龄因素常用来作为对某些产品采取差别定价的依据，如对客运车票、电影票、健康医疗和保险等的定价。

（2）家庭结构

根据婚姻以及孩子的情况，其可以分为：未婚期（单身青年）、新婚期（无孩子的年轻夫妇）、满巢期一（有6岁以下儿童的年轻夫妇）、满巢期二（有6岁以上儿童的年轻夫妇）、满巢期三（与子女共同生活的年纪稍大的夫妇）、空巢期（子女自立的老年夫妇）、孤独期（丧偶老人）。家庭结构作为人们经济行为的指示器，作用越来越大了。

年龄与家庭结构常常是紧密地交织在一起的。因此，两者作为市场细分的依据也应当结合起来考虑。这两个因素对于耐用消费品和非耐用消费品的市场细分都是适用的。对于大多数产品来说，应用家庭结构因素进行市场细分的效果比用年龄进行市场细分要好。

有人曾在对消费品市场营销的研究中发现，对于约50%的消费品而言，无论用年龄或家庭结构因素进行市场细分所得到的结果是基本一致的；对于大约10%的消费品而言，购买决策主要是由年龄因素所决定的；对于另外40%的消费品而言，购买决策主要是与家庭结构有关的。根据这一研究结果，对于90%的消费品而言，按照家庭结构进行市场细分都是合理的。

（3）家庭规模

对于许多以家庭为购买和使用单位的物品来说，这是合适的市场细分因素。对于这些物品，具有相同规模的家庭构成一个细分市场，企业不仅要按照家庭规模的特点来设计和生产满足需求的产品，而且确实应当根据不同规模的家庭中扮演购买决策者的成员的不同来制定营销策略。家庭规模对于耐用消费品的市场细分是特别有价值的。

（4）性别

性别一直是市场细分的基础，一方面是因为男女之间体质上的差异，另一方面是由于不同性别在亚文化方面的差异。有些产品只适用于男性或女性。有些产品虽然同时适用于男性或女性，但不同性别的人又会有特定的要求。根据性别和亚文化对市场进行细分的典型例子有肥皂、化妆品、香烟、各种专门的刊物等产品。性别往往也是对于某些由配偶代替购买的或一方购买后作为礼物赠送给对方的产品进行市场细分的基础。因此，某些生产名牌男衬衫的公司，在发现相当比例的男衬衫是由女性购买的情况后，常常在女性杂志上作男衬衫的广告。按性别进行市场细分，对于服务行业特别有意义。

(5) 种族、民族、国籍和宗教信仰

这些是构成亚文化的基础，会形成不同的细分市场。不同的种族、民族和国籍的消费者在消费行为上的差异是相当大的。对食品和服装的偏好以及消费习惯的差异可能非常大。宗教信仰作为一种亚文化群也是许多产品市场的细分依据。宗教对购买行为有正反两方面的影响。各种宗教节假日往往是某些产品的购买高潮。

12.1.3.3 社会经济信息

市场细分中有用的社会经济信息主要包括消费者个人与家庭的收入、职业、受教育程度和社会阶层等。这些因素经常是细分某些产品市场的适当依据，而且上述概念相互之间又紧密联系在一起。有时，要明确分辨出每一个特征的影响是很困难的。家庭的社会经济特征在决定花费大小和使用方式方面起着很大的作用。

(1) 居民收入和消费资料

经济学研究表明，反映家庭收入对消费结构影响的恩格尔系数的变化具有规律性。因此，经济发达地区的居民收入和消费资料可以作为其他地区市场分析的借鉴资料。

(2) 职业

职业是社会阶层构成的基础，对于很多产品和服务市场来说，社会阶层常常是非常有用的细分因素，因此，职业是影响市场细分的重要因素。

(3) 受教育程度

受教育程度与收入及职业有密切的关系。受教育程度常常可以作为选择广告媒体的细分市场时的依据。实践表明，受教育程度对非耐用消费品的市场细分比较有效。

(4) 社会阶层

社会阶层是指社会上具有相同的兴趣、态度、价值观、行为模式的人群所组成的群体。不同社会阶层的消费者之间在购买行为方面的差异可以反映在所购买的消费品式样、品种和风格上各不相同。用社会阶层进行市场细分对于耐用消费品、非耐用消费品和服务行业往往都是有效的。

12.1.3.4 消费心理信息

市场细分研究中可以作为细分依据的消费心理因素主要有购买动机、性格、态度、兴趣和观点等。

① 由于即使对于同一种产品也可能有多种不同的购买动机，所以，针对不同购买动机的消费者制定和实施不同的营销策略往往是必要的。按购买动机进行市场细分对于非生活必需品的营销是必要的。根据购买动机对市场细分的结果，常能使企业发现新的细分市场，从而拓展公司的产品线。许多公司在用单一产品进入市场以后，相继推出豪华型、普及型或实用型等品种，就是希望开发具有不同购买动机的消费者细分市场。

② 不同性格的消费者在购买中会有不同的态度和行为。因此，性格作为市场细分的因素也是合理的。但是，由于采用消费心理因素作为细分因素时的可识别性和可达性比较差，营销中很难立即识别出那些具有特殊性格的人，所以企业实际采用性格作为细分因素的例子还不多见。

③ 态度与消费者的购买行为有密切关系。消费者对某种产品的态度越是肯定和喜欢，以后购买和使用这种产品的可能性就越大。消费者对某种产品的态度越是否定或厌恶，停止购买和使用这种产品的可能性也就越大。态度在解释某种产品的市场份额变化以及预测消费者将来的行为时都是非常有用的。消费者的兴趣和观点往往与性格和态度有密切的关系，自然也会影响消费者的需求。

12.1.3.5 消费行为信息

可以直接用来对市场进行细分的消费者行为信息主要有购买时机、购买方式和购买渠道等。

① 购买时机对于很多新产品而言是合适的细分因素。新产品的早期购买者与晚期购买者的消费行为经常是不同的。早期购买者常常有更高的收入、文化水平，一般更年轻，阅读的文字资料更多，更多地使用所关心的某种产品。晚期购买者的情形则正好相反。

② 就购买方式而言，某些消费者对分期付款的购买方式特别感兴趣，另一些消费者则可能更愿意配套购买。所以，按照消费者对不同购买方式的偏好习惯进行市场细分，针对具有不同购买方式偏好的消费者推出有针对性的促销方式，可望取得预期的效果。

③ 从购买渠道的角度看，不同的消费者在选择渠道时会有不同的习惯。按照这种不同的习惯对市场进行细分，对于企业制定渠道决策具有重要的意义。研究确实表明，光顾各种不同类型商店的顾客的社会经济特征和人口统计特征往往是不同的。这种现象对于百货商店和连锁商店来说特别明显。对于零售企业，按照光顾顾客的背景进行市场细分，从而决定商店内的促销活动的模式是很有效的。

12.1.4 市场细分调研中的资料分析技术

12.1.4.1 方差分析法

可以应用于市场细分的资料分析技术很多，其中最常用的单变量分析技术主要是方差分析法。方差分析法主要用来检验根据某一个细分变量所得到的不同细分市场的消费需求之间是否确实存在明显的差异。如果根据某一个指标（如对于某种产品的偏好度、购买意向的强度、购买时机或购买渠道等）来区分，不同群体的需求确实有明显的差异，就值得考虑用这一指标进行市场细分；否则，就是不值得的。

12.1.4.2 多元统计方法

不过，对市场细分调研结果进行资料分析最有效的还是多元统计方法。大多数多元统计方法都适用于市场细分调研中的资料分析，但是每一种多元统计方法都有其自身的特点，所以，调研人员应当选择一种最合适的方法。在很多情况下，市场细分中的资料分析往往不是单纯依靠某一种多元统计方法就能完成的，而是需要两种或更多种多元统计方法的结合才能取得最佳的效果。

12.1.4.3　因子分析法

因子分析法可以帮助我们从众多原始变量中寻找出具有综合意义的少量因子，只需要用更少的、由原始变量组合而成的新变量就能对问题进行分析，从而降低了问题的难度、简化了问题。因子分析法有可能识别出最能辨别不同消费者群体之间差异的新变量，发现消费行为或态度的偏好特征。这些信息正是进行有效的市场细分的因素。

12.1.4.4　聚类分析法

聚类分析法的基本思想是，把个体或对象按照相似程度划分成不同的组或类别。市场细分恰好是要求根据不同消费者需求的相似性进行分类。所以，对调查资料作聚类分析所得到的组或类别，实际上构成了可供选择的潜在细分市场。同时，聚类分析法的最大价值在于，告诉我们除了可以用通常的地理和人口统计特征等因素对市场进行细分，还可以通过测量消费者在消费行为、态度和心理等不好量化的因素方面的相似性来对消费者进行分类，从而发现潜在的市场机会。

12.1.4.5　判别分析法

判别分析法是在已知总体分成各不相同的组（群）的情况下，找出能把不同组（群）区分开来的预测变量的线性的判别函数，继而根据新个体所计算得到的判别函数特征值来确定新个体所属适当组（群）的方法。应用判别分析法研究市场细分问题时，首先需要利用公司已有客户的信息建立判别函数模型，并通过验证样本对判别模型的能力作检验；再应用模型确定新个体的判别函数值，进而明确其所属的组（群）及应采取的营销对策。

12.1.5　产品定位调研

产品定位与市场细分和目标市场的选择一样，都是一种战略性决策，而且两者相辅相成，必须结合起来考虑。同时，产品定位调研与市场细分调研所需要收集的资料以及所采用的分析方法等几乎都是一样的。

产品定位调研通常有以下步骤：

12.1.5.1　确定消费者心目中最重要的产品特性

进行产品定位调研时，首先是要确定消费者心目中认为最重要的产品特性。这里所指的产品特性可以分为产品利益和产品特点两个部分。产品利益是从消费者的角度来考虑的能够从产品中得到的好处。产品特点则是从技术角度来说明的产品优势。消费者在作出购买决策时会受到众多因素的影响，所考虑的因素自然就不是唯一的。不过，消费者对这些不同因素重要性程度的认识也是不同的。他们会认为某些产品特性是非常重要的，某些是重要的，另一些是一般的，还有一些可能并不太重要。对产品定位的调研首先需要消费者指出他们认为最重要的产品特性。

【例12-1】对于下面这些可能影响您对××类产品购买决策的因素，请说明每一个因素在您购买××类产品时的重要程度。请用1至10分来表示每一个因素的重要程度，分数越高表示越重要，越低表示越不重要。

影响重要性程度的评分

产品特性1　　　　　　　　　　（　　）

产品特性2　　　　　　　　　　（　　）

……

产品特性8　　　　　　　　　　（　　）

对于所有样本调查的结果，通过加权平均，得出分值最高的2～3个产品特性，就是消费者心目中最重要的产品特性。

12.1.5.2　根据最重要的产品特性，请消费者评价有关品牌

产品定位不仅要考虑消费者的需求，也需要考虑消费者对同类产品其他品牌的评价，最终根据竞争性品牌的定位态势来作出本品牌的定位决策。为此，需要请消费者根据第一步中所得出的最重要的产品特性，对包括本品牌在内的有关竞争品牌的满意程度作出评价。

【例12-2】对表12-1中的品牌所具有的某些最重要的产品特性的满意程度作出评价。用1～10分来表示对每一种品牌的满意程度，分数越高表示越满意，越低表示越不满意。

表12-1　**对不同品牌满意度的评价**

项　目	最重要产品特性	次重要产品特性	第三重要产品特性
	满意度评分	满意度评分	满意度评分
品牌1			
品牌2			
⋮			
品牌n			

12.1.5.3　根据调研结果，决定定位策略

对于上述问题，调查结果有几种不同的可能：

① 在最重要的产品特性上，消费者对本品牌的满意度高于其他竞争品牌。这说明本品牌在消费者认为最重要的产品特性上已经实现了差异化，产品定位已经成功。

② 在最重要的产品特性上，消费者对本品牌的满意度与其他竞争品牌相同。此时，就应当比较次重要的产品特性。如果在次重要的产品特性上，消费者对本品牌的满意度高于其他竞争品牌，就可以用次重要的产品特性对本品牌定位。只有在前三个重要的产品特性上，消费者对有关品牌满意度都相同的情况下，才需要去寻找或发现新的产品定位的因素或特性。

③ 如果在最重要的产品特性上，本品牌差于竞争品牌，就需要比较次重要及第三重要的产品特性。如果在前3个重要的产品特性上，本品牌都没有优势，则需要考虑对产品

进行改进。

上述调研方法完全是根据现有的产品特性来制定定位策略的，然而，随着市场竞争的加剧，企业也可能发现，简单地利用现有的产品特性进行成功的定位已经越来越困难了。所以，企业应当考虑不只是从现有的产品特性的角度去定位，特别是当有关品牌的产品特性没有明显的差异时，更是如此。此时，企业可以利用广告或其他手段为其产品创造出独特的形象，使消费者对本企业产品产生心理上的差异，从而有效地把本企业产品与竞争者品牌区分开来，实现成功的定位。这是一项更富有挑战性的工作，对调研人员的创造性提出了更高的要求。

12.2 产业市场营销调研

12.2.1 产业市场的特点对调研的影响

近些年来，人们越来越关注对产业市场的调研。尽管对于产业市场的调研在很多方面都与对消费品市场的调研相似，在消费品市场营销调研中广泛使用的大多数方法也完全可以应用到产业市场营销调研中去，但是对产业市场进行调研也确实有许多不同之处。产业市场的独特特点对于产业市场营销调研的影响体现在下列几个方面：

12.2.1.1 密切关注产业市场与消费品市场需求之间的连带关系

产业市场对产品的需求，归根结底是由消费品市场对产品的需求所引申出来的。因此，产业市场的需求与消费品市场的需求之间存在一定的连带关系。但是与消费品市场相比，产业市场对产品的需求比较不稳定。这就要求调研人员在研究产业市场需求时必须关注整个行业的形势和经济状况、技术进步及原材料的价格变动等。

12.2.1.2 重视大客户调研

在产业市场上，通常是数量很少的顾客的交易额占了公司的绝大部分营业额，公司80%的业务来自20%的客户。因此，通过对少数几个大客户的调研往往就可以知道公司的绝大部分业务状况了。所以，对大客户的调研就显得非常重要。

12.2.1.3 要重视对产业市场购买决策模式的调研

产业市场上客户的购买决策并不像消费品市场上的顾客一样，只是由一个人来决定，而是涉及许多相关的人员。因此，在了解客户购买决策方面，调研人员的任务更加繁重，不可能仅仅从一次访谈中就了解到某家公司的购买决策行为。

12.2.1.4 产业市场的客户需求更复杂，调研要求更高、难度更大

与消费品市场相比，产业市场中的各类组织对于自己需求的认识比较清楚。许多组织都希望供应方所提供的产品或服务是为它们定制的。所以，对产业市场的调研并不需要对大众市场作太多的调研，但是需要调研人员识别出客户的特殊需求。同时，产业市场上的

调研往往不能局限于对自身直接客户的调研，客户的需求往往是由其本身的客户的需求所决定的。客户的需求一旦发生变化，客户本身的需求也会随之而变化。所以，对产业市场中企业的调研应当包括对客户的需求的调研分析。

12.2.1.5 产业市场营销调研在很大程度上受产品与行业分类的影响

不同部门和机构对产品与行业分类的标准往往是不同的。这种分类上的差异常常导致产业市场中产品及其市场的定义之间的不一致，从而造成不同部门的相关统计资料也有很大的差异。所以在产业市场营销调研中对产品及其市场范围作出明确的定义是必要的。

12.2.1.6 在产业市场营销调研中，必须研究替代品的影响

在产业市场中替代品对企业市场需求的影响不容忽视，所以，市场营销调研中需要了解对于可能的替代品的需求特性，对替代品的生产特点、替代程度、价格、质量等方面进行深入的探讨。

12.2.2 产业市场营销调研的特点

12.2.2.1 产业市场营销调研资料来源的特点

在调研资料的来源上，产业市场营销调研更重视以下方面：

（1）企业内部的资料来源

在产业市场中，企业不再像消费品市场那样，与客户之间隔着各类中间商，而是直接面向客户，所以，通过内部人员和内部记录常常能基本上获得客户的意见和观点。因此，内部资料就成为产业市场营销调研信息的重要来源。

（2）市场情报

由于产业市场的需求受宏观环境和政策的直接影响，波动大，变化快，所以需要特别重视市场情报的价值和作用。

（3）二手资料

由于大多数产业市场中购买行为和购买过程是相当复杂的，要收集有关的原始资料常常有一定的困难，所以，对于二手资料所进行的文案调研就成为产业市场营销调研中的一种非常重要的形式。政府出版物、商务信息和各种出版的资料等都是产业市场营销调研中极为重要的信息来源。

12.2.2.2 产业市场营销调研方法的特点

深度访谈和焦点群体访谈在产业市场的调研中尽管不经常采用，但具有重要的地位。产业市场营销调研中要把有关的高层经理人员召集在一起是一件比较困难的事，但是通过这类访谈常常能够获得某些特定领域的专家们的非常有价值的意见。因此，努力使专家们参与到调研和分析中来是值得的。

产业市场的特点使得即使在想要获得原始资料的情形下，想通过观察或者实验的方式来进行调研往往也是不现实的。所以，在确实需要收集原始资料的情形下，也常常会采取

邮寄问卷或电话访谈的形式。在产业市场的调研中也不会采用消费品市场营销调研中经常采用的街头拦截式的访谈和入户调查访谈等方法。

12.2.2.3　产业市场营销调研对象的特点

在产业市场营销调研中，调研所涉及的市场范围比较小，目标比较明确，因此，调研中不太会采用抽样调查的方法。即使必须进行抽样，通常也是采用判断抽样，而不会采用随机抽样的方法。不过值得注意的是，在产业市场营销调研中即使在确定向哪些企业调查以后，决定究竟向这些企业中的谁作调查，仍然是一件比较复杂的事情。企业中的购买决策受到来自采购、技术、生产甚至财务与营销部门的影响。这些来自不同部门的影响随时都在改变。当一个企业首次确定采购某种产品的规格和价位时，技术部门的意见可能更重要一些。一旦产品进入反复订购阶段，则采购和生产部门的影响可能更大一些。所以，究竟应当向谁调查的确是一个值得思考的问题。

12.3　顾客满意度调研

由于企业所面临的竞争压力日益增大，同时，企业日益重视以顾客为导向的经营理念，因此，越来越多的企业开始重视顾客满意度的调研和评价。近些年来，对顾客满意度的调研已经成为市场营销调研中的一项重要内容。

12.3.1　顾客满意度调研的目标

顾客满意度调研的最终目的是提高顾客满意度。所以，在顾客满意度调研期间，管理层会采取多种措施来提高顾客满意度，并对结果进行测试评价，确定所采取的措施是否对顾客满意度有积极的影响。要实现这一目的，顾客满意度调研就需要包括四个基本的目标：

12.3.1.1　确定影响顾客满意度的关键因素

产品或服务不同，顾客在感受满意度时所依据的关键因素也不同。调研人员需要确定对具体的产品或服务而言，使顾客满意的关键因素是什么。

12.3.1.2　测试当前的顾客满意度

这是指根据所确定的一组决定顾客满意度的关键因素，测定顾客当前对每个关键因素的满意度。

12.3.1.3　提出提高顾客满意度的建议

调研人员要向管理层提出在提高顾客满意度时需要注意哪些方面。

12.3.1.4　长期跟踪顾客满意度

跟踪顾客满意度的变化，发现顾客满意度的变动趋势，同时为评估提高顾客满意度而采取措施的有效性提供依据。

根据上述顾客满意度调研的基本目标，调研人员在着手实施某一具体企业的顾客满意度调研项目时，还需要确定一个明确的、全面的和可测量的顾客满意度改进目标。这是任何一项顾客满意度调研成功的基本条件。顾客满意度是反映企业整个经营绩效的综合性指标，提高顾客满意度需要企业所有职能部门的参与和合作。所以，让所有职能部门都认识到提高顾客满意度的重要性，并共同制定出提高顾客满意度的具体目标是十分必要的。

在确定顾客满意度调研时，应当区分对当前一次交易的满意度评价与对企业整体满意度评价之间的区别。前者仅着眼于当前一次交易是否满足了交易的具体要求，而后者应当更关心顾客对企业整体关系的满意方面。这两类调研在目的、调查对象和调查内容等方面都会有所不同。

12.3.2 顾客满意度调研的方法

12.3.2.1 顾客满意度评价的两种基本思路

(1) 传统评价法

传统评价法是指只要求顾客按关键满意因素来评价产品或服务。这类似于态度评分法。调研人员可以要求顾客用1～10的量表来表示他们对所评价产品或服务的满意度，1表示最不满意，而10表示最满意。

(2) 差距分析法

差距分析法是指调研人员要求顾客分别表明他们的期望水平和他们对企业实际表现的感知水平的高低。调研人员感兴趣的是顾客对企业某一方面表现的评价与他们期望水平之间的差距。如果对实际表现的评价超过期望，顾客在满意度方面就会有意外的惊喜；低于期望，就会产生不满意的感觉。与传统评价法相比，差距分析法在概念上更容易被人们所接受，所以已经成为满意度调研中广泛采用的一种方法。

12.3.2.2 数据收集的程序和方法

在顾客满意度调研中，首先需要确定决定满意度的关键因素是什么，再根据这些因素测量顾客对企业表现的满意水平。

在确定决定顾客满意度的关键因素时，调研人员需要使用焦点群体访谈和其他定性研究方法。定性研究包括各类不同的顾客的意见是非常重要的。

在确定了关键满意因素后，测量顾客对企业表现的满意水平时，需要采用定量分析的方法。调研人员需要设计调查问卷，并通过邮寄、电话访谈、个别面谈或网上调研等途径发放给目标群体，并获得他们的反馈意见。

对于满意度调查问卷中选项的设置，从理论上说，选项应当是平衡式的。也就是说，所提供的表示肯定的选项与表示否定的选项应当相等，这样做可以给那些确实不满意的顾客提供一个表达他们意见的机会。

但是另一方面，一般来说顾客对满意度的评价是相当高的。实践表明，不同行业中顾客对满意度评价的结果都会在80%～90%之间。所以，如果提供的选项是“非常满意”

“一般满意”“不满意”这几种，调研结果几乎会集中在“非常满意”。这样做的弊端是使调查结果看起来没有改进的必要了，满意度调查会失去改进的动力。为此，有些企业把为顾客所提供的满意度选项改为“完全满意，很满意，一般满意，不满意”，这样尽管看起来不太平衡，但是结果非常实用，将大大减少选最高等级选项的人数，提供改进的空间，同时让不满意的顾客能够表达他们的真实意见。

满意度调查中数据的收集时间要合适。究竟是应当在顾客购买时还是购买后一周或者在购买后一个月进行，甚至是购买一年后请顾客作满意度的评价，这取决于产品的性质和研究的重点。例如，对于价值昂贵的耐用品的满意度调查，适合在购买后几个月进行，对于某次快餐交易满意度的调查则必须在当时立即进行。

12.3.2.3 抽样和调查对象的确定

许多企业在满意度调查时只局限于对企业现有顾客进行调查。其实，满意度调查的目的不应当仅仅是简单地想要知道自己现有顾客的满意度，还应当用满意度调查数据来改变产品或服务，以便最终吸引新的顾客。因此，它就必须把调研对象拓展到潜在顾客。这是因为只有现在还没有购买的顾客，才能告诉调研人员他们不买的原因。

顾客满意度调研中最重要的调查对象应当是那些已经离开了本公司的顾客。对他们的深入调查可以了解他们离开的真正原因，这应当是顾客满意度调研最直接、最有价值的成果之一。

12.3.2.4 调研结果的综合

对顾客满意度调研的结果需要进行合理的综合。对于不同顾客的满意度评价结果，究竟应当怎样进行综合才能得到合理的结果呢？换句话说，一些顾客的满意度是否比另一些顾客的满意度更加重要呢？这对于消费品市场与产业市场而言，情形是不同的。对于消费品市场来说，不同的顾客应当给予相同的权重；但是对于产业市场，通常区分大客户和小客户是必要的。所以，用交易量对不同顾客的满意度评价进行加权所得到的结果可能更有代表性。

12.3.3 顾客满意度调研结果的应用

12.3.3.1 测定较长时间内顾客满意度的变化

顾客满意度调研应当是一种跟踪性调查，而不是一次性调查。调研人员应该按预定的时间间隔来跟踪顾客满意度在一个较长时间内的变化。对顾客满意度测定的频率应该由市场的变化来决定。当市场环境发生大的变动时，顾客满意度也可能发生较大变化，需要缩短满意度调查的间隔；否则，就可以减少满意度调查的次数。

12.3.3.2 高顾客满意度并不表示不需要改进

顾客满意度调查的结果是相对于目前的市场环境而言的，顾客满意度高并不意味着没有改进的余地，顾客满意度低的方面也并非最急需改进的地方。实际上，许多顾客满意度评分很高的地方也可能是最有改进余地的地方。因此，在顾客满意度调查中，有时区别满意因素与不满意因素是有意义的。满意因素是指那些如果企业致力于改进这些因素，能够大大提高顾客满意度的因素。不满意因素是指即使企业致力于改进这些因素，至多也只能减少顾客的不满意，却很难提高顾客满意度；但是如果企业不改进这些因素，会导致不满意迅速增加。

12.3.3.3 顾客满意度评价结果可能受“光环效应”的影响

对于多指标的顾客满意度调研，某一个特定指标或方面的评价会受到顾客对该产品、服务或公司整体满意度评价的影响。整体满意度高的顾客可能给每一个指标都打高分，整体不满意的顾客可能给每一个指标都打低分。这种“光环效应”的结果可能使寻找提高满意度方法的分析得出错误的结论。

12.3.3.4 评价并不等同于改进

顾客满意度的调查结果并不能直接提供改进的方案，知道顾客不完全满意并不意味着我们就知道怎样做能使他们满意。所以，在满意度调查中最好是问顾客应当如何改进。但是即使这样做也不一定就能为我们提供一个可靠的答案，因为顾客所关心的是好坏的评价，而对于如何改进不是他们的长项。所以，要想从他们身上找到正确的答案也是困难的。这往往需要调研人员的智慧和创造性。

12.3.3.5 顾客满意度调查的对象在扩大

以前对顾客满意度调查的对象仅仅局限于公司本身客户，其目的是衡量本身的业绩。现在许多公司在开展顾客满意度调查时也会同时调查竞争对手的顾客满意度，其目的是用来确定其竞争对手的顾客满意度是更高还是更低。这种调查结果还可以清楚地表明竞争对手的优势和劣势，以便制定出更合理的竞争对策。

12.3.3.6 顾客满意度评价的局限性

尽管顾客满意度的调查被公司所广泛接受，但是，我们也应该注意到顾客满意度调查的局限性。一家公司直接以顾客满意度调查为基础对管理层和员工进行评价是否合理和公正？在许多情况下，顾客满意度数据会变化不定，顾客不满意的具体原因又常常解释不清。光以顾客满意度指标来决定管理层和员工的绩效又会使人们对顾客满意度调查过程产生防卫和抵触情绪。所以，在实施顾客满意度调查时，公司管理层应当把重点放在发现提高顾客满意度的机会上，而不是作为考核部门或员工的依据。通过顾客满意度调查去发现我们可以做什么和怎样做才能得到更高的顾客满意度，而不是据此认定某部门或某人应该承担什么责任；设计出旨在提高顾客满意度的某些指标的改进计划，并认真付诸实施，必将取得实效。

追求卓越的公司不仅重视顾客满意度，也同样关注员工满意度。它们知道，只有员工满意，才能保证顾客满意。因此，确保员工满意是实现顾客满意的根本。调研实践 12-1 提供了一家著名咨询公司对于员工满意度构成和结构的分析材料，为调查问卷设计提供了依据和帮助。

调研实践12-1

本章小结

市场细分调研是市场营销调研的重要内容。市场细分调研的设计可分为事前细分的、事后细分的和随意细分的。

产品定位调研通常是由3个步骤组成：首先是确定消费者心目中最重要的产品特性；其次是根据最重要的一些产品特性，请消费者对有关品牌作评价；最后是根据调研结果，决定定位策略。

产业市场的特点对调研有一定的影响，要求调研人员注意到产业市场营销调研与消费品市场营销调研之间的差异。对产业市场的调研要注意资料来源、调研方法和调研对象的特点。

顾客满意度调研包括4个基本的目标：确定影响顾客满意度的关键因素、测试当前的顾客满意程度、提供提高顾客满意度的建议和长期跟踪顾客满意度。对顾客满意度的评价有两种基本思路：传统评价法和差距分析法。

主要概念

事前细分调研　事后细分调研　随意细分调研　产品定位调研　产业市场营销调研　顾客满意度调研

基本训练

◆ 知识题

1. 分析比较市场细分调研中事前细分、事后细分和随意细分3种设计方法的优缺点。

2. 说明产品定位调研的步骤和方法。

3. 说明产业市场营销调研与传统的消费品市场营销调研之间的差异。

4. 说明顾客满意度调研的目标和评价的基本思路。

◆ 技能题

1. 某家化企业准备对其所生产的洗涤用品市场开展一次市场营销调研，目的是对有关的市场进行细分研究，以便进一步明确目标市场，进而确定定位策略。请帮助制订相应的调研计划，明确需要收集的资料和可以采用的分析方法。

2. 请选择一个您熟悉或者喜爱的品牌（家电、服饰、化妆品，也可以是服务类品牌），利用多种信息资源，搜集足够信息，完成一份“品牌定位调研报告”。（报告应包括品牌形象、风格、竞争性定位、目标顾客分析等）

3.某重型汽车底盘生产厂家计划实施一项市场营销调研，对现有的销售情况进行一次全面的分析，并预测今后1~3年的销售量。请制订实施这项市场营销调研的简要计划。

4.每6位同学组成一组，选择一个企业（可以是银行、电信、运输、教育培训和旅游等企业）；每位同学分析并提出评价这个企业顾客满意度的一组指标，在小组中交流；总结出评价这个企业的顾客满意度的一组合理的指标。

◆ 能力题

1.速捷快递公司发现，尽管公司业务繁忙，但是经济效益并不佳。公司经理们经过分析，发现关键问题是本公司的经营成本太高。究其原因是公司没有对市场上的快递需求进行细分；同时，公司在同类企业中的定位不明确，导致公司的业务缺乏特色，顾客忠诚度也受影响。为此，公司决定开展一项市场营销调研，深入了解顾客需求，进而对顾客需求进行细分，明确自己的目标市场，并在同类企业中建立自己富有特色的定位。请帮助速捷快递公司拟订开展这项市场营销调研的计划。

2.如果你在为某家网站进行顾客满意度调查，你会如何定义调查的总体？你采用的抽样框架是什么？你会如何选择调查对象？你会从哪些方面来评价顾客满意度？你对调查结果的应用有何建议？

第13章 调研应用（二）：企业常用的专题调研和预测

学习目标

◆ 掌握产品策略调研的内容和方法；掌握广告调研的内容和方法；掌握定价调研的内容和方法；掌握商圈调研的内容和方法。

◆ 掌握新产品开发调研的方法；掌握和运用广告调研的方法；掌握消费者价格反应测试的方法；掌握商圈调研和预测的方法。

◆ 能制订产品策略调研的计划；能制订广告调研计划；能进行消费者价格反应测试；能制订分销渠道和商圈调研计划。

引 例

女装制造企业的市场开发调研

万紫千红制衣有限公司是一家专门生产女装的成衣制造企业。自20年前公司成立之日起，公司管理层就一直朝着建设一个现代国际化的专业女装制造商的目标努力。几年前，公司已经通过了ISO 9000质量保证体系的认证，实现了出口免检。目前，公司年产各类女装80余万套。公司主要从事外方来样的贴牌生产，产品主要销往北美、欧洲和日本等国家。

近些年来，公司所在的地区已经涌现了一大批专业女装生产企业，当地逐渐形成了女装市场。众多服装生产企业努力联手打造全国知名的“女装之都”。万紫千红制衣有限公司在发展过程中也培养了一批设计和制造方面的技术骨干力量。公司实施了一个400万美元的设备投资项目，形成了在30～40天内就完成小批量和复杂款式订单的快速反应生产能力。公司还与意大利著名女装生产基地和研发中心建立了合作关系，从而大大增强了产品研发和把握市场行情的能力。

鉴于上述内外部条件的发展，公司管理层近年决定在继续按照原有出口模式扩大外销的同时，着力开发国内中高档女装市场。

开发国内中高档女装市场，需要实行品牌营销，包括对产品品牌的培育、推广和促销，以及对公司形象的宣传，同时需要公司开发和建立自己的销售渠道，与一批经销商之间形成战略性的合作关系。公司新上任的负责国内市场开发的黄经理首先想到，需要了解这个行业中主要竞争性企业的促销特色和渠道结构状况，然后才能结合本身的特点作出合理的决策。所以他决心实施一项市场营销调研，把握市场现状，了解竞争对手的促销情况，知己知彼，制定出竞争性对策。

但是，究竟应当如何去了解这个行业中主要竞争性企业的促销特色和渠道结构状况？需要了解他们的哪些具体情况？黄经理没有把握。他希望找人好好讨论一下这个问题，再制订实施计划，开展调研。

资料来源　由本书第一作者胡介埙撰写而成。

13.1　新产品开发调研

产品决策是市场营销的众多决策中对企业成败至关重要且风险最大的决策。然而，产品决策所需要的可靠信息也是最难得到的。因此，市场营销调研中，对产品决策的研究也特别重要。

新产品开发周期长、费用高，而且风险大、失败率高，失败的代价也特别昂贵。因此，提高新产品开发的成功率是市场营销调研的一项重要内容。

大多数新产品在推向市场时都遭遇了失败，但是，对新产品开发的创意进行调研和评价可以大大降低新产品在市场上遭受失败的风险。因此，在新产品开发过程中进行市场营销调研是非常必要的。

新产品开发调研可以分为四个阶段：新产品概念的调研，新产品概念的实验、评价和开发，新产品的评价和开发，试验性营销。

13.1.1　新产品概念的调研

要形成新产品的概念需要进行两项不同目的和内容的调研。一是需求识别调研，即明确市场上现在已经存在的但是还未被满足的需求。例如，面临着同样的问题和困难的一部分消费者会构成一个有某种需求的市场面。由于某种原因，对现有产品不满意的部分消费者也会形成某种需求。二是新产品概念识别研究，即决定可能满足所发现的市场需求的概念和方法。有时也可以不进行需求识别研究，直接探索有价值的新产品概念。

13.1.1.1　需求识别调研

市场营销调研中用来明确需求的方法很多，既有定性的，也有定量的，常用的有：

（1）市场定位和感知图

按照产品使用者对产品的感受和评价，确定消费者评价产品所依据的某些属性或者维度，确定产品在市场定位感知图上的位置。然后，发现现有产品之间的差异以及与理想产品的差距，由此可以看出新产品可以填补的空白地带。这也许是新产品应当去满足的需求。

（2）产品利益结构分析

让产品使用者找出他们想要从产品使用中得到的利益，以及现有产品为这些特定的用途提供所需要利益的程度。我们希望通过分析的结果能够发现现有产品所没有提供的利益。

（3）社会和环境发展趋势分析

社会和环境的变化越来越快，不断产生新的需求。人们日益重视生活质量，关心自己所生存的环境，由此引申出来的需求几乎遍及衣、食、住、行的各个方面。

（4）请产品用户记录他们生活中与产品有关的活动

例如，某家用电器厂商请产品用户记录所使用电器产品的种类、使用的目的、每天所使用的时间、使用的条件、使用的程序、使用中所遇到的问题和希望等。分析这些日记，就可以发现使用者所遇到的与所研究电器产品有关的尚未解决的问题。

（5）使用者焦点群体访谈

例如，请使用者聚集在一起讨论产品使用中所遇到的问题和要求，往往能够发现人们对产品的共同需求。

如果通过上述方法，发现了一组而不是一种尚未满足的需求，我们就需要研究这一组需求中哪些是最有吸引力、具有最大的发展潜力的需求。需求实质上是消费者的困难和问题，因此，在初步调查的基础上可以选择部分有代表性的消费者，并对他们进行更深入的调查来决定：问题是否确实存在；问题是否经常发生；问题是否确实重要。此外，我们可以收集这部分消费者关于解决问题的看法。上述调查中与最重要的一些问题有关的需求就可以作为形成新产品概念的基础。

13.1.1.2 新产品概念识别的研究

识别新产品概念的方法也有多种，基本上可以分为两类：

（1）以消费者或需求为基础的新产品概念识别方法

以消费者或需求为基础的新产品概念识别方法是指把那些能够满足现有产品未能满足需求的方案看作新产品的概念。以需求为基础识别新产品概念最常用的方法是头脑风暴法。头脑风暴法是让一群目标消费者聚集在一起座谈讨论，各自发表自己的想法，以启发他人的思路，但不准反对或否定别人的观点，由此可以获得许多有创意的新产品概念。公司直接从产品消费者那里获得新产品概念的方法也有多种。例如，公司每年都会收到消费者的许多抱怨和建议，调研人员通过对这些抱怨和建议进行分析，经常能产生关于新产品的有用概念。

（2）以技术发展或竞争为基础的新产品概念识别方法

以技术发展或竞争为基础的新产品概念识别方法是指从技术的突破可能产生的应用和影响出发，或者根据竞争者所推出的新产品来发现和识别出一个新产品的概念。在新产品开发期间，对可能产生新产品概念的技术突破和竞争环境进行系统的检测，也是形成新产品概念的重要途径。

13.1.2 新产品概念的实验、评价和开发

新产品概念形成以后，需要对它进行实验、评价，检验新产品概念的可行性，保证这些概念适合进一步的开发。

13.1.2.1 新产品概念实验的方法

新产品概念形成以后，具体的可供使用的产品并没有开发出来。新产品概念可能仅仅是一种文字说明，或仅仅是一个含义模糊的名字、包装或广告的说明，这对于发展一个产品或营销计划是不够具体的。为了便于进一步评价和开发，新产品概念不仅要定义得足够明确，便于沟通，而且要不断完善、修正和发展。要把新产品概念形成和实验阶段中发现的不同品牌产品的最理想特征组合在一起，达到优化概念的目的。因此，在新产品概念的实验、评价和开发阶段，要研究下列问题：

① 这些概念中是否有某些重要的缺陷。

② 这些概念可能吸引哪些细分市场。

③ 继续开发这个新产品概念是否能为公司带来足够大的利益。

④ 应当怎样修正和进一步完善这些新产品概念。

新产品概念的实验有如下两种方法：

（1）不要求直接得到有关人员的反应

此时，调研人员应当设法找出一组相近的产品，让受试者辨认这组类似产品的特点，并调查市场对这些产品的实际反应状况。然后，调研人员就可以根据这些产品的差异，以及不同产品的实际销售业绩，推测出新产品概念成功的可能性。

（2）让人们直接接触新产品的具体概念，并收集他们的反应

对于人们直接接触产品概念的实验方法，调研人员需要解决下列问题：

① 应当怎样展示新产品的概念?

② 应当让哪些人参加新产品概念的实验?

③ 新产品概念应当与什么进行比较?

④ 概念实验应当提哪些问题?

13.1.2.2 新产品概念实验的展示方式

新产品概念实验中的展示方式依赖新产品概念发展过程的阶段和受试者理解概念的能力。在概念发展的初期，新产品概念总是利用某些词汇来描述的。随着概念的发展，概念的选择方案至少可以用草图或者粗略的广告文稿来表示了；再后来，应当能够用一个样品或者至少用一个实体模型或营销计划的某些方面，如名称、包装或造型来表示新产品概念了。

新产品概念实验展示的方式对受试者的反应会有明显的影响。通常，在对新产品概念进行文字描述的基础上，增加品牌名称或者给受试者一些视觉上的演示，往往能够戏剧性地改变实验的结果。

新产品概念的实验与拟订营销计划在时间上需要协调。新产品概念的实验是在产品和营销计划完全开发前就进行的，其整个出发点是决定是否值得拟订一份营销计划。

通常，新产品概念总是通过人际接触展示给受试者的，地点可以是在受试者的家里、办公室、工厂、商店甚至公共场所。但是，在新产品概念实验中要避免对受试者进行启发和暗示。

13.1.2.3 新产品概念实验的对象

新产品概念实验的对象是目标市场的成员，因为实验的目的是要决定是否确实存在对新产品概念作出积极反应的目标市场。但是，选择实验对象时，要保证不遗漏有潜力的市场面。例如，对于生产资料产品来讲，需要了解对购买决策产生影响的所有人，包括使用者、采购者以及最终决策者等的反应，同时，对其他有关人员，如财务人员和设计人员等的反应最好也有所了解。

如果新产品概念实验由于竞争的原因必须保密，则受试者的选择需要特别认真地加以考虑。这对于生产资料产品来说常常显得特别重要。有时，可以请本公司其他部门的人充当受试者，也可以请少数与公司具有紧密的业务关系的客户接受实验。当然，也可以请公司的推销业务人员和中间商对产品概念进行评价。

如果新产品概念是独特的，与潜在使用者所熟悉的那些产品是相当不同的，那么新产品的受试者应当是有关领域内的专家，而不是一般的潜在用户。

13.1.2.4 新产品概念实验的比较对象和排序方法

通常的做法是，把与同一种需求有关的几种新产品概念放在一起，同时进行实验。这样做不仅可以提高效率，也能产生更丰富、更有效的信息。人们在评价多种方案时，往往比仅仅评价一种方案能提出更多的感受和建议。相对评价常常比绝对评价更可靠。如果可能，在比较对象中包括一个现有产品的概念是有价值的，可以让受试者把所提出的概念与现实的产品相比较。如果不与现实产品进行比较，仅使用绝对比较，所得到结果的风险是相当大的。对某种概念进行比较时，可以采用第5章所讨论过的各种方法，如图线度量法、选项度量法、排序测定法、成对比较测定法、常和测定法和比例度量法等。

13.1.2.5 新产品概念实验中应向受试者提问的内容

在新产品概念实验中，对某些态度、兴趣和购买可能性等进行总体评价是必要的。例如，购买可能性可分为如下5种类型：肯定买、可能买、可能买可能不买、可能不买、肯定不买。然而，在解释实验结果时，仍然必须特别小心。因为新产品概念的显露会增强受试者对新产品的敏感性，结果常常会夸大购买的可能性。通过实验，不仅要了解受试者是否会购买，而且要了解可能的购买者来自哪一个细分市场。如果可能的购买者原来就是老客户或者给他们的价格太高，了解这部分人的态度的作用就不大了。

在新产品概念实验中，除了请受试者对产品概念作一般性的评价外，还需要重点调查下列问题：

① 受试者对产品的综合理解情况；

② 受试者所感受到的产品属性；

③ 受试者所感受到的产品优缺点；

④ 产品可能使用的场合；

⑤ 产品可能的使用频率；

⑥ 新产品可能替代哪些老产品。

概念实验的目的远不是根据受试者所表达的购买意图来作出继续开发还是停止开发的决策这么简单。新产品概念实验的基本功能之一是帮助对新产品概念进行改进，决定产品应当怎样定位，对营销计划提出建议。期望通过一次新产品概念实验就证明某一新产品概念是正确的还是错误的，或者肯定地说明产品概念应当怎样改变，是不现实的。可是，通过新产品概念实验应当辨认出明显错误的概念或者提供给下阶段发展方向方面的信息。所以，新产品概念实验的目的应当是既避免过早地扼杀有希望的概念，也避免让价值不大的概念持续过久。

在新产品概念实验结束，选定了一个最合适的产品概念以后，还应该作出经营前景分析，对这一产品在计划期内的盈亏平衡情况作预测分析。这一预测分析要估计出销售量、成本、销售费用、管理费用、研究和开发费用，以及贴现的费用，最后得到净利润或亏损值。

13.1.3 新产品的评价和开发

新产品的评价和开发又被称作新产品测试或新产品实验，其与新产品概念实验相比，在实验目标与所采用的实验方法两方面都是很相似的。实验目标仍然是预测市场的反应来决定新产品开发是否需要继续进行，同时需要一些关于市场营销要素如何修改和确定的信息。此外，新产品实验时仍然需要强调前面所提到过的同样问题：产品应当怎样展示、对谁展示、产品比较的对象以及根据哪些问题进行实验。

可是，新产品实验与新产品概念实验至少有两点重要的区别。首先，新产品实验比新产品概念实验更具体，结果也更有效，因为此时产品的样品已经开发出来了，营销计划至少已经部分地拟订出来了。所以，公司愿意设计更完善、合理的新产品实验计划。这样一来产品的展示计划就能做得更具体，所得到的结果就会比概念实验时更有效、可靠。其次，因为样品已经开发出来了，就可以让受试者试一试、看一看，让他们决定是否喜欢，决定以后是否会购买它。新产品实验不仅要关心消费者最初是否会感兴趣和愿意使用，而且要关心是否会接受和重复使用。新产品概念实验最适合度量受试者的初次兴趣，但新产品实验还需要决定消费者在初次试用以后是否会继续接受这个产品。

新产品的评价和开发通常采用如下几种形式：

13.1.3.1 无标记使用实验

新产品从实验室诞生以后，进行使用实验时，要尽量避免受到受试者主观或片面性的影响，为此，最好进行无标记使用实验。这是指对产品不作详细的说明，通常也不加包装和品牌的标志，避免产品的包装和品牌商标等因素对受试者观点产生影响。一个在实验室中被证明是优越的产品，在市场上未必就能被消费者所接受。因此，在无标记使用实验中，调研人员或者通过网络，或者通过电话，或者通过在购物现场拦截访谈，获得这些新产品使用者对于某种无标记新产品的使用感受。如果有两个产品需要同时进行无标记使用试验，则最好在一段时间内请受试者试用第一种产品，在随后一段时间内再使用第二种产品。每种产品都应当选择相等人数的受试者参加试用，调查他们的态度，以决定他们在两种产品中更偏好哪一种。

13.1.3.2 初次购买预测实验

调研人员还需要专门估计，当产品最终投入市场时，将有多少人会试用这种新产品，即新产品的销售潜力究竟有多大。

估计一种经常使用的新消费品的市场潜力，可以应用几种不同的市场营销调研模型。例如，许多公司常常利用3个变量（产品类的渗透率、投入的促销费用和产品的分销率）来建立一个模型，预测一种新产品的尝试率。尝试率被定义为新产品引入市场后12个月内至少购买一次新产品的顾客的百分比。产品类的渗透率是指新产品引入市场后12个月内至少购买一次这类新产品的家庭的百分比。投入的促销费用是指在这一产品上直接对消费者进行促销的总费用。产品的分销率是指储存并分销这类新产品的商店在目标市场商店总数中的百分比。

通常公司会根据老产品的相应资料先确定上述3个变量与产品尝试率之间的关系模型；再对于某种新产品请有关经理估计上述3个变量的值；最后，用模型估计出某一新产品的尝试率。

13.1.3.3 应用实验

应用实验的最简单形式是把新产品的样品提供给受试者使用，经过一段时间以后，询问他们的反应以及购买意图。受试者可以随机地选择。样品既可以在商店等购买现场，也可以在他们的办公室或家中，甚至通过邮寄提供给受试者。

许多公司，特别是食品和药品制造公司，常常在自己的员工中挑选人员，组成一个试用小组，来评价自己的新产品。这种方法的优点是管理方便，费用节省，能够高度保密。

对于经常购买的产品和服务，重要的是给受试者提供购买的机会，然后直接询问他们的反应和购买意向。这个过程应当适当重复或持续一段时期，让受试者有重复购买产品的机会。这对于研究消费者购买使用的稳定性和购买行为、预测销售中可能出现的麻烦是必要的。

进行应用实验时，要注意下列几个问题：

① 防止因使用不当而影响调查结果的正确性。在应用实验阶段，使用方法的说明可能不够清楚，受试者可能产生误解或不愿合作。因此，受试者可能因使用不当而对产品产生成见。有些人干脆就不愿试用，只是编造一份使用结果来应付调查。

② 受试者的选择要适当。某些人被邀请参加产品实验后，会产生一种不正常的心态而影响其观点。

③ 注意产品实验与今后实际营销之间的差别。在产品实验中，受试者所作出的购买决策可能与产品实际或竞争性产品一起陈列在商店中时的购买决策大不相同。

④ 特别要研究新产品能否被市场所长期接受，尤其是当无法得到重复购买的资料时，更是如此。

⑤ 购买意向会受到物价上涨、环境变化等因素的影响而变化。有些原来打算购买的顾客也可能因看到其他厂家的产品而改变主意，放弃购买。

13.1.3.4 实验室营销实验

实验室营销实验是公司用来测试日用品类新产品开发的重要工具，常用来模拟实际的实验市场，并提供初次购买和最终重复购买率的估计。

（1）实验室营销实验的步骤

① 物色实验对象。在商店等购物场所物色一批购物者（通常是300人左右），把他们看作目标市场的成员；然后，把这些被选中的受试人员带到附近的实验场所，请他们填写调查问卷。

② 请受试者辨认产品的不同品牌。调研人员要求受试者辨认出产品类中所熟悉的、感兴趣的产品品牌。所展示的产品中应当既包括可能被接受的品牌，也包括可能不愿被接受的品牌。受试者采用常和测定法或成对比较测定法说明他们所偏好的品牌。例如，可以对几种不同新产品按若干属性进行比较，每个属性都给10分。请受试者根据本人的偏好把每个属性的10分分配给几种不同的品牌；同时，最好请受试者根据他们的观点，按重要性大小给每种属性分配一个权数。

③ 对受试者实施促销刺激。一般是让受试者观看一批新产品以及老的知名品牌的一组广告材料，通常会包括5～6种不同的广告；再测量受试者对广告促销的反应。

④ 让受试者参加模拟购买活动。通常是让受试者参观一个模拟的、陈列了新产品和各种竞争品牌的零售店。调研人员发给每个受试者一定数量的模拟货币，让他们用来购买店中的产品。如果受试者没有购买新产品，则免费送给他们一定数量的新产品，作为让他们免费使用的样品。

⑤ 记录受试者所购买的产品品牌、名称及数量；同时，记录他们在家中使用的产品品牌名称。

⑥ 用电话进行使用后情况的调查。再一次邀请受试者说明他们的品牌偏好、对所调查产品属性的认识和重要性排序。在被要求评价的产品中加上新产品，让受试者得到重复购买新产品的机会。如果受试者仍然不买新产品，就请他们以0～5的标度说明如果今后零售店中有新产品，他们对于不同品牌产品的购买意向。

通过上述一系列步骤，我们就可以确定消费者购买不同品牌产品的购买意向。

（2）预测新产品的市场份额

通过实验室营销实验来预测新产品的市场份额有如下两种方法：

① 以消费者的主观偏好判断为依据。根据偏好资料来预测今后购买市场上出现的新产品的受试者比例。把这一对受试者的估计看作对市场中所有人购买这一新产品相应比例的估计，就可以得出对新产品市场份额的估计。这种研究方法顺便也可以得到同类竞争产品市场份额的变动情况。这对于既有老产品又想开发新产品的公司来说至关重要。

② 根据对受试者的购买决策和购买意向的主观判断，来估计他们试用和重复购买的程度。初次试用的估计是根据实验室中购买新产品的受试者百分比，加上对产品分销渠道、广告和免费试用抽样数的估计得出来的。重复试用率是根据那些重复购买新产品的受试者的比例和没有重复购买新产品的受试者的购买意向估计出来的。初次购买数加上重复购买数就得到了对市场份额的估计。

(3) 对实验室营销实验方法的评价

实验室营销实验方法有一定的局限性。实验只有满足一定的假设条件，所得到的结果才有价值。最关键的一点是偏好数据，购买和重复购买决策数据要准确，这对于所得到的结果是否有效是很关键的。这类实验中一个共同的问题是产品展示的人为性和实际现场购买决策的可替代性。特别是，从应用实验中所得出的对重复购买的评价并不能反映店铺促销的作用。这种方法的另一个问题是与抽样有关的。通常在初次选择样本时，总是按方便的原则来选取样本，很难保证样本有代表性。从总体上讲，实验室营销实验大概最适合产品类受相当明确规定、消费者能相对地理解和评价新产品的情形。

当然，实验室营销实验也有明显的优点：首先，这种方法与试验性营销相比速度快、花费省。其次，它有相对的灵活性。它用不多的成本就可以评价包装、价格、广告和产品特征对销售量的影响。

13.1.4　试验性营销

把新产品按照所拟订的营销计划放到范围有限的、经过认真选择的部分现实市场中进行销售试验，被称作试验性营销。试验性营销所得到的结果是任何其他试验所无法比拟的。试验性营销有两个基本的功能：首先，在把营销计划应用到整个市场前获得所需要的信息和经验。其次，预测营销计划应用到整个市场后的可能结果。

13.1.4.1　试验性营销地点的选择

营销试验首先要选择试验的地区。这可以是一个地区、一个电视网的覆盖区域或者一个居民区范围内。如果根据估计，对营销计划的反应在所有区域内部都是一致的，那么选择任何一个方便的区域作为试验市场都是可以的。当然，一般来说，不同区域之间在气候、生活习惯、态度、收入、年龄、分销渠道和零售店的分布情况等方面都是不同的，这些特征经常会影响对试验性营销的反应以及营销过程。为了减少不同地区之间消费行为的差异对试验结果的影响，最好采用随机抽样的方法来选择试验性营销的地点：先把总体市场划分为不同的抽样地区，然后随机地选取试验区域。

通常，在选择试验区域时，要考虑所选择的试验区域是否有代表性；保证在某一地区开展试验时能够得到表明试验结果的数据；在把总体市场划分为不同的抽样区域时，要保证媒体的促销效果能够隔离，成本能够得到控制；防止所试验的产品太多地流出到其他的非试验区域去。

可是，合适的试验区域的选择并不是一件容易的事，究竟选多少个试验区域和选哪些区域作试验，是由所选择的试验市场中的风险和试验的成本所决定的；同时，是一个费用与效益的权衡过程。

在选择试验区域时，还必须考虑下面几个问题：某些区域或者太大，试验费用过于昂贵；或者太小，试验没有价值。其他某些地区可能因为广告媒介或销售渠道是相互交叉地覆盖的，难以分辨出营销计划的单独影响。因此，通常可供选择的区域并不多。可供随机选择的样本仅仅是我们感兴趣人口的一小部分。因为实际上不可能从所有地区中随机选择，再加上每个区域的成本都很高，通常，只能使用少数几个试验市场。如果只选择少数几个试验市场，随机选择的风险就很高，通过评价的方法进行选择效果较好；否则，如果试验市场只是随机选择的一个或少数几个地区，那么这样所得到的预测结果常常是值得怀疑的。

13.1.4.2 对试验的控制

对试验的控制要保证试验确实是在所选定的试验区域中进行的，反映了总体营销计划的实施情况。然而，要实现这一点并不容易。因为总体营销计划可能规定得不够精确，也不容易分解。然而，无论如何，应当努力保证营销计划是按照要求实施的，得到各地实施时的细节。

这里还有一个竞争者的反应问题。竞争者如在我们试验期间也开始特别的促销活动，就可能彻底打乱我们的试验计划。竞争者也可能采取报复性行动和监视我们试验的结果。此时，我们就要注意，对方的行动对试验结果所产生的影响是什么。即使在试验时对方没有采取任何行动，我们也应当注意到，当营销计划的实施推广到全国范围内时，对方采取行动的结果将会产生怎样的影响。我们在试验中必须对每个试验市场都进行认真监视，使之能对竞争者的反应和其他有关的市场因素的变化进行跟踪，探测它们对试验性营销的反应和影响。

13.1.4.3 试验时间的安排

如果可能，营销试验应当持续半年时间。即使半年以后营销计划在全国范围内实施，试验市场也应当仍然检测环境变化的影响。试验时间要足够长的原因是多方面的：

第一，对大多数产品而言，销售都受季节性因素的影响，如果试验持续半年，就可以大致观察到季节性的影响。

第二，计划在实施过程中还需要不断完善和具体化，这也需要一段时间。

第三，竞争和其他市场因素对营销计划的影响必须经过一段时间才能看出来。这是因为竞争者即使要采取行动，其他市场因素要起作用也需要一定的时间。

13.1.4.4 度量营销试验结果的方法

对于消费品来说，度量营销试验结果的方法包括：

（1）以运输量或出库量来推测销售量

这是最基本的方法。采取这种度量方法时，库存的波动会影响度量的结果。事实上，由于库存变动的影响，运输量和出库量并不等于销售量。比较起来，度量利润要比度量销售量来得合理，这是因为把库存变动以及执行营销计划的成本也考虑在内了。

（2）以店铺记录为基础

店铺记录提供了实际的销售数据，与库存的波动关系不大。店铺记录也可以提供如分销方式、货柜陈列和店内促销活动等资料。了解这些变量对于评价营销计划、解释销售数据是相当重要的。对品牌知名度、态度和初次购买的度量资料，我们可以直接通过消费者询问调查或焦点群体访谈来得到。品牌知名度和态度等也可以作为评价营销计划的标准，并且能帮助解释销售资料。从消费者身上所得到的最有用的资料是，他们是否至少买了一次，是否满意，是否有重复购买计划。了解初次购买和重复购买率可以提供关于营销计划执行情况的适当说明。根据这些变量，我们有时可以建立模型来预测市场份额和销售量。

13.1.4.5 试验性营销的成本

在对试验性营销进行成本与效用分析时，精确地决定营销成本是相当重要的。试验性营销的成本大多数与试验市场的数目和分散性有关，其中主要的成本是拟订和实施市场营销计划所需要的费用，因为每一个试验市场都要应用市场营销计划，投入营销力量，利用包装、陈列和促销等方法，促使营销试验成功。这时，实施营销计划所得到的盈利往往不足以支付成本，因为产品生产和分销方式的效率比较低，成本中有相当一部分是评价计划效果所需要的度量费用。直接利用焦点群体访谈或询问调查等形式来获得信息是昂贵的。此外，计算成本时还要考虑到，如果试验失败，则所有支付的费用成了无法回收的成本。

还有一些成本是与试验市场的数目无关的，包括对营销试验进行计划和管理、对结果进行分析所需要的成本。要进行营销试验，部分管理人员就必须放弃做其他工作的机会，从而导致企业总费用的上升。另一种成本是由试验的失密所引起的风险。进行营销试验时，竞争者会密切关注试验的结果，如果结果令人满意，则它们也许会抢先进入市场，或者改变自己的营销计划。

可见，营销试验是非常昂贵的，而且营销试验对计划真正实施后的结果的预测往往也不一定能达到我们所希望的精确程度。

由于营销试验的成本很高，我们希望在进行营销试验前就能肯定产品是成功的。为此，我们希望在新产品概念实验和新产品实验阶段能提供市场前景的可靠资料。此外，如果产品实验前景良好，又面临严峻的竞争威胁，那么营销试验也可以干脆省去，以争取时间，抢先进入市场。有许多公司取消营销试验，直接进入市场销售，抢得了时间，取得了成功；但是，也有一些公司在新产品概念实验和新产品实验之后，由于没有进行试验性营销就直接进入市场而失败了。

13.2 品牌调研

随着品牌营销受到越来越多企业的重视，企业对品牌调研的兴趣也在与日俱增。无论是在对品牌进行规划、对现有品牌状况进行诊断，还是实施某种品牌策略的过程中，对品牌的调研都是必要的。市场营销调研中的品牌调研主要包括两个方面：品牌绩效调研和品牌形象调研。

13.2.1 品牌绩效调研

品牌绩效体现在消费者对品牌认知进而成为品牌的忠诚使用者的过程中的不同阶段。在不同的阶段，衡量品牌绩效的指标各不相同。不过，其中最重要的是品牌知名度和品牌忠诚度两个指标。

13.2.1.1 品牌知名度

品牌知名度的调研已经成为市场营销调研中的常规性内容，但是它在品牌管理中确实具有重要的作用。顾客总是倾向于购买他们听说过的或者感到可以信任的品牌的产品。可见，品牌知名度是影响顾客购买决策的重要因素。

品牌知名度是目标市场中知道某品牌的人数占总人数的百分比。对于大多数消费者来说，购买某种产品前都会经过知名、了解、确信和行动等阶段。知名是购买的第一步，没有经过知名阶段，购买就缺乏基础。有人通过对大量数据的分析，发现品牌知名度与产品使用率之间确实存在一定的关系。当品牌知名度比较低时，这种品牌的使用率随知名度的上升而上升的速度比较缓慢；当知名度达到某一点时，使用率会随知名度的上升而迅速上升。

品牌知名度是决定企业竞争优势的基础。如果一家公司想在市场上确立自己的竞争优势，则它不仅要有较高的知名度，而且要与竞争对手一样高，甚至应当有比它们更高的知名度。实际上，竞争对手的知名度是一家公司制定竞争对策的依据。所以，市场营销调研中仅仅知道本身品牌的知名度是远远不够的，还要掌握本公司的品牌知名度与竞争品牌知名度相比较的结果。本公司的品牌知名度是在不断提高还是在下降？品牌知名度是否已经成为影响销量上升的主要障碍？应当如何提高自己品牌的知名度？特别是在公司试图效仿竞争对手实施一项新的营销活动之前，为了保证活动取得实效，应当对竞争对手知名度的真实情况进行调查。

在调查品牌知名度时，要区别3种不同知名度之间的差异：

（1）第一提及知名度

第一提及知名度是指对于某类产品可以不假思索地说出第一个品牌的消费者的百分比数。其是最重要的品牌知名度。第一提及知名度最高的品牌可以看作该类产品在消费者心目中的象征，因此，可以将其作为衡量消费者心目中市场份额的度量指标。确实，有研究表明，第一提及知名度与品牌的市场份额之间具有高度相关性。对于许多日用品，如洗发水，消费者在购买时所选择的往往是第一提及知名度品牌。

（2）无提示知名度

无提示知名度是指在不借助任何提示的情况下，能够回忆起某个品牌的消费者的百分比数。无提示知名度自然也包括第一提及知名度的部分。

（3）提示后知名度

提示后知名度是指在经过各种工具提示后，能够回忆起某种品牌的消费者的百分比数。提示后知名度对于冲动式购买的产品来说，是有作用的。对于某些日常食品，如饼干和汽水等，由于消费者对品牌忠诚度不高，提示后知名度就起作用了。对于这类产品，企业如果能够注重包装设计，重视广告，做好现场陈列，在购买现场引起消费者的注意，促使消费者回忆起广告所提及的品牌，进而采取购买行动，将具有一定的作用。

严格地讲，只有无提示知名度才是真正的知名度，提示后知名度仅仅是一种认知度。但实际工作中提示后知名度还是有较大用处的，因为当一个新品牌刚进入市场时，其无提示知名度往往是很低的，调查中容易被人们所忽视。而对于新产品来说，提示后知名度也确实影响消费者的选择与决策。提示后知名度的调研可以帮助调研人员发现市场上有发展潜力的品牌。

在品牌知名度调查中，为了保证所得到的结果的客观合理性，应当尽量避免请被调查者仅对本企业一个品牌的知名度进行评价。这样调查所得到的结果一般都是偏高的。如果请被调查者同时对一组有关品牌的知名度进行评价，所得到的结果就要有价值多了。

13.2.1.2 品牌忠诚度

营销理论认为，顾客的品牌忠诚可以分为3个不同的层次：

(1) 认知忠诚

认知忠诚仅仅表明，基于自己的认知，消费者认为这种产品或服务正好能满足他的个性化需求。

(2) 情感忠诚

情感忠诚是指消费者在使用产品或服务后，因获得持久的满意而形成对产品或服务的情感上的偏好。

(3) 行为忠诚

行为忠诚是指企业所提供的产品或服务已经成为顾客不可或缺的需要或享受，顾客愿意维持与公司的长期关系和重复购买。顾客的行为忠诚常常用品牌的忠诚度指数来衡量。品牌的忠诚度指数按如下公式来定义：

$$\text{某品牌的忠诚度指数}=\frac{\text{最常使用该品牌的人数}}{\text{过去6个月内使用过该品牌的人数}}$$

品牌忠诚度指数反映了消费者对品牌的忠诚程度。消费者之所以会对品牌表现出忠诚，主要是因为他们使用过该产品后，对产品从整体上感到满意，愿意继续使用该品牌产品。因此，品牌忠诚度指数也反映了消费者使用品牌后的满意程度。

不过，实践表明，品牌忠诚度与顾客满意度之间的关系远不是这么简单直观的。一方面，有研究表明，顾客满意与品牌忠诚之间确实存在某种关系：对某种品牌的高满意度可能导致对品牌的忠诚。但另一方面，也有研究表明，顾客满意并不一定能自然地导致顾客忠诚。顾客满意是顾客对于购买和消费体验作出评价的结果，但是，顾客的品牌忠诚往往还受到产品种类和供应状况的影响。在研究品牌忠诚时，应该同时调研消费者对竞争性品牌的满意度和忠诚度，还必须注意到是否有不满意的顾客；如果有，需要研究顾客不满意的原因。同时，即使是在调查品牌忠诚度时，也不应该仅仅调查总体市场的忠诚度，而需要调查各个细分市场的品牌忠诚度之间是否存在，以及造成这些差异的原因，从中发现提高品牌忠诚度的方法。

在研究某品牌忠诚度指数时，品牌忠诚度与某品牌最常使用率、提示后知名度、品牌试用指数之间有密切的关系。

$$\text{某品牌最常使用率}=\text{提示后知名度}\times\text{品牌试用指数}\times\text{品牌忠诚度指数}$$

$$\text{提示后知名度}=\frac{\text{知道该品牌的样本数}}{\text{总样本数}}$$

$$\text{品牌试用指数}=\frac{\text{过去6个月内使用过该品牌的人数}}{\text{知道该品牌的总人数}}$$

某品牌最常使用率实际上是品牌市场占有率。根据上面的公式，品牌的市场占有率是由提示后知名度、品牌试用指数和品牌忠诚度指数3个指标所决定的。提示后知名度反映了广告媒体组合计划的效果。如果提示后知名度低，则说明广告媒体投放不合理。品牌试用指数反映了定价、渠道和促销的效果。如果试用指数低，就说明定价、渠道和促销等组合策略有问题。如前所述，品牌忠诚度指数是一个更为复杂的指标，既反映了顾客使用后的满意度，也受到其他某些因素的影响。

13.2.2 品牌形象调研

品牌形象是消费者对品牌所具有的一切联想，也就是一提到品牌名称，消费者就会想到的东西。随着竞争的加剧，企业想要实现品牌在功能上或包装上的差异化已经越来越困难了，自然会想到在品牌形象上创造出差异。而消费者面对如此众多功效接近的品牌，想要根据功能来作出选择也变得非常困难，日益习惯于靠品牌形象作出评价。实践证明，品牌形象已经成为决定品牌能否成功的关键，对品牌形象的调研已经成为市场营销调研的重要部分。

13.2.2.1 品牌形象的内容

品牌形象的内容包括以下两方面：

（1）可感知的品牌质量

市场营销调研需要研究影响某一具体品牌的可感知的品牌质量的因素究竟有哪些，其中哪些对消费者来说是重要的，竞争性品牌在可感知的品牌质量方面是否具有优势，竞争对手在提高可感知的品牌质量方面采取了哪些有效的举措，消费者对本公司可感知的品牌质量的评价是在不断提高还是下降。

（2）消费者对品牌所具有的品牌联想

消费者对品牌所具有的品牌联想包括消费者对产品所提供的情感性利益的感受和联想、消费者对品牌使用者形象的联想，以及消费者对产品提供者形象的联想。市场营销调研需要分析品牌在消费者头脑中的品牌联想究竟是怎样的、这种品牌联想所产生的形象是否具有竞争优势、本公司的品牌与竞争对手品牌联想的相对竞争优势和定位各是什么。

13.2.2.2 品牌形象调研的作用

品牌形象调研有助于解决下列问题：

① 定义当前市场上各种主要竞争品牌的形象属性。

② 研究品牌形象与各细分市场不同需求之间存在的差异。

③ 从消费需求的角度来描述所存在的空白市场或市场机会。

④ 从品牌形象的角度来辨识竞争对手。

⑤ 说明品牌的定位状况及对合理性作出评价。

13.2.2.3 品牌形象调研的方法

（1）定性研究方法

品牌形象的定性研究方法主要用来研究品牌的内涵、品牌个性、品牌目标消费者的形象等问题。其中，品牌个性的研究是品牌形象定性研究的重点。品牌个性是品牌确立自己独特的品牌定位，实现与其他品牌之间的差异化，建立与目标消费者之间紧密关系的基础。例如，某国际知名品牌根据本身产品的特点将品牌个性划分成5个“个性因素”——诚恳、兴奋、能力、讲究和粗犷，这5个因素又划分成15个子因素，这些子因素又进一步划分成45个属性；然后请被调查者从中挑选出能够最精确地描述出品牌个性的属性。

（2）定量研究方法

采用定量研究方法来调研品牌形象时，我们认为品牌形象是由两部分因素所决定的：一是消费者对所研究品牌的总体印象，以及对决定品牌总体形象的属性的评价。二是消费者对影响品牌形象的具体属性重要性的认识和评价。对于消费者认为非常不重要或不重要的属性，即使某个品牌的表现非常不好，一般也不会影响到它的形象，自然也就不会影响消费者的购买决策了。品牌形象研究的困难之处在于，直接请被调查者评价每个不同属性的重要性时，他们往往倾向于每个属性都是重要的，结果就无法判别出属性的真正相对重要性。所以，调研人员要设法用间接的方法来测量被调查者心目中的属性重要性。

根据上述思路，市场营销调研在评价品牌形象时，首先要选择一组与品牌形象有关的属性，让被调查者对所研究品牌的总体形象及决定总体形象的那些属性上的表现作出评价；再通过调查确定不同属性的重要性程度；最后得到对品牌形象的总体评价。

在选择与品牌形象有关的属性时，既要包括品牌功能性利益的属性，也要包括与品牌的情感利益相关的属性。这两类属性选择的作用并不完全相同。决定功能性属性的目的是要确定消费者所关心的一组品牌，也就是要明确研究和比较的范围；决定情感性属性的目的是要把所选择的一组品牌形象区分开来。

品牌的功能性属性仅与具体产品的类别有关，不同类别产品的功能性属性是不同的。品牌的情感性属性有些是与具体产品类别无关的、普遍存在的属性，也有一些是与具体产品类别有关的。普遍存在的属性包括国际著名品牌、流行品牌、创新品牌、高档品牌和民族品牌等。与具体产品类别有关的属性如舒适性、坚固性或美味可口等。

根据一组品牌属性所得到的调查资料，对品牌形象进行分析时可以采用多种方法，其中最常用的有语义区分法、品牌优劣势分析图和品牌形象认知图。

① 语义区分法。我们已经在第5章讨论过采用语义区分法来度量态度的做法了。在用语义区分法来评价品牌形象时，通常使用10对左右的形容词就够了。调研人员要根据产品的特点来选定一组最合适的形容词对，然后对调查结果按语义进行区分，就可以得到所需要的结果。

② 品牌优劣势分析图。其把决定一个品牌形象的各属性的重要性和这个品牌在这些属性上的表现都放在同一平面坐标图上进行分析。通常，我们以属性的重要性为横坐标，以品牌的表现为纵坐标（如图13-1所示）。

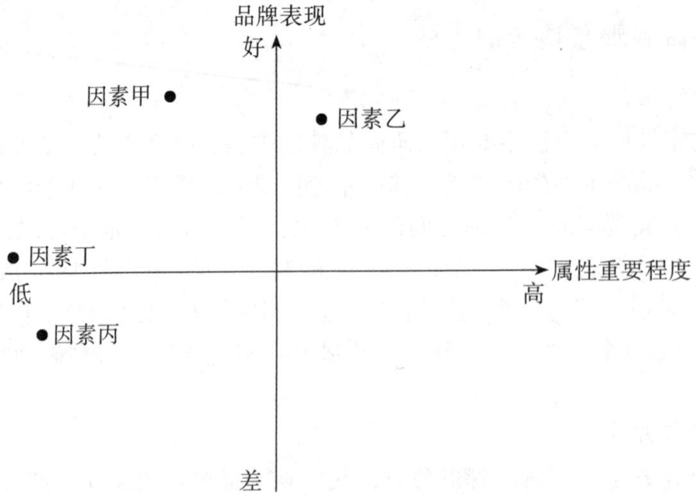

图13-1　品牌优劣势分析图

利用品牌优劣势分析图，我们可以把影响品牌形象的属性分成如下几类：

第一，处于第一象限中的属性对品牌形象很重要，且品牌表现好，是该品牌的优势，应当继续保持优势。

第二，处于第二象限中的属性对品牌形象不重要，但品牌表现好，可节省成本或提高属性的重要性。

第三，处于第三象限中的属性不重要，且品牌表现差，说明这些属性今后可以忽视。

第四，处于第四象限中的属性很重要，但品牌表现差，必须改进，这些属性是今后品牌形象发展的关键。

③ 品牌形象认知图，是指一种以直观的图示方式来展示市场上各种竞争品牌形象的工具。品牌形象认知图实际上是对不同的竞争性品牌定位状况的形象描述。在编制品牌形象认知图时，调研人员通常需要收集两类不同的资料：第一，消费者对市场上主要竞争品牌在品牌形象属性方面的评价。第二，对市场上有关品牌相似性的评价。根据这些数据，调研人员可以利用因子分析、多维度量技术和判别分析等方法来绘制竞争性品牌的品牌形象认知图。

品牌形象认知图可以帮助调研人员从消费需求的角度来研究竞争结构，帮助发现市场的空白或市场机会；辨别出本公司品牌的直接的主要竞争对手；确认品牌定位及企业形象定位；评价某个新产品或新产品概念的发展潜力或市场竞争力。

13.3　广告调研

关于促销方面的调研大多集中在广告上，这是因为企业在广告上面所花的费用远远超过在其他各种促销方式上的开支。同时，企业对广告调研中所用的研究方法也完全适用于调查和评价其他的促销方式。所以，我们就只讨论与广告调研有关的问题。

与广告有关的调研内容主要包括广告文稿实验、广告媒体效果调研和广告效果测定。

13.3.1 广告文稿实验

广告文稿设计是广告调研中最重要、最令人感兴趣的研究题目之一。广告文稿设计包括广告主题、画面以及它在任何一种媒体上所表现的戏剧性内容等。市场营销调研中，广告文稿实验的方法有多种形式，从实验所得到的度量结果看，可以分为3种形式：

13.3.1.1 广告文稿的心理反应实验

人们对于令他们感兴趣或情感激动的刺激会作出心理上的反应，如会因为紧张激动而冒汗，会因为害怕而心跳加快，会因为窘迫而脸红等。广告文稿的心理反应实验也是以上述现象为基础的。广告文稿的心理反应通常采用观察调查的方法进行实验，最常用的方法有：

（1）瞳孔大小实验

这个实验是根据人们碰到极感兴趣或惊奇的事情会睁大瞳孔的原理来设计的。通过度量人们在受广告刺激下瞳孔大小的微小变化来推测刺激所提供的信息量，作为判断广告文稿优劣的依据。

（2）眼球活动测量

这是指通过测定一个正在阅读某一广告或正在实验室中观看某一广告文稿的人的眼球活动情况，用来决定被测者实际上正在看什么和他们看广告文稿的顺序是什么。一种专门设计的眼球摄像机，可以跟踪受试者眼球相对于被测试广告中各个部分活动的痕迹。根据这一仪器的记录，可以得到受试者眼球在广告上移动的路径，进而说明受试者对广告的哪些内容和哪些部分最感兴趣。

（3）皮肤电流测试

心理反应实验表明，当人们受到刺激时，由于出汗和人体表面不同部位之间的潜在变化，皮肤的电阻会下降。人们受到广告刺激后也会出现这种变化，而且是与受广告刺激的程度成正比的。因此，进行广告心理反应实验时，首先经过测定得出，人们接受外界刺激时皮肤电阻与刺激之间的关系；然后，根据他们在接受某一广告刺激时所测得的电阻大小，推算出广告对受试者刺激的强度。广告对人们的刺激越大，成功的可能性也越大。

13.3.1.2 广告文稿的言语反应实验

有许多方法可以测试人们在接受广告显露时的言语反应，如第5章中所讨论的度量态度和意向的各种方法。下面是最常用的几种方法：

（1）顾客评判法

调研人员通常挑选50～100个广告产品的目标消费者，请他们根据广告总体设计、标题、引起注意力的效果、引起视听众购买意向的效果等特征，来评价各种广告设计方案。实施顾客评判法时，最好给顾客看那些展示同一种商品而表现手法互不相同的几幅广告，请他们作比较。此时，通常询问如下一些问题："请问您觉得哪一个广告最有趣？""这个广告中哪一点最吸引您的注意？""您认为这个广告想要传达什么意思？"对于想从一组广告文稿中评选出较好方案的研究来说，使用这种方法是比较有效的。

(2) 回忆实验法

向受试者展示一份杂志或报纸，或者让他们听一个模拟的广播电台节目，或看一段电视台、网站的广告视频。当然，这些新闻媒体中都应当包括需要测试的广告。最后，调研人员请受试者回忆广告有关的内容，说明广告对于受试者产生的最深刻印象是什么。越能被回忆和记住的广告就越可能是最有效的广告。

(3) 瞬间显露器实验法

实验人员通过一种放映时间和图示说明的程度都可以调整的幻灯机，以很短的时间间隔将广告投射到银幕上，显示的时间和亮度根据需要可以在一定范围内变动。进行实验时，先用极短的时间显露广告的内容，受试者也许什么也看不清；然后，逐渐增加显露时间，受试者就能增强对广告的认知了。通过实验就可以决定在哪种速度下广告中的元素可以被辨认出来，如产品、品牌和标题等。因此，利用瞬间显露器实验，可以决定广告以及它的组成部分，如标题、字体、颜色和位置等的最佳显露时间。

(4) 分割实验法

其主要用来评价同一种商品的两种广告文稿的优劣差异。所谓分割法实际上是分割印刷法。通过对印刷机的处理，同一种商品的两种广告能够交替地印刷在同一日期、同一种报纸、同一版面和同样大小的位置上，而且这两种广告文稿所印的数量各占一半。此外，这两种广告文稿上都附上赠券，每种赠券上加上不同的记号。最后，调研人员能够根据回收的回执来比较两种广告文稿中究竟哪一种更好。

(5) 焦点群体访谈法

这是指组成适当的焦点群体小组，请他们对不同的广告文稿的偏爱程度作出评价，也可以请他们对几种广告文稿设计方案按照设计的优劣进行排序。不过，利用焦点群体访谈法帮助有关人员获得广告文稿的创作思路远比创作好后对不同广告文稿进行评价更有效。

13.3.1.3 广告文稿的行为反应实验

通过广告引起广告视听众采取行动的反应程度来评价广告文稿的优劣是比较有效的评价方法。从行为反应的角度衡量广告有效性有下列方法：

(1) 有奖赠券实验法

有奖赠券实验法是指通过检验附在某一印刷媒体广告上的有奖赠券的回收率，观察出某种广告设计方案引起消费者兴趣的大小。有奖赠券通常要求提供所广告产品或服务的附加信息。如果在不同媒体中，同时插入某种设计的广告文稿，或者在同一媒体中顺序插入不同设计的广告，就可以测试出不同设计方案效果上的差异。

(2) 销售实验

销售实验是指实际购买现场的实验，是针对那些实施连续跟踪调查的固定样本家庭进行的。消费者所订阅的报纸和杂志是对他们的购买产生影响的广告来源之一。由于这些固定样本家庭的购买状况都是记录下来的，公司就可以把不同设计的广告刊登在不同的报纸和杂志上，然后测量广告前后那些有机会看到每一种广告设计方案的家庭的购买情况，就可以评价不同广告设计方法的效果好坏。

13.3.1.4 广告文稿实验的局限性

广告文稿实验是评价广告文稿质量的重要手段，但是，它也存在一定的局限性。

① 广告文稿实验的结果会受到被测试者心理因素的影响。人们往往根据第一印象来评价广告效果，也有些人不愿承认自己会受广告的影响等。此外，由于实验环境与实际广告的环境之间的差异，许多人在测试时的感受与实际正式播映时的感受不完全相同等。这些都会影响评价结果的有效性。

② 广告文稿实验只能为我们排定优劣的次序。实验至多只能让我们在有限的几种设计方案中挑选出相对比较受欢迎的文稿，而无法为我们提供富有创造性的设计方案。

③ 广告文稿实验所测试的仅仅是整个广告活动中很小的部分，无法告诉我们消费者对重复多次广告的反应将会是什么，也无法预见广告与其他促销活动相配合后的效果如何。

由于上述原因，广告实际效果有可能与广告文稿实验的结果有较大的差距。但是无论如何，广告文稿实验作为一种避免错误、大致区分特别好与特别差的广告设计方案的方法，还是很有价值的。

13.3.2 广告媒体效果调研

企业在决定广告所使用的媒体时，最好对广告媒体效果进行调研，从而制订出广告媒体计划。要制订合理的广告媒体计划至少需要研究以下资料：

13.3.2.1 媒体视听众和媒体显露

对广告视听众的度量可以分为3个方面：

一是广告媒体的分布，即广告或广告设施的数量；

二是广告视听众数，即实际显露在广告前的人数；

三是对视听众的显露数，即广告视听众人数乘以对视听众的显露次数。

媒体的分布对于报纸、杂志等印刷媒体而言，就是其出版发行量，发行量可以从出版管理部门获得；对于电台、电视、网站等视听媒体，可以从有关的统计年鉴获得每百户家庭的收音机、电视机、个人计算机、智能终端的社会保有量，将其与家庭数相乘来得到。

然而，媒体的分布并不说明媒体视听众数和视听众对广告的显露数。广告视听众是根据达到率，即在给定的期间内，实际显露在某一广告前的家庭数或百分比来度量的。视听众的显露数则等于到达家庭的百分比与显露频率的乘积，即显露在广告前的家庭百分比与其平均显露次数的乘积。这一乘积被称为某一广告运动的总到达点数，通常用GRP（gross rating point）来表示。

决定广告到达率和频率远比决定广告媒体的分布要困难得多。对于杂志和报纸等印刷广告，到达率和频率的研究几乎完全是通过个人访谈的方法来得到的。此时，要设法克服由于回答者遗忘或者记错而引起的回答误差。对于报纸和杂志来讲，要确定被调查者是否是某种出版物读者的一种常用方法是，在个别面谈时向被调查者展示最近一期的出版物，并请他评估其中的某些编辑方面的特征；同时，再问被调查者，在本次面谈前，他是否读过这种出版物。两方面结合起来就可以得到可靠的结果。

决定媒体广告的显露效果的一种常用方法是认知度量法。调研人员事先安排一次个别面谈。调研人员请被调查者回答是否看过报刊、电视台、网站上的某一个广告。如果他们回答说看过，就请他们回忆看过的与某种产品或品牌有关的广告；如果能够回忆起一点，就说明他们真正看过了。

对广告媒体视听众的度量也可以采取多种手段：

首先，可以请连续跟踪调查的固定样本成员逐日记录看到或听到的广告，然后请他们定期提供所记录的资料。

其次，可以在当时用电话对某些抽样对象进行调查，直接询问他们在听或看什么节目，然后进行记录。

再次，可以与被调查者进行个别面谈，请他们回忆过去几天中看到或听到的广告。

最后，可以利用电子记录仪，记录不同电视节目的观众。这是评价电视广告效果时常常采用的一种方法。

13.3.2.2 媒体效果和成本

广告媒体计划需要决定对于特定的媒体，在一定的预算限度内、广告次数一定的情况下，广告实施的日程计划。为了使计划合理，需要得到有关的信息，以帮助决定哪种媒体费用低、效率高，是报纸、杂志，还是电视或网络。在所选择的媒体中，更具体说是哪种载体，如哪期杂志、哪天的报纸、哪个电视节目、哪个网站等是费用最低、效果最好的。要找到现成的能回答这些问题的综合性的资料几乎是不可能的。某些公司常常通过自己的研究获得关于广告媒体的相对有效性问题的一些答案。公司在此基础上，把广告费用投入那些费用少、效果好的广告媒体，从而可以大大提高广告的效果。

关于广告的成本和费用，至今人们主要是用到达每一个视听众的费用来度量的。这样比较不同媒体每千人视听众的成本大小，就可以确定达到目标市场消费者每千人费用最低的媒体形式究竟是哪一种。

13.3.3 广告效果测定

13.3.3.1 广告效果的含义

广告效果可以体现在多个方面，因此，对广告效果的描述也有不同的分类方法。但是，市场营销调研中最关心的广告效果应当是以下类别：

（1）广告的传播效果

广告的传播效果是指由于广告所传递的信息对广告受众在知觉、记忆、理解、情绪和情感、行为需求等诸多心理特征方面产生的影响。尽管广告的沟通效果不是直接以销售情况的好坏来衡量的，但它是广告效果最核心的部分。广告的沟通效果是以广告的收视率、收听率和知名度等指标来衡量的。

（2）广告的经济效果

广告的经济效果是指企业开展的广告活动所引起的产品销售额（量）以及利润的变

化。从表面上看，广告经济效果的评价是最直接、最有效的，但是，广告效果的特征使得对广告经济效果的度量不仅是困难的，而且有很大的局限性。实际上广告效果更多的是间接性、滞后性、复合性（与其他多种因素联合起作用）的，因此，广告投入费用与同期销售额之间的关系并非一种直接的正比关系，这就使得单独用广告对销售的影响指标来评价广告效果并不科学合理。

(3) 广告的社会效果

广告的社会效果是指广告活动不仅会影响人们的消费行为和消费观念，而且对整个社会文化、风俗和伦理道德产生深刻的影响。积极健康的广告会对社会产生好的影响，但不良的广告可能产生消极落后的影响。

13.3.3.2 广告效果的评价指标

(1) 广告认知程度的测试

对于在某媒体上刊登广告的企业来说，最关心的是到底有多少消费者看过了这个广告。广告认知程度的测试是想确认，究竟有百分之多少的接触过所研究的广告媒体的被调查者看过了所研究的广告。在看过广告的被调查者中间，的确看过所研究的广告，而不是似乎看过的百分比又是多少？只看过标题，但未看过细节的被调查者百分比是多少？阅读过广告的部分细节的被调查者的百分比是多少？最后，对广告的细节都仔细阅读过的被调查者的百分比是多少？调查上述一系列有关的百分比，就可以对所研究广告的认知程度作出评价。

(2) 广告视听率调查

在视听媒体上作广告的企业常常以视听率的高低作为选择媒体的依据。他们的观点是在视听率越高的节目里播出广告，其效果也越好。这种观点在一定程度上也得到了实践的支持。

广告视听率的调查也有多种方法，传统的是物色一组能进行跟踪调查的固定样本的消费者家庭，请他们记录、回忆或干脆直接打电话调查他们对广告的收视情况。还有一种方法是利用电子技术开发出来的视听监测仪，安装在固定样本的调查对象家庭中，自动地记录被调查者家庭收视节目的时间及所观看的电视台的节目。

(3) 广告费用率和广告费用利润率

广告费用率按下列公式定义：

$$\text{广告费用率}=\frac{\text{本期总广告费用}}{\text{本期总销售额}}\times 100\%$$

广告费用率反映了每百元销售额所支出的广告费用是多少，因此，广告费用率越低，就说明广告效果越好。

与广告费用率类似的，还可以计算广告费用利润率，来衡量广告费用与利润之间的关系。

$$\text{广告费用利润率}=\frac{\text{本期总广告费用}}{\text{本期总利润}}\times 100\%$$

(4) 广告有效率

广告有效率按下列公式定义：

$$广告有效率=\frac{市场占有率}{广告费用占有率}\times 100\%$$

广告有效率是用市场占有率与广告费用占有率的比来衡量企业所投入广告的有效性程度。广告费用占有率是指某品牌产品在某种媒体上，在一定时间内的广告费用占同行业同类产品广告费用总额的比。采用广告有效率来衡量广告效果的思路是认为只要广告有效，广告费用占有率就会产生相应的受众占有率，受众占有率又能获得相应的注意占有率，最终形成相应的市场占有率。

如果广告有效率小于1，就说明广告效果差，相应公司的广告费用不是过多了，就是开支不合理；如果广告有效率远大于1，就说明广告效果相当好，应该增加广告投入了。

13.4 定价调研

产品定价调研往往需要贯穿产品生命周期的全过程。新产品开发的早期就需要制定好新产品价格范围的决策，因为如果新产品的价格不明确，新产品概念的实验就无法全面进行。新产品开发完成时，如果还没有确定好它的具体价格，就无法进入市场。在产品生命周期的其他阶段往往也需要对价格变动的方向和幅度进行调研和决策。当然，新产品定价的调研是价格调研的主要内容。因此，下面我们主要讨论新产品定价调研问题。

新产品定价调研要解决两个问题：定价策略调研、消费者价格反应测试。

13.4.1 定价策略调研

13.4.1.1 盈利优先的定价策略

盈利优先的定价策略又称撇脂定价法，其所依据的思想是能使利润达到最大化的价格是最优价格。由于利润等于总销售收入与总成本之间的差，因此，价格调研的主要任务是预测价格可能范围内的销售收入和成本的数据。此时，调研可以采用的主要方法是我们在第9章定性市场预测中所讨论的判断预测法中的各种方法，如销售人员意见综合法、用户调查法以及专家调查预测法，以及第10章定量预测法中的各种方法。利用这些方法先估计出市场销售可能的潜力，由此确定最优价格。

13.4.1.2 市场份额优先的定价策略

市场份额优先的定价策略也称渗透定价法，其所依据的思想是，随着产量的增加，单位产品的成本也会持续下降，如果牺牲产品生命周期早期的潜在利润能够扩大后期的销量，就能创造出足够高的利润，从而提高整个产品生命周期的总利润。对于某些产品而言，市场份额优先的定价策略确实符合经验曲线所反映的规律。

市场份额优先的定价策略的思路是：首先，产品以明显低于成本的价格进入市场。其次，保持价格水平不变，一直到单位产品的成本下降到价格的某一个百分比为止。最后，成本继续下降，使价格与成本同步下降，使得价格成本差与成本的百分比始终保持在一个固定的数量上。这种定价模式如图13-2所示。

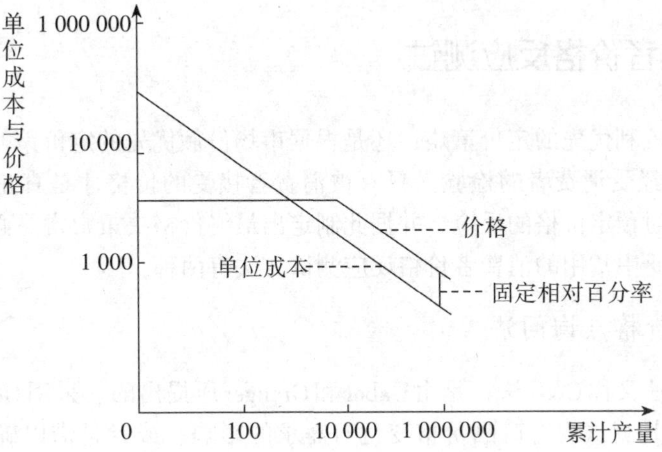

图13-2 市场份额优先的定价策略

运用市场份额优先的定价策略时，所需要的信息与盈利优先的定价策略所需要的信息有相当大的不同。这时，通常需要以下信息：

（1）经验曲线的形式

确定经验曲线的形式是实施市场份额优先的定价策略的前提。对于公司本身从来没有生产过的产品，只能依靠同类产品的经验曲线或者其他公司的经验曲线来作估计。对于本公司已经积累了一定成本资料的产品可以从适当的原始数据中经过推算，得到经验曲线。

（2）盈亏平衡点

对潜在新产品的经营状况作分析时，要求估计新产品盈亏平衡点时的产量。通常，假定当产量处于某一范围时，产品的平均可变成本是固定的，然后可以由下面公式计算得到盈亏平衡点时的产量：

$$V_{BE}=\frac{FC}{P-AVC}$$

式中：V_{BE}是盈亏平衡点产量；FC是固定成本；P是单价；AVC是平均可变成本。

如果假定产品的成本符合经验曲线的规律，单位可变成本是常数的假定就不成立了。因此，对于这类情况需要应用其他的数学关系来估计。

（3）销往附加细分市场的生产成本

为了扩大销售量，需要把产品销往其他附加的细分市场，所需要的费用通常也要增加。精确地估计这些细分市场上的营销成本，对于定价是必要的。

（4）竞争者的成本

如果能收集到竞争者市场份额的资料，就可以估计出其累计产量，从而估计出对方的单位成本或平均单位成本，由此可得到它们的经验曲线。通常，企业可以利用自己的经验曲线、竞争企业与本企业自动化程度的差异、营销队伍的力量和工资报酬水平等有关信息来推算竞争对手的经验曲线。

（5）产品生命周期的衰退期

定价受到产品生命周期的影响，产品进入衰退期前的定价策略与进入衰退期后的策略是相当不同的。因此，掌握产品进入衰退期的时间是必要的，以便对定价策略进行调整。

13.4.2 消费者价格反应测试

无论是根据盈利优先的定价策略，还是根据市场份额优先的定价策略，所得到的预定价格最终都必须经受消费者的检验。只有被消费者接受的价格才是真正合理的价格。因此，测试消费者对预定价格的反应，并据此制定出最终价格决策常常是必要的。

市场营销调研中常用的消费者价格反应测试方法有两种：

13.4.2.1 价格点询问法

价格点询问法又称G&G法，是由Gabor和Granger所提出的。采用G&G法进行价格研究的目的，或者是测试现有产品价格变化对需求的影响，或者是借以确定新产品的最优价格。

采用价格点询问法测试消费者的价格反应时，调研人员首先应当向受试者提供某一产品的几种不同的价格，然后询问受试者是否愿意购买。调研人员根据受试者在不同价格水平下愿意购买的可能性，绘制出受试者在不同价格下的需求曲线。

采用价格点询问法时价格点的数量应该多得足以绘制出一条平滑的曲线。但是，价格点过多又会影响实验的可操作性和回答的质量。通常，设定的价格点的下限应比目标价格低15%～20%，上限则应比目标价格高15%～20%，所提供的价格点数以5～8个为宜。

根据消费者的需求曲线，一般总能找到曲线上出现的拐点。拐点上下需求的价格弹性迅速变化，由此可以确定最佳的市场价格。

13.4.2.2 改进的价格点询问法

改进的价格点询问法是在竞争环境中考察价格对需求的影响，因此在测试过程中加入了竞争性品牌及价格，考查在竞争环境下价格变化对需求的影响。由此，所得到的结果将更接近于市场的实际情形。应用改进的价格点询问法可以帮助企业解决下列问题：一是测试企业现有价格变化对本企业品牌及竞争性品牌需求的影响；二是确定新产品的最优价格，并分析价格对新产品需求及竞争品牌的影响；三是测试产品包装的变化对本企业品牌及竞争品牌需求的影响。

采用改进的价格点询问法时，调研人员首先需要选定2～3个竞争性品牌作为参考。对于需要测试的产品事先设定好几个价格点。在实施改进的价格点询问法时，有两种做法可以选择：一是在竞争性品牌保持一定价格水平的条件下，针对本公司品牌的每一个价格点，请受试者表达购买意向；二是在竞争性品牌的价格也发生变化的情况下，测试受试者的购买意向。由于第二种做法比较复杂，通常是采用第一种做法。

改进的价格点询问法考虑了竞争性品牌对消费者购买选择的影响，但是，调研人员在选择竞争性品牌时，要尽量保证除价格外的其他性能与所研究品牌相同；否则，就会失去可比性。

13.5　分销调研

企业关于产品应当如何分销的决策并不是经常需要作出的。只有当企业引进一个新的产品线，或者发现原来关于产品分销的决策有误，或者外部环境条件起了明显的变化而造成对现有分销体系产生威胁时，才需要对分销渠道进行决策。改变已经建立起来的销售渠道，不管是从实际需要支付的费用看，还是从改变渠道引起目前销售量的损失看，代价都是高昂的。因此，尽管企业并不需要对分销渠道经常作出决策，但是一旦需要作出决策，就一定要保证建立分销渠道的决策是正确的。这就决定了分销渠道调研的重要性。

市场营销调研对于分销的研究包括两个方面：渠道活动和渠道成员调研、商圈调研。

13.5.1　渠道活动和渠道成员调研

13.5.1.1　销售代表数的确定和销售区域的设计

一旦渠道的模式选定以后，企业就要考虑需要配备多少个销售代表，他们应当配备在什么地方。即使决定采用中间商，也要决定采用多少个中间商以及他们合适的地点。

决定需要多少个销售代表通常有两种方法：

（1）销售力量配备法

这是一种在逻辑上直观地估计在给定地区所需要的销售代表人数的方法，主要适用于第一次引进的新产品，没有历史销售资料可以借鉴的情形。这种做法的步骤是：

① 估计一年内某一地区为销售和提供顾客服务所需要的拜访顾客的次数。

② 估计一年内每个销售代表在本地区内平均拜访顾客的数目。

③ 把上述两步的结果相除，就得到所需要的销售代表人数。

这种方法要求调研人员事先列出每一个销售地区内潜在顾客的清单。这份清单可以通过行业协会会员名录、企事业单位名录、电话黄页本等二手资料来得到。一般来说，从这些二手资料得到的清单总不可能包括这一地区内全部潜在顾客的名单，总有一些被遗漏了。因此，要设法用从其他渠道得到的资料进行补充，并在此基础上对销售代表的人数或销售地区的范围进行适当的调整。

（2）销售资料统计分析法

如果对每一个地区都积累了一些销售历史资料，就可以通过分析，确定每一个地区内的适当的销售代表数。首先，按每一个地区计算出每一个销售代表的实际销售额，作为直角坐标系的纵坐标，再计算出平均每个销售代表相应的市场潜力作为横坐标。若把每一个地区的销售代表相应的这两个值都计算出来后，每一个销售代表就对应于直角坐标平面上的一个点（如图13-3所示）。从图13-3中我们可以看到，凡是落在$X=X_1$直线以左的点所对应的销售代表的相应区域的市场潜力都小于X_1，这就意味着这些地区的销售代表太多了；落在$X=X_2$直线以右的点所对应的销售代表的相应区域的市场潜力都大于X_2，这就意味着这些地区的销售代表太少了。

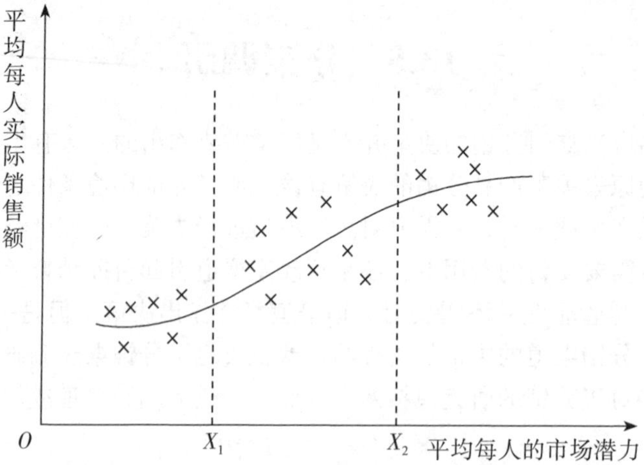

图 13-3 根据销售统计资料决定销售代表数

我们也可以通过图13-3来分析和评价不同销售代表的工作业绩。实际业绩占平均市场潜力的比例越大的销售代表，其业绩就越好；相反，其业绩也就越差。这也就是说，落在图中曲线以上的点所代表的销售代表的业绩要好于曲线以下的点所代表的销售代表的业绩。

当然，要采用这种方法，首先要估计出每个销售地区范围内的市场潜力，这就需要先利用我们在第9章和第10章中所讨论的各种预测方法。

13.5.1.2 对渠道成员的活动、业绩和态度的调研

企业经常需要对不同渠道成员开展的促销活动的效果、对批发和零售渠道成员所提供服务的质量、对不同渠道中客户的偏好与购买意向等开展调研。但是在进行这类调研时，企业一定要采用由独立的市场营销调研公司所发放的调查问卷，不应该让被调查者知道调研委托方是谁，这对于调研能否获得真正有价值的资料是至关重要的。

在对渠道成员业绩进行调研评价时，不应当局限于了解渠道成员销售本企业产品有关的资料，而是应当掌握有关产品在批发和零售两个水平上分销渠道中的产品流。掌握这些产品流可以监控竞争产品的销售情况以及渠道和零售市场中的市场份额。需要注意的是，在衡量不同渠道成员的业绩时，应当把企业外部调查资料与企业内部的销售记录结合起来，从而保证所作出的评价更加客观公正。

供应商常常需要对各类渠道合作伙伴的态度和形象进行调研。批发商和零售商都需要确定自己在客户或潜在客户中的形象，确定客户对于自己的态度。所有这些关于态度和形象的调研都需要利用我们在第5章中所讨论过的态度度量方法。在对零售商形象的调研中，最经常使用的是语义区分法。

13.5.2 商圈调研

市场营销调研在零售业务中的主要应用是商圈研究。商圈（trading area）是指经营某种产品或服务的某家或某类企业的顾客分布的地理区域。商圈调研是要确定以零售店为中

心，沿着一定的方向和距离扩展的，能够吸引顾客的地区范围。商圈调研的目的主要是寻找零售企业的最佳位置。商圈调研包括以下步骤：

13.5.2.1 定义相关的商圈

尽管商圈的大小往往与零售企业的类型有关，大型商场、超市和单个零售店的商圈范围自然各不相同，但是不管哪一种零售业态，商圈范围的确定都有一个共同的规律。由于顾客离某个零售企业的距离越远，使用这个零售企业的概率就越小，所以，根据顾客与某个零售企业之间距离的大小和到这个零售企业购物概率的不同，商圈分为几个不同的层次：

（1）核心商圈

核心商圈又称主要商圈，是指离某个零售企业最近、顾客密度最大、人均销售额最高的区域。它包括零售企业55%～70%的顾客来源。对于普通超市而言，这个商圈应当是顾客徒步或骑自行车可以到达的区域。

（2）次要商圈

次要商圈是指位于核心商圈以外的、顾客分布较分散、顾客密度小、人均购物量较少的地区。其大致包括零售企业15%～20%的顾客来源。对于普通超市而言，这个商圈应当是顾客通过公共交通方式就能够方便到达的区域。

（3）边缘商圈

边缘商圈是指次要商圈以外的、分布更加分散、顾客密度更小的区域，包含零售企业剩下的所有顾客。

13.5.2.2 识别相关商圈中的人口特征

商圈中的人口是零售企业的服务对象，也是潜在顾客。从顾客来源看，零售企业的服务对象可以分为以下部分：

（1）居住人口

居住人口是指居住在相应的不同层次商圈中的常住人口。这部分人口是相应商圈内的基本顾客，核心商圈内的居住人口更是构成了零售企业的主要顾客来源。他们的忠诚度较高，消费场所比较固定，但是人口相对固定，短期内难以迅速增加。

（2）工作人口

工作人口是指相应商圈内工作的总人口。核心商圈和次要商圈内的工作人口都可能光顾零售企业进行购买，他们也是零售企业重要的顾客来源。

（3）流动人口

流动人口是指既非居住在商圈内又非在商圈内工作的来零售企业购物的人数。这部分人口不仅来自核心商圈和次要商圈，也来自边缘商圈。流动人口选择消费场所的随意性较大，忠诚度较低，较易受到商业竞争对手的影响。

13.5.2.3 确定竞争者的位置

凡是相应商圈内的有关商业企业都可能构成竞争关系。这种竞争性企业既有同一业态的零售商，也可能是不同业态的零售企业。商圈分析需要调研有关商圈内现有竞争者的业态形式、位置、数量、规模、经营商品、服务对象和经营风格等情况，并对所有竞争者的优势和劣势、短期和长期发展趋势进行深入分析。随着顾客需求的变化和新零售业态的出现，调研中特别要注意到不同业态零售商之间的竞争、潜在竞争者的出现和零售商与供应商之间的可能竞争。

13.5.2.4 确定商圈内目标群体的购物模式

商圈内目标群体的购物模式直接决定商圈中不同竞争者的优劣态势，也是决定所研究的零售企业营销策略的基础。对目标群体购物模式的调研要确定：目标群体中谁是决定购物场所的人；人们喜欢购买哪一些品牌的商品；目标消费者对重要商品的可接受价位区间；消费者的构成和购物特征各是什么等。

13.5.2.5 形成对商圈顾客的预测模型

所谓商圈顾客的预测模型是要建立一个商圈内的目标消费者在市场中购物行为的模型。商圈内目标消费者的购物行为受多种因素的影响，建立模型的目的是了解目标消费者购物行为与这些影响因素之间的关系。

目标消费者与零售企业之间的距离是一个重要因素。距离越近，则目标消费者购物的可能性就越大。零售企业的业态特征对目标消费者的购物行为也有影响。不同消费者的价值观也会导致不同的购物行为。顾客的流动性大小和商圈周围的交通状况也影响到购物行为。随着商圈周围交通状况的改善和顾客流动性的增加，商圈内的顾客人数自然会增加。通过调查把握这些影响因素与顾客购物行为之间的关系，就能明确商圈内目标顾客的购物行为模型，并据此制定出零售企业的营销策略。

本章小结

与产品策略有关的调研主要包括新产品开发调研与品牌调研。品牌调研又包括品牌绩效调研和品牌形象调研。

促销策略调研大多集中在广告上。广告调研包括广告文稿实验、广告媒体效果调研和广告效果测定。

与定价策略有关的调研包括两种类型：一种是对盈利优先的定价策略、市场份额优先的定价策略调研；另一种是消费者价格反应测试。

对分销问题的调研可以分为两类：渠道活动和渠道成员调研、商圈调研。在渠道活动和渠道成员调研中，重点是确定销售代表数。商圈调研包括如下步骤：定义相关的商圈、识别相关商圈中的人口特征、确定竞争者的位置、确定商圈内目标群体的购物模式和形成对商圈顾客的预测模型。

主要概念

新产品概念调研　新产品概念实验　新产品评价　试验性营销　品牌绩效调研　品牌形象调研　品牌知名度　品牌忠诚度　广告文稿实验　广告文稿心理反应实验　广告文稿

言语反应实验　广告文稿行为反应实验　广告认知程度的测试　广告视听率调查　广告费用率　广告费用利润率　广告有效率　消费者价格反应测试　价格点询问法　改进的价格点询问法　商圈调研

基本训练

◆ 知识题

1.新产品开发分为哪些不同的阶段？每一个阶段的任务各是什么？

2.市场营销调研中度量品牌知名度的指标有哪些？应用这些指标时要注意哪些问题？

3.顾客的品牌忠诚的含义是什么？如何度量顾客的品牌忠诚度？

4.品牌形象的含义是什么？说明对品牌形象进行调研的方法。

5.说明广告文稿心理反应实验、言语反应实验和行为反应实验的含义和相互间的差异。

6.说明广告媒体效果调研的内容和方法。

7.解释广告效果的含义，并说明评价广告效果的常用指标。

8.说明消费者价格反应测试的思路和方法。

9.说明商圈的含义以及几种典型的商圈类型。

◆ 技能题

1.设计一组度量饮料类产品知名度的调研指标。

2.设计一组度量青年女性对于服装品牌忠诚度的问题。

3.设计一份能够调研大学生心目中最理想的就职企业“形象”的调查问卷。

4.在本地有关媒体上收集几条对本地旅游景点的广告，从消费者的角度对这些广告设计方案的优劣作出评价，并提出改进意见。

5.科捷公司是一家从事快递服务的物流企业。请为科捷公司拟定一组衡量客户对公司服务满意度的指标，并根据这组指标在小范围内进行一次调查，由此决定公司广告和促销宣传的主题。

◆ 能力题

结合第12章引例所提供的背景资料，请你帮助陆副经理制订一个配合新保健产品开发的市场营销调研计划。调研计划应当包括调研的步骤、目标和内容，以及调研实施要点。

主要参考文献

［1］布雷斯. 市场调查宝典：问卷设计［M］. 胡零，刘智勇，译. 上海：上海交通大学出版社，2005.

［2］雷培莉，张英奎，秦颖. 市场调查与预测［M］. 修订版. 北京：经济管理出版社，2014.

［3］刘德寰. 市场研究与应用［M］. 北京：北京大学出版社，2006.

［4］麦克丹尼尔，盖茨. 当代市场调研［M］. 李桂华，等译. 10版. 北京：机械工业出版社，2017.

［5］普罗克特. 营销调研精要［M］. 吴冠之，等译. 3版. 北京：机械工业出版社，2004.

［6］齐克芒德，巴宾，卡尔，等. 商业研究方法［M］. 刘启，王引，李宇华，等译. 8版. 北京：清华大学出版社，2012.

［7］萨德曼，布莱尔. 营销调研［M］. 宋学宝，等译. 北京：华夏出版社，2004.

［8］徐井岗. 市场调研与预测［M］. 北京：科学出版社，2004.

［9］巴宾，齐克芒德. 营销调研精要［M］. 应斌，王虹，译. 6版. 北京：清华大学出版社，2015.

［10］伯恩斯，布什. 营销调研［M］. 于洪彦，金钰，译. 7版. 北京：中国人民大学出版社，2015.

［11］阿克，库马，戴. 营销调研［M］. 魏立原，译. 7版. 北京：中国财政经济出版社，2004.

［12］库珀，等. 商业研究方法［M］. 郭毅，詹志俊，主译. 7版. 北京：中国人民大学出版社，2006.

［13］金尼尔，泰勒. 市场调研：一种应用方法［M］. 罗汉，蔡晓月，丁洁，等译. 5版. 上海：上海人民出版社，2004.

［14］马尔霍特拉. 市场营销研究：应用导向［M］. 涂平，译. 5版. 北京：电子工业出版社，2009.

［15］GREWAL R，GUPTA S，HAMILTON R. Today：spanning the domains of marketing scholarship［J］. Journal of Marketing Research，2020，57（6）：985-998.

［16］IACOBUCCI D. Continuing to broaden the marketing concept［M］. Bingley：Emerald Publishing Limited，2020.